정신병의 신화

THE MYTH OF MENTAL ILLNESS:
Foundations of a Theory of Personal Conduct, Revised Edition
Copyright ⓒ 1974 by Thomas S. Szasz, M.D.
All rights reserved.

Korean translation copyright ⓒ 2024 by Gyoyangin
Published by arrangement with Harper Perennial, an imprint of HarperCollins
Publishers through EYA Co.,Ltd.

이 책의 한국어판 저작권은 EYA Co.,Ltd를 통해
Harper Perennial, an imprint of HarperCollins Publishers 사와
독점계약한 '교양인'에 있습니다. 저작권법에 의하여 한국 내에서
보호를 받는 저작물이므로 무단전재 및 복제를 금합니다.

THE MYTH OF
MENTAL ILLNESS

정신병의 신화

토머스 사스 Thomas S. Szasz
윤삼호 옮김

| 일러두기 |

- 〔 〕안 설명은 옮긴이가 본문 내용의 이해를 돕기 위해 덧붙인 것이다.
- 본문의 각주 중 저자 주는 따로 표시했으며 별도로 표시하지 않은 것은 옮긴이와 편집자 주이다.
- 의학 용어와 관련하여 disease는 '질병', illness는 '병', disorder는 '이상(증)', condition은 '건강 이상'으로, 그리고 care는 '돌봄', cure는 '치료', treatment는 '조치' 또는 '의료 조치'로 옮겼다. schizophrenia는 '조현병' 대신 국제적으로 정립된 용어인 '정신분열증'으로 옮겼다.
- '의미'와 관련된 영어 단어들은 다음과 같이 옮겼다. denote(표의하다), signify(기의하다), refer(지시하다, 가리키다), connote(내포하다), imply(함축하다), designate(지정하다), mean(의미하다)

50주년 기념판 서문   9
2판 서문   35
초판 서문   42
서론   47

1편 | 정신병의 신화

1부 | 신화의 성장과 구조

1장 샤르코와 히스테리 문제   66
2장 병과 가짜 병   86
3장 의료 행위의 사회적 맥락   105

2부 | 히스테리: 신화의 전형

4장 브로이어와 프로이트의 《히스테리 연구》   130
5장 히스테리와 정신신체의학   142
6장 히스테리와 정신병에 관한 현재의 관점   158

2편 개인 행위 이론의 토대

3부 행위의 기호학적 분석

7장 언어와 원형 언어   174
8장 의사소통으로서 히스테리   197

4부 규칙 따르기 모형

9장 행위와 규칙   224
10장 도움받음과 도움줌의 윤리   241
11장 신학, 주술, 히스테리   265

5부 게임 모형

12장 행위와 게임   286
13장 게임으로서 히스테리   303
14장 흉내 내기와 병   326
15장 정신의학 윤리   350

결론	364
에필로그	366
전체 요약	369
부록1 ǀ 정신병은 여전히 신화다	371
부록2 ǀ 질병 정의하기	387
옮긴이 해제	406
주석	418
참고문헌	437
찾아보기	447

| 50주년 기념판 서문 |

> 모든 권력 행사는 항상 선의를 내세운다.
> 헌법은 선의가 지닌 위험에서 국민을 보호하기 위해
> 제정되었다고 해도 과언이 아니다.
> — 대니얼 웹스터(Daniel Webster, 미국 정치가)

1

"나는 이 논문에서 '정신병은 존재하는가?'라고 질문하고 그런 것은 존재하지 않는다고 대답하려 한다." 학술지 《미국 심리학자(The American Psychologist)》 1960년 2월호에 실린 내 논문 〈정신병의 신화(The Myth of Mental Illness)〉의 첫 구절이다. 이듬해 같은 제목의 책 《정신병의 신화》가 출간되었다.[1]

1950년대 내가 《정신병의 신화》를 쓸 때만 해도 미국에서는 국민의 '건강 돌봄'을 연방 정부가 책임져야 한다는 의식이 싹트기 전이었다. 이른바 정신과 환자는 대부분 '만성적인' 불치병자 취급을 받으며 주립 정신병원에 감금되었고, 그들을 돌보는 의사는 주 정부 공무원이었다. 민간병원 의사는 자의로 찾아온 환자를 치료했고, 그 치료비는 환자나 가족이 부담했다.

그 뒤로 일반병원과 정신병원, 자의적 환자와 비자의적 환자, 민간 정신과와 공공 정신과의 구분이 점점 흐릿해지더니 결국 사라졌다. 지금은 연방 정부가 사실상 모든 의료와 정신 건강 돌봄을 책임지고 규제하고 있으며, 그 치료비의 전부 또는 일부를 지불한다. 환자가 직접 지불하는 치료비로 먹고사는 정신과 의사는 거의 없고, '치료에 관한 계약' 조건을 환자와 직접 자유롭게 정하는 정신과 의사도 없다. 오늘날 모든 '정신 건강 전문가'는 환자가 '자신이나 타인에게 위해'를 가하지 않도록 보호할 법적 책임을 진다. 한마디로 정신의학은 철두철미하게 의료화되었다. 미국 정신의학계를 대표하는 '미국정신의학협회(American Psychiatric Association)'의 공식 견해는 연방 정부와 주 정부의 승인을 받는다. 홍역이나 흑색종 같은 신체병에서 그렇듯이 '정신병'에 대한 모든 비의료적 접근법은 법적 효력이 없다.

그래서 50년 전에는 "정신병은 질병이 아니다"라고 주장할 수 있었지만 지금은 그런 말이 전혀 통하지 않는다. "무엇이 정신병인가?"에 관한 논쟁은 행위의 의료화와 비의료화에 관한 법률로 대체되었다. 그 결과 동성애, 히스테리 같은 옛 질병은 사라지고 도박, 흡연 같은 새 질병이 등장했다.

50년 전에는 "정신병은 무엇인가?"라는 질문에 철학자, 사회학자, 의료 전문가는 물론이고 일반 대중도 귀를 기울였지만 이제 그렇지 않다. 지금은 정치권력이 있는 자들이 이 질문에 답한다 ('답한다'보다는 '간단히 처리해버린다'고 하는 게 더 정확할 것 같다). 그들은 국가를 대표해 "정신병은 질병이다!" 하고 선포한다. 정치권력과 전문가의 사리사욕이 결탁하여 거짓 믿음을 '거짓 사실'로 바꾸어놓는다.[2]

1999년 백악관 회의에서 빌 클린턴 대통령은 이렇게 선언했다. "신체병처럼 정신병도 정확히 진단하고 훌륭히 치료할 수 있습니다."³⁾ 함께 있던 대통령 정신건강정책 보좌관 티퍼 고어(Tiper Gore)도 한마디 거들었다. "정신병은 신체병이 아니라는 말은 가장 폭넓은 믿음이자 가장 해로운 신화 중 하나입니다. 그것만큼 진실과 동떨어진 말은 없습니다."⁴⁾ 그러자 공중위생국장 데이비드 새처(David Satcher)가 이렇게 맞장구쳤다. "심장, 신장, 간에 문제가 발생하듯이 뇌에도 문제가 발생합니다."⁵⁾ 백악관의 '정신병에 관한 오해와 진실' 공보 자료에는 이렇게 적혀 있었다. "지난 10년간의 연구로 정신병이 진단 가능한 뇌 이상이라는 것이 입증되었다."⁶⁾ 또 2007년 당시 상원의원이었던 조 바이든은 이렇게 선언했다. "중독은 신경생물학적 질병이지 생활방식의 선택이 아닙니다. 지금부터 우리는 중독을 그렇게 다루어야 합니다. …… 우선 이러한 현실을 정확히 반영하여 모범을 보이기 위해 연방 연구 기관의 이름을 바꿔야 합니다. 그리고 중독에 대해 이야기하는 방식을 바꿈으로써 생각하는 방식도 바꿔야 합니다. 이 두 변화는 이 질병에 달라붙은 사회적 낙인을 극복하기 위한 매우 중요한 단계입니다."⁷⁾ 이어서 바이든은 '중독을 질병으로 인정하는 법률안(Recognizing Addiction as a Disease Act)'을 상원에 제출했다. 이 법안에는 '국립 약물남용연구소(National Institute on Drug Abuse)'를 '국립 중독질병연구소(National Institute on Diseases of Addiction)'로 명칭을 변경하고, '국립 알코올남용 및 중독연구소(National Institute on Alcohol Abuse and Alcoholism)'를 '국립 알코올이상증 및 건강연구소(National Institute on Alcohol Disorders and Health)'로 명칭을 변경하는 내용이 포함되었다. 2008년 미국 연방 의회는 정신병이 있는 사람에게 보험회사가 "신체병이 있는 사람과 동일한

보장"을 하도록 법률을 개정했다.[8]

"정신병은 진단 가능한 뇌 이상이다"라는 주장은 과학적 연구에 근거한 것이 아니다. 이 주장은 거짓말이거나 오류이거나 말도 안 되는 체액설*의 전제를 순진하게 재탕한 것이다. 정신병은 가짜 병이라는 내 주장도 과학적 연구에 근거한 것이 아니다. 질병을 세포, 조직, 기관의 병리학적 변질로 보는 유물론적-과학적 정의에 근거한 것이다. 우리가 질병에 관한 이러한 과학적 정의를 수용한다면 정신병은 은유이다. 그리고 이 견해는 경험적 반증이 아니라 분석적 진리**를 주장하는 것이다.

내가 《정신병의 신화》에서 저지른 용서받지 못할 크나큰 죄는 정신의학의 가식적 언어와 기만적 수사학에 대중의 관심을 불러일으킨 점이다. "고통받는 환자를 돕는다", "치료 가능한 질병을 치료한다"라고 하는데 누가 감히 반대하겠는가? "아픈 사람을 무시한다", "환자의 생명을 구하는 치료를 거부한다"라고 하는데 누가 감히 찬동하겠는가? 나는 이런 허튼소리에 아랑곳하지 않고 정신병원은 병원이 아니라 감옥 같은 곳이다, 비자의적인 정신병원 입원은 의료가 아니라 투옥 같은 것이다, 강압적인 정신과 의사는 치유자가 아니라 판사와 간수의 기능을 한다고 주장했다. 또 '정신병'과 이에 대한 정신의학의 대응을 의학이나 과학의 문제가 아니

---

* '체액설(humoral theory)'은 인간의 몸이 혈액, 점액, 황담즙, 흑담즙 네 가지 체액(humor)으로 구성되어 있고 이것들의 불균형으로 인해 질병이 발생한다고 보는 고대 서양 의학의 대표적인 병리론이다. 17세기 이후 해부학이 발전하면서 폐기되었다.
** '분석적 진리(analytic truth)'는 자연과학적 증명이 아니라 언어의 의미 또는 논리에 의한 진리를 말한다.

라 법률과 수사학의 문제로 이해하자고 주장했다.

이런 종류의 수사학적 선공(先攻)은 물론 '정신 건강'에 국한되지 않고 정치적 계략에도 즐겨 사용된다. 예를 들어 고인이 된 나의 친구 개발경제학자 피터 바우어(Peter Bauer)는 대외 원조에 관한 논쟁을 주도하는 기만적인 수사학에 대해 이렇게 말했다. "공식적인 부의 이전을 '원조(援助)'라고 부르는 것은 의심하지 않는 태도를 조장한다. 그런 태도는 비판을 무력화하고 현실을 모호하게 하며 결과를 예단한다. 불우한 사람들을 원조하자는데 누가 감히 반대할 수 있는가?"9)

마음의 질병 따위는 없다는 게 직관적으로 명백하다. 그런데도 '정신병은 의료 문제가 아니다'라는 주장은 오늘날 공공 '교육', 정신의학을 의학의 한 분야로 정의하고 정신병을 뇌질병으로 정의하는 정신의학의 도그마, 끊임없는 의학적-정치적 프로파간다에 역행하는 발상이다. 그래서 내가 정신병 따위는 없다고 주장하면 사람들은 이렇게 대답할 것 같다. "그렇지만 나는 처음에 정신병 진단을 받았다가 나중에 뇌종양 판정을 받은 아무개를 알고 있습니다. 머지않아 의료 기술이 더욱 발전하면 정신과 의사들이 모든 정신병이 신체병이라는 사실을 보여줄 것입니다." 이런 우연의 일치는 정신병이 은유라는 나의 주장을 논파하는 게 아니라 다음과 같은 사실을 입증할 뿐이다. 정신병 진단을 받은 사람이 뇌질환자였다는 사실을 확인한 의사는 이전 의사가 오진했다는 사실을 발견한 것이다. 그 환자는 정신병이 없었다. 신체병이 있(었)다. 의사의 오진은 '정신병'이 뇌질병의 한 부류를 가리키는 증거가 될 수 없다.

이와 같은 생물학적 발견 과정이 의학 역사에서 부분적으로 나타난다. 이를테면 처음에는 '광기'의 일종으로 봤던 것이 나중에 각기병, 간질, 신경매독 같은 신체병의 징후로 확인되기도 했다. 그래서 이제 그런 신체병은 정신병리가 아니라 신경병리로 분류되고 치료된다. '정신병'이라 불리는 모든 '건강 이상'이 뇌질병으로 입증된다면, 정신병 개념은 소용이 없게 되고 정신병 용어는 의미가 없어질 것이다. 하지만 '정신병'은 어떤 사람들의 (나쁜) 행동에 대한 다른 사람들의 판단을 가리키는 용어이기에 실제로는 정반대 현상이 일어났다. 정신의학의 역사는 '정신이상(mental disorder)'의 목록이 끊임없이 확대되는 역사다.

2

내가 《정신병의 신화》에서 제시한 논제는 새로운 통찰이 아니었고 새로운 발견은 더더욱 아니었다. 다만 그렇게 보였을 뿐이며 지금은 더욱더 그렇게 보인다. 예전에는 인간 삶의 비극성을 종교적-인간적 관점으로 봤지만 지금은 탈인간적인 유사 의학적 관점으로 보기 때문이다.

일상생활의 세속화는 (그리고 그에 따른 영혼과 온갖 고통의 의료화는) 16세기 후반 영국에서 시작되었다. 셰익스피어의 〈맥베스〉에서 그 조짐이 나타난다. 살인에 대한 죄책감에 시달리던 맥베스 부인은 '미친다'. 부인은 심란하고 불안해 먹지도 쉬지도 자지도 못한다. 그런 행동에 좌불안석하던 맥베스는 마침내 의사를 부른다. 의사는 맥베스 부인을 보자마자 왜 그런지 알아챈다.

의사: (시녀에게) 이런, 이런! 당신은 알아서는 안 되는 것을 알고 있소.

시녀: 분명 왕비님은 말해서는 안 되는 것을 말하셨어요.[10]

의사는 아내의 불안 심리를 의료화하려는 맥베스의 의도에 따르지 않으려 한다.

의사: (시녀에게) 저 병은 내가 고칠 수 있는 게 아니오. …… 순리에 벗어난 행위는 순리에 벗어난 문제를 낳는 법. 병든 마음은 귀먹은 베개에라도 그 비밀을 털어놓지요. 왕비님은 의사보다 성직자의 도움이 필요해요. …… 난 감히 이 일을 입 밖으로 내지 못할 거요.

맥베스는 이 같은 '진단'을 거부하고 의사에게 아내를 치료해 달라고 요구한다. 그러자 의사가 명언을 남기는데, 이는 오늘날 정신과 의사와 대중이 말하고 듣는 것과 정반대다.

맥베스: 의사 양반, 환자는 어떻소?
의사: 폐하, 그렇게 많이 아프시지는 않습니다. 단지 심한 공상에 시달려 충분한 휴식을 취하지 못하고 계십니다.
맥베스: 왕비를 치료하시오! 병든 마음을 다스릴 수 없단 말이오? 뿌리 깊은 슬픔을 기억에서 뽑아내고, 뇌리에 박힌 번민을 없애고, 저 달콤한 망각의 해독제로 답답한 가슴을 짓누르는 유해 물질을 정화할 수 없단 말이오?

의사: 환자 스스로 자신을 다스려야 합니다.[11]

광인이 "스스로 자신을 다스려야 한다"는 셰익스피어의 통찰은 심오하면서도 명료하다. 누군가의 고통을 목격하면 그를 돕기 위해 '뭔가를 해야 한다'는 충동이 이는 게 인지상정인데 그렇게 하지 않았기 때문에 심오하고, 맥베스 부인이 겪는 고통의 이유를 내적 수사(修辭)(양심의 '소리', 상상, '환상')로 이해하면 그 해결책 역시 내적 수사(자기 대화, '내적 다스림')가 되어야 하는데 그렇게 했기 때문에 명료하다.

셰익스피어가 '정신병'을 수사학적으로 이해하는 대목은 〈오셀로〉에서 가장 선명하고 가장 극적으로 나타나는데, 주인공 오셀로는 이아고의 악담과 타인과 자신을 파멸시키는 자기 대화(질투) 때문에 '미쳐버린다'.

이아고: 좋았어, 내 약이 효험이 있군! 멍청이들은 이렇게 걸려드는 거지. …… 오셀로는 미쳐버릴 거야. 그리고 근거 없는 질투에 사로잡혀 가련한 카시오의 미소, 몸짓, 소소한 행동에 염증을 내겠지.[12]

19세기 말엽이 되면 의학이 영혼을 확고하게 정복한다. 작가들만이 이 비극적 오류를 알아보고 비난한다. 쇠렌 키르케고르(Søren Kierkegaard)의 경고를 들어보자.

우리 시대에 영혼을 치료하는 자는 의사다. …… 그는 무엇을 해야 하는지 알고 있다. (의사:) "온천 휴양지로 여행을 가시고, 그 다음 승마를 즐기시고 …… 그다음 기분 전환, 기분 전환, 충분한 기분 전환……." (환자:) "불안한 의식을 달래라는 건가요?" (의사:) "쓸데없는 소리 집어치우고, 당장 나가시오! 불안한 의식? 이제 그런 건 없소."[13)

오늘날 의사가 영혼 치료사 노릇을 한다는 사실은 자명하다.[14) 이제 세상에 나쁜 사람은 없다. 정신이 병든 사람만 있을 뿐이다. '정신이상 항변'*이 비행, 유혹에 굴복한 죄, 비극을 무효화한다. 그래서 맥베스 부인이 인간적인 까닭은 우리 모두 그렇듯 그가 '타락한 존재'이기 때문이 아니라 인간이 그렇듯 정신병이 그를 '아픈'/악한 사람으로 행동하도록 하지 않았더라면 본래 '건강한'/선한 성신이 병든 환자이기 때문이다. "오늘날 비평가들은 맥베스 부인이 광기와 자살을 통해 자신을 재인간화했다고 재평가하는 추세다."[15)

3

청소년 시절에 나는 우리가 '정신병'이라고 부르는 행동, 즉 경멸적인 광기의 꼬리표가 덕지덕지 붙은 그 행동이 의학적 질병이

---

* '정신이상 항변(insanity defense)'은 정신과 질병이 있는 사람은 범죄를 저지르더라도 형사 책임을 물을 수 없다는 법리이다. 우리나라 형법 제10조(심신장애인)는 "심신장애로 인하여 사물을 변별할 능력이 없거나 의사를 결정할 능력이 없는 자의 행위는 벌하지 아니한다"고 규정함으로써 정신이상 항변을 인정하고 있다.

아니라는 인상을 받았는데, 그 후 내가 읽고 보고 배운 모든 것이 이를 뒷받침했다.[16)] 정신병은 본인의 불안한 행동 또는 타인에게 불안감을 주는 행동을 의료화한 것, 즉 관찰자가 개인의 특정한 행동을 보고 치료가 필요한 정신적 장애로 구성하고 정의한 것이다. 이러한 문화적 변화를 추동한 것은 주로 과거의 신학적 세계관을 대체한 현대의 치료 이데올로기와 이로 인한 전문가의 정치적 이해관계이다.

여기서 어린 시절 나에게 큰 영향을 준 일화 한 토막을 소개하겠다. 이 이야기는 내가 《정신병의 신화》를 쓰게 된 중요한 계기가 되었다. 나는 1920년대 부다페스트에서 자라면서 19세기 헝가리 산부인과 의사 이그나즈 제멜바이스(Ignaz Semmelweis, 1818~1865)와 그의 비운에 대해 배웠다. 내가 다닌 중고등학교 인근에는 유서 깊은 종합병원이 있었는데, 그 앞 작은 공원에 제멜바이스의 동상이 있었고 지금도 그 자리에 있다.

제멜바이스는 박테리아 같은 병원체가 발견되기도 전에 산욕열의 원인을 밝혀냈다. 불경스럽게도 그 원인은 의사들의 더러운 손이었다. 그 뒤 제멜바이스는 19세기 중반 산부인과 병동에 만연했던 끔찍한 산욕열 감염의 예방법을 개발했다. 염소로 소독한 물로 손을 깨끗이 씻는 것이었다.

나는 제멜바이스의 인생 이야기, 당시 의학계가 불편하다는 이유로 제멜바이스의 발견과 예방법을 거부했다는 이야기, 제멜바이스가 결국 광인 수용소에 감금된 채 죽었다는 이야기를 듣고 깊은 감명을 받았다. 어린 나이에 나는 '틀린 것'은 위험할 수 있지만, 사회가 다수의 거짓을 진실이라고 생각할 때 '맞는 것'도 치명적일 수 있다는 것을 배웠다.17) 이 원리는 사회적 믿음 체계의 근간이자 경제적으로나 실존적으로 중요한 공동의 실천을 뒷받침하는 거짓 진실과 특히 일맥상통한다. 과거의 거짓 진실은 기본적으로 종교적이었지만, 현재의 거짓 진실은 주로 의료적이다. 제멜바이스의 비운은 나에게 큰 교훈이 되었다.

과학적인 질병 개념을 파악하고 나니, 정신이 병들었다고 분류된 많은 사람이 사실은 아프지 않다는 사실, 그리고 존재하지 않는 질병을 이유로 개인의 자유와 책임을 박탈하는 것은 중대한 인권 침해라는 사실이 자명해졌다. 나는 의과대학에 다니면서 이 해석이 옳다고 믿기 시작했다. 정신병은 신화이며, 따라서 우리가 '정신병'이라고 부르는 상상 속 질병의 원인과 치료법을 찾아 헤매는 것은 어리석은 짓이라고 확신했다. 신체 질병에는 감염체, 영양 결핍 같은 원인이 있고, 그 원인을 해결하면 질병을 예방하거나 치료할 수 있다. 반면 정신병이 있다고 불리는 사람에게는 이해를 구해야 할 행동의 이유가 있다. 그런 사람은 약물 같은 의료 개입으로는 치료나 치유가 불가능하지만 자신이 직면한 난관을 스스로 극복하도록 도움을 받을 수 있다.

불편한 진실을 사회적으로 거부하는 현상인 '제멜바이스 반사 작용(Semmelweis reflex)'은 "확립된 규범, 믿음, 또는 패러다임과 모순된다는 이유로 새로운 지식을 거의 반사적으로 거부하는 것 …… 또 생각, 조사, 실험도 하지 않고 명백한 것을 자동적으로 거부하는 것"이다.18) 나는 거짓 진실을 추종하는 사회적 힘이 요지부동이라는 것을 절실하게 깨달았다. 그 덕분에 표준적인 정신의학적 지혜를 대표하는 자들에게 내 생각을 숨기며 그들의 교육적·경제적 통제에서 벗어날 수 있었고, '민중의 적'*으로 내몰릴 가능성을 최소화하며 행동할 수 있었다.

내 경험과 이해를 알지 못하는 기자들은 단도직입적으로 물었다. "정신과 의사가 어떻게 정신병이 존재하지 않는다고 말하나요?" "어떤 경험을 했길래 그렇게 이상한 관점을 지니게 되었나요?" "언제 그리고 왜 정신병에 대한 생각을 바꾸었나요?" 나는 별 소용은 없었으나 이상한 경험을 하지 않았고, 아무런 '연구'도 하지 않았고, 아무것도 발견하지 않았고, 정신병에 대한 믿음을 정신병에 대한 불신으로 바꾸지도 않았다고 애써 설명했다. 대부분 그리 성공적이지는 못했다. 나는 널리 퍼진 거짓과 그로 인한 광범위한 경제적, 정치적, 사회적 결과를 폭로하고 정신의학이 매우 부도덕한 두 가지 법의학적 수단—치료감호**와 정신이상 항변—에 의존한다는 것을 보여주려고 했다. 그리고 진단-질병-치료라는 기만적인 수사학을 거부하고, '정신의학'이라고 부르는 강압적이고 고약한 거대 제도적 장치를 기피하고, 사전 동의한 성인과 정신의학적 관계를 맺는 것—흔히 '정신 치료'***라고 부르는 비

---

* 헨리크 입센의 희곡 〈민중의 적〉에서 시골 의사 스토크만은 온천 개발을 열망하는 주민들과 반대로 온천이 공장 폐수로 오염되었다며 개발 중단을 주장한다. 그러자 그의 형(시장)과 신문사가 결탁해 민중(주민들)을 호도한다. 스토크만 박사는 민중의 비난과 위협, 형과 신문사의 회유에도 아랑곳하지 않고 자신은 기꺼이 '민중의 적'이 되어 정의의 편에 서겠다고 선언한다.

** '치료감호'로 옮긴 civil commitment는 미국에서 정신병을 앓는 민간인을 대상으로 한 비자의적 입원과 치료를 강제할 수 있는 법적 제도이다. 우리나라의 치료감호 제도와 유사해서 이렇게 옮겼다.

*** 'psychotherapy'를 우리나라 심리학계는 '심리 치료'로 번역하고 정신의학계는 '정신 치료' 또는 '정신 요법'으로 번역한다. 이 책에서는 정신의학계의 용어에 따른다.

밀 대화—으로 내 일을 제한했다.

4

1858년에 나온 독일 병리학자 루돌프 피르호(Rudolf Virchow, 1821~1902)의 《생리학적, 병리학적 조직학에 기초한 세포병리학 (Die Cellularpathologie in ihrer Begründung auf physiologische und pathologische Gewebelehre)》(이하 《세포병리학》)은 '과학적 의학'의 효시였다. 미국 병리학자 이매뉴얼 루빈(Emanuel Rubin)과 존 파버(John L. Farber)는 이렇게 말한다. "병리학의 아버지로 불리는 루돌프 피르호는 …… 모든 질병의 근원은 가장 작은 생명 단위, 즉 세포의 손상이라고 주장했다. 백 년이 지난 지금도 임상병리학과 실험병리학은 피르호의 《세포병리학》에 뿌리를 두고 있다."[19)]

미국의 표준 병리학 교과서 《로빈스 기초 병리학(Robbins Basic Pathology)》은 병리학자가 하는 일의 측면에서 질병을 정의한다. "병리학자는 다양한 분자, 미생물학, 면역학 기술을 사용하여 세포, 조직, 기관에서 일어나는 생화학적, 구조적, 기능적 변화를 이해한다. 또 세포와 조직의 크고 작은 형태 변화와 체액(혈액, 소변 등)의 생화학적 변화를 식별하여 진단을 내리고 치료를 안내한다."[20)]

병리학자는 물리적 대상—세포, 조직, 기관, 신체 등—을 가리킬 때만 '질병(disease)'이라는 용어를 사용한다. 병리학 교과서는 인간, 정신, 또는 행동의 이상(disorder)을 다루는 것이 아니라 신체, 살아 있는 것, 또는 죽은 것의 이상을 다룬다. 현대 혈관 수술

창시자인 프랑스 외과 의사 르네 르리슈(René Leriche, 1879~1955)의 말을 들어보자. "질병을 정의하려면 질병을 탈인간화해야 한다. …… 질병에 대해 무슨 말을 하든 무슨 일을 하든 가장 중요하지 않은 것은 사람이다."[21] 병리학과 질병이라는 과학적 개념에서 잠재적인 고통의 당사자인 사람은 중요하지 않다. 반면 인간 서비스인 의료 실천에서는 환자, 즉 사람이 가장 중요하다. 왜 그런가? 서양의 의료 실천은 윤리적 명령—무엇보다 해를 끼치지 말라!*—을 존중하고, 환자가 진단과 치료를 자유롭게 추구하거나 수용하거나 거부할 수 있다고 전제하기 때문이다. 이와 대조적으로 정신의학은 정신과 환자가 "자신이나 타인에게 위험"할 수 있으며 환자를 자신으로부터 보호하고 사회를 환자로부터 보호하는 것이 정신과 의사의 도덕적, 직업적 의무라고 전제한다.[22]

병리학적-과학적 기준에 따르면 소변이 신체의 산물이듯 질병은 신체의 산물 곧 물질적 현상이다. 하지만 진단은 신체적 산물이 아니다. 예술 작품이 '예술가'라는 사람의 산물이듯 진단은 의사라는 사람의 산물이다. 질병이 있다는 것과 환자 역할을 하는 것은 같지 않다. 아프다고 해서 모두 환자가 아니고 환자라고 해서 모두 아픈 것도 아니다. 그런데도 의사, 정치인, 언론, 대중은 이 두 범주를 뒤섞고 혼동한다.[23]

병리학적 질병 정의의 유용성과 개념적 안정성이 입증되었는

---

* 라틴어 경구 "무엇보다 해를 끼치지 말라!(Primum non nocere!)"는 오늘날 생명윤리의 기본 원리 중 하나로 자주 언급된다. "치료하지 못할 경우, 뭔가를 하다가 위험을 초래하느니 차라리 아무것도 하지 말라"는 뜻으로 해석된다. 이 경구는 의료 관련 학문을 공부하는 전 세계 학생들이 배우는 윤리 규범이기도 하다.

데도, 어떻게 하여 정신과 의사들은 인간의 갈등과 바람직하지 않은 행동—그들은 이것을 '정신병'이라고 부른다—을 신체병과 동일한 물질적 의미에서의 질병이라고 주장하는가? 그들은 정신병이 뇌질병이라는 자기 모순적인 주장과 피르호의 질병 모형이 시대에 맞지 않는 명백한 오류라는 자기 선언을 그 근거로 내세운다. 로버트 켄델(Robert Kendell, 1935~2002)—에든버러대학 정신의학 교수이자 세계적으로 존경받는 정신의학 진단 전문가—의 연구가 이를 잘 보여준다. 켄델은 지난 20년 동안 다음과 같이 주장했다.

1981년: "1960년대까지 '병변(lesion)'이라는 질병 개념이 …… 절망적으로 불신받았다."[24]

그러나 그는 왜 그러한지 설명하지 않는다.

1991년: "'정신분열증은 존재하지 않는다'는 사스의 유명한 조롱은 '결핵이나 말라리아가 존재하지 않는다'는 말처럼 무의미하다. 결핵균과 말라리아원충이 존재한다고 말하는 건 이치에 맞지만, 이것이 인체에서 증식하여 일으키는 질병인 결핵과 말라리아는 정신분열증처럼 개념이기 때문이다."[25]

그러나 말라리아와 결핵의 진단은 환자의 체액이나 조직에 있는 병원성 미생물로 입증할 수 있지만 우울증과 정신분열증의 진단은 그런 객관적인 증거가 없다.

2001년: "정신병과 신체병의 구별은 근거가 없고 현대의 질병 이해와 양립할 수 없을 뿐 아니라 장기적으로 환자의 이익을 해친다. 정신병을 그렇게 설명하면 이 병이 다른 유형의 건강 이상과 근본적으로 다른 것이 되기에 '정신적' 병에 대한 낙인을 영구화하는 데 일조한다."[26]

그러나 정신병에 대한 낙인은 주로 정신이 병들어서 자신이나 타인에게 위험하다고 간주되는 사람들을 통제하는 정신건강법 때문이다.

항상 위험을 두려워하는 대중 심리에 영합하는 정치인들은 일탈을 질병으로 정의하고, 사회적 통제를 치료로 정의하려는 정신과 의사들의 의욕이 '치료 국가(therapeutic state)'의 범위를 확대하고 그런 국가의 권력을 강화하는 데 유용하다는 것을 알게 된다.[27] 더구나 이른바 정신 건강 문제와 뇌질병의 관계가 가령 비뇨기 문제와 신장병의 관계와 동일하다는 믿음은 솔깃하고 심지어 그럴싸하다. 이런 믿음은 다음과 같은 주장으로 이어진다. 인간의 몸은 신장, 폐, 간 같은 기관으로 구성된 생물학적 기계이다. 각 기관에는 '본래 기능'이 있는데, 그중 하나가 망가지면 질병이 발생한다. 우리가 인간 문제를 뇌질병의 증상으로 정의하고 이를 사회 전체에 관철할 힘이 있다면, 뇌질병을 입증할 확실한 의학적 증거가 없어도 뇌질병이 된다. 그러면 우리는 정신병을 뇌질병처럼 치료할 수 있다.

그러나 살아 있는 사람은 기관, 조직, 세포의 집합체에 불과한 것이 아니다. 췌장의 본래 기능이 있다고 치자. 그러면 사람의 본래 기능은 무엇인가? 이것은 삶의 의미에 대한 물음이고, 따라서 의학적-과학적 질문이 아니라 종교적-철학적 질문이다. 신앙이 다른 사람들끼리 자신의 종교적 정체성을 바꾸지 않고도 신장 하나를 주고받을 수 있지만 믿음과 습관이 너무 다른 사람들끼리는 함께 사는 것이 어렵거나 불가능할 수 있다.

5

《정신병의 신화》를 세상에 내놓자 비판과 찬사가 동시에 쏟아졌다. 비판과 지지 모두 책의 논제를 더욱 명료하게 만들었고, 그동안 우리가 정신병과 정신의학의 개입에 대해 생각하고 말하고 쓰던 용어를 바꾸는 데 나름으로 도움되었다.

나는 《정신병의 신화》 초판 서문에서 이 책이 정신의학 서적이 아니라고 분명히 밝혔다. "이 책은 사람들 특히 정신과 의사와 환자가 함께 그리고 서로에게 행하는 것을 탐구하는 정신의학에 관한 책이다."[28] 그런데도 많은 비평가가 오독했고, 이 책이 정신병과 정신의학을 의학에서 언어적-수사학적 현상으로 다시 주조하려 노력했다는 점을 간과했다.

당연한 일이겠지만 내 작업에 가장 크게 공감한 이들은 정신의학과 그 관련 직업에 대한 비판이 전혀 위협이 되지 않는 비정신과 의사들이었다.[29]

내 연구에 대한 독보적인 비평 중 하나는 커뮤니케이션학 교수 리처드 바츠(Richard E. Vatz)와 법학 교수 리 와인버그(Lee S. Weinberg)의 논문 〈정신의학 역사의 수사학적 패러다임: 토머스 사스와 정신병의 신화(The Rhetorical Paradigm in Psychiatric History: Thomas Szasz and the Myth of Mental Illness)〉이다. 그들의 말을 들어보자.

정신의학 개념과 실천에 관한 비판적인 논문을 여러 편 발표한 후, 토머스 사스는 1961년에 정신의학의 의학적 정체성에 도전하는 역작《정신병의 신화》를 내놓았다. …… 정신의학 분야에 대한 사스의 혁명적인 재개념화의 역사적 역할과 잠재적 결과를 요약하면 그가 주요 패러다임을 바꾸었다는 것이다. …… 사스의 새로운 패러다임―이 글에서는 수사학적 패러다임이라고 부른다―에서는 정신의학이 풀어야 할 명시적인 수수께끼가 없다. 그의 수사학적 패러다임에 따르면, 정신의학의 '수수께끼'를 구성하는 일탈 행동이, 사리에 맞거나 칭찬할 일은 아니더라도, 적어도 잠재적으로는 다양한 사회적 상황에 대응하기 위해 전략적으로 선택한 '게임하기'이자 상징적 행동으로 이해할 수 있다. …… 정신의학의 의학적 패러다임에 대한 수사학적 공격을 통해, 사스는 대안적인 패러다임을 주장했을 뿐 아니라 정신의학이 점성술에 비견되는 '유사 과학'이라고 분명하게 지적했다.[30]

또 다음과 같이 설득력 있게 지적했다. 정신의학계가 "수사학적 패러다임을 수용할 것 같지는 않다. 수사학적 패러다임은 기존 패러다임과 전혀 다르고 호환 불가능한 용어를 사용할 정도로 너무나 파격적인 주장―정신의학은 사실상 과학적 사업이 아니라는 주장―을 하기 때문이다."

사스는 '정신병'이라는 인간 행위와 '정신 치료'라는 의료 실천을 이해하려면 의학이 아니라 수사학과 은유를 이해해야 한다고 주장한다. …… 사스가 수사학적 패러다임에서 사람을 설득하는 언어에 초점을 맞춘 것은 정신과 의사와 환자에게 중요한 윤리적 함의를 지닌다. 수사학 이론에서 언어는 필연적으로 책임과 연결되는데, 사스는 "전체 정신의학적 사업은 '정신병' 진단을 받은 사람이 자유의지를 앗아가는 뇌질병을 앓고 있다는 개념에 의존한다"라고 주장한다. 그러나 사스의 수사학적 패러다임은 정신병이라는 인간 행위가 자유로운 선택이라고 설명하고, 신경생물학적 환경에 의한 '피해자'를 자유로운 행위자(agent), 즉 스스로 모든 책임을 져야 하는 행동을 저지르는 자로 전환한다. …… 사스는 정신과 환자와 정신과 의사를 모두 도덕적 행위자로 본다. 의학적 패러다임은 정신과 의사가 정신의학적 실천의 결과를 도덕적으로 책임질 의무가 없다고 암묵적으로 주장한다. 수사학적 패러다임에서 인간의 자율성을 박탈하는 정신과 의사는 단순히 '치료'—이런 용어는 정신과 의사와 치료 행위에 대한 그의 도덕적 책임을 분리한다—하는 의사가 아니라 의식적으로 사람을 감금하는 행위자로 여겨진다. …… 수사학적 패러다임은 제도화된 정신의학을 심각하게 위협한다. 사스가 정신의학을 비과학적이라고 주장하고, '정상 과학'을 실천한다고 말하는 정신과 의사들이 도저히 수용할 수 없는 낯선 언어를 사용하고, 심지어 오늘날 정신의학은 의료 모형의 보호가 없으면 의료라는 외피를 두른 사회 통제 수단—특히 개인의 자유와 자율을 침해하는 수단—에 불과하다고 보기 때문이다. …… 사스의 첫 책이자 대표작인 《정신병의 신화》는 그의 후기 저작들에 비해 덜 논쟁적으로 쓰였지만, 하버드 법대 교수이자 정신과 의사인 앨런 스톤(Alan Stone)에 따르면 이 책은 "정신과 의사라는 직업에 대한 지속적인 반감을 불러일으켰다."

바츠와 와인버그가 나의 연구에 대한 일반적인 오해를 정확히 지적했다는 점이 특히 유용하다.

일부 학자들은 사스에 대한 반감 때문에 그가 실제로 쓴 내용을 무시하는 것 같다. …… 사스에 대한 자주 반복되는 비판은 그의 기본 관점을 오해한 탓이다. 가령 [변호사] 쇼엔펠드(C. G. Schoenfeld)는 사스가 "다른 정신과 의사들은 신경증 또는 정신이상으로 판단했지만 자신이 정신과 의사로서 면담이나 검사를 하고 나서 완전히 정상이라고 판단한 사람들에 대한 자세한 설명, 병력, 전형적인 사례를 독자들에게 제시하지 않는다"라고 주장한다.[31] 그 밖에 많은 비평가들이 이런저런 형태로 반대 목소리를 낸다. 하지만 쇼엔펠드 같은 반론을 제기하는 자들은 의학 용어의 사용 자체—'신경증 또는 정신이상' 대 '완전 정상'—가 범주 오류*를 구성한다는 사스의 기본 주장에 대한 이해가 부족하다. 쇼엔펠드의 주장은 기존 패러다임 안에서는 이치에 맞지만 그 밖에서는 전혀 맞지 않는다. …… 한 평론가는 "사스의 의견에 동의하는 정신과

---

* '범주 오류(category error 또는 category mistake)'는 어떤 범주에 속한 사물이나 언어를 다른 범주에 속한 것으로 잘못 알고 사용하는 존재론적 또는 의미론적 오류를 말한다. 이 개념을 처음 제시한 영국 철학자 길버트 라일(Gilbert Ryle)은 어떤 사람이 대학을 방문해 단과대학과 도서관 등을 둘러보고 나서 "그런데 대학은 어디에 있나요?"라고 묻는 것이 범주 오류의 사례라고 했다.

의사를 한 사람도 보지 못했고 그의 책을 읽는 것이 완전히 시간 낭비라고 생각해서 안타까웠다"라고 말했다. …… 1989년 어느 인터뷰에서 하버드 법학 교수 앨런 더쇼비츠(Alan Dershowitz)는 이런 말을 했다. "사스는 정신의학과 법률에 엄청난 영향을 끼쳤습니다 …… 고난을 겪는 사람을 직접 본 적이 없다면 정신병 같은 것은 존재하지 않는다는 사스의 주장을 믿지 못할 겁니다." 최근 알려진 한 유명한 책은 사스의 《정신병의 신화》에 근거하여 "정신병은 존재하지 않고 병원화(hospitalization)의 산물이다"라는 견해를 제시했다.

영국의 저명한 의료 역사가 로이 포터(Roy Porter)는 《광기: 짧은 역사(Madness: A Brief History)》를 다음과 같은 구절로 시작한다. "토머스 사스는 《정신병의 신화》(1961년), 《광기의 제조(The Manufacture of Madness)》(1970년)에서 '정신병' 같은 것은 존재하지 않는다고 했다. 그것은 자연의 사실이 아니라 인간의 '신화'였다." 포터는 다음과 같이 설명한다.

"정신의학은 전통적으로 정신병의 진단과 치료와 관련된 의학 전문 분야로 정의된다. 나는 여전히 널리 받아들여지는 이 정의 때문에 정신의학이 연금술과 점성술과 함께 묶이고 유사 과학의 범주에 들어간다고 주장한다." 왜 그런가? 이유는 간단하다. "'정신병' 같은 것은 존재하지 않기 때문이다." 지난 40년 동안 이 견해를 시종일관 주창하고 있는 사스가 보기에 정신병은 과학으로 그 본질을 규명할 수 있는 질병이 아니다. 차라리 정신과 의사들이 자기 직업의 승승장구를 위해 제조하고 사회가 문제 있는 인간을 손쉽게 해결하기 위해 승인한 신화라고 해야 한다. 사스의 주장에 따르면, 지난 수백 년 동안 의료인과 그 지지자는 자기 잇속을 챙기기 위해 사회적 말썽꾼, 별종, 또는 반항아에게 정신의학적 꼬리표를 붙이는 방식으로 '광기 제조'에 관여했다. 그리고 이 낙인찍기의 난장판에서 기질적 정신과 의사〔신경정신과 의사〕*들은 (사스의 주장에 의하면) 무의식을 발명하여 사멸한 정신의 형이상학과 영혼의 신학에 새 생명을 불어넣은 프로이트와 그의 추종자들 못지않게 비난받아야 한다. 몸이나 마음에서—프로이트의 '지하 세계'는 말할 것도 없고—정신병의 병인을 찾으려는 모든 기대는, 사스의 관점에서 보면 범주 오류이거나 순전히 자기기만**이다. '정신병'과 '무의식'은 은유, 그것도 사람들을 현혹하는 은유일 뿐이다. 정신과 의사들은 이런 허무맹랑한 소리를 구체화하여 정신을 유치하게 형상화하거나 전문 지식이 없으면서도 있는 척하며 음습한 전문가 제국주의에 부역하고 있다. 이 모든 것을 고려할 때, 광기와 그 역사에 대한 정신의학의 표준적인 접근법은 수많은 부정한(illicit) 가정과 잘못 설정된 문제*** 때문에 망가지고 있다.[32]

---

* '기질적 정신의학(Organic Psychiatry)'은 신경계 질병으로 인한 정신적 이상을 다루는 정신의학 분야이며, 주로 신경정신의학(Neuropsychiatry)으로 불린다.
** '자기기만(mauvaise foi, bad faith)'은 사르트르 철학의 핵심 키워드 중 하나다. 사르트르는 《존재와 무》(1943년)를 비롯해 여러 저작에서 다양한 방식으로 이 용어를 사용하는데, 그 의미는 (간단하지 않지만) 간단하게 말해 '스스로 진실을 은폐하는 사람의 행위'라고 할 수 있다. 'mauvaise foi'를 직역하면 '나쁜 믿음'이지만, 국내 철학계에서 주로 '자기기만'이라고 옮기는 것은 나쁜 믿음이면서 자기화된 믿음을 의미하기 때문이다.

6

광기에 대한 정신의학의 표준적인 접근법에 내재한 가장 부정한 가정 중 하나는 정신이 병들었다고 불리는 사람을—그가 도움을 원하든 거부하든 관계없이—무조건 정신과 치료가 필요한 아픈 환자로 취급한다는 점이다. 이것은 명백하지만 종종 간과되는 정신의학에 고유한 난제이다. 다시 말해 정신의학이라는 용어는 완전히 다른 두 가지 실천을 가리킨다. 하나는 대화를 통해 '영혼'을 치료-치유하는 것이고, 다른 하나는 국가의 승인과 명령 아래 위력으로 사람을 강압-통제하는 것이다. 비평가, 언론인, 대중은 자의로 찾아온 내담자(client)를 상담해주는 정신의학 시스템과 수감자를 강압하고 면책해주는 정신의학 시스템을 으레 혼동한다.[33]

1967년 정신의학과 국가가 맺은 동맹의 도덕적 정당성을 허물기 위한 나의 노력이 심각한 타격을 입었다. 데이비드 쿠퍼(David Cooper)와 로널드 랭(Ronald D. Laing)이 반정신의학 운동을 창설했기 때문이다. 그들은 시설 정신의학****의 폐지를 주장하는 대신 '반정신의학(anti-psychiatry)'이라는 새로운 정신의학 브랜드를 만들어 그것을 대체하려 했다. 또 반정신의학 같은 극적인 명칭을 사용해 대중의 이목을 끌면서도, 정신의학적 권위와 권력을 이용

*** 수학, 물리학, 공학 등에서 '잘 설정된 문제(well-posed problem)'는 정답이 존재하고 초기 조건이 바뀌면 그 정답도 바뀌는 문제를 말한다. 이와 반대로 '잘못 설정된 문제(ill-posed problem)'는 정답이 존재하지 않고 관찰한 결과를 가지고 원인을 역추적하는 것을 말한다.

한 강압과 면책 등 자신들이 저지른 일은 대중의 이목에서 벗어나게 했다. 그러나 반정신의학은 정신의학의 일종이다. 정신과 의사가 건강 돌봄 전문가라는 말이 사기이듯이 반정신의학 의사가 건강 돌봄 전문가라는 말 역시 사기이다.[34]

"신이시여, 저를 친구들로부터 지켜주소서. 차라리 저는 적들을 보살피겠나이다." 볼테르의 이 격언이 나의 심정을 정확하게 대변한다. 내가 정신의학과 국가의 동맹을 비판한 것은 반정신의학이라는 용어가 발명되고 대중화되기 20년 전부터였는데, 나는 반정신의학 의사라는 오명을 얻었고 비판자들은 나를 '선구적인 반정신의학 의사'라고 간단하게 치부해버린다.

나는 지난 50여 년 동안 정신병이 가짜 질병('비-질병')이고 강압적인 정신의학적 관계는 강압적인 노동 관계('노예 제도')나 강압적인 성 관계('강간')와 다름없다고 주장하고, 정신과 의사로서 비자의적인 시설 정신의학에 반대하고 '정신의학적 노예 제도'와 '정신의학적 강간' 폐지를 옹호하고, 정신병 개념을 비판하는 데 진력했다.

놀랄 것도 없이 내가 정신병원에 감금된 개인들이 자유를 박탈

**** '시설 정신의학(Institutional Psychiatry)'은 1950년대 프랑스에서 시작된 정신의학 개혁 운동이다. 기존의 광인 수용소(insane asylum)나 병원 대신 학교시설이나 종교시설처럼 특정한 목적(돌봄)을 위해 설립한 시설에서 정신장애인을 돌보자는 취지였다. 그리고 감금과 억압에 기반한 정신과 치료를 거부하고 안락하고 쾌적한 환경, 환자의 자유로운 활동과 참여, 의사-환자 그리고 환자-환자의 수평적 네트워크 등 인간적 접근법을 중시했다. 이 운동은 정신과 의사 프랑수아 토스켈(François Tosquelles), 정신과 의사이자 정신분석가 장 오리(Jean Oury), 정신분석가이자 철학자 펠릭스 가타리(Felix Guattari), 정치철학자이자 정신과 의사 프란츠 파농(Frantz Fanon), 과학철학자이자 의사 조르주 캉길렘(Georges Canguilhem) 등이 주도했다.

당한 채 살고 있다고 몰아붙일수록 "정신병은 다른 병과 비슷하고 정신과 시설은 진정한 의료 병원이다"라고 주장하는 정신과 의사들은 더욱 기세를 올렸다. 그들이 강압과 면책을 방어할수록 "정신병의 본질은 은유이고 강압적 정신의학과 합의적 정신의학을 구별하는 것이 중요하다"라는 나의 주장은 더욱 견고해졌다.

타인을 도우려는 사람은 종교적 수단이든 의학적 수단이든 위력을 사용해서는 안 된다. 나는 이런 원칙에 동의하거나 이런 제약을 준수하는 반정신의학 의사를 본 적이 없다. 내 연구를 반정신의학의 한 갈래에 집어넣는 것은 정신의학의 갈래에 집어넣는 것이나 마찬가지다. 그것은 내 연구를 철저하게 배반하는 것이고 부정하는 것이다. 내가 쓴 글들은 정신의학이나 반정신의학과 무관하고 어느 쪽에도 속하지 않는다. 내 글은 개념 분석, 사회-정치적 비판, 시민의 사유, 상식에 속한다. 그래서 내가 정신의학과 반정신의학을 둘 다 열성적으로 거부하고 또 거부하는 것이다.

주류 정신의학계는 나의 정신병 개념 비판을 거부하고 강압을 치료라 하고 면책을 인간적 자비라고 우겼지만, 그런다고 내 연구가 위축되는 일은 전혀 없었다. 오히려 오늘날 '생물학적' 정신과 의사들이 정신병은 뇌질병이 아니고 그럴 수도 없다고 넌지시 인정했다. 이제 잠정적인 질병이 입증된 질병이 되더라도 정신이상이 아니라 신체병으로 분류된다(입증할 증거가 없는 정신이상은 비-질병이 된다). 이런 식으로 정신병의 일종이었던 신경매독이 뇌질병이 되었고, 또 다른 정신병의 일종이었던 동성애는 비-질병으로 분류되었다.

과거 교회와 국가가 동맹을 맺었을 때 사람들은 국가가 승인한 강압을 신학의 이름으로 정당화하는 것을 받아들였다. 오늘날 의학과 국가가 동맹을 맺자 사람들은 국가가 승인한 강압을 치료의 이름으로 정당화하는 것을 받아들이고 있다. 이런 식으로 약 2백 년 전부터 정신의학은 강압적 국가 장치가 되었다. 이런 이유로 오늘날 모든 의학은 개인의 치료에서 정치적 압제로 변질할 위험에 처해 있다.

| 2판 서문 |

모든 책은 자서전의 한 장일 수밖에 없다. 나는 1954년에 이 책을 쓰기 시작했다. 당시는 해군 복무 중이어서 정신분석 업무에만 매달리지 않아도 되던 때라 오래오래 생각하고 있던 것을 글로 옮길 겨를이 있었다. 1957년인가 1958년에 어느 출판업자에게 원고를 보냈지만 그는 오랜 생각 끝에 출판을 거절했다. 그래서 하퍼앤브러더스(Harper&Brothers, 지금의 하퍼앤로Harper&Row 출판사) 의학 분야 책임자 폴 호버(Paul Hoeber)에게 원고를 다시 보냈다. 고맙게도 폴은, 더구나 그 시절에, 당시까지 알려진 정신의학과 정신분석에 관한 거의 모든 것을 반박한 내 책을 출판해주었다.

출판 몇 달 후 뉴욕주 정신위생국 국장은 《정신병의 신화》를 특별히 언급하며 나를 해임하라는 서신을 대학 측에 보냈다. 내가 정신병을 '믿지' 않는다는 이유였다. 그 일 말고도 이런저런 사건이 있었지만 여기서 구구절절 소개하지 않겠다. 한마디로 이 책을 출판하고 나서 우여곡절이 많았다. 나뿐만 아니라 정신의학계도 어느 정도는 이 책 때문에 우여곡절을 겪었다.

솔직히 지금 같으면 이런 식으로 책을 쓰지는 않을 것이다. 그러나 지금도 나는 초판에 대체로 만족한다. 다만 지금 보니 논제 전개 과정이 너무 세세하고, 인용이 너무 많고, 불필요한 기술 용어를 사용한 곳도 더러 있다. 그래서 2판에서는 핵심 주제와 직접 관련이 없는 부분을 모두 없애고, 인용 자료를 줄이고, 가능하면 더 직설적인 문장으로 고쳐쓰기로 마음먹었다. 그렇지만 (이 서문과 각 장의 '요약' 부분을 제외하고) 기존 주장을 새롭게 바꾸거나 주요 자료를 추가하고 싶은 유혹은 물리쳤다. 주된 이유는 그렇게 하면 다시 쓰고 싶은 욕심을 억누르기 어렵고, 부차적인 이유는 이 책에서 처음 제시한 견해를 더욱 세공한 책을 이후에 몇 권 출간했기 때문이다.[1]

이 책에서 제시한 문제를 언급하기는 쉬우나 규명하기는 어렵다. 그 문제에 대한 '정답'을 정의하는 막강한 문화적, 경제적 압력이 존재하기 때문이다. 나의 문제 제기는 다음과 같다. 질병은 무엇인가? 의사의 표면상 업무와 실제 업무는 무엇인가? 정신병은 무엇인가? 병, 진단, 치료의 구성 요소를 누가 정의하는가? 의학과 정신의학의 용어 그리고 의사-정신과 의사와 시민-환자의 권력관계를 누가 통제하는가? 개인은 스스로 아프다고 주장할 권리가 있는가? 의사는 누군가가 정신이 병들었다고 말할 권리가 있는가? 고통을 호소하는 개인과 스스로 아프다고 주장하는 개인은 무엇이 다른가? 개인의 나쁜 행동에 불만 있는 의사와 그런 개인을 정신적으로 아픈 환자로 부르는 의사의 차이는 무엇인가? 독자들이 이 질문에 대답하기 전에, 이 책 내용에 솔깃해 기대에 부풀기 전에, 나의 생각부터 간략하게 제시하겠다.

일반적인 병, 즉 신체병 개념을 확실하게 파악하지 않고는 정신병 개념을 분석하는 것은 불가능하다. 누군가가 아프다고 말할 때 그 의미는 무엇인가? 이 말에는 제법 다른 두 가지 의미가 있다. 첫째, 신체의 비정상이나 기능부전으로 고통받고 있다는 것을 그가 믿거나, 의사가 믿거나, 둘 다 믿고 있다는 의미다. 둘째, 그가 고통에서 벗어나기 위해 의학적 도움을 원하거나 적어도 그런 도움을 수용한다는 의미다. 따라서 '병(illness)'이라는 용어는 첫째 환자, 의사 또는 제삼자가 참 또는 거짓을 구분할 수 있는 비정상적인 생물학적 건강 이상이고, 둘째 가정되거나 정해진 것일 수도 있는 환자의 사회적 역할이다.

우리는 비정상적인 생물학적 건강 이상으로 고통을 겪고 있지 않은 사람을 두고 아프다고 말하지는 않는다. (더구나 그런 사람을 두고 신체적으로 아프다고 말하지 않는다.) 또 그가 스스로 병자 역할을 하시 않는 한 그를 의학적으로 환자라고 생각하지 않을 수도 있다. 그 이유는 현대 서구 의학 실천이 두 가지 암묵적 전제—의사의 일은 신체 이상을 진단하고 치료하는 것, 환자 동의가 있어야 의료 서비스를 제공할 수 있다는 것—에 의존하기 때문이다. 의사는 경제적, 도덕적, 인종적, 종교적, 정치적 아픔이 아니라 신체적 아픔을 치료하도록 교육받는다. (정신과 의사를 제외한) 의사는 시기와 분노, 공포심과 어리석음, 가난함과 아둔함 등 인간을 괴롭히는 온갖 비극을 치료하는 게 아니라 신체병을 치료하길 스스로 원하고 환자 역시 그러길 바란다. 엄밀히 말해 질병이나 병은 신체에만 영향을 줄 수 있다. 따라서 정신병 따위는 전혀 존재하지 않는다. '정신병'이라는 말은 은유다.

오늘날 정신의학 실천을 이해하려면 정신병에 대한 관념이 어떻게 또 왜 발생했는지, 오늘날 정신병이 어떻게 기능하는지 알아야 한다. 정신병 개념은 부분적으로는 누군가 신체병이 없는데도 아픈 척하고 그렇게 행세하는 게 가능하다는 사실에서 발생했다. 우리는 그런 사람에게 어떻게 반응해야 할까? 아픈 사람으로 대해야 할까, 아니면 아프지 않은 사람으로 대해야 할까?

19세기까지만 해도 병을 모방하는—의사가 보기에 진짜 병으로 고통받는 것 같지 않은데 스스로 아프다고 주장하는—사람을 가짜 병자로 간주하고 꾀병자라고 불렀다. 또 의사를 모방하는—의학 권위자가 보기에 진짜 의사 같지 않은데 스스로 병자를 치료한다고 주장하는—사람을 사기꾼으로 간주하고 돌팔이라고 불렀다.

그런데 장 마르탱 샤르코(Jean Martin Charcot), 피에르 자네(Pierre Janet), 특히 지크문트 프로이트(Sigmund Freud)의 영향으로 병 모방과 치료 모방을 바라보는 의료계와 대중의 관점이 변했다. 이때부터 병 모방꾼—가령 중얼중얼 '주문'을 외는 사람—을 진짜 병자로 간주하고 히스테리성 환자라고 불렀다. 또 의사 모방꾼—가령 최면술에 능한 사람—을 진짜 치유자로 간주하고 정신치료사라고 불렀다. 이 같은 오묘한 개념 변질이 더욱 오묘한 의미 변질로 이어졌다. 이를테면 '주문'은 '발작'으로, 돌팔이는 '정신과 의사'로 변질됐다.

이와 같은 정신의학-정신분석 '혁명'의 결과로 아픈 척 행세하는 사람을 아프지 않은 사람으로 생각하면 부끄럽게도 반문명적이라고 말하고 또 유치하게도 비과학적이라고 말하는 지경에 이르렀다. 이제 우리는 그런 사람을 아프다, 확실히 아프다, 정신적으로 아프다고 '알고' '깨닫는다'.

이런 시각은 단순하지만 심각한 오류에서 비롯된 것이다. 실재하는 것과 모방하는 것, 글자 그대로의 의미와 은유로서의 의미, 의학과 도덕을 오판하거나 혼동한 결과이다. 내가 보기에 정신병은 은유로서의 질병이다. 신체병과 정신병의 관계는 고장 난 TV와 유해한 TV 프로그램의 관계와 비슷하다. 물론 '아프다'는 말을 은유적으로 쓸 때가 있다. 예컨대 농담이 '아프다', 경제가 '아프다', 세계가 '아프다' 같은 말이 있다. 그러나 누군가 정신적으로 '아프다'고 말할 때는 은유를 체계적으로 오판하고 전략적으로 오역한다. 그리고 '병'을 '치료'하라며 그를 의사에게 보낸다. 이것은 어떤 시청자가 TV 프로그램을 싫어한다는 이유로 그를 TV 수리공에게 보내는 것이나 마찬가지다.[2]

신체병이 없는 사람이 자신을 아프다고 정의하는 게 가능하듯, 의사는 건강 상태가 완벽하고 치료가 불필요한 사람을 '아프다'고 정의하고 자신이 '환자'의 질병을 치료하는 치료사인 양 행세하는 것도 가능하다. 우리는 그런 의사를 어떻게 대해야 할까? 불량한 참견꾼으로 대해야 할까, 선량한 치유자로 대해야 할까? 그런 의사를 불량한 참견꾼으로 보면 아주 비과학적이고 반문명적인 사람 취급을 받는다. 정신의학의 희생자와 일부 일반 의사를 제외하면, 그런 의사를 주저 없이 치유자, 즉 정신의학 치유자로 생각한다. 이것은 심각한 오류다. 나는 정신의학적 개입이 의료 문제가 아닌 도덕 문제에 초점을 맞춘다고 주장한다. 내담자의 정신의학적 도움 요청과 그에게 강요된 정신의학적 개입의 관계는 자발적으로 고백한 종교적 신념과 우격다짐으로 강요된 종교적 신념의 관계와 비슷하다.

정신병은 질병의 한 종류이고 정신의학은 의학의 한 분야라는 믿음이 널리 퍼져 있다. 그렇지만 사람들은 자신이 '아프다'고 생각하거나 말하기는 쉬워도 자신이 '정신적으로 병들었다'고 생각하거나 말하기는 쉽지 않다. 본문에서 보겠지만, 그 이유는 사실 간단하다. 사람은 슬프다 또는 힘이 솟는다, 사소하다 또는 대단하다, 자살하고 싶다 또는 살인하고 싶다 따위의 감정을 느낄 수 있다. 그렇지만 자신을 정신이 병든 사람 또는 미친 사람으로 분류하지는 않을 것이다. 다른 사람에 의해 그렇게 분류된다. 그래서 신체병은 환자의 동의 아래 치료하지만 정신병은 환자의 동의 없이도 치료한다. (요즘 사적으로 정신분석 또는 정신 치료의 도움을 받으려는 사람들은 대개 자신이 '아프다' 또는 '정신적으로 병들었다'고 생각하지 않고, 자신이 겪고 있는 고충을 삶의 문제로 보고 자신이 받는 도움을 상담의 일종으로 생각한다.[3]) 요컨대 의학적 진단은 진짜 질병을 판단하는 요체지만 정신의학적 진단은 낙인을 조장하는 꼬리표다.

이와 같은 고찰을 중심으로 삼아 이 책은 정신병과 정신의학에 대한 두 가지 상반된 관점을 다룬다. 예나 지금이나 일반적인 관점에 따르면, 정신병은 다른 모든 병과 같다. 정신의학 치료는 다른 모든 치료와 같다. 또 정신의학은 다른 모든 전문 의학과 같다. 그러나 내가 전개하고 규명하려는 관점에 따르면, 정신병이나 정신의학 치료 따위는 존재하지도 않고 존재할 수도 없다. 이른바 '정신의학 치료'라고 부르는 개입은 자의적인 것과 비자의적인 것으로 명확히 구분되어야 한다. 자의적 개입은 어떤 사람이 스스로 바뀌려고 하는 것이지만 비자의적 개입은 어떤 사람을 자기 의사에 반해 바꾸려고 하는 것이다. 또 정신의학은 의료적 사업이 아니라 도덕적, 정치적 사업이다. 이 책은 전자의 오류와 후자의 타당성을 입증하려는 시도다.

개정을 도와준 동생 조지 사스(George Szasz) 박사에게 감사드린다. 그리고 《정신병의 신화》 개정판을 출판하기로 결정하고 준비 과정에 도움을 준 하퍼앤로 출판사와 특별히 휴 밴 더센(Hugh Van Dusen)과 앤 해리스(Ann Harris)에게도 감사드린다.

1973년 7월 1일
뉴욕주 시러큐스
토머스 사스

| 초판 서문 |

10여 년 전부터 이 책을 쓰기로 마음먹었다. 그 무렵 나는 정신과 의사로서 자리를 잡고 있었다. 그런데 시간이 갈수록 당시 통용되던 정신병 개념과 정신병에 대한 추론, 진단, 예후, 치료가 모호하고 일관성 없고 전반적으로 불충분하다는 인상을 받았다. 내가 보기에 정신병 개념―이 개념은 사실상 의학과 정신의학을 역사적으로 동일시한 데서 비롯되었다―은 역사적으로는 합당했을지언정 이성적으로는 전혀 합당하지 않았다. 정신병은 19세기에 유용한 개념이었을지 몰라도 지금은 과학적으로 무의미하고 사회적으로 유해하다.

정신의학의 의학적 기초와 개념 틀에 대한 불만이 어제오늘 일이 아닌데도 문제를 개선하기는커녕 공론화하는 것조차 꺼린다. 정신의학계 안에서 "정신병은 무엇인가?"라고 질문하는 것은 상스럽다. 정신의학계 밖에서도 정신과 의사가 말하는 대로 정신병을 이해하는 경향이 짙다. 그래서 "정신이 병든 사람은 누구인가?"라는 질문에 사람들은 이렇게 대답한다. "정신병원에 감금된 사람이나 정신과 치료소에서 정신과 의사와 상담하는 사람."

어리석은 대답이다. 하지만 각고의 노력이 없으면 이 질문에 더 나은 대답을 하기가 어렵다. 우리는 그런 식으로 질문할 게 아니라 우선 "정신병은 과연 병인가?"라고 물어야 한다. 그리고 정신병을 이해하는 것에서 인간을 이해하는 것으로 목표를 재설정해야 한다.

정신병 문제를 지금 재검토하는 것은 시기적절하고 또 긴급하다. 정신의학적, 심리적, 사회적 쟁점을 둘러싼 혼란, 불만, 긴장이 우리 사회에 존재한다. 오늘날 미국에서 가장 중요한 건강 문제가 정신병이라고 한다. 이 같은 주장을 일목요연하게 입증하는 통계가 있다. 정신병원 병상 수가 50만 개 이상, 정신병으로 고통받고 있다고 추정되는 사람이 1700만 명이다.

신문, 라디오, TV 등 온갖 보도 매체가 정신병 개념을 무분별하게 사용한다. 그들은 아돌프 히틀러, 시인 에즈라 파운드, 정치인 얼 롱 같은 유명 인사를 정신이 병든 사람으로 내몰기도 하고, 때론 가장 지위가 낮고 불운한 사회 구성원 특히 범죄자에게 그런 꼬리표를 붙인다.

정신 치료가 성행하면서 사람들의 치료 욕구도 치솟고 있다. 이제 "정신 치료는 무엇인가?"라는 질문에 대답조차 하지 못할 지경이다. '정신 치료'가 사람들 사이에서 벌어지는 거의 모든 관계를 아우르는 용어가 되었기 때문이다. 정신분석, 집단 정신 치료, 종교 상담, 수형자 재활 등 온갖 활동을 죄다 '정신 치료'라 부른다.

이 같은 혼란을 없애고 정신의학의 공기를 정화하기 위해 이 책을 썼다. 1장과 2장은 정신병 개념의 사회·역사적, 인식론적 뿌리를 적나라하게 드러내는 데 주력했다. "정신병은 무엇인가"라는 질문은 "정신과 의사는 무엇을 하는가"라는 질문과 불가분 관계라는 것을 보여준다. 따라서 나의 첫째 목표는 정신병 개념과 정신의학을 유사 의학으로 바라보는, 근본적으로 '파괴적인' 분석을 제시하는 것이다. 낡은 헌 집을 헐고 멋진 새집을 짓는 것처럼 인간 과학을 위한 '파괴'가 필요하다.

대안 모형도 없이 기존 모형을 철거할 수는 없는 법. 그래서 나는 새로운 관점을 찾아야 했다. 따라서 둘째 목표는 내가 발견한 지식을 '건설적으로' 종합해 제시하는 것이다. 그 지식은 정신병이라는 신화 때문에 생긴 간극을 메우는 데 유용하다. 3장, 4장, 5장은 정신의학, 정신분석, 그 밖의 학문에서 가져온 자료와 나의 관찰과 아이디어에 기초해 체계적인 개인 행위 이론을 제시하는 데 주력한다. 정신의학 이론에는 도덕적 쟁점과 규범적 기준—명시적으로 언급된 인간 행위의 목표와 규칙—이 없어서 정신의학과 그것이 기술하고 설명하려는 현실이 분리되어 있다. 나는 인간 삶에 관한 게임 이론으로 이 같은 결점을 교정하려고 애썼다. 우리는 게임 이론을 통해 윤리적, 정치적, 종교적, 사회적 쟁점과 의학과 정신의학의 전통적인 관심사를 결합할 수 있다.

나는 정신병이 신화라고 주장하지만, 이 책의 목적은 '정신의학의 정체를 까발리는 것'이 아니다. 정신의학과 정신 치료를 믿어야 한다는 책도, 믿지 말아야 한다는 책도 이미 차고 넘친다. 전자는 주로 이런저런 유형의 행위가 왜 그리고 어떻게 '정신병'인지, 또 정신과 의사는 정신병으로 고통받는 사람을 어떻게 도울 수 있는지 보여주려 한다. 후자는 종종 양면 공격을 가한다. 한쪽에서는 정신과 의사가 오히려 "정신적으로 병들었다"라고 주장하고, 다른 쪽에서는 정신 치료는 정신병처럼 심각한 증상을 보이는 병을 '치료'하기에 부적절한 방법이라고 주장한다.

여기서 분명히 밝혀 둘 것이 있다. 나는 정신병 개념이 쓸모없다고 생각하지만, 그런데도 정신의학은 과학이 될 수 있다고 믿는다. 또 정신 치료는 사람―'병'을 고치려는 사람이 아니라 자신, 타인, 삶에 대해 뭔가를 배우려는 사람―을 돕는 데 효과적인 방법이라고 믿는다.

요컨대 《정신병의 신화》는 정신의학 서적도 아니고 인간학 서적도 아니다. 이 책은 사람들 특히 정신과 의사와 환자가 함께 그리고 서로에게 행하는 것을 탐구하는 정신의학에 관한 책이다. 또 사람들이 살아가는 방법에 관한 관찰과 가설을 제시하는 인간 행위에 관한 책이다.

1960년 6월 30일
뉴욕주 시러큐스
토머스 사스

과학은 신화와 함께 그리고 신화 비판과 함께 시작해야 한다.
— 칼 포퍼[1]

| 서론 |

 전통적인 정의에 따르면, 정신의학은 정신병을 진단하고 치료하는 의료 전문 분야이다. 지금도 통용되는 이 정의는 정신의학을 연금술과 점성술 반열에 올려놓고 유사 과학 범주에 끼워 넣는다. '정신병' 같은 것은 존재하지 않기 때문이다. 이제 정신과 의사들은 정신의학을 존재하지 않는 실체 또는 실재 측면에서 정의하거나 자신이 실제로 수행하는 개입 또는 과정 측면에서 재정의할 것인지 선택해야 한다.
 과학의 역사를 보면, 실체 측면에서 사고하는 것이 과정 측면에서 사고하는 것보다 항상 선행했다. 그래서 연금술사와 점성술사는 불가사의한 실체가 있다고 말하면서도 자신이 사용한 방법을 공개 검증하지 않고 감춰 왔다. 정신과 의사들 역시 불가사의한 정신병이 존재한다고 줄기차게 말하면서도 여전히 자신이 무엇을 하고 있는지 명명백백하게 공개하지 않으려고 한다. 그들은 이론가로서든 치료사로서든 실제로 무언가를 하고 있고, 자신이 정신과 의사이며 또 그렇게 인정받아야 한다고 주장한다. 사실 그들은 의사, 심리학자, 정신분석가, 경찰, 성직자, 역사가, 문학비평

가, 친구, 상담역, 교사의 행위를 하거나 그런 역할들이 뒤섞인 일을 할 수 있다. 내과 의사도 자신이 정신 건강과 정신병을 다룬다고 주장하면 정신과 의사로 인정받는 게 보통이다.

그러나 정신 건강이나 정신병 같은 것은 존재하지 않고, 그런 용어는 별의 위치가 개인 행위에 영향을 끼친다는 점성술 개념보다 더 실체적이거나 실제적인 것을 가리키지 않는다고 가정해보자. 그러면 어떻게 될까?

정신의학의 관찰 및 작동 방법

정신의학은 갈림길에 서 있다. 지금까지는 실체나 실재—병, 신경증, 정신증, 치료법 같은—측면에서 사고하는 것이 정신의학의 원칙이었다. 하지만 이제 우리는 다음과 같은 질문을 할 때다. 지금처럼 실체나 실재 측면에서 사고하는 방향으로 쭉 가야 하는가, 아니면 개입이나 과정 측면에서 사고하는 방향으로 돌아서 가야 하는가? 이 질문과 관련하여, 나는 이 책에서 정신의학적 사고의 거짓 실체를 헐어버리고 개인 행위에 관한 과정 이론(process theory)의 기초를 다지려고 한다.

과학, 의학, 정신의학을 포함하여 모든 세상살이에서 사람들이 한다고 말하는 것과 실제로 하는 것이 항상 일치하는 건 아니다. 아인슈타인(Albert Einstein)도 이 같은 불일치를 동료 물리학자들에게 경고한 적이 있다.

이론물리학자들이 사용하는 방법에 대해 무언가를 알아내고 싶으면, 충고하건대 한 가지 원칙을 고수하라. 그들의 말에 솔깃할 것이 아니라 그들의 행위를 눈여겨보라.[1]

행위는 말보다 울림이 크다. 아인슈타인이 제시한 이 원칙이 정신의학 방법과 속성을 이해하는 데 똑같이 적용되지 말라는 법이 없다.

이 원칙은 오늘날 조작주의*라고 불리는 체계적 과학철학의 기초가 되었다.[2] 간단히 말해서 어떤 개념을 조작적으로 정의한다는 것은 실행적(actual)['이론적(theoretical)'과 상대되는 말] 개입 또는 조작을 참조하여 정의하는 것이다. 이 같은 조작적 정의는 대상 또는 관념의 기본적 또는 '본질적' 성질을 참조하는 관념적 정의와 대비된다. 초기 물리학은 플로지스톤이나 에테르 같은 관념적 개념을 사용하여 정의했지만 현대 물리학은 물리적 조작―시간, 온도, 거리 등에 대한 측정―을 통해 개념을 정의한다. 이렇게 조작적으로 정의된 정신의학, 심리학, 사회학 개념은 실행적 개입 및 관찰과 관련이 있어야 한다. 하지만 오늘날 사회심리학은 여전히 전문가가 스스로 주장하는 의도, 관심사, 가치에 따

---

* '조작주의(operationalism, 操作主義)'는 과학적 개념을 물리적 측정, 즉 그 개념과 관련된 절차나 조작을 통해 정의할 수 있다는 주장이다. 쉬운 예를 들자면, 지능지수(IQ)를 측정하여 지능을 정의하거나 도파민 분비량을 계산하여 행복 수준을 정의하는 것 등이다. 미국 물리학자 퍼시 윌리엄스 브리지먼(Percy Williams Bridgman)이 《현대 물리학의 논리(The Logic of Modern Physics)》(1927년)에서 처음 제시한 이후 물리학뿐 아니라 철학(주로 실용주의와 논리실증주의), 행동심리학, 정신측정학 등 여러 학문 분야에 큰 영향을 주었다. 사스는 이 책에서 조작주의를 적극 지지하지만, 현재는 이 견해가 극단적이고 시대에 뒤떨어진 방법론이라는 비판이 많다.

라 개념을 정의하는 경우가 많다. 정신의학의 개념 정의도 이런 식이다.

그래서 정신과 의사가 하는 일이 무엇인가라는 질문을 받으면, 우리가 어떤 유형의 정신과 의사를 떠올리느냐에 따라 그 대답이 달라진다. 실제로 정신과 의사는 온갖 활동에 관여한다. 환자의 신체를 검사하고, 약물과 전기 충격을 처방하고 시행하고, 구속 영장에 서명하고, 사법 당국의 요청을 받아 범죄자를 조사하고, 법정에서 증언하고, 사람들과 상담하고, 고대와 현대의 역사적 사건과 인물을 논평하고, 생화학과 신경생리학에 관여하고, 원숭이나 다른 동물들을 연구하는 등 그들이 하는 일은 거의 무제한이다.

이 책은 정신의학을 특별한 방법론이라 해봤자 고작 '말뿐인(only talking)'—요즘 사람들이 흔히 말하는 이 표현은 조롱 같지만 꽤나 정확하다—학문으로 다룬다. '뿐'이라는 표현은 근거 없는 비난이라고 쳐도, '말'을 모든 종류의 의사소통으로 본다면 이것이야말로 정신의학 방법론의 기초라고 할 수 있다. 하지만 놀랍게도 여기에 동의하는 정신과 의사는 거의 없다. 앞서 지적한 대로 정신 치료사와 정신분석가가 '하는 일'과 '한다고 말하는 일' 사이에는 심한 불일치가 존재한다. 요컨대 그들이 하는 일은 언어, 비언어적 기호, 규칙 같은 수단으로 다른 사람('환자')과 의사소통하고, 자신이 관찰하고 관여하는 의사소통적 상호작용을 분석(토론, 설명, 추론)하고, 어떤 행위는 하라고 어떤 행위는 하지 말라고 충고하는 것이다. 바로 이것이 정신분석가들과 사회심리학을 지향하는 정신과 의사들이 하는 실행적 조작을 정확히 묘사한다고 나는 생각한다. 그러나 그들은 자신이 하는 일에 대해 자신과 타인에게 어떻게 말하는가? 자신이 의사, 생리학자, 생물학자, 심지어는 물리학자인 양 말한다. 그들은 '아픈 환자'와 '치료법', '진단'과 '병원', '본능'과 '내분비 기능', '리비도(libido)'와 '정신 에너지', '자유'와 '구속' 같은 말을 한다. 이 모든 것은 인간 행위 연구와 통제의 특정 측면을 '의료화하기' 위한 속임수이자 구실이다.

정신의학은 의사소통 방법에 기초하고 그것을 활용한다는 점에서 기호논리학, 기호학[3], 의미론, 철학 같은 언어와 의사소통 행위를 연구하는 학문과 공통점이 많다. 그런데도 이른바 정신의학의 문제는 여전히 전통적인 의학 틀 안에서 주조되고 있다. 의학 개념의 골조는 물리학과 화학의 원리 위에서 만들어진 것이기 때문에 예나 지금이나 의학의 과제는 인간 몸의 물리화학적 구조와 기능을 연구하고 필요하면 변경하는 것이어야 한다. 하지만 이런 것으로는 인간의 기호 사용 행위를 설명하거나 이해할 수 없다. 그래서 우리는 잘못된 개념 틀과 용어에 갇히게 된다. 어떤 과학도 언어적 장치가 허용하는 것보다 더 나을 수는 없다. 게다가 정신의학 (그리고 정신분석) 언어는 그 주제를 설명하기에 근본적으로 부정확하다. 그 언어는 진실을 말하기에 앞서 의학을 모방하기에 급급하다. 우리가 도덕적으로 판단하고 사회적으로 기만하는 특성이 있는 전통적인 정신의학적, 정신분석적 어휘에 매달리면 반드시 대가가 따를 것이다. 실제로 우리는 정신의학이 과학적 자기-멸종과 전문가적 자기 파괴라는 대가를 치르면서 환자 위에 군림하는 지배력과 권력의 길로 가는 것을 보고 있다.

현대 정신의학의 인과성과 역사주의

정신분석 이론은 고전물리학의 인과적 결정론 모형을 따라 형성되었다. 하지만 원인이 결과를 결정한다는 전이 논리가 오류라는 것이 최근에 상당히 입증되었다.[4] 특히 내가 주목하는 것은 칼 포퍼(Karl Popper)의 '역사주의(historicism)',[5] 즉 물리학적 결정론의 원리가 인간사에도 특정한 방식으로 적용된다는 논리를 비판한 부분이다. 한마디로 역사주의는 물리학적 사건처럼 역사적 사건이 선행 요인에 의해 완전히 결정된다는 주장이다. 따라서 역사적 예측과 물리학적 예측은 그 본질이 다르지 않으며, 미래 사건을 예측하는 것은 원리상 가능하고 인간 과학이 그런 일을 한다는 것이 역사주의의 관점이다. 포퍼는 플라톤, 마르크스(Karl Marx) 그리고 오늘날 전체주의 독재자와 그 추종자들을 전형적인 역사주의자로 꼽는다.

포퍼는 프로이트를 역사주의 사상가로 에둘러 표현하지만 정신분석을 역사주의적 교의라고 비판하는 데까지는 나가지 않는다. 하지만 정신분석을 비롯하여 전통적이든 현대적이든 많은 정신의학 이론이 개인의 행위가 개인적·역사적 선행 사건에 의해 결정된다고 가정한다는 사실만큼은 분명하다. 그런 이론은 인간 행동을 자유, 선택, 책임 측면에서 설명하는 것을 폄훼하고 심지어 부정한다. 포퍼는 "모든 역사주의 설명은 불가항력적 힘에 의해 미래로 휩쓸려 들어가는 느낌을 표현한다"라고 비판했다.[6] 인간 행동은 무의식에 의해 "미래로 휩쓸려 들어간" 것이라는 프로이트의 심상(心象)은 더할 나위 없는 역사주의적 설명이다. 더구나 정신분석은 '무의식적 힘'을 인간 행동의 원인으로 간주할 뿐 아니라 그런 힘 자체를 본능적 충동과 어린 시절 경험의 결과로 간주한다. 따라서 마르크스주의와 프로이트주의는 인간 행위의 모든 인과작용을 단 하나의 '원인' 또는 상황으로 설명하는 역사주의 교의라는 점에서 흡사하다. 마르크스는 한 사회를 지배하는 경제적 장치를 무수한 인간 사건의 절대적 원인이자 설명으로 꼽았고, 프로이트는 가족·역사적 또는 유전·심리적 상황에 동일한 힘을 부여했다. 포퍼가 보여준 대로 지지할 수 없는, 명백하게 틀린 두 교의가 지금도 널리 인정된다. 물론 특정한 유형의 '비정상적인' 행동은 '정신병'이라는 선행 요인의 작용 '때문'이라는 정신의학의 관점이 법적 승인을 통해 견고하게 지지받고 있다. 프로이트와 그 추종자들은 이런 관점을 모든 유형의 행동에 확대 적용했고, 그의 반대자들 특히 심리학의 행동주의자들조차 이 관점을 수용했다.

내가 인간 행동에 관한 결정론적 시각에 반대하는 것은 과거 경험의 영향을 최소화하려는 의도가 아니다. 사실 그 경험은 중요하다. 다만 인간의 자발적 행동에 대한 설명을 최대화하고—자유, 선택, 책임을 정신의학의 개념 틀과 어휘 속으로 재도입하고—싶을 뿐이다.

인간사에서 그리고 그것을 설명하는 사회과학에서 관찰자와 피관찰자 사이에는 복잡다단한 상호작용이 발생한다. 이것만으로도 포퍼가 적절하게 명명한 '역사주의의 빈곤함(poverty of historicism)'을 충분히 입증할 수 있다. 게다가 사회적 사건에 관한 예측이 오히려 그 사건을 유발하거나 예방하는 데 영향을 줄 수 있다. 자기 충족적 예언은 세상사를 매우 위험하게 예측하는 것이다.

역사주의 이론들이 이토록 부적절한데도 사람들이 여기에 동조하는 까닭은 무엇인가? 역사주의 교의가 과학을 가장한 종교의 기능을 하기 때문인 것 같다. 포퍼의 말을 들어보자.

> 역사주의자들은 변화가 불변의 법칙에 지배받기 때문에 변화를 예측하는 것이 가능하다는 믿음에 매달려 불변의 세계를 상실한 데 대한 보상을 받으려 하는 것 같다.[7]

흥미롭게도 독실한 결정론자이자 역사주의자인 프로이트는 인간이 종교에 매달리는 이유를 비슷하게 설명했다. 자신을 보호해 주는 아버지로 상징되는 어린 시절 가족 세계의 상실을 감내할 능력이 없어서 인간이 종교적 믿음을 고수한다는 것이다.[8] 그래서 인간은 실재하거나 염원하는 아버지와 가족을 대신해서 하늘에 계신 아버지를 창조하여 보호받는 어린 시절을 상상 속에서 모사한다는 것이다. 따라서 전통적인 종교 교의, 정치적 역사주의, 정신분석 교의가 다른 점은 '보호자들'—신과 사제들, 독재자와 그 추종자들, 프로이트와 정신분석가들—의 특성뿐이다.

프로이트는 계시 종교가 아주 유치하다고 비판하면서도 그런 종교가 지닌 닫힌 사회의 특징과 그것을 추종하는 이들의 심리적 특징을 도외시했다.[9] 그래서 자신이 창조한 정신분석 운동의 종교적 성격을 보지 못했고, 정신분석의 모순—역사주의 이론과 반역사주의 치료법으로 구성된 체계—이 생겨났다. 초창기 정신분석이 엉성하게 발전하는 동안에 역사주의가 프로이트와 그 추종자들의 욕구를 채워주었을 것이다. 프로이트에게 역사주의는 예측불허의 변화라는 위협을 몰아내고 안락과 안전을 가져다준 숨은 원천이었을 것이다. 이런 시각은 오늘날 정신분석과 역동정신의학*이 도덕적, 정치적 갈등을 단지 개인의 문제로 은폐하고 위장하는 수단이 된 것과 일맥상통한다.

그렇다면 사회심리학 법칙과 물리학 법칙은 어떤 관계일까? 이 둘은 다르다. 사회심리학의 선행 요인은 물리학의 선행 요인이 그 결과를 야기하는 것과 같은 방식으로 기호를 사용하는 인간 행동을 유발하지 않는다. 사실상 인간사에서 '원인', '법칙' 같은 용어는 글자 그대로의 의미가 아니라 은유적 의미로 인식해야 한다. 또 물리학 법칙이 질량에 따라 상대적이라면 심리학 법칙은 사회적 조건에 따라 상대적이다. 요컨대 심리학 법칙은 사회학 법칙과 무관하게 정식화될 수 없다.

정신의학과 윤리

나는 정신의학을 개인 행위에 관한 연구로 구성된 이론적(theoretical) 과학으로 본다. 그래서 이 책의 관심사는 사람들이 타인이나 자신과 하는 게임의 종류를 묘사하고 해석하고 설명하는 것이다. 이 책은 다음과 같은 질문을 던진다. 사람들은 어떻게 게

---

* '역동정신의학(dynamic psychiatry)'은 정신분석 이론에 기초한 정신의학을 가리킨다. 개인의 '정신역동(psychodynamics)', 즉 정신 내 힘들의 운동과 작용을 분석함으로써 그의 행동과 사고의 동기를 이해하고 치료한다.

임을 배울까? 왜 게임을 할까? 어떤 사람은 예전 게임을 계속하고 어떤 사람은 새로운 게임을 배우는데, 그 조건은 무엇일까?* 물론 실행적 행동이 게임의 본질과 규칙을 유추할 수 있는 자료가 된다. 정신의학은 여러 유형의 인간 행동 중 특히 언어적 형태—즉 관습적인 언어를 통한 의사소통—에 관심을 둔다. 정신의학뿐 아니라 언어학, 철학, 기호학을 비롯한 여러 학문이 언어 게임을 중시하는데, 다만 다루는 측면이 다를 뿐이다. 이를테면 언어학은 언어 게임의 형식 구조를, 철학과 기호학은 언어 게임의 인지 구조를, 정신의학은 언어 게임의 개인적 의미와 사회적 용법을 다룬다.

나는 이런 접근법을 통해 꼭 필요한데도 오랫동안 지연되고 있는 정신의학과 윤리학(철학)의 결합을 희망한다. 인간은 어떻게 살고 있는가, 인간은 어떻게 살아야 하는가 같은 질문은 윤리학, 종교, 철학의 영역이었다. 19세기 후반까지만 해도 심리학과 정신의학은 지금보다 훨씬 더 윤리학과 철학에 가까웠다. 예를 들어 예전에 '도덕철학'으로 부르던 것들 중 상당수를 지금은 '사회심리학' 또는 간단히 '심리학'이라 부른다. 19세기 이후 심리학자들은 자신을 경험주의 과학자로 생각하거나 그렇게 인정받고 있다. 자신의 방법론과 이론이 외견상 생물학자나 물리학자의 그것과 동일하다는 이유에서다. 그러나 위에서 제기한 질문을 다룰 때, 심리학자들이 하는 일은 자연과학자들이 하는 일과는 사뭇 다르다.

---

* 게임 행위와 관련된 인간 행동에 대한 체계적 분석은 5장에 실려 있으나 게임 모형은 이 책 곳곳에서 활용된다. 게임 개념을 간결하게 정의하기는 어렵지만, 게임 상황은 모든 참가자(player)에게 적용되는 지정된 역할과 규칙 체계라는 특징이 있다. (저자 주)

심리학자와 정신과 의사는 도덕 문제를 다루지만, 내가 보기에 의학적 방법으로는 도덕 문제에 도저히 해답을 내놓을 수 없다.

요컨대 정신의학 이론이 인간 행동을 설명하려 하고 정신 치료 시스템이 인간 행동을 변화시키려 하는 한, 모든 개인 행동 이론과 정신 치료에서는 목표와 가치에 관한 진술이 필수 요소가 된다.

정신병 패러다임으로서 히스테리

현대 정신의학이 샤르코의 히스테리와 최면 연구에서 시작되었다고 보면, 그 역사가 대략 백 년쯤 된다. 이른바 정신병에 관한 연구는 어떻게 시작되고 전개되었을까? 정신병을 지금의 형태로 주조하는 데 어떤 경제적, 도덕적, 정치적, 사회적 힘이 작용했을까? 가장 중요하게는 의학, 특히 신체병 개념이 정신병 개념 발전에 어떤 영향을 끼쳤을까?

나는 전환 히스테리(conversion hysteria)를 '정신병'이라는 용어가 나타내는 현상에 대한 역사적 패러다임으로 삼아 이 질문들에 답하고자 한다. 특별히 히스테리에 주목한 이유는 다음과 같다.

첫째 역사 측면에서 히스테리는 샤르코, 자네, 프로이트 같은 신경정신의학 선구자들의 주요 관심사이자 신경학과 정신의학을 구별하는 가늠자였다. 둘째 논리학 측면에서 히스테리는 신체병과 신체병 모방을 구분하여 설명하는 데 유용하다. 의사는—그리고 다른 사람들도—'실재하는' 진짜 병과 '가상의' 가짜 병을 구분할 수 있어야 한다. 사실과 모사, 사물과 기호, 물리학과 심리학,

의학과 도덕을 구별하는 것이 오늘날 정신의학적 인식론의 핵심 문제다. 셋째 심리학과 사회학 측면에서 히스테리는 '정신병'을 가장 적절하게 개념화할 수 있는 수단이 기호 사용하기(sign-using), 규칙 따르기(rule-following), 게임하기(game-playing)라는 것을 잘 보여주는 사례다. 요컨대 히스테리는 (1) 특별한 기호들을 사용하는 비언어적 의사소통 형태이고 (2) 병, 무기력함, 강압의 규칙을 통한 규칙 따르기 행동 체계이며 (3) 지배와 통제라는 목표를 달성하기 위한 기만 전략이 특징인 대인관계 게임이다.

더구나 내가 이 책에서 제시할 히스테리 해석은 적절하게 변용할 경우 모든 '정신병' 그리고 사실상 인간 행동 전반에 적용할 수 있다고 믿는다. 정신병들 사이의 피상적 다양성—가령 히스테리, 우울증, 편집증, 정신분열증의 차이—은 언어들 사이의 피상적 다양성과 비슷한 측면이 있다. 둘 다 현상적 차이 이면에 기본적인 유사성이 내재한다. 언어학에서 특정 어족에 속하는 언어들은 주요 구조와 기능이 유사하다. 그래서 인도유럽어족에 속하는 영어, 프랑스어, 독일어, 네덜란드어는 공통점이 많지만, 이 언어들과 우랄어족에 속하는 헝가리어는 매우 다르다. 정신병에서 히스테리와 꿈꾸기(dreaming)—즉 전환 히스테리의 그림 언어(picture language)와 꿈의 그림 언어—는 도상 기호로 구성된다는 점에서 흡사하지만, 이 둘은 편집증 언어와 다르다. 편집증 언어는 도상 기호가 아닌 보통 언어를 사용한다. 그런데도 편집증 언어가 특징적인 형태와 효과를 나타내는 까닭은 그 언어의 상징이 지닌 특이성 때문이 아니라 보통 언어의 기호가 편집증 언어로 특별하게 사용되기 때문이다.

그러나 히스테리가 정신병이 아니라면—사실은 정신병이라는 것이 전혀 존재하지 않는다면—오늘날 우리는 어째서 '정신병'이라고 부르는 것들을 그 이름으로 부르는 걸까?

정신병의 발명

19세기 중반까지도 병은 곧 신체 이상이고 전형적인 징후는 신체 구조 변형—뒤틀린 사지, 궤양이 생긴 피부, 골절, 부상 같은 가시적인 기형, 질병, 또는 병변—이었다. 이처럼 변형된 신체 구조에 따라 병을 정의했기에 의사는 인체 구조가 비정상적으로 변형되었는지 여부에 따라 질병과 비-질병을 구분했다. 그래서 신체 해부가 허용되자마자 해부학이 의료과학의 기초가 된 것이다. 해부학 덕분에 의사들은 그 이전에는 잘 몰랐던 많은 신체 구조 변형의 원인을 확인할 수 있었다. 신체 조직과 체액을 검사하는 특별한 방법이 개발되면서 그때까지 몰랐던 신체병을 탐지하는 병리학 기술이 획기적으로 발전했다. 아울러 해부학과 병리학의 방법과 기준이 마련되면서 의사들은 물리화학적 완전함에서 벗어난 신체 변형을 확인하고, 병의 징후가 있는 사람과 그렇지 않은 사람을 구분할 수 있었다. 이런 식으로 의사들의 역할이 꾸준하게 확대되었다.

그런데 근대 정신의학은 (그리고 새로운 정신의학적 질병 정의는) 기존의 병리학적 방법으로 질병을 확인하는 것이 아니라 질병을 구성하는 새로운 기준을 창조하는 데서 출발했다는 점을 분명하게 이해하는 것이 중요하다. 신체 구조의 변형이라는 기존의 기준에 신체 기능의 변형이라는 새 기준이 추가되었는데, 전자가 환자의 신체를 관찰하여 탐지하는 것이라면 후자는 환자의 행동을 관찰하여 탐지하는 것이었다. 이것이 전환 히스테리가 정신병이라는 새로운 질병군의 원형(原型)이 된 방법이자 이유이다. 전환 히스테리를 '기질적' 질병과 구분하기 위해 '정신적' 질병으로 적당히 명명하고 '구조적' 질병과 대비해 '기능적' 질병이라고 적당히 호명한 것이다. 따라서 근대 의학이 새로운 질병을 발견했다면 근대 정신의학은 새로운 질병을 발명했다. 신체 마비가 질병으로 증명되었다면 히스테리는 질병으로 선언되었다.

병을 구성하는 기준이 이렇게 바뀐 것은 대단히 중요한 문제다. 그 영향으로 신체에는 아무런 손상이 없는데도—즉 옛날 기준으로 보면 건강한데도—통증과 마비 증세를 호소하는 사람이 '기능성 병'으로 고통받는다고 선언되기 때문이다. 이런 식으로 히스테리가 발명되었다. 이런 식으로 모든 정신병이 발명되었다. 모든 정신병은 사람들의 이런저런 불평이나 기능-행동 변형에 근거하여 정의되었다. 이런 식으로 억지스럽게 신체병과 정신병이 비슷한 병으로 구성되었다. 마비가 구조적 뇌질병으로 간주되듯이 히스테리 같은 정신병도 기능적 뇌질병으로 여겨졌다. 그 결과 오늘날 이른바 기능적 질병은 구조적 질병과 동일한 범주에 속하고, 자발적 위조라는 기준에 따라 모방 병 또는 가짜 병과 구별되었다. 히스테리, 신경쇠약증, 우울증, 편집증 따위가 사람에게 발생하는 질병으로 간주되었다. 정신이 병든 사람은 '의도적으로' 병리적 행동을 한 것이 아니기 때문에 자기 행동에 대한 '책임이 없다'고 간주되었다. 이러한 정신병은 자발적으로 병을 모방하는 꾀병과 전혀 달랐다. 급기야 오늘날 정신과 의사들은 꾀병조차 정신병의 일종이라고 주장하기에 이르렀다. 여기서 질병에 대한 논리적 부조리가 드러난다. 감쪽같이 꾀병을 부리면 그것도 질병이라니?

이것은 질병 발명과 질병 발견을 혼동하여 생긴 불가피한 결과이다. 신체병을 발견하는 일은 확립된 기준에 따라 경험적 증거를 제시해야 하기 때문에 관찰자가 연구한 모든 현상이 질병이 될 수 없지만, 정신병을 발명하는 일은 확립된 기준에 따라 경험적 증거를 제시하지 않아도 되기 때문에 관찰자가 연구한 모든 현상이 질병이 될 수 있다.

1편

정신병의 신화

1부

신화의 성장과 구조

1장
샤르코와 히스테리 문제

근대 히스테리 개념은 꾀병에서 유래했고, '히스테리'를 의학적으로 합법적인 병으로 확립하는 데 일등 공신은 샤르코였다. 따라서 샤르코의 연구를 검토하는 것에서 출발하여 히스테리 개념이 전개되는 과정을 추적하겠다.

샤르코와 히스테리

장 마르탱 샤르코(1825~1893)는 프랑스 신경과 의사이자 신경병리학자였다. 그러니까 신경계 질병이 전문인 내과 의사였다. 이 말의 의미를 정확히 파악하려면, 그 당시 샤르코 같은 의사가 무엇을 했는지, 어떻게 의술을 펼쳤는지, 그가 한 일이 오늘날 의사들이 하는 일과 어떻게 다른지 이해하는 것이 중요하다.

백 년 전 내과 의사들에게는 환자를 도울 수 있는 효과적인 치료법이 사실상 없었다. 특히 신경과 의사들이 그랬는데, 그들은 치료할 수 없었던 질병들을 거의 도맡았다. 샤르코는 의사이자 소르본대학 병리해부학 교수였다. 그는 교수로서 학생을 가르치고 과학을 연구하는 동시에 살페트리에르(Salpêtrière) 병원에서 환자를 돌봤다. 하지만 그가 한 일은 현대 의학의 관점으로 보면 치료라고 할 수 없었다. 기질적 신경병이 있든 없든—당시에는 그런 구분조차 어려웠다—샤르코의 환자들 대부분은 아파서라기보다 가난하다, 쓸모없다, 또는 타인을 불안하게 만든다는 이유로 병원에 수용된 이들이었다. 경제적, 사회적, 정치적 관점에서 그 환자들은 오늘날 '주요(major)' 정신이상 진단을 받고 정신병원에 감금된 자들과 처지가 비슷했다.[1] 그들은 가족의 보살핌을 받지 못한 자들이었다. 우선 집안이 너무 가난하고, 또 환자를 가정에서 돌보는 것보다 병원에 보내는 것이 오히려 더 저렴하기 때문이었다. 가족이 돌볼 형편이 되더라도 너무 공격적이거나 골칫거리여서 수용된 환자도 있었다. 샤르코가 돌본 수용 환자들은 하층민이 압도적으로 많았기 때문에 환자의 사회적 지위가 의사의 사회적 지위보다 훨씬 낮았다.

그러면 샤르코는 환자를 어떻게 대했을까? 샤르코가 죽자 프로이트는 자신의 위대한 스승을 추모하는 글을 썼는데, 여기서 그 대답을 추론할 수 있다.

만성 신경병으로 고통받는 많은 환자들에 대한 처분권이 있었기에, 그는 자신의 특별한 재능을 마음껏 발휘할 수 있었다. 깊이 사고하거나 사색적인 유형도 아니었지만, 예술적인 재능만큼은 탁월한 사람이었다. 자신의 말마따나 그는 '안목'이 있었다. 그는 우리에게 자신의 연구 방식을 이렇게 설명했다. 이해할 수 없는 사물을 보고 또 보고, 불현듯 그 정체를 이해할 때까지 그 사물의 인상을 매일매일 심화시킨다. 이렇게 하면 동일한 증상들이 일정하게 반복되면서 혼돈 속에서 확연한 질서가 마음의 눈앞에 드러난다. 특정한 증후군들을 일정한 방식으로 조합하면 새로운 임상 양상*이 모양을 갖춘다. 그다음 상세한 개념도를 통해 완전하고 최종적인 사례, 즉 '병형(type)'을 판별하면, 마음의 눈은 여기서 출발하여 길게 늘어선 덜 중요한 사례, 즉 불완전 병증(forme fruste) ─ 병형의 어떤 특징을 약간 보이다가 점차 불명확해지는 병증 ─ 을 훑고 내려간다. 그는 이런 방식의 정신 연구에서 독보적인 존재였고, 이것을 '질병 기술학의 실천(practising nosography)'이라고 부르며 자랑스러워했다.[2]

샤르코가 말한 '질병 기술학의 실천'은 인간의 고통을 도표화하고 그것을 의학 용어로 목록화하는 그의 작업을 적절한 표현으로 설명한다. 생물학자가 정체불명의 세균을 아무리 잘 설명해봤자 미생물학에 아무런 도움이 되지 않듯이, 샤르코의 설명은 병명을 알 수 없는 환자에게 전혀 도움이 되지 않았다. 그런 정보가 이후에 어떤 용도로 사용되는가에 따라 목록화된 대상에 도움이 될 수도 있고 오히려 해가 될 수도 있다.

그래서 프로이트는 이렇게 말한다.

자신이 연구하고 설명한 다양한 동물들이 서식하는 파리 식물원 입구에 동상으로 서 있는 조르주 퀴비에(Georges Cuvier)를 우

---

* '임상 양상(clinical picture)' 또는 '임상 표현(clinical presentation)'은 환자의 증상, 징후, 임상적 진단을 종합하여 제시하는 의사의 질병 해석을 말한다.

리가 쳐다보듯이, 샤르코와 함께 살페트리에르 병원—그가 명명하고 정의한 것들 대부분을 임상적 사실로 전시한 박물관—구석구석 회진을 돌던 제자들은 그를 퀴비에처럼 우러러보았다. 또 어쩌면 그를 보면서 아담 신화를 떠올렸을지도 모른다. 아담 역시 야훼의 인도를 받아 에덴동산의 피조물을 명명하고 분류하면서 샤르코가 그토록 높이 평가한 지적 희열을 가장 완벽한 형태로 경험했을 것이 틀림없다.[3)]

샤르코와 프로이트에게 환자들은 분류하고 잘 처리해야 할 대상 또는 사물에 불과했다. 이것은 병자에 대한 매우 비인간적인 시각이다. 하지만 지금도 의사들은 사람 대신 '사례(case)', '임상 재료(clinical material)' 같은 말을 종종 사용하면서 똑같은 편견을 무심결에 드러낸다.

샤르코의 유일한 임상적 관심사는 신경학적 질병—신경계 질병—을 정의하고 설명하고 분류하는 것이었다. 그러려면 어떤 현상이 그런 질병을 구성하는지, 또 어떤 현상이 그런 질병을 구성하지 않는지 확인해야 했다. 지질학자라면 반짝이는 여러 광물 속에서 구리와 황금을 구별할 수 있어야 하듯이, 신경과 의사-질병 기술가(nosographer)〔질병을 분류하고 그 특성을 기술하는 사람〕는 다발성경화증, 소모증, 히스테리를 구분할 수 있어야 한다. 샤르코는 어떻게 그런 일을 했을까?

샤르코가 살던 당시 가장 중요한 수단은 임상 검사를 제외하면 죽은 사람의 뇌를 연구하는 것이었다. 프로이트는 샤르코의 분류학 연구 방식에 대한 흥미로운 단면을 증언한다.

샤르코는 학창 시절에 우연히 날품팔이 여자를 만났다. 그 여자는 특이한 손떨림 증상으로 고생했는데, 직장을 구할 수 없을 정도였다. 샤르코는 처음에는 '무도병에 의한 마비'라고 생각했다. [프랑스 신경학자] 기욤 뒤셴(Guillaume Duchenne)이 무도병을 규명한 뒤였지만 그 병의 기원은 아무도 모르던 시절이었다. 그 여자가 접시를 깨는 등 샤르코의 소소한 재물을 축냈지만, 그는 아랑곳하지 않고 몇 년 동안이나 관찰했다. 그러다가 마침내 그 여자가 죽자 샤르코는 부검을 통해 '무도병에 의한 마비'가 다발성측삭경화증의 임상적 발현이라는 것을 입증했다.[4]

프랑스 신경학자 조르주 길랭(Georges Guillain)이 쓴 샤르코 전기를 보면 지금까지 묘사한 전경과 일치하는 추가 정보를 꽤 얻을 수 있다.[5] 이를테면 샤르코는 최상류층으로 진입했다. 그는 프랑스 강베타 총리와 러시아 니콜라스 대공의 친구였고, 프랑스-러시아 동맹의 기반을 닦은 사람으로 평가받는다. 누구 말을 들어봐도 그는 귀족 독재를 열망했다. 그런 샤르코와 가난하고 못 배운 환자의 관계가 어떠했는지 짐작하고도 남는다.

스웨덴 정신과 의사 악셀 문테(Axel Munthe)의 빼어난 자서전 《산 미켈레 이야기(The Story of San Michèle)》를 보면,[6] 다소 미화되었지만 샤르코가 수행한 연구의 인간적 면모를 자세히 들여다볼 수 있다. 특히 눈길이 가는 대목은 가난한 집에서 벗어나려고 일부러 히스테리성 증상을 보인 시골 소녀의 일화다. 문테는 그 소녀가 살페트리에르 병원에서 '치료'받으며 줄곧 쓸모없는 존재로 살았는데, 어떤 면에서는 샤르코가 소녀를 감금했다고 생각했다. 그래서 소녀를 '구출'해서 자기 아파트로 데리고 가서 잘 타일러 집으로 돌려보낼 참이었다. 하지만 소녀는 고향에서 촌뜨기로 사느니 차라리 살페트리에르에서 히스테리성 환자로 살고 싶어 했다. '정상적인' 생활보다 병원 생활이 더 흥미진진하고 보람 있다고 생각한 것이다. 문테가 미처 생각지 못한 뜻밖의 일이었다.

이 일화에서는 샤르코 치하의 살페트리에르 병원이 특별한 유형의 사회 시설이었다는 점도 확인된다. 그 병원은 오늘날 주립 정신병원과 닮았을 뿐 아니라 군대나 종교 단체와 비슷한 기능을 수행했다. 다시 말해서 살페트리에르 병원은 수용자들에게 보통의 사회 환경에서 맛볼 수 없었던 어떤 안락함과 만족감을 선사했다. 하지만 샤르코와 의사들은 환자들의 지배자로 군림했다. 그들의 관계는 친밀함과 믿음이 아닌 두려움, 외경심, 기만에 근거했다.

신경병리학 지식이 깊어지고 명성이 높아지자 샤르코는 점차 신경학적 이상이 있는 사람보다 그런 이상을 모방하는 사람에게 더 많은 관심을 기울이기 시작했다. 후자는 관찰자의 관점에 따라 히스테리성 환자로 분류되기도 하고 꾀병 환자로 분류되기도 했는데, 샤르코는 '히스테리성 환자' 꼬리표가 붙은 사람을 상대적으로 더 존중하고 진지한 연구 대상으로 삼았다. 그런 사람은 의사를 골리거나 고의로 못된 행동을 하려는 게 아니라 병으로 고통받고 있다고 생각한 것이다. 이것이 히스테리와 꾀병의 개념을 구분하는 유일하지는 않지만 가장 기본이 되는 조건이 되었다. 샤르코의 연구에 관한 프로이트의 설명을 더 들어보자.

그는 기질성 신경병에 관한 이론은 이제 어느 정도 완성되었다고 말했다. 그리고 히스테리로 관심을 돌리더니 불현듯 거기에 몰두하기 시작했다. 그 무렵 히스테리—의사들이 주목할 만한 관점이 한 번도 제시된 적이 없었다—는 가장 불가사의한 신경병이었던 탓에 극심한 불신의 대상이었고, 그 오명이 환자뿐 아니라 급기야 그런 신경증을 치료하는 의사에게 전가되었다. 히스테리 문제를 해결할 수 있는 무슨 방도가 생길 것이라는 이야기가 많았지만, 정작 환자들은 그게 무엇이든 전혀 믿지 않았다. 그런 시절에 샤르코는 우선 환자를 존중했다. 그 시골 소녀는 이야기할 때 점차 히스테리성 환자에게 으레 나타나는 냉소적 태도에 빠져들었다. 샤르코가 자신의 모든 권위를 걸고 히스테리 현상의 실재와 객관성을 지지했던 탓에 그 소녀는 이제 꾀병자가 아니었다. [즉 진정한 히스테리성 환자가 되었다.][7)

위 인용문은 히스테리 연구가 샤르코의 명성 때문에 어떻게 예단되었는지 잘 보여준다. 그래서 일부 결정적인 쟁점들이 흐릿해졌고 지금이라도 그 쟁점들을 다시 검토해야 한다. 샤르코가 '히스테리'로 관심을 돌렸다는 간단한 진술조차 그것이 환자의 문제라고 암묵적으로 가정하고 있다. 히스테리는 기질성 신경병과 달리 어떤 사람이 '기능성 신경병'을 가졌다는 포고(fiat)에 의해 결정되었다. 또 그런 '병'은 대부분 '히스테리'로 명명되었다. 여기서 프로이트의 흥미로운 진술을 되새겨보자. 프로이트는 샤르코의 권위 때문에 히스테리는 이제 꾀병으로 진단되지 않았다고 했다. 그는 샤르코가 꾀병 범주보다 히스테리 범주를 선호했다는 증거나 이유를 제시하지는 않았다. 그 대신 명시적으로 말하지는 않았지만 샤르코의 윤리적 사고방식을 강조했다.

살페트리에르 병원 강당에는 [프랑스 병리학자이자 현대 정신의학의 선구자] 필리프 피넬(Philippe Pinel)을 기리는 그림이 한 장 걸려 있는데, 샤르코는 그림 속에서 광인 여성의 쇠사슬을 풀어주는 피넬의 역사적 행위를 소규모로 되풀이했다. 의사들은 진지한 신경증 연구의 걸림돌이었던 가난한 환자들에게 기만당할 수 있다는 막연한 두려움에서 벗어났고, 이제 문제를 가장 빨리 해결할 수 있는 절차가 현안으로 떠올랐다.[8]

이 장면이 역사적으로 중요한 까닭은 두 가지다. 첫째 이 장면은 이른바 '정신병' 연구의 시작을 알리는 것이고, 둘째 내가 근대 정신의학 발전 과정에서 드러난 중요한 논리적, 절차적 오류라고 생각하는 것들이 이 장면에 포함되어 있기 때문이다.

모든 형태의 시련은 병인가?

프로이트는 샤르코를 피넬에 버금가는 업적을 남긴 의사로 평가했다. 그러나 내가 보기에 피넬이 정신과 환자들을 지하 감옥에서 풀어준 것은 정신의학적 업적이 전혀 아니다. 그것은 도덕적 업적이다. 그는 정신과 환자도 인간인 이상 적어도 원칙적으로는 프랑스대혁명의 원동력인 권리와 존엄성을 누릴 자격이 있다고 주장했다. 그렇지만 환자는 아픈 사람이기 때문에 더 나은 대우를 받아야 한다고 주장하지는 않았다. 그 당시 병자의 사회적 역할은 지금보다 훨씬 못했으니, 병자라는 이유로 더 나은 대우를 요구해 봤자 소용이 없었을 것이다.

따라서 피넬이 정신과 환자를 풀어준 것은 혁신적인 의료 조치라기보다 사회 개혁 조치로 봐야 한다. 이 둘은 큰 차이가 있다. 예를 들어보자. 제2차 세계대전 때 군인들의 성병 감염을 군기 위반에서 제외한 것은 사회 개혁 조치였다. 반면에 동일한 문제에 대처하기 위해—즉 성병 감염을 통제하기 위해—페니실린을 발견한 것은 과학적 발견이었다.

샤르코가 히스테리를 꾀병이 아니라 병이라고 주장하면서 어떤 일이 벌어졌을까? 히스테리를 지닌 사람들의 장애를 없애기는커녕 그들을 '병자'로 만들었을 뿐이다. 섣부른 지식이 위험하듯 이런 유형의 진단은 위험할 수 있다. 병자와 조력자 모두 그 상황을 기정사실로 받아들이고, 아주 불만족스러운 상황에서도 거기에 안주하며 살도록 만들기 때문이다. 샤르코와 비교되는 또 다른 프랑스 의사 조제프 이냐스 기요탱(Joseph Ignace Guillotin)이 이 점을 잘 보여준다.

기요탱은—매우 의심스럽지만—인간 복지에 기여한다며 기존의 단두대를 개조했고 그 사용을 옹호했다. 결과적으로 과거 방식보다 상대적으로 고통이 적은 따라서 덜 잔인한 사형 방식이 만들어졌다. 오늘날 미국의 가스실과 전기의자는 단두대와 밧줄을 계승한 것이다. 관점에 따라 기요탱의 발명품은 인간적일 수도 있고 비인간적일 수도 있다. 덜 고통스러운 사형 집행이라는 시각에서 보면 인간적이지만, 사형 집행인과 그 명령권자가 사람을 더 쉽게 죽일 수 있다는 점에서는 비인간적이다. 샤르코가 한 일도 이와 비슷하다. 요컨대 기요탱은 사형수가 더 쉽게 죽을 수 있도록 만들었고, 샤르코는 괴로워하는 사람, 즉 꾀병자를 더 쉽게 병자로 만들었다. 희망 없는 자와 의지할 데 없는 자를 이렇게 다루는 것이 진정한 업적일까? 나는 기요탱과 샤르코의 개입은 해방의 행위가 아니라 마취 또는 진정 조치였다는 생각을 지울 수 없다.

요컨대 샤르코와 기요탱은 사람들—특히 사회적으로 짓밟힌 사람들—이 더 쉽게 병자나 망자가 되도록 했다. 그 사람들이 더 쉽게 건강해지거나 생존하도록 한 게 아니다. 그들은 자신의 의학 지식과 명성을 이용하여 사회가 원하는 이미지로 그 사회를 형성하는 데 일조했다. 효율적이고 고통 없는 사형 집행은 기요탱이 살던 사회의 이미지에 꼭 들어맞았다. 19세기 후반 유럽 사회는 거의 모두 장애—특히 히스테리처럼 신체 이상과 흡사해 보이는 장애—를 병으로 간주할 태세였다. 샤르코, 에밀 크레펠린(Emil Kraepelin), 요제프 브로이어(Josef Breuer), 프로이트 등 많은 권위자들이 당시에는 '히스테리'라고 불렀고 지금은 '정신병' 문제라고 부르는 이 사회적 자기 강화 이미지를 선전했다. 물론 오늘날 의학과 정신의학 견해의 무게 중심 역시 이런 이미지를 지지하고 확장하는 쪽으로 기울어 있다.

이런 사건들이 오늘날 이른바 정신이 병든 사람에 관한 인식과 실천에 많은 영향을 끼쳤다. 불행해하거나 괴로워하는 사람을 아프다고 옹호하고 실제로 그렇게 주장하는 것—즉 암으로 고통받는 사람을 아프다고 하는 것과 똑같은 의미와 방식으로 그런 사람도 아프다고 하는 것—은 얼핏 보면 인간적이고 선한 의도처럼 보인다. 자신이 통제할 수 없는 진짜 병 때문에 괴로워하는 사람으로 존중받게 하려는 의도 아닌가! 하지만 실상은 그렇지 않다. 이와 같은 의미론적, 사회적 재분류를 통해 고통받는 사람을 오명에서 구제한다고 하지만, 이런 술책에는 그를 동일한 종류의 오명 속으로 다시 빠뜨리는 은밀한 돌덩이가 달려 있다. 인생의 고난을 드러내거나 그 고난으로 장애를 겪는 개인에게 '정신이 병들었다'는 꼬리표를 붙이면, 그는 정신과 의사들이 다루는 현상이 사실은 도덕적, 정치적이라는 것을 제대로 인식하지 못한다.

일부 꾀병자를 히스테리성 환자로 불러야 한다고 선언하면서 발생한 또 다른 오류는 기질성 신경학적 질병과 이것과 닮은 현상의 유사점과 차이점이 모호해졌다는 것이다. 히스테리를 분석할 때, 우리는 히스테리와 신경병의 유사점과 차이점 중 어느 쪽을 강조할지 선택할 수 있다. 사실 이 둘은 쉽게 구별된다. 신경병 같은 신체병과 히스테리는 환자가 겪는 불편함, 임상 양상, 장애 측면에서는 유사하지만 신체 검사, 실험실 조사, 부검을 통해 발견되는 경험적 증거는 차이가 난다. 하지만 이 같은 유사점과 차이점이 정확히 대비되지는 않는다. 아프다며 불편을 호소하는 사람, 아픈 것처럼 보이는 사람, 또는 장애를 겪는 사람—또는 이 세 가지 특성을 모두 드러내는 사람—이라고 해서 모두가 물리화학적인 신체 이상이 있다고 생각할 이유는 전혀 없다! 이상 증세와 신체 질병이 관계가 있을 수는 있지만 그 관계는 경험적이어야 하지 논리적이어서는 안 된다. 이것이 맞다면, 우리가 히스테리를 정의할 때 유사점을 강조하여 병의 범주에 둘 것인지 아니면 차이점을 강조하여 비-병의 범주에 둘 것인지는 결국 과학적 선택을 할 것인지 아니면 사회적 선택을 할 것인지의 문제가 된다.

정신의학의 이중 기준

지금까지 19세기 후반 정신의학 종사자들에게 영향을 준 가치관을 규명하기 위해 히스테리 문제를 분석했다. 나는 샤르코가 환자를 대하는 태도를 통해 다음을 보여주려 했다. 첫째 그는 자신을 환자의 대리인으로 생각하지 않았고, 둘째 그의 주요 목표는 특정한 질병에 대한 정확한 정의였다는 사실이다. 결과적으로 샤르코는 자신이 연구한 모든 현상을 신경학적 이상으로 정의하려 했던 것이다. 비록 이런 노력이 아무런 성과도 거두지 못했더라도, 적어도 그것은 그가 이런 현상에 주의를 기울이고 이에 대해 신인한 것을 정당화하는 것이었다. 이런 측면에서 보면, 샤르코 집단과 히스테리의 관계는 오늘날 물리학자들과 핵전쟁의 관계와 일맥상통한다. 전쟁에서 핵에너지가 사용된다고 해서 물리학에서 국제적인 갈등이 문제가 되지 않듯이, 인간 행동에 뇌가 사용된다고 해서 의학에서 도덕적, 인간적 갈등이 문제가 되지는 않는다.

요컨대 과학자의 명성—샤르코 같은 자의 명성이든 아인슈타인 같은 자의 명성이든—은 권력으로 사용될 수 있다. 그런 권력을 지닌 과학자는 더 많은 사회적 목표를 완수할 수 있다. 이것은 과학자가 자신의 명성을 내세워 자기 견해와 충고가 옳다고 주장할 수 있는 강력한 유인이 된다! 샤르코의 경우 신경병리학자로서 명성이 있었기 때문에 그가 연구한 히스테리 사례들은 기질성 신경병이라는 전제 위에 놓이게 되었다. 그렇지 않고 당시 히스테리와 최면술을 인간관계와 심리학의 문제로 다루었더라면, 누가 샤르코의 견해를 권위 있게 받아들였겠는가? 그는 그런 분야에는 문외한이었다. 그런 비의학적 사안에 대해 그가 이러쿵저러쿵 말하며 공공연하게 아는 체했더라면 심한 반대에 직면했을 것이다.

이 같은 역사적 전개 과정은 정신의학의 이중 기준에 뿌리를 두고 있고 지금도 여전하다. 여기서 이중 기준은 의사가 의료 실천 과정에서 맞닥뜨리는 특정한 사건에 대한 이중 지남력*을 말한다. 샤르코가 비공식적으로 히스테리에 대해 한 말을 들어보면 이중 기준 현상이 무엇인지 알 수 있다.

샤르코가 주최한 저녁 모임에서 나는 우연히 이 위대한 스승 곁에 잠시 서 있었다. 그는 〔프랑스 병리학자〕 폴 브루아르델(Paul Brouardel)에게 낮 진료 시간에 있었던 흥미로운 이야기를 하는 중이었다. 전반부는 듣지 못했지만, 나는 점점 그 이야기에 빠져들었다. 동양에서 온 젊은 부부에 관한 이야기였다. 아내는 심한 히스테리로 고통받고 있었고 남편은 발기부전이거나 섹스에 매우 서툰 사람이었다고 한다. 샤르코는 "그러니까 체면을 버리라니까요. 장담하는데, 그러면 성공해요."라는 말을 되풀이했다. 브루아르델은 샤르코처럼 큰 소리로 말하지는 않았지만, 놀란 표정으로 아내 증상이 그런 문제 때문에 생긴 것일 수 있다고 맞장구쳤다. 샤르코는

---

* 정신의학과 심리학에서 말하는 '지남력(orientation)'은 자신과 자신을 둘러싼 시간, 공간, 상황을 인지할 수 있는 능력이다. 여기서 '이중 지남력(double orientation)'은 사적 참조 시스템과 공적 참조 시스템 사이를 오락가락하며 혼동하는 상태를 말한다.

그 말에 돌연 반색하더니 이렇게 말했다. "그런 경우는 항상 생식기가 문제지. 항상…… 항상." 그러고 나서 그가 잘하는 특유의 방식으로 팔짱을 끼고 배를 감싸 안은 채 까치발로 몇 차례 폴짝폴짝 뛰었다. 나는 놀라서 잠시 멍하니 쳐다보다가 이렇게 중얼거렸던 게 기억난다. "알고 있으면서도 곧이곧대로 말하는 것을 한사코 꺼리는 이유가 무엇일까?" 하지만 그 장면은 이내 뇌리에서 사라졌다. 온통 뇌 해부와 히스테리성 마비 유도 실험*에 매달리던 시절이었다.[9)]

샤르코는 왜 그렇게 옹고집이었을까? 그는 누구와 논쟁했을까? 자기 자신과! 샤르코는 히스테리가 신경계 질병이라는 자신의 믿음이 자신을 속이는 짓임을 잘 알고 있었을 것이다. 여기에 이중 기준이 존재한다. 히스테리를 기질성으로 보는 관점은 사회적 전략에 따라 결정된다. 이 견해를 고수하면 보상을 받는 쪽으로 의료 게임(medical game) 규칙이 정의되어 있기 때문이다. 한편 히스테리를 심인성으로 보는 관점을 고수하려면 의사는 진실에 충실하고 환자와 자신을 동일시하거나 환자에게 감정이입을 해야 한다. 이 같은 이분법은 현대 정신의학의 두 가지 핵심 방법, 즉 물리화학적 방법과 사회심리학적 방법에 반영되어 있다. 하지만 샤르코와 프로이트 당대는 물리화학적 방법만 과학과 의학의 범주로 인정하고 사회심리학적 방법은 야바위나 돌팔이 취급을 했다.

---

* 샤르코는 최면술을 이용하여 의사로서 히스테리성 마비 또는 경련을 완화하는 치료를 했지만 교수로서는 거꾸로 그런 증세를 유도하는 실험을 통해 학생들을 가르쳤다.

또 기질성, 즉 물리화학 관점은 히스테리가 다발성경화증, 뇌종양(특히 초기 단계) 따위와 구별하기 어려운 경우가 많다는 사실에 의해 결정되었고 지금도 마찬가지다. 거꾸로 신경병 환자가 히스테리성 행동이나 다른 유형의 정신병 징후를 보일 수도 있다. '기질성' 병과 '심인성' 병의 이른바 감별 진단(differential diagnosis)은 뇌-신화적(brain-mythological) 요소에서 벗어난 체계적인 개인 행동 이론을 가로막는 주요 방해물의 하나다.

꾀병 문제는 다음 장에서 자세하게 다루겠지만, 여기서 샤르코가 히스테리와 꾀병 부리기의 관계를 바라보는 방식에 대해 몇 마디 하고 넘어가겠다. 어느 수업 시간에 샤르코는 이렇게 말했다.

꾀병 부리기에 대해 몇 마디 하자면, 그것은 모든 히스테리 국면에서 발견된다. 특히 심한 신경증의 영향을 받고 있는 여자가 누군가를 속이려고 계략, 교묘함, 불굴의 집요함을 보일 때면 경탄할 때가 있다. …… 특히 그 속임수의 희생자가 의사일 때는 더욱 그렇다.[10)]

샤르코의 명성이 하늘을 찌를 당시에 이미 프랑스 정신과 의사 이폴리트 베른하임(Hippolyte Bernheim) 같은 사람들은 히스테리 현상이 암시(suggestion) 때문이라고 주장했다. 또 샤르코의 히스테리 논증이 사기일 수 있다는 주장도 제기되었는데, 그런 혐의가 훗날 사실로 입증되었다. 분명한 건 샤르코의 속임수 또는 알면서도 속아 넘어가기―둘 중 어느 것이었는지 지금으로서는 알 수 없다―는 당시에도 민감한 주제였다. 하지만 프랑스 신경학자 피에르 마리(Pierre Marie)는 그것을 "샤르코의 사소한 실패"라고 했다. 조르주 길랭은 자신의 영웅 샤르코의 정신의학적 공적보다 신경학적 공적에 관심이 더 많았다. 그는 샤르코가 최면과 히스테리에 대한 거짓 실험과 시연으로 궁지에 몰리자 그 책임을 최소화하려고 노력했지만, 다음과 같은 사실은 인정할 수밖에 없었다. "샤르코는 자신의 실험을 제대로 점검하지 않아 명백한 실수를 범했다. …… 그는 단 한 명의 환자에게도 직접 최면 요법을 쓰지 않았고 자신의 실험을 전혀 점검하지 않았다. 그래서 그 실험이 왜 부적절한지 그리고 실험 오류의 원인이 무엇인지 인식하지 못했다."[11]

길랭이 말한 '부적절함'과 '오류'는 점잖은 표현이었다. 길랭과 다른 사람들이 쓴 글을 보면, 샤르코의 조수들은 환자들에게 최면에 걸린 사람이나 히스테리가 있는 사람의 역할을 어떻게 하는지 미리 가르쳐주었다. 길랭이 직접 그렇게 해봤는데, 그 결과는 다음과 같았다.

샤르코가 죽은 지 6년이 지난 1899년 당시 젊은 인턴이었던 나는 그때까지도 살페트리에르에 수용되어 있던 샤르코의 옛 환자들을 만났다. 많은 여자들이 돈 몇 푼에 심한 히스테리 증세를 완벽하게 모방했다. 그들은 훌륭한 코미디언이었다.[12]

이 같은 사실에 좌절한 길랭은 그런 속임수가 어떻게 발생했고 어떻게 불멸의 업적이 되었는지 자문해보았다. 그는 모든 의사가 "고도의 윤리적 완전함을 갖추고 있다"고 확신한다며,[13] 이렇게 설명했다.

특정한 우연의 가능성에 대해 아무도 의문을 제기하지 않았다는 것은 나로서는 이해할 수 없다. 그들은 왜 샤르코에게 경고하지 않았을까? 모든 단서를 종합하여 내가 생각해낼 수 있는 유일한 설명은, 누구도 감히 샤르코에게 경고할 수 없었기 때문이다. '살페트리에르의 카이사르'로 칭송받던 스승의 폭력적인 반응이 두려웠던 것이다.[14)]

결국 히스테리 문제에 관한 샤르코의 지남력은 기질적인 것도 아니고 심리적인 것도 아니었다. 그는 인간관계에서 나타나는 문제들이 히스테리성 증상으로 표현될 수 있다고 인정하고 선언했다. 요컨대 그는 공적인 목적에서는 의학적 관점을 공공연하게 주장하면서도 그 어떤 견해를 말해도 안전한 사적 자리에서는 심리학적 관점을 마음껏 피력했다.

히스테리를 병으로 정의하는 전략

내가 샤르코를 비판하는 까닭은, 그가 전통적인 의료 모형에 집착해 히스테리를 설명해서가 아니라 과학자의 명성을 은밀하게 이용하여 어떤 사회적 목적을 달성하려 했기 때문이다. 그가 노린 것은 무엇이었을까? 그것은 전체 의료계 특히 프랑스 과학아카데미가 최면과 히스테리 현상을 수용하도록 하는 것이었다. 그러나 그런 목적 때문에 얼마나 많은 희생이 따랐을까? 이런 질문을 제기하는 사람은 거의 없다. 오히려 샤르코가 기존 의료계의 저항을 물리쳤다는 칭송만 자자하다. 정신분석가 그레고리 질부르그

(Gregory Zilboorg)는 샤르코가 과학아카데미를 상대로 승리한 것에 대해 이렇게 서술한다.

그것은 1882년 2월 13일 히스테리가 있는 사람에게 최면을 걸어 파악한 다양한 신경과민 상태에 관한 논문을 통해 샤르코가 과학아카데미에 제출한 아이디어였다. 여기서 두 가지를 잊어서는 안 된다. 하나는 과학아카데미가 이미 세 차례나 동물 자성*에 관한 연구를 비난했다는 점이고, 다른 하나는 동물 자성과 똑같은 현상을 장황하게 설명한 것이지만 샤르코의 논문은 과학아카데미가 인정하지 않을 수 없을 정도로 대단한 걸작이었다는 점이다. 과학아카데미와 샤르코는 그 논문이 동물 자성과 거리가 멀 뿐 아니라 오히려 그것을 결정적으로 비판한다고 믿었다. 그래서 과학아카데미 회원들은 반발하지 않았고, 동물 자성을 둘러싼 끝없는 논쟁에 종지부를 찍은 그 연구를 유심히 검토하고 수용했던 것이다. 하지만 그들은 다소 양심의 가책을 느꼈을 게 분명하다. 실제 사실을 관찰했다는 측면에서, 샤르코의 논문은 이미 56년 전 과학아카데미에 심사 요청한 [프랑스 정신과 의사] 에티엔 장 조르제(Étienne

---

* '동물 자성(animal magnetism)'은 18세기 독일 의사 프란츠 안톤 메스머(Franz Anton Mesmer, 1734~1815)가 만든 용어다. 메스머는 모든 생명체는 보이지 않는 우주의 에너지, 즉 '동물 자성'(전류, 자기, 또는 동양 의학에서 말하는 기氣와 비슷한 것)이 있고, 이 에너지는 생명체들 사이에서 전이되기 때문에 인간의 몸을 치유하는 데 사용할 수 있다는 이론을 폈다. 실제로 메스머는 히스테리성 환자에게 철분이 함유된 물질을 삼키도록 한 다음 몸에 자석을 부착해 그 물질이 몸속에서 움직이게 하여 치료하는 방법을 시도하기도 했다. 동물 자성론은 현재 유사 과학으로 평가받지만 20세기 초까지도 유럽과 미국의 의학계에 큰 영향을 주었다.

Jean Georget)의 논문과 별반 다르지 않았기 때문이다. 동물의 자성, 메스머리즘(mesmerism), 최면 등등 무엇이라 불렸든 그 현상은 오랫동안 모진 검증을 거쳤다. 하지만 과학아카데미의 과학적 완전무결함은 그렇지 않았다. 속성상 소극적이고 우유부단하고 불명확한 정부처럼, 과학아카데미는 아무것도 하지 않아야 안전하다고 생각할 때는 늘 아무것도 하지 않았고 사건이 발생하여 마지못해 행동에 나서야 할 때와 공식적인 가면을 바꾸어야 체통을 유지할 수 있을 때 비로소 뭔가를 했다.[15]

나는 과학아카데미가 히스테리를 인정하도록 한 이 '공식적인 가면 바꾸기'가 역사적 패러다임이 되었다고 생각한다. 어린 시절 부모의 태도가 개인의 삶에 영향을 끼치듯이 이 '공식적인 가면 바꾸기'는 정신의학에 끊임없이 악영향을 끼친다.

이렇게 '질병을 만들어내는' 역사적 사건은 다음 두 가지 방식의 반작용으로 나타날 수 있다. 첫째는 반동 형성—즉 최초의 영향에 심리적으로 대항하는 과잉 보상—이다.* 그래서 이른바 정신병의 경우 처음에는 기질성 요인에 편향되었다가 나중에는 이를 바로잡는다는 구실로 심인성 요인이 과장되었다. 오늘날 정신의학, 정신분석, 정신신체의학은 "정신병은 다른 병과 비슷하다"는

---

* 심리학 용어인 '반동 형성(reaction-formation)'은 무의식적인 생각, 감정, 충동 따위를 윤리적, 사회적, 문화적 이유로 받아들일 수 없을 때 이와 정반대되는 것을 강조하거나 과장함으로써 무의식이 의식으로 드러나지 않게 억제하는 방어기제의 일종이며, '반응 형성'이라고도 한다. 또 '과잉 보상(overcompensation)'은 무의식적인 생각, 감정, 충동이 틀렸다는 것을 입증하기 위해 부단히 노력하는 방어기제의 일종이다.

인상을 창조하기 위해 지독하게 노력하고 있다.

  이런 '트라우마'를 치료하기 위한 둘째 반작용은 정신분석 방법 그 자체에 의해 예시된다. 과거에 자기 삶에 영향을 준 사건들을 명확히 인식하도록 도움으로써, 그 사건들이 그의 장래에 지속적으로 끼치는 영향을 축소하고 근본적으로 조정할 수 있다. 나는 정신병 문제를 인식론으로 분석할 때 부분적으로는 이와 동일한 방법과 전제에 의존한다. 오늘날 정신의학적 발상과 실천의 역사적 기원과 철학적 기초를 명확히 인식하고 그것을 개선할 수 있다면, 우리는 그런 자기 검토 없이 살았던 때보다 더 나은 견해를 지니고 살게 될 것이다.

2장

병과 가짜 병

분류의 논리학

　정신분열증이 있는 사람은 관습에 어긋나는 말을 할 때가 종종 있다. 이를테면 "수사슴은 인디언이다", "나는 예수다" 같은 말을 한다. 전통적인 정신과 의사들은 이런 언행이 '정신분열적 사고 이상'이며 환자의 '미숙한' 또는 비-아리스토텔레스적 논리가 그 원인이라고 말한다.[1] 수사슴을 보고 인디언이라고 말하는 사람은 재빠른 속성 때문에 이 둘을 같다고 여겨 그렇게 말하고, 자신을 예수라고 말하는 사람은 예수처럼 존경과 사랑을 받고 싶어서 그렇게 말한다는 것이다. 요약하면 이런 사람은 외관이나 의미의 유사성에 기초하여 사물이나 관념을 같은 집단에 속한 것, 또는 같은 정체성을 가진 것으로 분류한다.

　반면에 아리스토텔레스적 논리─정신과 의사들에 따르면 '정상적' 또는 '성숙한' 논리[2]─는 연역적 추론으로 구성된다. 이를테면 "모든 인간은 죽는다"라는 대전제와 "소크라테스는 인간이다"라는 소전제에 기초하여 "소크라테스는 죽는다"라는 결론에

도달한다. 이런 추론은 '인간'이 고유한 이름을 가진 개인들로 구성된다는 것을 전제한다.

나는 비-아리스토텔레스적 논리 작용이 단순한 형태의 상징화, 즉 대상과 기호의 유사성에 기초하여 대상을 표상하는 것과 밀접한 관련이 있다고 본다.[3] 이런 기호를 '도상 기호'[기표가 곧 기의로 인식되는 기호]라고 한다. 사진이 사진에 찍힌 사람을 나타내듯이 도상 기호는 표상된 대상을 나타낸다. 도상 기호로 구성된 언어는 드러난(manifest), 즉 구조적 유사성에 기초한 코드화*에 가장 잘 어울린다. 이와 달리 '관습 기호'를 사용하는 언어처럼 논리적으로 더 복잡한 언어는 숨은(hidden), 즉 기능적 유사성에 기초하여 대상과 현상을 분류한다.

진짜와 가짜 개념에 대하여

우리에 관한 세계에 질서를 부여하려면 동일화와 분류화가 기본이다. 질서 만들기는 과학에서 특히 중요하지만 사실은 어디에서나 볼 수 있다. 예를 들어 우리는 어떤 물질을 고체와 액체로 분

---

* 기호학이나 언어학에서 말하는 기표(signifier)는 의미의 운반체이고 기의(signified)는 그 의미인데, 기표와 기의가 자의적으로 결합한 것이 기호(sign)다. 가령 어떤 한국 남자가 한국 여자에게 "사랑한다"라고 말했다고 치자. 이때 '사랑한다'는 말은 의미를 운반하는 기표이고 이 말을 통해 한국인이 느끼는 감정은 기의다. 기표와 기의가 적절하게 결합하여 서로가 이해할 수 있는 기호가 되었다면 '코드화(codification)'가 이루어진 것이다. 그렇지 않고 독일 남자가 한국 여자에게 "이히 리베 디히(Ich libe dich)"라고 독일어로 말했지만 한국 여자가 그 말을 알아듣지 못한다면 '코드화'가 이루어지지 않은 것이다. 한편 이왕에 성립된 기표와 기의의 결합을 해체하는 작용을 '탈코드화(decodification)'라고 한다.

류하고 어떤 사물은 '화폐', 어떤 사물은 '걸작', 어떤 사물은 '보석'이라 부른다. 논리적으로 말할 때는 어떤 것은 A 부류에 속하고 어떤 것은 비-A 부류에 속한다고 한다. 어느 부류에 속하는지 확정하기가 어렵거나 불가능한 항목도 있다. 그 이유는 첫째 분류자가 A와 비-A를 구분할 만한 지식, 기술, 수단 따위를 갖추지 못했기 때문이고, 둘째 분류자가 다른 사람들에게 속아 비-A를 A로 믿게 되기 때문이다. 그래서 어리숙한 사람은 동을 금으로 착각할 수 있고 영리한 미술품 중개상이라도 위작을 걸작으로 오판할 수 있다.

일상 언어는 하나의 사물을 다른 사물처럼 보이게 하는 인간의 모방 성향을 인정하고 표출한다. A는 지시된 대상이나 사건을 기의하고 B는 '가짜-A'라고 부를 수 있는 것을 기의할 때, A와 B 두 항목의 특정한 관계를 표의하는 많은 단어가 있다. 가짜-A는 어느 정도 A처럼 보이는 것이고, 이 같은 외형적 유사성은 조작자가 어떤 목적을 위해 창조한 것일 수 있다. 이를테면 화폐는 '진짜'일 수 있고 '위폐'일 수 있고, 그림이나 조각상은 '진품'일 수 있고 '위작'일 수 있고, 사람의 말은 '진실'일 수 있고 '거짓'일 수 있고, 신체 증상을 호소하는 사람은 '아픈 환자'일 수 있고 '건강한 꾀병자'일 수 있다.

이 같은 분류의 논리학을 논하는 게 히스테리, 정신병과 무슨 상관인가? 그 대답은 이렇다. 병이 아닌데 병처럼 보이는 것(B 부류)이나 가짜 병(B' 부류)이 나타날 수 있다는 사실을 인정하지 않으면, 우리는 어떤 병을 특정한 유형의 현상(A 부류)이라고 명확하고 의미 있게 개념화할 수 없다는 것이다. 우리가 병(또는 그 증상)

이라고 말하는 특정한 현상들을 분류할 때 이 모든 것이 논리적으로 내재해 있다. 일례로, 실명이나 다리 마비를 질병으로 분류하려면 그런 것을 모방하는 개인과 그 행위에 대해 인식론적, 의학적, 정치적으로 대비해야 한다. 나는 이 책에서 신체적 질병을 '진짜', 즉 실질적 또는 글자 그대로의 병으로, 그리고 정신적 질병을 '가짜', 즉 은유적 병으로 간주한다. 신체적 질병처럼 보이지만 사실은 그렇지 않은 행위들을 '병'으로 분류할지 아니면 '비-병'으로 분류할지에 따라 직접 영향을 받은 개인뿐 아니라 그런 분류를 인증하는 사회와 정치 시스템은 매우 심각한 영향을 받는다.

병, 가짜 병, 의사의 역할

관찰자가 가짜를 마주했을 때 그 모방이 썩 그럴싸하다면 속을 수 있다. 관찰자가 A와 비-A를 구분할 기술이 없다면, 또는 비-A를 A로 믿으려 한다면 속을 수 있다. 이것을 신체적 질병 대 정신적 질병의 언어로 번역하면 이렇다. 히스테리성 또는 건강염려증으로 인한 신체 증상과 물리화학적 원인으로 인한 신체 이상이 구별하기 매우 어렵다면 의사는 속을 수 있다. 삶에서 드러난 문제를 감지할 기술이 없다면 신체 증상을 신체병으로 오인할 수 있다. 의사가 신체를 물리화학적 기계로 다루는 공학 전문가의 역할만 수행하면 그 의사는 자신이 대면하는 인간의 모든 시련을 병이라고 믿을 수 있다.

A와 비-A 감별은 경험적 관찰에 따라 판결을 내리면 끝난다. 관찰자 역할은 판정자, 심판, 재판관 역할과 비슷하다. 예컨대 미

술품 전문가는 어떤 그림을 판정할 때 걸작인지 위작인지에 대해 확증할 수도 있고, 오판할 수도 있고, 판단 불가를 선언할 수도 있다. 이런 것을 의학에서는 기질적 질병과 정신적 질병을 가리는 '감별 진단'이라고 한다. 감별 진단을 할 때 의사는 전문가-판정자가 된다. 의사가 자신의 역할을 여기에 국한한다면 자신에게 주어진 항목을 A 또는 (가짜-A를 비롯한) 비-A로 분류만 하면 될 것이다. 즉 자신에게 검사를 받으러 온 육체가 실제로 아픈지 아닌지를 환자에게 말해주는 것으로 자신의 역할을 제한하면 된다.[4]

관찰자는 두 항목을 분류하여 어떤 것은 A 부류이고 어떤 것은 모방한 것이라고 확인할 수 있다면 보통 자신의 판정에 어떤 반응을 하기 마련이다. 관련된 항목 또는 개인에 대해 적절한 조치를 취한다는 말이다. 예컨대 경찰은 화폐가 위조되었다고 확인하면 위조범을 체포하려고 할 것이다. 그렇다면 의사는 가짜 신체병을 확인하고 나서 어떤 조치를 취할까? 그들은 시대에 따라 다양한 조치를 취했고 지금도 마찬가지다. 그들의 반응은 의사와 환자의 개인적 특성과 사회적 상황에 따라 각양각색이다. 그런 도전에 대한 의사들의 반응 중 몇 가지만 살펴보자.

1. 위조범을 대하는 경찰관처럼 반응한다. 이런 반응은 샤르코 이전 시대에 일반적이었는데, 그 시절 의사는 히스테리를 환자의 속임수로 간주했다. 그것은 위폐를 의사에게 주려고 하는 위조범의 행위나 마찬가지였기 때문에 의사는 분노하며 보복하려고 했다. 그들은 진짜 화폐—진짜 병—에는 보상을 주고 가짜 화폐—가짜 병—에는 처벌을 내렸다. 아직도 많

은 의사들이 이와 같은 원조(original) 의료 게임의 불문율에 따라 행동한다.

2. 모조 보석을 저당 잡고 돈을 빌려주는 게 아닐까 싶어 모든 손님을 의심하는 전당포 주인처럼 반응한다. 전당포 주인은 모조 보석을 가지고 오면 돈을 빌려주지 않는다. 이와 마찬가지로 의사는 이른바 히스테리성 환자가 오면 치료를 거부한다. 가령 이렇게 말하며 환자를 내쫓는다. "난 진짜—신체적인—병만 치료해요. 가짜—히스테리성—병은 치료하지 않아요."

3. 병과 치료법을 재정의하는 반응, 즉 원조 의료 게임의 규칙을 변경하는 반응을 보인다. 샤르코가 시작하고 프로이트가 완성한 게 바로 이런 반응이었다. 그들이 변경한 게임 규칙은 다음과 같았다. 우선, 예전 규칙에 따라 병을 장애의 형태로 발현하는 물리화학적 신체 이상이라고 정의한다. 장애가 있는 환자는 보호받고 가능한 선에서 치료받는다. 그리고 대개 노동 같은 사회적 의무에서 면제된다. 하지만 병이 있고 장애가 있는 것처럼 모방하는 사람은 꾀병자로 간주되고 그렇게 불리며 의사와 관계 당국의 처벌을 받는다. 그런데 여기서 새로운 규칙이 등장한다. 꾀병자 집단—또는 적어도 이 집단에 속한 상당수 구성원들—에 대한 사고방식을 재정의한 규칙이다. 신체적 질병을 닮았지만 사실은 그런 질병이 아닌 현상—특히 이른바 히스테리—으로 장애를 겪는 사람 역시 병자—즉 '정신병자'—로 분류한 것이다. 그리고 신체병자에게 적용하는 것과 똑같은 규칙에 따라 그들을 치료한다.

따라서 나는 다음과 같이 주장한다. 프로이트는 히스테리가 정신병임을 발견한 게 아니라 히스테리가 있는 사람을 병자로 선언해야 한다고 주장하고 옹호했을 뿐이다. '정신적', '정서적', '신경증적' 같은 말은 삶 속에서 만나는 두 가지 부류 장애 또는 '문제'의 차이를 코드화하는—동시에 은폐하는—의미론적(sematic) 전략이다. 한 부류의 장애는 기계로서 인간 신체 기능이 손상되어 사회 적응을 어렵게 만드는 신체적 질병이고, 다른 부류의 장애는 기계의 기능 손상 때문이 아니라 반대로, 기계를 '제작하는' 자(부모, 사회) 또는 '사용하는' 자(당사자)가 의도한 그 기계의 사용 목적에서 비롯된 사회 적응의 어려움이다.

행위 규칙과 행동 재분류의 변화

앞서 설명한 미술품 전문가와 진단자로서 의사를 비교하며 재분류 과정의 광범위한 함의를 살펴보자.

미술품 전문가는 원본 여부가 불분명한 아름다운 그림이 중개상의 주장처럼 폴 세잔(Paul Cézanne)의 진품인지 아니면 구매자의 우려처럼 위작인지 여부를 판정해야 한다. 적절한 게임을 한다면, 그는 두 가지 대답—진짜 세잔 작품 또는 가짜 세잔 작품—중 하나만 선택할 수 있다.

그러나 그림을 조사하고 진품 여부를 결정하는 과정에서 전문가가 미술가의 빼어난 솜씨와 작품의 아름다움에 빠져든다고 가정해보자. 그렇다면 그림이 진짜 세잔 작품은 아니더라도 '진짜 걸작'이라고 결정할 수 있지 않을까? 그림이 정말 빼어나다면 진짜 세잔 작품보다 더 훌륭한 걸작이라고 선언할 수도 있다. 이런 식으로 그 화가—무명 화가 '제노'라고 하자—는 '위대한 인상파 화가'로 '발견'될 수 있다. 여기서 이렇게 질문해보자. 그렇다면 전문가가 제노와 그의 걸작을 '발견'한 것일까, 아니면 그의 영향력과 그를 지지하는 다른 많은 전문가들의 영향력이 제노를 유명한 화가로, 또 그의 그림을 값비싼 유화로 '만든 것'일까?

사실대로 말하면, 아무도 걸작을 발견하거나 만들지 않는다. 그리고 아무도 '히스테리로 병들지 않는다'. 화가들은 그림을 그리고 사람들은 장애인이 되거나 장애인처럼 행동한다. 다만 우리가 사용하는 분류 규칙과 체계에 따라 그림에 (그리고 장애에) 평판과 가치를 부여할 뿐이다. 하지만 그 규칙과 체계는 신이 부여한 것도 아니고 '자연스럽게' 생긴 것도 아니고 사람들이 만든 것이다. 따라서 우리는 누가, 왜 그런 규칙을 만들었는지 알아야 한다. 그러지 않으면, 우리가 준수하는 정교한 규칙을 제대로 인식하지 못하거나 전략적 분류의 산물을 '자연스럽게 발생하는' 사건으로 오인할 위험에 빠진다. 나는 지난 60~70년 사이 정신의학에서 바로 이런 일이 벌어졌다고 생각한다. 이 시기에 무수한 사건들이 '병'으로 재분류되었다. 그래서 오늘날 우리는 중독, 비행, 이혼, 동성애, 살인, 자살 따위를 마구잡이로 정신의학적 병으로 간주하는 것이다. 이것은 값비싼 대가를 치를 엄청난 실수다.

그러나 누군가는 그것이 실수가 아니라고 반박할 것이다. 중독자, 동성애자, 범죄자를 '아픈 사람'으로 간주하는 게 유익하지 않은가? 당연히 누군가에게는 그런 꼬리표 붙이기가 유익할 수 있다. 그러나 이것은 대체로 사람들이 불확실성을 참지 못하고, 나뿐 행동을 죄나 병으로 분류해야 한다고 생각하기 때문이다. 우리는 이 같은 이분법을 거부해야 한다. 사회적으로 일탈한 행위나 불쾌한 행동을 다른 방식으로 분류하거나 미분류 상태로 남겨둘 수 있다. 신체적으로 건강한 사람들을 병자로 분류하는 것은, 윤리나 정치에 호소하여 정당화할 수 있을지는 몰라도 논리나 과학에 호소해서는 정당화할 수 없다.

더 나아가 우리는 이렇게 질문해야 한다. 누구에게 또는 어떤 관점에서 비-병을 병으로 분류하는 것이 실수인가? 그것은 지적 완전함과 과학적 진보라는 관점에서 실수다. 또 그것은 선한 목적―가령 범죄자의 사회적 재활―으로는 도덕적으로 의심스러운 수단의 사용―가령 고의적 또는 반(半)고의적인 허위 진술과 거짓말―을 바로잡지 못한다는 믿음에서 비롯되는 실수다.

비-병을 병으로 재분류하는 것은 당연히 정신의학―전문 분야이자 사회 제도―에 특별한 가치가 있다. 정신과 의사들은 점점 더 많은 현상을 정신의학 영역 안에서 정의함으로써 자신들의 명성과 권력을 부풀리고 있다. 미국의 철학자 모티머 애들러(Mortimer Adler)는 정신과 의사들이 "모든 것을 정신분석 속으로 집어삼키려고 한다"고 지적했다.[5] 과학을 참칭하는 전문 분야 하나가 이렇게 팽창하는데도 우리가 넋 놓고 바라보는 까닭을 모르겠다. 국제 관계에서 보면, 이제 우리는 이웃 나라 사람들의 온전함을 희생해 자기 국가를 팽창시키겠다는 나폴레옹의 이상을 바람직하지 않게 여긴다. 그런데 아무리 부모, 의료 기관, 변호사 등 많은 관련자들이 지원하고 선동한다고 해서 유독 정신의학의 팽창주의만 그런 식으로 생각하지 않는 까닭은 무엇인가?

누가 병자고 누가 병자가 아닌지를 결정하는 전문가-판정자인 정신과 의사들은 꾀병 부리기를 히스테리로 재명명하고 히스테리를 병이라고 부르는 일을 아직도 중단하지 않고 있다. 그래서 그들의 일이 더 자의적이고 부조리하게 되었다.[6]

비-병을 병으로 재분류하는 논리를 좀 더 깊이 살펴보자. 특정한 기준에 따라 모든 A를 한 부류로 묶고 모든 비-A를 다른 부류로 묶는다. 그런 뒤 새로운 기준을 만들어 기존 분류를 수정하여 비-A 부류에 속한 일부를 A 부류로 옮긴다. 하지만 모든 비-A 부류를 A 부류로 옮길 경우, A 부류는 모든 분류 대상을 포함하게 되어서 분류 자체가 무의미해진다. 어떤 부류와 그 명칭이 유용하려면 어떤 것은 포함하고 어떤 것은 배제해야 한다. 예를 들어보자. 세상에는 무수한 색이 있지만 그중 일부만 '초록'이라고 한다. 지금보다 더 많은 색을 '초록'이라고 부르려면 다른 색들의 이름을 희생시켜야 한다. 초록빛 조명등이든 하얀빛, 파란빛, 노란빛 조명등이든 어쨌든 길을 밝혀준다는 점만 강조하면, 우리는 모든 색을 '초록'으로 부르자고 주장할 수 있다.

지난 세기에 의학과 정신의학 분야에서 이와 똑같은 일이 벌어졌다. 우리는 매독, 결핵, 장티푸스, 열병, 암, 심부전, 골절 같은 확실한 신체적 질병에서 시작하여 '질병(disease)' 또는 '병(illness)'이라는 부류를 만들어 왔다. 이 부류에 속한 질병 수는 제한적이었고, 모든 질병은 신체 이상이라는 물리화학적 상태가 가리키는 특성을 공유했다. 이것이 질병 또는 병의 '글자 그대로의 의미'다. 시간이 흘러 브루셀라증, 야토병 같은 새로운 항목들이 이 부류에 추가되었다. 새로운 의학 기술 덕분에 새로운 신체적 질병을 확인할 수 있었던 것이다. 그런데 히스테리, 우울증 따위도 여기에 추가되었는데, 그 이유는 그런 항목들이 신체적 질병인 것으로 발견되었기 때문이 아니라 질병 구성 기준이 신체의 물리화학적 교란에서 개인이 겪는 장애와 시련으로 변경되었기 때문이다. 이것이 질병 또는 병의 '은유적 의미'다. 이런 식으로 처음에는 서서히 시작되더니 점점 빠른 속도로 많은 항목들이 질병 부류에 추가되었다. 히스테리, 건강염려증, 강박증, 충동증, 우울증, 정신분열증, 정신이상, 동성애 등등. 일반 의사와 정신과 의사들은 철학자, 변호사, 언론인 그리고 일반인과 합심하여 '기능부전' 또는 시련을 유발한다고 생각하는 모든 유형의 인간 경험이나 행동에 '정신병' 꼬리표를 붙이느라 바빴다. 이혼마저도 병이 되었다. 이혼은 결혼생활 실패로 인한 독신과 부모 역할 실패로 인한 무자식을 의미한다는 이유에서다. 이제 이 모든 것을 정신병 또는 정신병 증상이라 부른다.

정신병으로서 꾀병

꾀병 부리기가 병 모방에서 정신병으로 탈바꿈한 사례가 앞서 언급한 나의 주장을 뒷받침한다.

앞서 보았듯이 샤르코가 의학사 무대에 등장하기 전에는 신체에 문제가 있는 사람만 환자로 간주했다. 병을 모방하거나 그렇게 추정되는 사람은 꾀병자로 간주되어 의사의 조롱을 받더라도 할 말이 없었다. 우리를 속이는 자에게 화를 내는 건 자연스러운 반응이다. 그러니 의사가 자신을 속이는 사람에게 화를 내는 것은 당연했다. 꾀병을 이런 식으로 여겼기 때문에 의사가 꾀병자에게 적대적이고 가혹하게 구는 것이 의학적, 윤리적으로 수용되었다. 이런 관점이 한물 지났다고 생각할 수도 있겠지만 사실은 전혀 그렇지 않다. 이 관점은 여전히 저명한 의사들의 지지를 받고 있고 유력한 학술지에서도 유지되고 있다. 《미국의학협회지(Journal of the American Medical Association)》에 실린 논문을 보자.

미국 의사들은 빈둥빈둥 돌아다니며 공상적인 이야기와 괴이한 불평을 늘어놓다가 결국 병원으로 들어오는 환자에 대해 잘 모르는 것 같다. 이런 환자는 위험하거나 말거나 자기 배를 십자로 난자한 뒤 제 발로 병원을 찾아와서 외과 치료를 요구하는데, 이런 일이 다반사로 일어난다. 이 문제에 대처하는 방법은 오직 하나, 이 환자의 병력을 널리 알리는 것이다. 그래야 더욱 유용한 의료 서비스를 개발할 수 있다.[7]

이 논문은 다음과 같이 끝난다.

한 선원(39세)의 사례는 병원 유랑과 가짜 각혈의 전형이다. 영국에서는 이런 환자들을 뮌하우젠 증후군이라고 부르는데, 그들의 방랑과 공상이 소설 속 뮌하우젠 남작*과 닮았기 때문이다. 그들은

---

* 18세기 독일 군인이자 모험가 뮌하우젠 남작(Baron Münchausen, 1720~1792)은 러시아, 오스만 튀르크, 아시아 등지를 돌아다니며 전쟁에 참여하고 많은 모험을 했다. 그는 자신의 경험을 황당무계하게 과장하여 사람들을 속이고 관심을 끌었다. 당대 작가 루돌프 라스페(Rudolf Raspe, 1736~1794)는 그의 모험담을 엮어 소설 《뮌하우젠 남작의 모험》을 썼다.

자신이 찾아간 병원에 재정적 위협이 되고 엄청난 폐를 끼친다. 그들의 속임수가 여지없이 많은 진단과 치료 절차를 초래하기 때문이다. 그들의 병력을 학술지에 실어 의료 전문가들에게 위험을 알리는 것만이 효과적인 대처법일 것이다. 정신병원이 취할 수 있는 적절한 조치는 감금일 것이다. 그들은 사회적, 정신적 기벽이 너무 심해 항구적인 보호 돌봄이 필요하다. 그렇게 하지 않으면 그들의 의료시설 약취가 영원히 계속될 것이다.[8]

위 인용문은 의사들이 자기 성찰도 없고 게임 규칙도 모른 채 의료 게임을 할 때가 있다는 것을 보여준다. 또 저자는 병자로 위장하여 의사를 속이려는 자를 징벌하는 수단으로 '항구적인 보호 돌봄'을 권장하는데, 눈여겨볼 대목이다. 의사들은 그런 징벌을 강제할 수 있는 사회 권력을 가졌기 때문에 이런 관점은 심각한 결과를 초래할 수 있다.[9]

프로이트와 정신분석가들은 정신의학 특히 히스테리와 꾀병과 관련된 새로운 분류 체계를 창조했다. 그들 역시 신체병을 A 부류에 넣고 히스테리를 가짜 병으로 간주했지만, 히스테리를 아주 특별한 형태의 가짜 병으로 분류했다. 히스테리성 환자는 자신이 모방하고 있다는 사실을 모른다는 것이다. 그리고 꾀병 부리기를 의식적인 병 모방으로 재정의했다. 요컨대 환자의 모방 행위가 '무의식적'인지 아니면 '의식적'인지에 따라 히스테리(B 부류)와 꾀병(B′ 부류)을 분류했다.

이제 판정자-정신과 의사의 역할이 바뀌었다. 예전에는 신체병과 신체병이 아닌 것을 구별하는 일을 했다면, 이제는 그것에 더해 '무의식적' 병 모방(히스테리)과 '의식적' 병 모방(꾀병 부리기)을 구별하는 일까지 하게 되었다. 물론 이 판정이 예전 판정보다 훨씬 더 자의적이다. 그래서 히스테리, 신경증, 정신병 같은 개념을 일관적이고 기술적인(descriptive) 방식이 아니라 점차 가변적이고 전략적인 방식으로 사용하게 되었다. 프로이트의 주장이 이를 잘 보여준다. "신경증이 없는데도 완벽한 마조히스트인 사람들이 있다."[10] 물론 그는 어떤 마조히스트에게 신경증이 있고 어떤 마조히스트에게 신경증이 없는지 단 한 번도 설명한 적이 없다.

오늘날 꾀병을 대하는 정신분석 관점에는 사실상 모든 유형의 개인 행위―특히 그 행위가 평범하지 않거나 정신분석의 연구 대상이 되는 경우―를 병으로 바라보려는 성향이 반영되어 있다. 이런 시각으로 보면 꾀병도 병이며, 히스테리보다 '더 심각한' 병이다. 이는 인간의 모방 능력, 즉 특정한 형태의 장애를 모방하는 것을 완전히 거부하는 것이나 마찬가지여서 기이한 논리적 입장으로 귀결된다. 정신병 모방을 그 자체로 정신병으로 간주한다면, 정신의학 게임 규칙에서 '가짜 병' 부류는 완전히 배제되고 A(병)와 비-A(비-병) 두 부류만 인정된다. 가짜 병 곧 꾀병을 그 자체로 병으로 정의하는 것이다. 걸작을 감쪽같이 위조한 모조품을 걸작으로 정의한다! 그러나 이는 터무니없는 소리가 아니다. 빼어난 모조품이 원본만큼이나 눈을 즐겁게 할 수도 있지 않은가! 이것은 위조품 개념에 대한 급진적인 재정의다. 이른바 정신의학적 병 분야에서도 부지불식간에 이 같은 재정의가 명백하게 발생하고 있다.

광기 모방을 정신병의 발현으로 간주해야 한다고 처음 주장한 사람은 스위스의 정신과 의사 오이겐 블로일러(Eugen Bleuler)였던 것 같다. 블로일러는 1924년에 이렇게 썼다. "교묘하게 광기를 모방하는 자들은 대부분 정신병질자(psychopath)이고 일부는 실제로 광인이다. 그러므로 모방을 한다고 해서 그 환자가 정신적으로 건전하고 자신의 행동에 책임이 있음을 증명할 수 있는 것은 아니다."[11]

꾀병이 정신병의 일종이라는 시각은 제2차 세계대전 시기에 특히 미국 정신과 의사들 사이에서 성행했다. 그들은 '미친' 또는 '아픈' 사람만 꾀병을 부린다고 믿었다. 이처럼 모든 유형의 윤리적, 정치적 문제를 정신-제국주의적(psycho-imperialistic) 시각으로 보는 태도는 정신분석가 쿠르트 아이슬러(Kurt R. Eissler)의 꾀병 해석에도 잘 나타난다.

꾀병은 유아기 발달 정지와 관련이 있어서 신경학적 이상보다 더 심각한 질병 징후라고 할 수도 있다. 꾀병은 진단이 필요하고 특히 정밀한 진단 수완이 필요한 질병이다. 진단은 정신과 의사만 할 수 있다. 적어도 내가 여기서 설명한 성격 유형의 경우 질병으로 고통받는 환자[꾀병을 호소하며 군 복무를 기피하려는 환자]를 기소로 이어지도록 내버려 두는 것은 크나큰 실수다.[12]

이것은 아이슬러 같은 정신과 의사에게 유리한 해석이다. 제2차 세계대전 때 징집된 민간 정신과 의사의 흔들릴 수 있는 사기를 다잡아주고, 환자를 희생시키기는 하지만 전시 동원의 목적과 가치에 무비판적으로 복무한 자신을 지지해주기 때문이다. 환자는 아픈 사람으로 간주되어 어느 정도 친절한 조치를 받았겠지만, 동시에 자신에게 부과된 요구에 반항할 수 있는 이 특별한 기회도 박탈당했다. 그런 형태의 저항은 허용되지 않았고, 만일 계속 그런 식으로 저항했더라면 '정신병자' 꼬리표를 부여받고 '전문 간호사의 판단에 따른 제대' 조치를 받았을 것이다.[13]

대상과 표상

이 장을 하나로 꿰는 실은 유사성(similarity) 개념이다. 사진 같은 도상 기호는 그것이 표상하는 대상과 유사하다. 지도는 2차원으로 지형을 표상한다. 사진과 지도는 '실제' 사물을 표상할 뿐이다. 일상생활에서 우리가 어떤 대상을 표상(representation)이라고 명확하게 인식하는 것과 그 자체로 독립적인 대상으로 수용하고 취급하는 것은 엄청난 차이가 있다. 소품용 화폐와 위조 화폐의 차이만큼 크다. 소품용 화폐는 진짜 돈처럼 보이지만 일반적으로는 가짜라는 것을 명확하게 인식할 수 있다. 소품용 화폐를 진짜 돈으로 오인하는 상황을 상상하는 것은 물론 가능하다. 내 말의 요지는 메시지의 맥락이 전체 의사소통 패키지*의 필수 요소가 된다는 것이다. 다시 말해 지폐가 소품용 화폐로 간주되는지 아니면 위조 화폐로 간주되는지 여부는 그것이 어떻게 보이느냐보다 누가 누구에게, 언제, 어떻게 그것을 전달하느냐에 달렸을 수 있다. 무대 위 연기 상황에서 사용된 돈은 당연히 소품이다. 마찬가지로

---

* 의사소통은 언어적 행위뿐 아니라 비언어적 행위(몸짓, 표정, 소리 따위)와 의사소통이 발생하는 상황을 모두 아우르는 패키지(꾸러미)로 구성된다.

일상적인 경제적 거래 상황에서 사용된 돈은 당연히 진짜여야 한다. 이 상황에서 사용된 돈이 가짜라면 그 돈은 위조된 것이다.

이것을 히스테리 문제에 적용해보자. 히스테리는 검사를 받아야 할 장애 행동이지만 의사소통 패키지에는 그런 행동이 표현되는 상황이 포함되어야 한다. 의사 앞에서 그런 행동이 표현되면 우리는 이렇게 질문해야 한다. 그 장애 행동을 독립적인 대상으로 봐야 하는가, 아니면 표상으로 봐야 하는가? 그 현상을 실제 대상으로 간주하고 취급할 경우, 그것은 병 구성에 관한 정의에 따라 병 또는 꾀병으로 분류되어야 한다. 하지만 그 현상을 표상―다른 것에 대한 은유, 모형, 또는 기호―으로 간주할 경우, 완전히 다른 해석이 필요하다. 우리는 그것을 '병 모방 행동'이라고 말할 수 있다. 하지만 어떤 행위와 그 행위를 모방한 것을 동일한 부류에 집어넣는 터무니없는 짓을 할 요량이 아니라면, 어떤 상황에서도 병 모방 행동을 병이라고 말해서는 안 된다.

꾀병과 히스테리 둘 다 병 모방 행동을 가리킨다는 데 동의하더라도 그런 현상을 보이는 사람의 인지적 특성과 모방 목적은 여전히 불명확하다. 그런 행동은 고의적인가 아니면 자신도 모르게 나타나는 것인가, 즉 의식적인가 아니면 무의식적인가? 사익을 위한 것인가 아니면 다른 이유에서 그런 것인가? 이를테면 극장에서는 배우와 관객이 모두 돈처럼 보이는 것이 사실은 모방, 즉 소품인 것을 분명하게 인식한다. 하지만 일상생활에서는 위조범만 자신이 다른 사람에게 전달하는 돈이 가짜라는 것을 안다. 돈을 전달받은 사람과 그 돈을 다시 다른 사람에게 전달하려는 사람은 이 사실을 모른다. 모방품을 가지고 있으면서도 실제 대상을 가지고 있다고 믿는 사람은 사기당하고 있는 것이다.

이 상황을 병 모방에 대입해보자. 이른바 히스테리성 환자는 자신이 '정말 병자'라고 믿는 것일까, 아니면 '병자라고 느낄' 뿐 사실은 그렇지 않다는 것을 알고 있을까? 그런 사람을 두고 어떤 사람은 정말 병자라고 하고 다른 사람은 속임수를 쓴다고 주장한다. 그런데 두 주장을 모두 지지하는 증거가 있어서 분명한 대답을 내놓을 수 없을 때가 있다. 자신이 신체병으로 고통을 받는 건지 개인 문제로 시련을 겪는 건지, 또 자신이 전달하는 메시지가 대상에 관한 것인지 표상에 관한 것인지 정확히 파악하지 못한다는 것이 히스테리성 환자의 가장 중요한 특성 중 하나다.[14)]

환자를 배우, 즉 메시지 전달자라고 치면, 메시지 수령자인 관객은 어떨까? 히스테리라는 연극에 대한 관객의 반응은 개인적 특성과 환자와 맺는 관계에 따라 다를 것이다. 모르는 사람과 잘 아는 사람, 원수와 친구, 비정신과 의사와 정신분석가의 반응은 저마다 다를 것이다. 예컨대 비정신과 의사는 모든 유형의 장애를 표상이 아닌 적절한 대상—즉 병 또는 잠재적 병—으로 보는 경향이 있다. 반면에 정신분석가는 동일한 현상을 표상—즉 상징 또는 의사소통—으로 간주하는 경향이 있다. 그러나 그는 대상과 표상의 차이를 명확하게 인지하지도 못하고 정확하게 구분하지도 못해 자신이 관찰하고 개입한 것이 표상이 아니라 대상인 양 고집을 부린다. 물론 표상도 대상처럼 '실재'한다. 누군가의 사진은 살아 있는 사람처럼 실재한다. 그러나 이 둘은 동일한 것이 아니고 동일한 부류에 속하지도 않는다.

이런 구별을 진지하게 받아들인다면, 정신의학은 정신병이 아니라 의사소통을 다룬다고 봐야 한다. 따라서 정신의학과 신경학은 의학이라는 상위 부류에 함께 속한 자매 과학이 아니다. 오히려 정신의학은 신경학 등 여러 의학 갈래와 '메타 관계'에 있다. 신경학은 특정한 인간의 신체 부위와 그 기능을—다른 대상의 기호가 아니라—대상 그 자체로 다룬다. 반면 여기서 정의한 정신의학은—대상을 그 자체보다 더욱 사실적이고 눈길이 가도록 하는 실체로서 기호를 넘어—명백하게 기호로서 기호로 다룬다.

3장

의료 행위의 사회적 맥락

 전통적으로 정신과 의사들은 정신병과 그것이 발생하는 사회적 맥락은 분리된 독립적인 현상이라고 생각해 왔다. 디프테리아, 매독 같은 신체병 발현은 그런 증상이 발생하는 국가의 사회경제적 조건과 독립적이다. 디프테리아막이 제정 러시아에서 발생하든 빅토리아 시대 영국에서 발생하든 환자의 입장에서는 동일했고 동일하게 보였다.

 기본적으로 정신병을 신체병처럼 여겼기 때문에 그 질병이 발생한 사회 조건을 무시하는 것은 논리적으로 당연하다. 병과 사회 조건의 인과관계를 제대로 인식하지 못했다고 말하려는 게 아니다. 오히려 그런 인과관계는 고대 때부터 잘 알려져 있었다. 예를 들면 가난과 영양실조가 결핵을 퍼뜨리고, 난잡한 성행위가 매독을 일으킨다는 것은 널리 알려진 사실이었다. 그러나 이런 신체병은 부자와 빈자, 귀족과 노예를 가리지 않고 그 발현 양상이 동일했다. 이처럼 신체병의 현상학은 그 사회의 사회-경제적, 정치적 특성과 관계없이 사실상 독립적이다. 그러나 이른바 정신병의 현상학은 사회와 개인의 교육적, 경제적, 종교적, 사회적, 정치적 특성에 따라 다르다.

종교나 사회 계급이 다른 사람들이 특정한 병 — 폐렴, 기관지암 등 — 에 걸리면 그들의 몸에는 동일한 종류의 생리적 교란이 나타난다. 따라서 동일한 신체병에 걸린 모든 사람은 원칙적으로 동일한 치료를 받는다. 신체병을 치료할 때는 이렇게 하는 것이 과학적으로 올바른 자세이다. 정신병도 이와 같은 질병이라면 동일한 치료 기준을 적용하는 것이 논리적이고 실제로 필요하다. 그러나 이와 같은 의료 모형 — 즉 정신의학적 치료는 정신의학적 진단에 기초해야만 한다는 발상 — 을 적용한 결과 처참한 환자 학대가 발생했다고 나는 생각한다.

치료와 관련된 모든 것에 사회와 문화가 얼마나 중대한 영향을 끼치는지 논증하기 위해, 특히 그 영향 때문에 정신의학적 개입 결과가 어떻게 달라지는지 보여주기 위해 나는 세 가지 사회문화적 배경 — 19세기 후반 유럽, 서구 민주주의 국가, 소련 — 에서 전형적으로 나타난 치료 상황을 간략하게 검토하겠다.

이 책에서 '치료 상황(therapeutic situation)'이라는 용어는 의료 및 정신 치료 실천을 모두 가리키는 데 사용된다. 그리고 사회적 맥락, 도덕적 가치관, 치료 제도의 관계가 복잡다단해서 두 가지 특징적인 측면에 초점을 맞출 것이다. 그것을 질문으로 정리하면 다음과 같다. (1) 치료자는 누구의 대리인인가? (2) 얼마나 많은 사람 또는 기관이 치료 상황에 직접 개입하는가?

19세기 자유주의,
자본주의, 개인주의

고대부터 의료 돌봄은 경제적 재화나 서비스로 간주되었다. 부자만 의료를 구매할 수 있었다. 빈자는 자선에 기대 무상 의료 혜택을 받곤 했는데, 이 같은 사회 제도는 19세기 후반에 의료 분야에서 과학적 진보가 이루어지면서 정착되었다. 또 당시 유럽은 오스트리아-헝가리 제국과 러시아가 농노제를 폐지하는 등 자유주의 사상과 행동이 한창 꽃피던 시기였다는 점도 기억해야 한다.

산업화와 도시화가 가속되면서 노동 계급이 사회적으로 조직되지 못한 농민 계급을 대체했다. 그 결과 자기 인식과 계급 의식이 강한 자본주의가 발전했고, 이와 더불어 새로운 형태의 대량 고통과 장애, 즉 빈곤에 대한 인식이 생겨났다. 빈곤 자체는 물론 새로운 현상이 아니었다. 하지만 한 도시 안에서 바글바글 모여 사는 거대한 빈민층이 형성된 것은 새로운 현상이었다. 이때 대규모 빈곤을 완화하고 대중의 '질병'을 고치겠다고 나선 '치료사들'이 등장했다. 그중 가장 유명한 인물은 물론 카를 마르크스였다. 그는 고독한 천재가 아니라 '사회적 치료사'인 혁명가를 통해 완수되는 새로운 사회적 역할과 기능을 대표하는 인물이었다. 이러한 발전과 더불어 개인주의 윤리도 탄력을 받았다. 특히 상류층은 대중 또는 민족의 이익이 아니라 개인의 기본적인 가치를 강조했다. 그들 중 전문직 특히 의사들이 개인주의 윤리를 적극 지지했다. 그러면서 점차 개인주의와 집단주의가 대립하기 시작했다.

개인주의 윤리와 집단주의 윤리는 상극이지만 함께 발전하며 때론 공존한다. 샤르코, 브로이어, 프로이트가 살던 시대에도 비슷했다. 그 시대에 특징적으로 나타나는 치료 상황이 이 같은 경합을 잘 보여준다.

샤르코가 살던 파리의 의사들이나 그 시절 베를린, 모스크바, 빈 의사들은 상반되는 두 가지 유형의 치료 업무 또는 상황에 동시에 참여하는 일이 흔했다. 첫 번째 치료 상황은 의사가 부자 환자를 사적으로 돌보는 것이었다. 이때 의사는 환자에게 고용되어 진단을 하고 가능하면 치료까지 하는 등 주로 환자의 대리인 역할을 했다. 의사로서 서비스를 제공하고 대가를 요구했다. 의사는 환자를 도와주고 경제적 보상과 다른 보상을 받았다. 부자들은 개인 의사를 고용하여 성병, 결핵, 피부병 같은 수치스러운 신체병에서 사생활을 보호할 수 있었다. 그들은 방이 많은 저택을 구입해 자기 공간을 독차지하듯이 의사의 서비스를 구매하여 자신만을 위해 사용할 수 있었다. 심지어 시종, 하녀, 요리사를 고용하듯이 개인 의사를 고용하기도 했다. 이런 관행은 지금도 남아 있다. 자신 또는 가족만 돌보는 개인 의사를 둔 부자나 저명인사들이 아직도 더러 있다. 이런 관행이 사적 의료 또는 일대일 의료 상황으로 변형되었다. 이 상황에서 의사는 특정 환자에게 충분한 치료 시간, 의료 조치, 사생활을 보장하지만 남는 시간과 에너지는 다른 환자를 돌보는 데 자유롭게 사용할 수 있다. 의료 사생활 개념의 개발과 적용은 물론 개인주의-자본주의 사회경제 체제와 관련이 깊다. 의사가 환자보다 국가에 먼저 충성해야 하는 집단주의-공산주의 사회에서는 이 같은 사생활을 보장할 수 없고 심지어 사생활이 공식적으로 무시되기도 한다.

물론 사적 치료 관계에 접근할 수 있는 것이 바람직하다. 왜 그럴까? 병/장애와 수치심 그리고 수치심과 사생활이 관련되어 있기 때문이다. 수치심은 자신에 대한 타인의 생각과 관련이 깊다. 탄로와 굴욕은 부끄러운 행위에 대한 징벌이자 수치심을 더욱 고조시키는 자극제가 되기에 두려움의 대상이다. 탄로와 그로 인한 수치심에서 개인을 보호하려면 비밀이 유지되고 사생활이 보장되어야 한다. 신체적 장애든, 심리적 갈등이든, 도덕적 취약함이든 그 원인이 무엇이든 자신의 수치심을 여러 사람에게 이야기하는 것보다 한 사람한테만 털어놓으면―신앙고백 또는 사적 정신 치료 영역이 되기 때문에―더 쉽게 인정을 받는다. 따라서 의료 또는 정신 치료 관계에서 사생활 보장은 중요하다. 과도한 무안함과 굴욕으로부터 환자를 보호함으로써 환자가 자기 문제를 심리적으로 잘 통제하도록 하기 때문이다.

또 사생활과 비밀 보장은 환자를 '실질적인'―정서적이라기보다 사회적인―위험에서 보호하는 데 바람직하고 또 필요하다. 건강 이상 또는 진단 내용이 탄로난 개인은 사회적으로 고립되거나 추방되고, 고용 기회를 상실하고, 가족에게 상처를 주고, 사회적 지위가 손상되는 등 큰 위험에 빠지게 된다. 교사의 매독, 요리사의 건선, 판사의 정신분열증 같은 경우를 생각해보라! 이것은 일부 사례에 불과하다. 공인된 진단에 따른 보상과 제재 방식은 무수하고 그 사회의 도덕적, 정치적, 과학적 특성에 따라 천차만별이다.

두 번째 치료 상황은 자선 치료였다. 일대일 사적 치료와 자선 치료의 차이를 질병에 대한 의사의 집중력과 치료 의지가 다른 것쯤으로 간과할 때가 간혹 있다. 전통적인 자선 치료에서 의사는 환자의 대리인이 아니었기 때문에 환자-의사 사이에 진정한 신뢰 관계가 형성될 수 없었다. 의사는 자신의 상관과 고용주에게 전문가로서 또 법률적으로 책임을 졌기 때문에 환자가 아니라 그들에게 보상을 바랄 수밖에 없었다. 그런데 요즘은 가난한 환자라도 금전적 책임에서 면제될 수 있어서 의사가—어디서든 적절한 보상을 받을 경우에—자선 치료를 하더라도 자기 업무에 대한 집중력을 높일 수 있다는 주장이 종종 제기된다. 하지만 흉부 수술에서는 이 주장이 사실일지 몰라도 정신 치료에서는 사실이 아닐 수 있다. 하여튼 자선 치료는 사적 치료만큼 의사에게 금전적 유인이 되지 않는 게 분명하다. 사적 치료와 자선 치료의 주요 특징을 요약하면 표1과 같다.

표1 사적 치료와 자선 치료

	사적 치료	자선 치료
참여자 수	• 2명 (또는 몇 명) • 일대일 상황 • '사적'	• 다수 • 일 대 다수 상황 • '공적'
치료자는 누구의 대리인인가?	• 환자 • 환자의 보호자(가령 소아과 진료의 경우) • 환자의 가족	• 고용주(병원이나 주 정부 등)
치료자에 대한 보상의 원천과 속성	• 환자: 금전, 다른 사람에게 소개 등 • 환자의 가족과 친지: 도움에 대한 만족감 표현 • 치료자: 자기 전문 지식에 대한 만족감 • 치료자의 동료: 의사 능력 입증에 대한 만족감	• 고용주: 금전, 승진, 지위에 걸맞은 명성 • 환자의 가족과 친지: 도움에 대한 만족감 표현 • 치료자: 자기 전문 지식에 대한 만족감 • 치료자의 동료: 의사 능력 입증에 대한 만족감

사적 치료와 공적 치료(자선 치료)를 궁정과 헛간에 비유하기도 한다. 전자는 질 좋고 값비싼 곳이다. 돈이 있고 더구나 자신에게 꼭 필요한데도 그런 곳을 이용하지 않는 자는 어리석다. 후자는 질 낮고 누추한 곳이다. 그런 곳에서는 기껏해야 사람의 목숨을 살려 두는 정도다. 그래서 의사와 정치인들이 빈민 의료 돌봄이 부자의 그것만큼 양질이라고 달래려 해봤자, 이 경건한 메시지는 대개 쇠귀에 경 읽기다. 그 대신 사람들은 자기 삶의 수준을 높이려고 노력한다. 미국, 일본, 일부 유럽 국가의 사람들이 그렇게 노력한 결과 큰 성공을 거두었고, 그들의 의료 돌봄 패턴―그리고 치료 상황의 사회학―이 근본적으로 바뀌었다. 이 같은 변화를 살펴본 다음 소련의 사회-의료 상황을 검토하겠다.

현대 사회의 건강 돌봄 패턴

과학기술이 진보하고 사회-문화가 정교해지면서 빈곤, 결핍, 무능력함을 보호하기 위한 몇몇 수단이 등장했다. 그중 하나가 보험이다. 우선 의료와 정신 치료의 측면에서 건강보험의 효과를 살펴보자.

보험 치료

현재 관점에서 보면 질병 관리를 민간 보험회사가 보장하든 국가가 제공하든 개인의 입장에서는 별 상관이 없다.

건강보험은 완전히 새로운 현상을 의료에 도입했다. 보험 치료(insured practice)―사적 치료와 자선 치료와 구별하기 위해 내가 만든 용어이다—는 사적인 것도 아니고 공적인 것도 아니라는 점이 가장 중요한 특징이다. 오늘날 고도로 구조화된 의사-환자 관계에서 의사는 더는 환자나 자선 시설의 유일한 대리인이 아니다. 이 체제를 낡은 의료 돌봄 패턴으로 되돌릴 수 없고 그런 패턴으로 이해할 수도 없다. 보험 치료 상황은 사적 치료 상황과 크게 다르지 않고, 차이가 있다면 환자 대신 보험회사가 치료비를 지급한다는 점뿐이라는 것이 사람들의 일반적인 생각이다. 보험 치료가 자선 치료와 비슷하다고 말하는 사람들은 거의 없다. 하지만 나는 보험 치료와 사적 치료의 유사성보다 보험 치료와 자선 치료의 유사성이 더 크다고 본다. 자선 치료가 그렇듯이 보험 치료 역시 의사와 환자의 일대일 비밀 관계를 보장하지 않기 때문이다.

사회학적으로 복잡한 보험 의료 문제는 더 깊이 파고들지 않고, 여기서는 정신병 문제 이해에 유용한 몇 가지 일반론만 제시하겠다. 환자의 질병이 명확하고 객관적이거나 사회적으로 수용하기 쉬울수록 보험 치료와 사적 치료가 더욱 유사하다는 것이 일반적인 규칙으로 보인다. 이를테면 한 여성이 부엌에서 바나나 껍질에 미끄러져서 발목이 부러진 경우에는 비용 부담자—본인, 보험회사, 또는 국가—가 누구인가에 따라 치료 상황이 크게 달라지지 않을 것이다.

반면에 우연히 발생한 것이 아니라 환자가 유발한 병인 경우에는 보험 치료와 사적 치료(일대일 치료)의 차이가 크다. 예를 들면 그 여성이 부엌이 아니라 공장에서 일하다가 낙상 사고로 다쳤다면 보상과 병가를 받을 수 있는 의학적 요건이 된다. 게다가 그 여성이 어린 자녀를 직접 돌봐야 할 경우 오랫동안 장애인의 지위를 유지하고 싶은 동기가 더욱 강해질 것이다. 이런 상황이라면 병자 또는 장애인 여부를 판단하는 판정자나 재판관이 당연히 필요하다. 논리적으로는 보험 치료를 하는 의사가 이런 역할을 하는 데 적격이다. 사적 치료를 수행하는 의사도 그런 일을 할 수 있다고 주장할 수 있겠으나, 실제로는 그렇지 않다. 그는 애당초 환자의 대리인이다. 의사의 소견과 징병위원회, 보험회사, 또는 기업체 등이 추정한 '실제 사실'이 상충할 경우, 후자 측은 자신들이 고용한 의사의 판단에 따를 것이다. 가령 징병위원회 소속 의사는 사적 치료 의사의 소견을 뒤엎을 수 있는 절대적인 권한을 가진다. 징병위원회나 기업체 소속 의사에게 그런 권한이 없을 경우에는 법원이 분쟁을 조정한다.

보험 치료 상황에서는 의사가 누구를 대리하는가라는 질문에 정확하게 대답하기 어렵다. 사실상, 대답할 수 없다. 의사는 환자 편에 설 수도 있고 그 상대편에 설 수도 있다.

요컨대 이른바 정신병과 신체병의 주요 공통점은 하나뿐이다. 시련을 겪는 사람 또는 '아픈 사람'이 특정한 활동을 수행하는 데 다소간 장애를 실제로 겪거나 겪는다고 주장한다. 하지만 정신병은 어떤 사람에게 발생한 것이 아니라 그 사람이 (아마도 무의식적 또는 부지불식간에) 스스로 발생시킨 것이어서 본인에게 유용할 수 있다고 가정한다는 점에서 그 둘은 다르다. 전형적인 신체병 사례에서는 이런 가정이 불필요하며 또 지지받을 수도 없다.

정신이 병들었다는 사람의 행동이 의미 있고 목표-지향적이라는 전제—그리고 환자의 특정한 관점을 통해 환자의 행위를 이해할 수 있다는 가정—는 사실상 모든 형태의 정신 치료의 기초가 된다. 게다가 정신 치료사가 업무를 제대로 수행하려면 환자를 괴롭히는 사회적 요인에 영향을 받아서는 안 된다는 조건도 있다. 이 조건은 치료 관계가 의사와 환자 둘만으로 엄격하게 제한될 때 가장 잘 충족될 수 있다.

사적 치료 상황

이제 사적 치료 개념을 좀 더 다듬어야 한다. 지금까지는 이 용어를 전통적 의미에서 기관, 시설, 또는 국가에 고용되지 않고 독립적으로 일하는 의사의 의료 행위로 설명했다. 이 정의에 따르면, 그런 의사는 누구로부터 어떻게 보수를 받건 상관하지 않고 사적 진료에 종사한다. 하지만 이제 이런 정의로는 충분하지 않다. 사적 진료를 훨씬 더 엄격하게 정의할 때다. 나는 사적 치료 상황을 환자와 의사의 계약으로 재정의해야 한다고 본다. 환자가 자신의 건강을 돌봐줄 의사를 고용하고 그 대가를 지불하는 방식을 말한다. 의사가 환자가 아닌 제삼자에게 고용되거나 다른 곳에서 대가를 받는 의료 관계는 사적 치료 상황에서 제외해야 한다. 이것은 첫째 일대일 관계, 둘째 환자의 자율성과 자기 결정권을 강조하는 정의다. 나는 모든 유형의 비-자선 및 비-시설 치료를 가리킬 때는 전통적 의미의 '사적 치료'라는 용어를 그대로 사용하고, 일대일 치료 상황을 가리킬 때는 '사적 치료 상황(private practice situation)'이라는 용어를 사용하겠다(표2 참고).

표2 사적 치료 상황과 보험 치료

	사적 치료 상황	보험 치료
참여자 수	• 2명 • 일대일 상황	• 3명 이상 • 일 대 다수 상황

치료자는 누구의 대리인인가?	• 환자	• 치료자의 역할이 제대로 정의되어 있지 않고 모호함.
		  - 환자의 바람과 일치할 때는 환자의 대리인
		  - 환자의 바람과 일치하지 않을 때는 사회의 대리인
		  - 치료자가 자기 이익을 극대화 하려 할 때는 치료자 자신의 대리인

치료자에 대한 보상의 원천과 속성	• 환자: 금전, 다른 사람에게 소개 등 • 치료자: 전문 지식에 대한 만족감	• 환자: 치료, 감사 등 • 치료자: 전문 지식에 대한 만족감 • 보험 시스템 또는 국가: 금전, 승진 등

 이와 관련하여 중요한 점은 경제적 풍요가 건강보험뿐만 아니라 사적 치료를 촉진한다는 점이다. 미국에서 정신과 치료 또는 정신 치료에서 사적 치료가 차지하는 비율은 상당히 높다. 광의의 사적 치료가 아닌 협의의 사적 치료 상황에서는 그 비율이 훨씬 더 높다. 오늘날 정신 치료는 일대일 치료 관계를 사실상 대표한다. 정신 치료 서비스 요구가 증가한 원인 중 하나는 전통적 의료 상황에서는 사생활이 잘 보장되지 않기 때문일 것이다. 일반 의사들이 환자의 진정한 대리인 역할을 중단했기 때문에 시련을 겪는 사람들이 자신의 이익을 가장 잘 보장해줄 대리인으로 정신과 의사와 정신 치료사를 선택한 것이다.

경제적 풍요는 정신 치료 서비스 수요도 자극했다. 사람들은 생필품을 구매하고 남을 정도로 많은 돈을 갖게 되면 행복을 기대한다. 그런데 대다수는 여전히 행복하지 않고 그중 일부는 정신 치료를 통해 행복을 찾으려고 돈을 쓴다. 이런 시각에서 보면 정신 치료의 사회적 기능은 종교를 비롯한 술, 담배, 화장품, 여가 활동의 기능과 비슷하다.

  이런 측면에서 볼 때 사회계층, 정신병, 정신병 치료 방식 사이에는 상관관계가 있다. 잘 배운 자, 부유한 자, 중요한 자들이 못 배운 자, 가난한 자, 중요하지 않은 자들과 전혀 다른 유형의 정신과 치료를 받는다는 것은 널리 알려진 사실이다. 부유한 정신과 환자일수록 정신 치료를 더 많이 받고 가난한 환자일수록 신체적 개입 방식의 치료를 더 많이 받는다는 사실을 입증한 연구도 있다.[1]

  경제적 풍요가 의학 특히 정신의학에 끼치는 사회적 영향은 복잡하고 모순적이다. 풍요는 내밀한 일대일 치료 상황에서 환자의 자유로운 행위를 촉진하기도 하고 방해하기도 하는 듯하다. 또 학벌과 경제력은 일대일 치료 계약에서 유리한 조건이지만 (메디케어나 메디케이드 같은) 공적 보험을 통한 건강 보호와 정부 지원 의료 돌봄에서는 불리한 조건이다. 한편 사적 치료 상황이 민주주의에서는 보험 진료 유형으로 대체되고 있지만, 소련에서는 의사가 국가 공무원이 되면서 사적 진료 상황이 청산되었다는 점도 주목할 만하다. 이제부터 소련의 의료 행위를 살펴보자. 환자 대리인으로서 의사와 국가 대리인으로서 의사가 분명하게 대비될 것이다.

소련의 의학

대다수 소련인들은 국가가 제공하는 의료 서비스를 받는다. 사적 치료는 소련 사회 피라미드의 최상위층만 이용할 수 있다. 소련 의료 시스템의 특징 중 하나는 정부의 농업과 산업 생산 장려책과 관련이 있다는 점이다. 정부는 가능한 모든 수단을 동원하여 인민들에게 근면한 노동의 필요성을 강조한다. 따라서 노동을 기피하려는 자는 병자이자 장애인으로 간주되어 노예 같은 삶에서 벗어나기 어렵다. 진짜 병인지 여부가 항상 명확한 건 아니어서 의사는 전문가-판정자 역할을 해야 한다. 의사는 병을 호소하는 사람들 가운데 누가 '진짜 병자'이고 누가 '꾀병자'인지 결정해야 한다. [사회학자] 필드(Mark G. Field)는 그 상황을 이렇게 설명한다.

당연한 말이지만, 대부분 상황에서 아프다고 주장하는 사람이 자기 병을 인증하도록 해서는 안 된다. 그러면 남용이 너무 쉬워진다. 기술적으로 그런 일을 할 수 있는 자격을 갖춘 사람은 의사뿐이고, 그들이 사회의 관점에서 그 아픔을 '합법화' 또는 '인증'해야 한다. 누군가가—사실은 의도적인 동기에서 아프다고 하면서도—자신의 아픔이 의도적인 것이 아니라는 인상을 의사에게 심어주려고 환자 역할을 남용할 수 있기 때문이다. 이럴 가능성 때문에 의사를 찾아가는 사람은 (그 동기와 무관하게) 반드시 아픈 사람일 것이라는 고전적 가정이 흔들린다. 어떤 상황에서는 정반대 가정이 성립할 수 있다. …… 여러 이유로 구성원들에게 사회적 책임을 충실하게 자발적으로 수행할 수 있도록 충분한 동기를 제공할 수 없는 사회(또는 사회 집단)는 강압적으로 그 책임을 다하도록 강제한다. 그런 사회는 강압을 회피하기 위한 일탈 행동이 발생할 가능성이 높다. (꾀병 부리기로 알려진) 병 모방이 그런 행동 중 하나다. 꾀병 부리기는 의료, 사회, 또는 법률의 문제로 간주될 수 있다. 누가 진짜 환자이고 누가 가짜 환자인지 인증하는 것이 의사의 업무라면, 꾀병 부리기는 의료의 문제다. 의사를 찾는 사람은 (그 동기와 무관하게) 반드시 아픈 사람일 것이라는 가정이 무너진다면, 꾀병 부리기는 사회의 문제다. 때론 정반대 가정이 타당할 수 있다. 또 꾀병 부리기가 사기를 치는 것이라면, 법률의 문제가 된다. 꾀병 부리기는 사회(또는 사회 집단)의 '업무'를 방해하는 것이고, 통상적인 사회적 제재로는 꾀병을 배출하는 밸브를 잠글 수 없어서 그 결과가 엄청나다. 그래서 의학적 면책 조치를 통제할 수 있는 어떤 시책을 강구하고 어떤 기제를 고안해야 한다. 물론 의사가 이런 통제를 수행한다.[2]

또 필드는 모든 환자가 잠재적으로 공산당의 스파이 또는 앞잡이라는 소문이 파다하여 의사들이 꾀병자를 봐준다는 의심을 사지 않으려고 객관적으로 입증된 질병이 없는 사람에게는 인정을 베풀지 않으려 한다고 지적한다.

소련 의사들은 주로 여성이고, 그들의 사회적 지위는 미국의 교사나 사회복지사의 지위보다 상대적으로 낮다. 이 세 직업 종사자들은 중요한 공통점이 있다. 그들은 모두 사회의 대리인 역할을 한다. 그들은 정부 또는 국가에 고용되어 사회적으로 정의되고 지정된 특정 집단—환자, 학생, 구호대상자 등—의 '욕구'에 봉사한다. 그들은—글자 그대로 '사회적 일꾼'이고—소비자, 내담자, 또는 환자에게 고용되거나 급여를 받는 것이 아니기 때문에 그들에 대한 기본적 충성심이 없다. 실제로 소련 의사들은 환자에게 전혀 충성심을 느끼지 않을뿐더러 오히려 그들을 치료받아야 할 환자가 아니라 통제해야 할 사악한 인간으로 여길 수도 있다.

오늘날 소련 의사의 역할과 19세기 자선 활동을 수행한 유럽 의사의 역할은 외견상 비슷하다. 양쪽 모두 많은 환자를 꾀병자로 진단할 수밖에 없(었)다. 그 이유가 이제 분명해졌다. 그들은 모두 사회(또는 사회적 수행기관)의 대리인이지 환자의 대리인이 아니(었)고, 그 사회의 지배 가치—특히 집단 안에서 환자가 수행해야 할 '적절한 역할'과 관련된 지배 가치—를 암묵적으로 신봉하고 지지한다(했다). 소련 의사는 자신을 공산주의 국가와 동일시하고 국가 이익에 봉사한다.

가령 개인과 사회의 복지를 위해 '누군가가 자신을 필요로 하는' 곳에서 열심히 일해야 한다고 믿는다. 19세기 유럽 의사도 자신을 자본주의 국가와 동일시하고 간혹 국가 이익에 봉사했다. 가령 여자의 책무는 아내이자 어머니가 되는 것이라고 믿었다. 이런 역할에서—즉 학대받는 노동자 또는 아내 역할에서—벗어날 길이 거의 없(었)는데, 병과 장애가 있어서 그렇다고 말해주는 것이 가장 요긴한 방법일(이었을) 것이다.

필드의 소련 의학 연구를 보면, 소련 의사는 필요하다면 환자의 개인적 욕구에 반하여 열성적으로 사회의 대리인 역할을 수행한다.

제정 러시아 시대 의사들이 (서구 의사들처럼) 채택한 히포크라테스 선서가 부르주아 의학을 '상징'하고 소비에트 의학 정신과 양립 불가능하다는 이유로 혁명 이후 폐지되었다는 사실에 주목해야 한다. 어느 소련 비평가는 《메디컬 워커(Medical Worker)》에 이렇게 썼다. "혁명 이전에 그 의사는 자신에게 '의학'이 전부라는 사실에 자부심을 느꼈는데, 소련 의사가 된 후에는 자신이 사회주의 건설에 적극 동참한다는 사실에 자부심을 느낀다. 그는 국가의 노동자요 인민의 머슴이다. …… 환자는 단지 개인이 아니라 사회주의 사회의 구성원이다."[3]

내 생각에 그들이 히포크라테스 선서를 폐지한 까닭은 그것이 '부르주아 의학'의 상징이었기 때문이 아니라—사적 치료뿐 아니라 자선 치료도 부르주아 의학의 일부다—의사를 환자의 대리인

표3 서구 의료와 소련 의료

	서구 의료	소련 의료
참여자 수	• 2명 또는 소수 • 사적 치료, 보험 치료, 국가 지원 치료	• 다수 • 국가 지원 치료
치료자는 누구의 대리인인가?	• 환자의 대리인 • 고용주의 대리인 • 치료자 본인의 대리인 • 의사의 역할이 모호하다.	• 사회의 대리인 • 환자의 대리인(국가의 가치와 동일시되는 환자의 경우) • 의사의 역할이 사회의 대리인으로 명확하게 정의된다.
치료 행위의 윤리적 기초	• 개인주의	• 집단주의
의사의 사회적 지위	• 상대적으로 높다.	• 상대적으로 낮다.

으로 정의했기 때문이다. 히포크라테스 선서는 환자의 권리장전 같은 것이다. 말하자면 소련 의사들이 직면한 문제는 고전적인 갈등—의사를 환자의 대리인으로 보는 개인주의와 사회의 대리인으로 보는 집단주의 사이의 갈등—이었다(서구와 소련의 의료 시스템 차이는 표3과 같다).

의사-환자 관계에서 사생활의 중요성

소련 의학의 두 가지 특징—의사가 스파이-앞잡이-꾀병자를 봐주었다간 자신이 파멸할 수 있다고 두려워한다는 점, 히포크라테스 선서를 폐기했다는 점—은 치료 상황에서 사생활의 중요성을 새삼 일깨워준다. 첫 번째 특징은 의사-환자 관계에서 사생활은 환자뿐 아니라 의사의 이익에도 중요함을 보여준다. 사생활 보장은 부분적으로 히포크라테스 선서에서 유래한다. 이 선서는 의사가 환자와 나눈 대화를 악용하면 안 된다고 명시한다. 오늘날 환자-의사의 비밀 대화를 보장하는 법 규정—비밀을 공개할 권한은 환자에게 있다—은 이 같은 시각을 지지한다. 환자는 자신이 말한 비밀 대화를 '소유할 권리를 가진다'. 즉 환자는 그 대화를 사용할 시기와 방법에 대한 통제권을 상당 부분 가진다.

하지만 정신분석 상황에서는 적어도 내가 알고 있는 한[4] 환자가 허락하든 말든 치료사는 다른 사람들에게 둘 사이 대화를 공개해서는 안 된다. 일대일 비밀 관계를 잘 유지하려면 환자의 공개 요청이 있더라도 분석가는 그 요구를 거절해야 한다.

비밀 보장이 환자 이익을 위한 것이라는 상식적인 견해 때문에 의사-환자 관계에서 사생활 보장이 환자뿐 아니라 의사까지 보호한다는 사실을 쉽게 간과한다. 환자가 자신의 치료 과정에 책임 있게 참여하도록 하면, 의사는 과오를 범하더라도 환자의 비난에서 상당 부분 보호를 받을 수 있다. 환자가 항상 치료의 성격에 대한 정보를 완전하게 제공받는다면, 자기 책임 아래 치료사의 행위를 평가하고 자기 요구를 전달하고 불만이 있으면 치료사를 교체할 수 있다.

요컨대 사적 치료, 즉 일대일 치료 상황은 참여자들의 상호성과 협력을 최대화하는 반면에 공적 치료 즉, 일 대 다수 치료 상황은 참여자들의 기만과 강압을 최대화한다. 소련 의학뿐만 아니라 시설화된 서구 정신의학은 의사와 환자 모두에게 원하지 않는 일을 강제할 수 있다. 가령 의사는 환자를 광인으로 '인증'함으로써 또는 환자가 가짜 병자인데 진짜 병자라고 인증하거나 진짜 병자인데 병자로 인증하지 않음으로써 강압을 가할 수 있다. 여기에 대한 보복으로 환자는 의사가 자신을 불법 감금했다며 고소를 하거나 관계 당국에 고발하여 다양한 보상을 청구할 수 있다.[5]

비밀 보장 문제는 소련 사회가 정신분석을 비롯한 모든 형태의 내밀한 정신 치료를 인정하지 않는 한 요인이 된다. 공산주의자들은 정신 치료사들의 이론이 중구난방이어서 그런 치료 방식에 반대한다고 말하지만, 내가 보기에 사생활 보장은 집단주의 정치 체제의 핵심 가치에 대한 묵과할 수 없는 모욕이기 때문에 내밀한 정신 치료와 공산주의가 갈등을 빚는 것이다.

의사와 빈민

의사가 '사회복지사' 역할을 한 것은 고대까지 거슬러 올라간다. 그러다가 근래 성직자 기능과 의사 기능이 분리되었는데 최근에 그 둘이 다시 강력하게 결합하기 시작했다. 크리스천 사이언스(Christian Science)는 공공연하게 재통합했고 자선 의료, 정신 치료, 소련 의학 일각에서는 암묵적으로 그런 재결합을 지지하고 있다. 저명한 독일 병리학자 루돌프 피르호는 "의사는 당연히 빈민의 대변자"라고 주장했다.[6] 우리는 이런 의사 역할 개념을 철저히 따지고 문제점을 지적해야 한다. 그것은 전혀 '당연한' 일이 아니다. 의사가 대변자처럼 행동하는 것이 어째서 합당한지, 그 이유조차 불분명하다.

나는 1장에서 어떤 사람을 꾀병자로 진단하던 것이 히스테리성 환자로 진단하는 것으로 바뀐 것은 의료 조치라기보다 사회적 승급* 조치였다고 지적했다.[7] 실제로 샤르코는 '빈민의 대변자'로 행동했다. 하지만 그 이후 서구가 사회적으로 발전하면서 '빈민의 대변자'를 자임하는 사회 조직들이 나타났다. 사회주의와 공산주의를 표방하는 조직을 비롯하여 노동조합, 사회복지기관, 자선단체 등 많은 조직들이 등장했다. 근대적 과학 교육으로 무장한 의사들은 많은 의무를 지지만, 빈민과 피억압자의 보호자가 되는 것은 그들의 의무로 보기 어렵다. 빈민과 학대받는 자를 대변하는 기관들이 미국에 많지만, 미국의학협회가 그런 일을 하지는 않는

---

* '사회적 승급(social promotion)'은 초중등학교에서 학생의 개별 성적과 무관하게 일정한 나이가 되면 일괄적으로 학년을 승급시키는 제도를 말한다.

다. 구세군, 전미유색인종지위향상협회(National Association for the Advancement of Colored People, NAACP) 같은 기관들이 그런 사람들을 대변한다. 솔직하고 정직하게 이런 문제에 대처하는 것은 아주 좋은 일이다. 개인이나 단체가 빈민―또는 흑인, 유대인, 이민자 등―의 이익을 위해 행동하고 싶으면, 그 점을 분명히 밝히는 것이 바람직하다. 그런데 의사들이 도대체 무슨 권리와 근거로 이런저런 집단의 보호자를 사칭하는 걸까? 오늘날 의사 특히 정신과 의사는 다른 어떤 전문가보다 자신이 학대받는 자들의 보호막이 되어야 한다고 생각하는데, 정말 아이러니하다.

빈민 보호에 필요한 사회적 역할과 제도 발전에 발맞춰 의료 전문직은 새로운 진단과 치료 기법을 무수히 만들어냈다. 하지만 두 가지 이유에서 이제 의사들이 '빈민의 대변자' 노릇을 하는 건 불필요하고 부적절하다. 첫째, 진짜 빈민 대변자들이 등장했기 때문에 이제 빈민은 가짜 병 같은 속임수를 써가며 인간 대접을 받으려고 애쓰지 않아도 된다. 둘째, 의사가 수행해야 할 기술적 업무가 더욱 복잡하고 난해해지면서―즉 약학, 방사선학, 혈액학, 외과학 등이 발전을 거듭하면서―의사 역할은 자신이 직접 개입하는 특정한 기술적 영역으로 매우 엄격하게 정의되었다.[8] 그래서 오늘날 대다수 의사들은 '빈민의 대변자'로 활동할 시간도 없고 그럴 의향도 없다.

사회 통제 수단으로서
의료 돌봄

불특정 다수에게 영향을 주고 정부나 국가가 통제하는 모든 것이 사회 통제 수단이 될 수 있다. 이를테면 미국의 세금 정책은 특정 재화의 소비를 촉진하거나 억제하는 데, 그리고 소련의 의학은 개인 행위를 통제하고 사회를 원하는 방향으로 주조하는 데 사용될 수 있다. 게다가 세금 정책이 소련에서 사회 통제 수단으로 사용될 수 있다면 의학도 미국에서 같은 방식으로 사용될 수 있다.

앞에서 소련 의학과 미국 사회복지가 서로 닮았다고 했다. 둘 다 본질에서는 사회적 돌봄이자 통제 시스템이다. 둘 다 은밀하지만 막강한 통제권을 돌봄 대상자들에게 행사하는 데 사용하는 동시에 그들의 특정한 개인적, 사회적 욕구를 충족해주기도 한다. 그래서 이 두 시스템은 사회에 불만을 가진 구성원들 또는 그 집단들을 '고분고분' '동조'하도록 만드는 데 그야말로 안성맞춤이다.

이처럼 양가적인 ─ 즉 한편에서는 환자들의 욕구를 어느 정도 충족해주고 다른 한편에서는 그들을 억압하는 ─ 의료 돌봄은 소련이 발명한 새로운 현상이 아니다. 이런 방식은 19세기 유럽뿐만 아니라 제정 러시아에서도 성행했다. 상대적으로 자비로운 의료진이 중재하면서 제정 러시아 시대 감옥 생활의 가혹함 ─ 그 무렵 다른 나라의 감옥 생활도 가혹했을 것이다 ─ 이 어느 정도 완화되었고, 그 이후 그런 중재가 감옥 시스템의 필수 요소가 되었다.[9] 이런 조치는 당시에 일반적이었고 지금도 그렇다. 따라서 우리가 그런 조치를 폭넓게 해석하는 것은 정당하다. 그것은 억압적인 사회 시스템이 초래한 긴장을 관리하는—그리고 진정시키는—특징적인 방식이다. 이런 식으로 사회적 항상성(homeostasis)을 유지하려는 성향은 독재적-가부장적 가정에서 가장 잘 나타난다. 그런 가정의 아버지는 자식을 무자비하고 가혹하게 다루고 아내를 억압하고 멸시하는 무지막지한 독재자이고, 어머니는 모든 것을 감내하며 아버지와 자식 사이를 중재하는 인자하고 상냥한 보호자이다. 항상 노동과 희생을 강요하는 소련이라는 국가는 그런 아버지와 같고, 소련의 의사 및 의료 시스템은 그런 어머니와 같고, 소련의 시민은 그런 가정의 자식과 같다.

이런 시스템에서 보호자—의사, 어머니—는 가해자로부터 희생자를 보호할 뿐만 아니라 직접 개입하여 더욱 끔찍하게 전개될지도 모르는 희생자의 복수로부터 가해자를 보호한다. 이처럼 중재는 가정 또는 정치의 항상성 유지에 기여하지만 중재자 역할이 작동 불능에 빠지거나 중단되면 항상성이 붕괴할 수 있다.

또 소련 의료 제도는 '좋은 대상'과 '나쁜 대상'*에 대처하는 것과 관련된 기본적인 인간 문제를 극적으로 표상한다. 앞서 언급한 독재적-가부장적 가족 구조는 이 문제에 대해 단순하지만 꽤 효과적인 해법을 제시한다. 이 제도는 어린아이가 성장 단계별로 인간관계의 복잡성을 인식하도록 하여 동일한 사람에게 사랑과 증

---

* 현대 정신분석과 심리학의 주요 이론인 대상관계 이론(object relations theory)은 유아기 자기 형성에서 프로이트식 리비도 욕동보다 대상관계(대인관계)—특히 어머니와의 관계—가 더 중요하다고 보는 견해다. 여기서 어린아이에게 긍정적인 경험이 되는 대상을 '좋은 대상(good object)'이라고 하고, 반대로 부정적인 경험이 되는 대상을 '나쁜 대상(bad object)'이라고 한다.

오의 감정을 동시에 품고 살도록 양육하는 대신, 그 아이가—나중에 성인이 되더라도—악마와 성자가 함께 사는 세계, 즉 아버지는 괴물이고 어머니는 성모 마리아인 가정에 살도록 만들고 심지어 조장한다.[10] 그렇게 되면 아이는 성장한 뒤에 한없는 정의감과 끝 모를 죄책감 사이에서 갈팡질팡한다. 소련에서 공산주의는 자식을 양육하고 보호하는 이상화된 어머니, 즉 완벽하게 '좋은 대상'이고, 의사는 필요할 경우 완벽하게 '나쁜 대상'이 되어야 한다. 소련은 인민들에게 완전무결한 무상 의료 돌봄을 약속한다. 그 약속을 이행하지 못하면 제도가 아니라 의사를 비난한다. 가부장적인 가정의 어린아이처럼 시민-환자는 선과 악, 즉 미화된 국가와 지탄받는 의사의 싸움을 목격한다. 그래서 소련 언론은 의사들을 고발하는 데 많은 지면을 할애한다.[11] 환자들은 아무리 아우성쳐봤자 아무런 권력이 없다. 소련의 환자는 미국의 환자와 달리 의료 과실을 이유로 의사를 고소할 수 없다. 그것은 소비에트 국가 자체를 고소하는 것이기 때문이다. "피리 부는 사람에게 돈을 주는 자가 곡을 청할 수 있다"는 옛 속담에서 소련의 의사-환자 관계를 유추할 수 있다. 소련 의료 제도는—환자와 의사 모두에게 서로를 괴롭힐 수 있는 충분한 힘을 주지만 그들 자신의 상황을 바꿀 수 있는 충분한 힘은 주지 않고—자신을 지탱해주는 정부에 최선을 다해 봉사한다.

1953년에 발생한 그 유명한 '의사들의 음모' 사건이 이 같은 해석을 뒷받침한다.[12] 한 무리의 간부 의사들—더구나 그중 상당수가 유대인이었다—이 정부 요인 몇 명을 살해했을 뿐만 아니라 스탈린의 돌연한 건강 악화에도 연루되었다는 게 사건의 요지인데,

스탈린 사후에 날조된 사건으로 밝혀졌다. 그런 음모를 촉발한 정치적 갈등이 무엇이었든 간에, 예전에 소비에트 국가 건축에 동참한 의사들이 자신들이 위임받아 건축한 제도를 파괴한 혐의로 기소되었다는 점이 중요하다.[13]

  요약하면 나는 치료 개입의 두 측면을 보여주려고 했다. 하나는 아픈 사람을 치료하는 것이고 또 하나는 부도덕한 사람을 통제하는 것이다. 아픔은 악함의 일종으로 그리고 악함은 아픔의 일종으로 간주되곤 한다. 그래서 오늘날 의료 행위는―정치 체제를 불문하고 모든 나라에서―치료와 사회 통제라는 복잡한 조합으로 구성되기도 한다. 모든 의료 개입을 치료의 형태라며 수용하고 싶은 유혹, 또는 모든 의료 개입을 사회 통제 형태라며 거부하고 싶은 유혹에 우리는 결연히 맞서야 한다. 그리하여 우리는 의사가 병자를 치료하는 일과 일탈자를 통제하는 일을 지적으로 구별하고 올곧게 설명해야 한다.

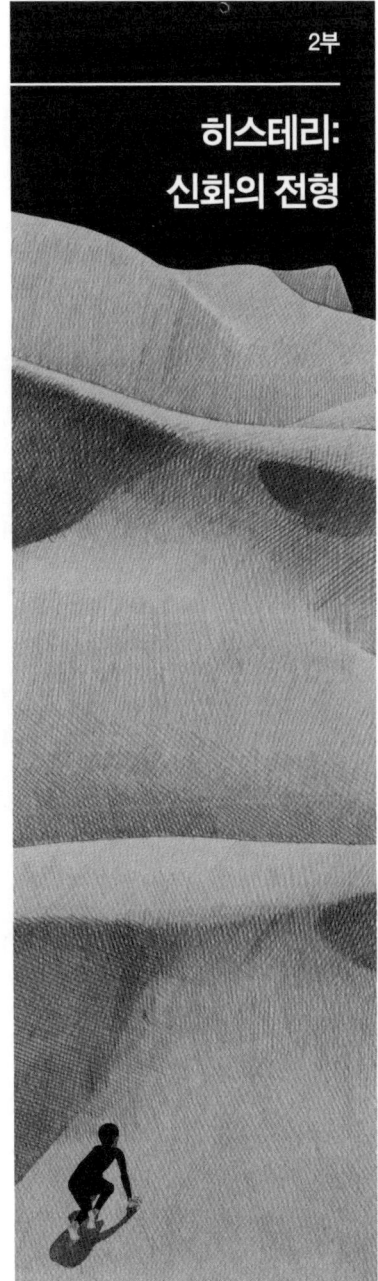

2부

히스테리: 신화의 전형

4장

브로이어와 프로이트의
《히스테리 연구》

역사적 배경

프로이트는 샤르코 밑에서 히스테리 문제를 집중 연구했다. 프로이트가 신경성 질병 치료법을 확립하기 위해 1886년 빈에 정착했을 때, 그의 환자들 중 상당수는 히스테리 사례였다.[1] 지금도 그렇지만 당시에도 히스테리성 환자는 의사의 골칫거리였다. 승인된 의학적 사고방식을 고수하고 확립된 절차를 준수하며 치료하는 것이 무난하고 안전했다. 그런 환자는 인간으로서 동정의 대상이 되었을지라도 의학적, 과학적 관심의 대상으로 보지 않았다는 말이다. 당시 의료과학은 신체 고통에만 관심을 두었고, 따라서 개인 문제―인간의 삶 또는 존재 문제―는 무시하거나 신체병이 표현된 것으로 치부했다. 이런 환경 속에서 연구를 했음에도 브로이어와 프로이트는 신경학적 고통을 독특한 방식으로 다루어 유례없는 성공을 거두었다. 그들의 방식은 인간적이고 탐색적이며 온정적이고 급진적이었다. 그들이 수행한 임상 관찰은 현재 기준으로 봐도 탁월했다. 하지만 오늘날 의사들은 그때와 전혀 다른 환경에서 치료를 하고 있다는 것을 명심해야 한다.

오늘날 일부 정신분석가들은 브로이어와 프로이트가 명명한 '히스테리병(hysterical illness)' 유형은 더는 존재하지 않는다고 말한다. 이렇게 히스테리에 대한 사고방식이 바뀌고 심지어 히스테리가 사라졌다고 주장하는 가장 큰 이유는 문화적 변화—특히 여성의 성적 억압 감소와 사회적 해방—때문일 것이다. 게다가 의사의 사회적 역할도 바뀌었다. 사적 치료를 하는 정신분석가들이 고전적인 히스테리 사례를 접하기 어려운 건 사실이지만, 대형 병원에서 일하는 의사와 전문가들은 여전히 그런 사례를 접하고 있다.[2] 지금도 미국과 유럽에서는 브로이어와 프로이트 시대만큼이나 히스테리가 성행하고 있다. 하지만 오늘날 히스테리로 '시련을 겪는' 사람이 정신과 의사나 정신분석가와 상담하는 경우는 거의 없다. 그 대신, 주치의나 내과 의사와 상담한 다음 신경과, 신경외과, 정형외과, 또는 일반외과의 비정신과 전문의에게 의뢰되는 경우가 많다. 비정신과 의사는 그런 환자가 겪는 어려움을 정신과적 문제로 정의하는 경우가 드물다. 그렇게 하려면 환자의 '병'을 의학적인 것이 아니라 개인적인 것으로 재정의해야 하는데, 그들이 굳이 그런 일을 할 리가 없다.

또 일반 의사는 '기질에 따른 진단'을 고수하고, 정신의학과 정신과 의사를 불신하는 경향이 있고, 정신 치료사가 하는 일을 쉽게 이해하지 못한다. 그래서 사적 정신과 치료를 받는 히스테리성 환자가 드문 것이다. 또 다른 이유를 들자면, 요즘 전환 히스테리는 상대적으로 교육과 소득 수준이 낮은 계층의 문제가 되는 추세다. 그 이유는 뒤에서 논의하겠다. 이 계층은 사적 치료를 하는 정신분석가를 가장 적게 찾고, 무료 또는 저비용 클리닉이나 주립병원을 가장 많이 찾는다. 돌고 돌아 정신 치료사를 찾는 극소수 히스테리성 환자들은 이미 많은 내과와 외과 경험을 했기 때문에 더는 '고전적 히스테리' 환자처럼 순수한 언어로 대화하지 않는다.

관찰에 대한 재검토

브로이어와 프로이트는 연구를 할 때 다양한 신체적 느낌—주로 불쾌감—을 호소하는 개인들의 사례를 자주 인용했다. 하지만 두 사람은 그들을 모두 '환자'로 인정하고, 그들의 호소를 '증상'으로 간주하고, 그런 증상은 알 수 없는 물리화학적 신체 이상이 표현된 것이라고 주장함으로써 자신들 앞에 놓인 문제를 신비화하고 예단했다. 이를테면 프로이트는 자신과 상담하는 모든 사람이 환자라고 가정하고 글을 썼다. 그래서 그는 '당신은 아픈가요?'라고 하지 않고 '당신은 어떻게 아픈가요?'라고 질문했다. 다음 인용문에서 보듯이 프로이트의 관찰은 체계적으로 잘못 기술되었다.

매우 지적인 남자가 있었는데, 그의 남동생은 고관절이 유착되어 마취제를 맞아야 다리를 펼 수 있었다. 관절에 금이 가는 순간에는 고관절에 극심한 통증을 느꼈고, 이런 상태가 거의 일 년 동안 지속되었다. 이와 비슷한 사례가 많다. 연결고리가 그리 간단하지 않은 사례도 있다. 이를테면 촉진 요인과 병리 현상이 이른바 '상징적' 관계—건강한 사람이 꿈속에서 형성하는 것 같은 관계—로 구성되는 경우도 있다. 그러면 정신적 고통이 신경통을 촉발하고 도덕적 불쾌감이 구토를 야기할 수 있다. 우리는 이런 종류의 상징화가 가장 빈번하게 나타나는 환자들을 연구했다.3)

여기서 프로이트는 대상과 메타 언어―관찰할 수 있는 것과 관찰할 수 없는 것―가 뒤죽박죽 섞인 언어로 말한다.4) 예컨대 구토하거나 고통스러워하거나 역겨워하는 사람은 관찰 가능하지만 '정신적 고통'을 겪고 있거나 '도덕적 불쾌감'을 느끼는 사람은 관찰 불가능하다.5)

또 프로이트는 '신경통'에 대해 말하는데, 사실은 '신경통 같은'이라고 해야 한다. 전자는 신경학적 질병, 즉 신체 기관의 이상을 의미하고, 후자는 그 통증이 신경통과 비슷하다는 것을 의미할 뿐이고 신체병의 존재를 기의할 수도 있고 그러지 않을 수도 있다.

프로이트는 히스테리를 질병으로 간주했지만, 히스테리에 대해 언어로 표현한 것보다 훨씬 더 잘 알고 있었다. 그는 의미론적이고 인식론적인 구속복(straitjacket)을 입고 있었고, 거기서 해방되는 경우가 아주 드물고 그 기간도 짧았다. 아래 인용문에서 브로이어와 프로이트는 그 '환자'가 정말로 병이 있는 진짜 환자라고 독자를 설득하려 하지 않고 평범한 언어로 설명한다.

사랑에 목마른 자존심 강한 소녀의 안타까운 이야기가 있다. 소녀는 자신의 운명과 화해하지 못했고, 가문의 옛 영화를 재건하려던 작은 계획들마저 모두 실패하여 참담한 심정이었고, 사랑했던 사람들이 죽거나 떠나거나 돌아섰고, 낯선 남자와 사랑의 도피 행각을 벌일 생각도 하지 못한 채 어머니를 돌보고 자신의 고통을 어

루만지는 것 말고는 아무것도 하지 않았다. 그렇게 18개월 동안 칩거했다.[6]

위 문장에서 '병'이나 '환자' 같은 단어가 있는가? 여기서 프로이트는 무심코 비밀을 누설하고 비판자들의 주장—프로이트는 진짜 환자를 치료하는 '진정한 의사'가 아니다—을 정당화할 수 있는 빌미를 제공한다. 다시 말해 프로이트는 비판자들의 주장마따나 유기체 또는 신체의 질병을 확인하거나 치료하지 않는다. 대신, 윤리학자나 작가처럼 인간의 고난과 불행에 대해 이야기한다.

프로이트 당대에 개인 문제가 의료화된 것은 의사들이 이른바 히스테리성 환자와 관련해 고심했고 오랜 딜레마—환자가 기질적 병을 가진 것인지, 아니면 '단지' 히스테리가 있는 것인지 결정해야 하는 문제—에서 기인한 측면도 있다. 청년 프로이트와 그의 신경심리학 동료들은 '감별 진단'을 해야 한다는 일념에 사로잡혔다. 프로이트는 자신에게 의뢰된 한 히스테리 '사례'를 신경학적 질병으로 정확하게 진단했다고—공공연하게 그리고 당당하게—말한다.[7] 의사와 상담하는 사람은 모두 아프다는 가정은 의사가 맨 먼저 할 일은 감별 진단이라는 가정과 일맥상통했다. 감별 진단이라는 것이 예전에는 진짜 병과 가짜 병을 구별하는 것이었다면, 프로이트 시대에는 주로 기질성 병과 기능성 병, 즉 신체병과 정신병—특히 신경학적 병과 전환 히스테리—을 구별하는 것이 되었다. 프로이트가 쓴 아래 문장이 이를 잘 보여준다.

1892년 가을 나는 동료 의사한테서 젊은 여성을 검사해 달라는 요청을 받았다. 그 여성은 다리 통증 때문에 2년 넘게 제대로 걷지 못했다. 그 여성은 다음과 같은 증상을 호소했다. 우선 걸을 때 심한 통증이 있고 걸을 때나 서 있을 때나 피로감 때문에 맥을 못 춘다. 그래서 짬짬이 휴식을 취하는데, 그러면 통증이 좀 사그라들지만 그렇다고 완전히 사라지는 것은 아니다. …… 진단을 내리기가 쉽지 않았지만, 결국 나는 위 두 가지 근거로 동료가 제시한 진단, 즉 히스테리 사례라는 데 동의했다.[8]

꾀병이나 비-질병 사례일 수도 있을 텐데, 프로이트는 그것을 히스테리 사례로 진단한 이유를 정확하게 설명하지 않는다. 대신 그 여성이 자신이 불행하다고 (혼자서 또는 타인에게) 말한 것을 통해 그녀의 불행과 불편한 신체적 느낌을 설명한다. 프로이트는 같은 책의 다른 장에서 자신이 의사보다 전기 작가에 가까운 일을 한다고 말한다.[9] 요컨대 브로이어와 프로이트의 관찰을 유심히 들여다보면 그들의 환자는 자신의 고뇌를 이런저런 신체적 불편함으로 표현하는 불행한 또는 시련을 겪는 사람이라고 할 수 있다. 앞서 제시한 사례 중 어느 것도 환자가 해부학적 또는 생리학적 이상으로 고통받았다는 증거가 없다. 그런데도 그들은 이런 '질병'의 '원인'을 '기질성' 가설로 줄기차게 설명하려 든다.

이론에 대한 재검토

엘리자베스 폰 R. 양의 사례를 논의하는 자리에서 프로이트는 전환 히스테리 개념을 이렇게 설명한다.

히스테리 전환 이론 관점에 따라 그 일을 설명하자면 다음과 같다. 엘리자베스 폰 R. 양은 자신의 에로틱한 생각을 의식적으로 억눌렀고, 그로 인한 정동 총량이 통증이라는 신체 감각으로 전환되었다.

이 이론을 더욱 정밀하게 검토해야 한다. 이렇게 질문해보자. 여기서 무엇이 신체적 통증으로 바뀌었는가? 조심스럽게 대답하면 이렇다. 정신적 고통이 될 수 있었던 어떤 것 그리고 그렇게 될 수밖에 없었던 어떤 것. 과감하게 더 밀고 나가 대수학적 그림으로 표상 메커니즘(ideational mechanism)을 설명하면, 무의식 속에 남아 있는 에로틱한 느낌의 표상적 콤플렉스가 일정한 정동량*을 만들어내고 그 정동량이 전환된 것이 신체 통증이라고 할 수 있다.[10]

그런데 바로 여기에 전환 히스테리의 태생적 문제가 존재한다. 프로이트는 이렇게 질문한다. 무엇이 (신체 통증으로) 전환되는가? 환자가 신체 통증을 느끼는 까닭은 무엇인가? 여기에는 다음과 같은 질문이 함축되어 있다. 무엇이 전환을 야기하는가? 갈등이나 정동이 어떻게 신체 통증으로 전환되는가?

프로이트는 콜비(Kenneth Colby)의 '수역학적 은유(hydraulic metaphor)'** 개념에 기대어 질문에 답한다.[11] 하지만 그렇게 복잡

---

* '정동량(quota of affect)'은 변위(displacement)와 다양한 질적 변화에도 불구하고 일정하게 유지되는 본능적인 에너지의 양을 뜻하는 정신분석 용어다. 프로이트는 정동량이 증가하기도 하고 감소하기도 하는 등 복잡한 움직임을 보인다고 했다.

한 설명은 필요 없다. 질문 틀을 새로 짜기만 하면 된다. 우리는 이렇게 질문할 수 있다. 환자가 통증을 호소하는 까닭은 무엇인가? 환자가 신체적으로 온전한데도 자기 몸에 문제가 있다고 불편함을 호소하는 까닭은 무엇인가? 환자가 자신의 개인적 시련을 호소하지 않는 까닭은 무엇인가? 이런 질문에 대한 대답은 통증을 호소하는 사람의 개인성(personality)과 그가 처한 상황을 설명하는 것이어야 한다. 하지만 브로이어와 프로이트가 자신들의 환자에게 설명한 것은 이런 질의응답과 거리가 멀다.

히스테리가 신체병 증상으로 나타난다는 생각이 문제를 규명하기는커녕 얼마나 심하게 교란하는지, 다음 인용문을 보면 알 수 있다.

그 메커니즘은 전환 메커니즘이었다. 그녀가 정신적 고통을 회피하자 그 자리에 신체적 통증이 그 모습을 드러낸 것이다. 이런 식으로 전환이 발생하여 그 환자는 참을 수 없는 정신적 고통에서 탈출할 수 있었다. 그러나 사실은 심령적(psyical) 비정상성―의식 분열***―과 신체적 질병―통증으로 인한 기립보행불능증―이 모두 발생한 것이다.[12]

** 프로이트는 물이 끓으면 압력에 의해 흘러넘친다는 수역학에 비유하여 인간의 리비도 역시 충분히 축적되어 팽창하면 언어나 행동의 형태로 외부로 방출된다고 했다. 그런데 리비도가 통제되지 않고 폭발해버리면 '공격성'이 되고 밸브를 풀어 증기를 빼듯이 서서히 방출되면 건강한 감정 표출, 즉 '카타르시스'가 된다고 했다.
*** 프로이트는 한 개인에게 의식적인 정신작용과 무의식인 정신작용이 동시에 또는 번갈아 가며 나타나는 이상 현상을 '의식 분열(splitting of consciousness)'이라고 했다.

위 인용문에서 '정신적', '신체적'이란 단어는 관찰한 것을 있는 그대로 기술한 것처럼 보이지만, 사실은 관찰한 것을 정리하고 설명할 때 사용하는 이론적 개념이다. 그래서 나는 이른바 전환 히스테리가 정신의학적인 것이라기보다 인식론적인 것이라고 생각한다. 우리가 실재하지 않는 신체 이상을 탐구해야 한다며 억지로 질문을 구성하지 않는 한 전환 문제는 존재하지 않는다.

브로이어와 프로이트의 주장 중 일부가 외견상 참신해 보일지라도 그 철학적 지향은 참신하지도 않고 혁신적이지도 않다. 두 사람은 그 당시 과학적 세계관(Weltanschauung)—과학은 곧 물리학과 화학이다—을 신봉하고 또 실행했다. 그래서 심리학을 행동주의* 안으로 밀어 넣거나 그것이 실패하면 이른바 심리학의 물리화학적 기초로 환원하는 경향이 있었다. 프로이트는 심리학을 연구하기 시작할 때부터 심리학적 관찰을 물리학적 설명으로—또는 적어도 '본능'으로—환원하려 했고, 죽을 때까지 그 목표를 단념하지 않았다.

브로이어와 프로이트는 히스테리를 질병인 양, 특히 매독 같은 물리화학적 신체 이상인 것처럼 다루었다. 히스테리와 매독이 다른 점이 있다면, 히스테리의 물리화학적 기초를 파악하는 게 어려워서 기존 방식으로 탐지하기가 더 힘들 뿐이라고 생각했다. 당시에는 물리화학적 히스테리 검사법이 발견되지 않아 연구자들

---

* '행동주의(behaviorism)'는 프로이트 정신분석이 강조하는 '본능', '무의식', '정신역동' 개념은 관찰 불가능한 것이라고 비판하고 관찰 가능한 인간 행동만 심리학 연구 대상으로 삼아야 한다는 견해다. 행동주의 심리학자들은 주관적, 추상적, 사변적인 인간 심리 중심의 심리학을 경계하고 객관적, 경험적, 실증적인 인간 행동 중심의 심리학을 지향한다.

은 그런 방법으로는 히스테리를 기질적으로 치료할 수 없었고, 심리학적 진단법과 치료법에 만족해야 했다. 또 브로이어와 프로이트가《히스테리 연구》를 출간한 1895년은 바서만(Wassermann) 매독 검사법이 등장하기 전이어서 〔히스테리성 증상과 흡사한〕 진행성 마비(general paresis)의 병인이 매독이라는 사실이 조직학적으로 입증되지 않은 시점이었다. 당시 정신병리학계는—지금도 비슷하지만—인간 신체 기관의 물리화학적 이상을 탐지하는 것이 의사의 본분이라고 생각했고, 그 밖의 모든 것은 저급한 대안이자 이류 견해로 취급했다. 당연히 심리학자와 정신분석가는 과학의 세계에서 이류 시민 취급을 받았고, 그들이 그런 대우에서 해방되려면 '마음'과 행동의 물리화학적 기초를 발견해야만 했다.

내가 보기에 연구자들이 이런 식으로 이른바 정신병리 현상의 생물학적, 물리학적 원인을 파고드는 동기는 이해와 규명을 향한 열망이라기보다 명예와 권력을 향한 갈망이다. 앞서 주장했듯이, 정신과 의사가 자신의 믿음과 행위를 의료 모형에 따라 유형화하면 일반 의사처럼 명예와 권력을 누릴 수 있고, 정신의학과 심리학 연구자나 종사자도 마찬가지다. 이론물리학자가 심리학 또는 인간관계 이론가보다 더 큰 명성을 누리기 때문에 정신과 의사와 정신분석가는 자신도 근본적으로는 신체의 물리적, 생리적 원인을 탐구한다고 주장하며 이득을 얻고자 한다. 그들은 이 같은 모방을 통해 유사 물리학자가 되고 유사 의사가 되는데, 이 때문에 개탄스러운 결과가 속출한다. 그러나 이 같은 자연과학자 모방은 사회적 또는 기회주의적 방식으로 큰 성공을 거두고 있다. 정신의학과 정신분석이 생물학적—궁극적으로 물리화학적—과학으로 사회에서 널리 수용되고 있고, 그들이 한다고 주장하는 것과 다른 과학자들이 실제로 하는 것을 접목하여 명성을 얻는다는 말이다.

요약

요컨대 프로이트의 전환 히스테리 이론은 "심리 문제가 어떻게, 왜 신체 문제로 드러나는가?"라는 질문에 대한 대답이었다. 이 질문은 데카르트의 정신-신체 이원론을 반복하는 것이고, 이른바 "심령적인 것에서 기질인 것으로 점프"[13]가 어떻게 가능한지를 둘러싼 새로운 정신분석적 수수께끼를 만들어냈다. 정신분석 특히 전환 이론은 그런 '점프'를 규명하겠다고 주장하고 있다.

나는 이 모든 의료적-정신분석적 관점이 거짓이고 현혹이라고 본다. 특히 심리적인 것과 신체적인 것의 관계를 두 가지 상이한 유형의 사건들 또는 프로세스들의 관계가 아니라 두 가지 상이한 유형의 언어들 또는 표상 양식들의 관계로 봐야 한다고 생각한다.[14]

히스테리에 관한 정신분석 이론은 명백한 단점이 있다는 비판에도 불구하고 그 생명을 질기게 이어 가고 있다. 가장 큰 이유가 제도적, 사회적 요인 때문이라고 생각한다. 히스테리를 정신병으로 보는 관념, 히스테리에 관한 정신분석 이론, 그리고 특히 전환 개념은 정신분석의 상징이 되었고, 그 덕에 정신분석은 의료 기술과 전문직 반열에 올랐다. 히스테리에 관한 정신분석 이론과 나중에 등장한 유형화된 신경증에 관한 정신분석 이론 덕에 정신 건강 분야 의사와 전문가들은 신체병 체계와 외견상 동일한 정신병 체계를 확보했다.[15] 이렇게 확립된 의료 모형에 따르면, 질병은 육체적인 것과 정신적인 것으로 구별되고 그 치료법도 마찬가지다. 따라서 모든 심리적 현상을 정신병 또는 정신병리로, 그리고 모든 심리적 개입을 정신과 치료 또는 정신 치료로 간주할 수 있다. 이 익숙하지만 그릇된 견해를 불식할 수 있는 유일한 대안은 정신병에 대한 철저한 의료 접근법을 버리고, 정신과 환자들에게 고통을 안겨주는 윤리적, 정치적, 심리적, 사회적 문제에 적절하게 대처할 수 있는 새로운 접근법을 찾는 것이다. 정신과 의사들은 그런 문제에 대한 대책을 강구하는 시늉만 한다.

5장
히스테리와 정신신체의학

전환과 심리적 원인

히스테리 전환 개념은 "마음이 어떻게 육체에 영향을 주는가?"라는 질문에 대한 현대 정신의학의 대답이었다. 앞서 지적했다시피, 이것은 틀린 질문이다. '마음(mind)'을 뇌인 양 표현하기 때문이다.

그런데도 전환 히스테리 개념은 정신의학뿐 아니라 이른바 '정신신체의학(psychosomatic medicine)'을 통해 의학 전반에 중대한 영향을 끼치고 있다. 그래서 히스테리 전환 이론과 정신신체의학 이론의 연관성을 비판적으로 검토하고 '기질성 증상의 심리적 원인' 문제를 따져봐야 한다.

이 문제를 적절하게 설명하려면 '기질성 증상'의 의미부터 파악해야 한다. 이런 종류의 용어들이 으레 그렇듯이 정신과 의사들이 사용하는 용례를 보고 그 의미를 추론해야 한다. 그들은 세 가지 의미로 이 용어를 사용한다. 첫째 통증, 가슴 두근거림, 가려움증 같은 신체적 불편함을 기술할 때, 둘째 기침, 떨림(진전), 불안정한 걸음걸이 같은 '몸 기호(bodily sign)'를 표의할 때, 셋째 심장 잡음, 심장 팽창, 혈압 상승 같은 특별한 관찰 소견을 정의할 때. 이런 것을 뭉뚱그려 '기질성 증상'이라고 하는 것은 석탄, 흑연, 다이아몬드를 뭉뚱그려 '탄소'라고 하는 것이나 마찬가지다. 이렇게 뒤엉킨 실타래를 하나씩 풀고 나서 이른바 심리적 원인 문제를 살펴보기로 하자.

첫 번째 범주인 신체적 불편함을 '증상(symptom)'이라 하고 두 번째 범주인 몸 기호를 '증후(sign)'라고 하는데, 의사의 관점에서 보면 둘 다 눈과 귀로만 관찰하는 것이다. 반면에, 세 번째 범주의 '증상'을 관찰하려면 우리의 감각 기관을 더욱 확장해야 한다. 신체적 불편함은 청력으로 관찰한다. 환자가 자신의 불편함을 의사에게 말해준다. 신체적 증후는 눈으로 관찰한다. 환자가 자신의 장애를 의사에게 보여준다. 따라서 이 두 부류의 현상은 비유컨대 말과 글의 관계나 다름없다. 이런 관계는 의학과 정신의학의 주목을 받기 어려울 뿐 아니라 실제로 오진의 빌미가 될 수도 있다. 의사들은 신체적 불편함보다 신체적 증후가 더 믿을 만한 진단 근거라고 생각한다. 하지만 현실은 그렇게 녹록하지 않다. 환자의 입장에서 보면 의사에게 가짜 신체적 증후를 보여주는 것보다 정교한 거짓말로 신체적 불편함을 호소하는 것이 더 쉽다. 사람들은 꾀병을 부리는 것보다는 거짓말을 더 자주 한다. 그러나 신체적 불편함이든 증후든 관찰자는 사실관계를 확신할 수 없다. 둘 다 거짓일 수가 있고, 실제로 그런 경우가 종종 있다.

세 번째 범주 역시 관찰을 통해 구성되지만[1] 여기에는 '검사(test)'라는 특별한 종류의 관찰 방법이 사용된다. 검사는 의사의 눈과 귀를 보완할 뿐 아니라 환자의 마음 또는 자아에 구애받지 않는다. 그래서 검사가 환자의 고통 원인을 더 정확하게 확인할 수 있는 '객관적'이고 더 믿을 만한 진단 근거가 된 것이다. 환자는 거짓 불편함을 호소할 수 있지만 검사 결과를 속일 수는 없다. 하지만 검사가 거짓말을 하지 않고 고의로 잘못된 정보를 주지 않을지 몰라도 검사를 수행하는 사람은 그렇지 않다. 검사를 통해 환자의 기망으로 인한 진단 오류를 없앨 수 있을지 몰라도 검사하는 사람의 우발적인 오류 또는 고의적인 날조로 인한 오류가 생겨날 수 있다는 말이다. 예를 들어, 흉부 엑스레이에 찍힌 진한 부분을 결핵 증후로 해석했는데, 사실은 콕시디오이데즈 진균증 증후이거나 이물질일 수 있다.

이 세 가지 관찰 유형 모두 신체병을 지목한다고 할 수 있다. 어떤 신체병이 특정한 증상의 '원인'이고 그 증상은 그 질병의 '결과'라는 식이다. 이처럼 다소 단순한 시각은 간혹 옳을 때도 있지만 대체로 틀린 것이다. 신체 기능에 관한 진술이나 기록은 관찰의 결과지만 질병에 관한 진술이나 가설은 추론의 결과이다. 의학에서 관찰과 추론의 관계는 다른 모든 경험 과학의 그것과 동일하다. 개별 사례에서 진단적 추론은 검증이나 반증이 가능하다. 예컨대 위궤양이 의심되면 수술로 궤양의 존재 여부를 확인할 수 있다. 하지만 그런 여러 사례들을 일반화하여 "X 증상을 호소하는 …… 또는 Y 증후를 보이는 사람들은 …… 모두 Z 질병을 가지고 있다"는 식의 주장은 검증도 반증도 불가능하다. 동일한 증상이나 증후를 가진 환자라도 Z 질병을 가진 사람도 있고 그렇지 않은 사람도 있기 때문이다.

진단적 추론이든 다른 추론이든, 다른 것보다 더 정확한 추론이 있기 마련이다. 그렇다면 정확한 추론과 부정확한 추론을 어떻게 구별할까? 관찰과 정확한 추론을 이어주는 핵심은 규칙성이다. 근대적 인과성 개념은 어떤 규칙성이 앞으로도 지속될 것이라는 가정이다. 유리가 땅에 떨어지면 산산조각이 날 것이다, 동물이 피를 많이 흘리면 죽을 것이다 등등. 이 지점에서 물리적 인과성과 인간의 의지(volition)가 결정적으로 다르다. 전자는 반복되는 규칙성에 관한 설명이고 후자는 무엇이 발생하도록 만드는 행위자(agent)[목적의식성을 가지고 주체적으로 행동하는 사람]에 관한 설명이다. 이를테면 채권자는 채무자에게 상환을 강요하지만, 위궤양은 그런 식으로 환자에게 고통을 '강요'하지 않는다.

  신체 기능 관찰과 신체 질병 추론은 결코 일대일 대응 관계가 아니지만 다른 것보다 더 믿을 만한 관찰이 있기 마련이다. 관찰이 이루어지는 맥락도 관찰의 일부이기 때문에 의료적 관찰과 의료적 추론의 관계를 단순하게 일반화할 수가 없다. 일반적인 또는 명백한 사례에서는 가장 단순한 관찰로도 충분할 수 있다. 가령 방금 자동차에 치여 피를 흘리며 도로에 누워 있는 사람을 보면, 우리는 다른 증거가 없어도 그가 다쳤을 것이라고 추론할 수 있다. 하지만 영화 촬영장에서 비슷한 장면을 목격하면, 우리는 케첩을 피로 착각하고 배우를 환자로 착각할 수 있다. 따라서 심각한 병이 의심되지만 그 원인이 불명확한 경우, 단순하게 관찰한 신체적 불편함을 의료적 추론을 도출하는 증거로 삼아서는 안 된다. 가령 피로감을 백혈병 진단의 근거로 삼는 것은 어리석다. 이런 경우에는 적절한 실험실 시험에 기초한 반복적인 관찰에 근거하여 병을 추론해야 한다.

  이와 같은 경험적-과학적 진단 관점에는 몇 가지 함의가 있다.

  첫째, 어떤 사람이 신체적 불편함을 토로하든 그렇지 않든 그는 건강할 수도 있고 아플 수도 있다. 그의 몸에는 입증 가능한 물리화학적 이상이 있을 수도 있고 그렇지 않을 수도 있기 때문이다. 병의 존재가 입증되지도 않았는데 신체적 불편함을 호소하면 무조건 아픈 사람이라고 가정하는 것은 비논리적이고 부정확하고 어리석다. 그런데도 의사와 환자들이 종종 그런 식으로 가정한다. 이것은 형법이 얼토당토않게 '유죄 추정' 조항을 두는 것에 비견되는 '병 추정'에 해당한다. 물론 영미법은 범죄로 기소된 사람이 유죄가 입증되기 전까지는 무죄로 추정한다. 인간적이고 이성적인 의사와 환자라면 병에 대해서도 이런 입장을 취해야 한다. 우리는 스스로 아프다며 불편함을 토로하는 사람 또는 다른 사람들에 의해 불편함이 알려진 사람이 정말 아프다는 사실이—의심의 여지가 없을 정도까지는 아니어도 적어도 합리적 개연성이 있을 정도까지—입증되기 전에는 그를 건강한 사람으로 가정해야 한다.[2] 물론 이것은 어디까지나 '건강 추정'이다. 내 말의 요점은 이런 상황에서 우리는 자신을 속이지 않도록 경계해야 한다는 것이다. 우리는 건강이나 질병을 추정할 수도 있지만, 어느 것도 추정하지 않고 열린 마음을 견지할 수도 있다.

  둘째, 아프다며 불편함을 토로하는 사람이 실제로 아플 수도 있지만—입증 가능한 물리화학적 신체 병변(alteration)만 병의 증거로 인정할 경우—우리가 그 병변을 탐지할 수단이 없을 수도 있다는 것을 알고 행동해야 한다. 백 년 전 의사들은 부전마비(parasis)

를 탐지할 방법을 몰랐고, 50년 전 의사들은 옥수수 홍반(pellagra)을 탐지할 방법을 몰랐다. 물론 지금 의사들도 탐지할 수 없는 질병들이 있다. 그러나 이런 역사적 사실을 인정하는 것과 이른바 정신분열증 환자들이 여전히 원인 모를 기질성 질병으로 고통받고 있지만 의료과학이 그 '원인이 되는' 손상을 발견하는 것은 연구하기 나름이고 시간 문제일 뿐이라고 주장하는 것은 전혀 다른 문제다.

이 모든 측면에서 우리는 질병 진단 기준이 무엇인지 똑바로 알아야 한다. 그 기준이 입증 가능한 특정한 유형의 물리화학적 신체 병변인가, 아니면 신체에 대한 특정한 유형의 심리사회적 의사소통인가? 이것은 우리의 핵심 문제와 맞닿아 있다. 히스테리가 있는 사람에게 나타나는 신경학적 병 모방하기를 '물리화학적 병변'으로 간주할 것인가, 아니면 '심리사회적 의사소통', 즉 해프닝이나 행위 또는 사건이나 전략으로 간주할 것인가?

정신병 개념은—환자가 직접 말한 것이든 타인이 그 환자에 대해 말한 것이든—불편함 개념에 확고히 기반을 둔 것이지만, (앞서 정의한 의미에서) 신체병 관념은 그런 것과 무관하다. 어떤 사람이 병 그것도 중병을 앓고 있으면서도 본인이나 타인이 그 불편함을 토로하지 않는 경우를 쉽게 상상할 수 있다. 이런 경우는 실제로 꽤 많다. 예를 들어, 심한 고혈압이 있지만 아무런 증상이 없는 사람이 그런 경우다. 그런데도 우리는 그가 '주요 고혈압'이란 질병으로 고통받는다고 간주한다. 실제로 동맥경화증, 당뇨병, 암 같은 중병은 초기 단계에 환자 본인은 물론이고 그 누구도 자각하지 못한 사이에 발생할 수 있다. 내 말의 요지는 혈압이 상승하는 고혈압과 소변에 당이 섞여 나오는 당뇨병 둘 다 '기질성 증상'이라고 말하고, 동시에 히스테리성 통증이나 마비 역시 '기질성 증상'이라고 말하는 것은 언어 오용이라는 것이다. 이런 말은 부조리할뿐더러 그 어떤 '정신신체의학 연구'로도 규명할 수 없는 언어학적, 인식론적 혼란을 초래한다. 철학자 모리츠 슐리크(Moritz Schlick)는 오래전에 이렇게 경고했다. "이른바 '정신-신체 문제'라는 단어는 한 문장 안에서 두 가지 표상 양식을 뒤섞어 놓은 것이다. 정확하게 사용했더라면 서로 다른 언어에 속했을 두 단어가 한 문장 안에 나란히 놓여 있다."[3)]

이런 혼란의 전형적인 사례가 있다. "기질성 증상의 심리적 원인에 관한 초고(A Note on the Psychogenesis of Organic Symptoms)"라는 독특한 제목이 붙은 리언 솔(Leon Saul)의 논문에 이런 대목이 있다.

> 떨림(진전)이나 홍조 같은 심리적 원인에 의한 기질성 증상은 감정이나 갈등을 직접 표현한 것이지만, 다른 증상들은 감정이나 갈등의 간접적 결과일 뿐이다. 후자의 예로는 (a) 자면서 이불을 걷어차서 생긴 감기처럼 억압된 감정이 무의식적으로 드러난 행동의 결과 (b) 히스테리성 진전으로 인한 팔 욱신거림 등이 있다.[4)]

팔 욱신거림, 히스테리성 떨림, 감기가 여기서 한 덩어리가 되었고, 이 부류에 속한 것들을 '심리적 원인에 의한 기질성 증상'이라고 했다. 팔 욱신거림은 불편함이다. '그 원인은' 거짓말일 수 있다. 히스테리성 진전은 정신의학적 추론이다. '그 원인은' 기질성 진전일 수 있다. 감기는 미생물학적 추론이다. '그 원인은' 박테리아 감염이나 알레르기 반응일 수 있다.

정신신체 연구 교리(도그마)는 이 모든 현상을 의문의 여지가 없고 의문을 제기할 수 없는 명백한 기질성 증상이라고 부르지만, 나는 그것이 기질성 증상이 아니라고—나아가 기질성 증상 따위는 존재하지 않는다고—주장한다. 말했다시피 팔 욱신거림은 불편함이고, 진전은 증후이고, 감기는 질병이다. 팔 욱신거림이 몸과 관련이 있다는 이유만으로 '기질성'이라면, 몸으로 하는 모든 행위—브리지 게임부터 애정 행위까지—가 '기질성'이다. 그리고 이 모든 현상이 연관성이 있어 보이는 어떤 행위에 선행한다는 이유만으로 그 행위가 '심리적 원인'에 의한 것이라고 하면, 모든 병은 심리적 원인에 의한 것이다. 모든 병을 어떤 선행 행동과 연관된 것으로 볼 수 있기 때문이다. 요컨대 '정신병' 같은 '심리적 원인에 의한 기질성 증상'이란 문구는 '언어 오용의 산물'인데도 '정신신체의학'의 산물이라고 대중을 기만한다.[5]

전환 히스테리와 자율신경증

1930년대까지는 '정신적'인 것으로 간주되는 모든 종류의 신체적 불편함, 증후, 질병을 '히스테리'라고 했다. 통증, 마비, 가상 임신, 천식, 설사 등 많은 신체 증상을 전환 히스테리로 개념화하고 그렇게 꼬리표를 붙였다. 초창기 정신신체의학자들은 이런 현상을 전환 히스테리와 자율기관신경증(organ neurosis), 즉 자율신경증(vegetative neurosis)으로 구별해야 한다고 주장했다. 엄밀한 임상 기록과 적절한 논리적 구별에 근거하여 질병을 분류하자는 주장처럼 들린다. 하지만 실제로는 그런 기준에 따른 것이 아니라 기왕에 알려진 중추신경계와 자율신경계 또는 수의신경계와 불수의신경계에 대한 해부학적, 생리학적 구분에 따른 분류였을 뿐이다. 이런 아이디어의 장본인 프란츠 알렉산더(Franz Alexander)의 시각을 들여다보자.

알렉산더는 이 문제의 철학적 토대를 인식해야 한다며 "마음과 몸 그리고 정신적인 것과 신체적인 것 사이에 아무런 논리적 구별이 없다"라고 주장한다.[6] 그리고 의학 분야를 생리학, 내과 의학, 신경학, 정신의학 등으로 나누는 것은 "대학 행정에는 편리할지 몰라도 …… 생물학적, 철학적으로는 전혀 타당하지 않다"고 덧붙인다.[7] 그는 심리학적 사태와 생리학적 사태 사이에 존재하는 언어적, 법률적, 인식론적, 사회적 차이를 비롯하여 모든 차이를 무시하고, "심령적 현상과 신체적 현상은 동일한 생물학적 계통에서 발생하고 동일한 프로세스의 두 측면이다"고 단순하게 주장한다.[8]

이 주장은 여기서 구구절절 설명할 필요조차 없는 명백한 반론에 직면한다.[9] 여기서는 이렇게만 말해 두겠다. 심리학과 의학이 동일한 것이라면 종교와 의학, 법률과 의학, 정치와 의학은 왜 동일한 것이 아닌가? 몸과 마음의 관계는 풋볼팀과 팀 정신의 관계와 비슷하다고 주장하는 현대 철학자들의 견해[10]가 차라리 더 낫겠다.

아무튼 우리는 두 가지 방식을 모두 받아들일 수는 없다. 오늘날 의학과 정신의학에 널리 퍼진 현대 정신신체의학의 정신-물리학 대칭론(symmetry)과 오늘날 도덕적 문제를 의료화하려는 시도에 반대하는 현대 철학의 정신-물리학 위계론(hierarchy) 중 하나를 선택해야 한다.

여러 학파의 입장이 상당히 다른데도 지향점이 완전히 다른 연구자들이 전환 히스테리와 자율신경증의 구분을 수용한 것이 흥미롭다. 이 같은 구분은 오늘날 정신의학과 정신분석의 민낯을 여실히 보여준다고 할 수 있다. 물론 그들이 교감한 내용이 옳다는 증거는 어디에도 없다. 내가 보기에 그런 교감은 다종다양한 인간 경험과 현상을 의학 또는 유사 의학 맥락에서 기술하겠다는 광범위한 정념(passion)에 의존하고 그런 정념을 반영한 것이다.

신경증을 이렇게 두 가지 유형으로 명확하게 구분한 알렉산더의 말을 있는 그대로 들어보자.

> 전환 히스테리와 자율신경증을 구분하는 것은 권장할 만한 일이다. 이 둘의 유사성은 다소 피상적이다. 둘 다 심리적 원인, 즉 궁극적으로는 억압되거나 적어도 억제된 만성적 긴장 상태 때문에 발생한다. 하지만 이와 관련된 기전은 정신역동적으로나 생리적으로 완전히 다르다. 전환 히스테리성 증상은 감정의 긴장 상태를 상징적인 방식으로 완화하려는 것이고 일정한 감정 내용물이 상징적으로 표현된 것이다. 그 기전은 감정을 표현하고 억제하는 기능을 하는 수의 신경 근육 시스템 또는 감각 인지 시스템에 한정된다. 반면에 자율신경증은 수의 신경 근육 시스템의 통제를 받지 않는 자율기관이 심리적 원인에 의해 기능부전을 일으키는 것이다. 따라서 그 증상은 대체된 감정 표현이 아니라 감정이 생리적으로 자연스럽게 표출된 것이다.[11]

이런 주장이 다소 매력적으로 들릴 수 있다. 특히 의학적 은유라는 음악에 길든 귀를 가진 자들에게 솔깃할 것이다. 여기서 이전에 다루지 않았던 알렉산더의 관점에 대해 몇 가지 비판을 제기하고자 한다.

알렉산더는 특정한 신체 현상을 '자율기관 증상'이라고 기술한다. 하지만 증상이 신체 부위가 아니라 사람에게 나타난다는 말은 빈말이 아니다. 알렉산더의 어법, 즉 정신의학계의 전통적인 어법은 신체 부위에 병이 침범한 것과 그 병으로 불편함을 겪는 것이 뒤죽박죽되어 있다. 내가 다른 곳에서 상세히 설명했듯이[12] 그런 혼동의 결과 중 하나는 정신의학계가 환지통을 인정하는 독특한 견해를 피력한다는 점이다. 환지통은 특정한 신체 부위를 상실한 이후에도 그 부위에서 통증이나 가려움증 같은 감각을 느끼는 현상인데, 일반 의사 같으면 그런 경험은 '실재'가 아니라 '망상'이라고 할 것이다.

알렉산더는 철 지난 정신분석에 사용하던 신경학 용어로 전환 히스테리성 증상의 '병리적' 이유를 기술한다. 그는 "신경분포 대체(substitute innervation)가 완전히 이루어지지 않았기" 때문에 그런 증상이 나타난다고 주장한다.[13] 이런 주장 역시 은유에 불과하다. 사람은 어떤 선택을 다른 선택으로 '대체'할 수는 있지만 어떤 '신경 분포'를 다른 신경 분포로 어떻게 대체한단 말인가? 여기서 알렉산더는 최상의—또는 최악의—정신분석 전통 안에서 은유와 관찰을 뒤섞고, '인간신경증'이라는 낡은 정신분석 이론을 '자율신경증'이라는 새로운 정신신체 이론이라고 주장한다. "자율신경증은 감정을 표현하려는 것이 아니라 지속적으로 또는 주기적으로 발생하는 감정 상태에 대한 자율기관의 생리적 반응이다."[14)]
요컨대 히스테리와 자율신경증에 관한 알렉산더의 '심리적 원인' 이론을 이렇게 정리할 수 있다. 억눌린 리비도가 중추신경계를 거쳐 분출하면 히스테리를 유발하고, 자율신경계를 거쳐 분출하면 자율신경증을 유발한다. 둘 다 수역학적 은유다. 외견상 이것은 히스테리 이론의 세련된 확장처럼 보인다. 그러나 이 주장이 말하려는 것이 정확히 무엇인가? 이런 주장이 도대체 무슨 소용이 있단 말인가?

실제 사례를 가지고 이 분석을 더 밀고 나가보자. 알렉산더가 제시하는 전형적인 자율신경증 사례는 위궤양 또는 십이지장궤양을 유발할 수 있는 만성적인 위액 과다 분비다. "오랜 감정적 갈등이 먼저 위장신경증을 유발하고 머지않아 궤양을 유발할 수 있다."[15)] 여기서 용어가 또다시 결정적으로 중요하다. 그는 궤양이 생긴 위장을 '기질성 질병'으로 간주하고 그 전에 발생하는 생리적 기능부전인 위액 과다 분비를 '위장신경증', 즉 '자율신경증'이라 부른다. 이런 구분은 순 엉터리다. 궤양을 유발하는 위액 과다 분비와 유발하지 않는 위액 과다 분비가 다르지 않기 때문이 아니라 객관적으로 입증할 수 있는 췌액 과다 분비가 기질성 병이듯이 객관적으로 입증할 수 있는 위액 과다 분비 역시 그 자체로 기질성 병이기 때문이다.

여기서 알렉산더는 어떤 사람이 '자율신경증'을 앓고 있는지 그렇지 않은지를 확인할 수 있는 단서를 사실상 제시하지 않는다. 위액 과다 분비가 충분한 단서란 말인가? 아니면, 환자가 위장 탓이라고 호소해야 단서가 된다는 말인가? 이도 저도 아니면, 치료가 필요하기 때문에 궤양이 있다는 말인가? 불편함이나 장애가 전혀 없는 사람을 보고 히스테리로 고통받는다고 말하는 건 어리석다. 그러나 알렉산더의 용어법에 따르면 불편함이나 장애가 전혀 없는 사람을 보고 자율신경증으로 고통받는다고 말하는 건 가능하다. 이렇게 보면 자율신경증 개념은 자각 증상이 없는 당뇨병 같은 신체병 개념과 동일하다. 그런데도 왜 '신경증'이란 이름을 붙였을까? 추정컨대 알렉산더가 자율신경증을 발명했을 당시에는 신경증 개념이 모호했고 여러 가지 의미로 사용되었기 때문일 것이다. 실제로 그 무렵에 '신경증'은 상당히 다른 세 가지 의미를 표시하는 단어였다. 첫째 마비된 팔처럼 관찰할 수 있는 형태, 둘째 안면 통증처럼 환자가 보고한 형태, 셋째 특정한 유형의 장애를 유발하는 병인에 관한 의학·정신의학 이론, 가령 전환 히스테리가 특정한 유형의 발작을 유발한다고 설명하는 병인 이론. 전통적 정신분석에서는 셋째 의미가 가장 널리 사용되고 있다.[16]

자율신경증이란 아이디어가 나온 배경에는 전환 히스테리에 관한 전통적인 정신분석 모형이 있었다. 특정한 리비도의 축적과 배출을 통해 히스테리를 정의하는 이 모형에 따르면, 사람 자체가 신경증적일 수 있고 그 사람의 신체 일부가 신경증적일 수도 있다. 이를테면 댐에 갇힌 충동이 공포증의 경우 사람 자체에, 말더듬의 경우 발성기관에, 위궤양의 경우 위장에 도사리고 있다고 상상한다. 뭔가를 설명하기 위해 차용한 수역학적 은유가 설명하고자 하는 대상을 잘못짚으면 이런 황당무계한 일이 발생한다.

에너지 전환과 언어 번역

전통적 정신분석 이론과 앞서 살펴본 오늘날 정신신체의학 이론은 물리학의 에너지 방출 모형에 기반한다.[17] 수역학 시스템을 예로 보자. 댐에 갇힌 물은 잠재적 에너지를 지니고 있어서 방류가 '되려' 하고, 실제로 몇 가지 통로로 방출된다. 그 물은 첫째 흘러가려는 속성에 따라 하상에 설치된 수로, 즉 '정상적인' 행동을 통해, 둘째 댐 한쪽 면에 생긴 갈라진 틈, 즉 히스테리 전환을 통해, 셋째 댐 다른 쪽 면에 생긴 갈라진 틈, 즉 자율신경증을 통해 방출될 수 있다.

나는 정신의학과 정신분석에서 자주 사용하는 이 같은 에너지 전환 은유와 모형을 완전히 폐기하고, 이를 언어 번역 은유와 모형으로 대체해야 한다고 주장한 적이 있다.[18] 여기서는 이와 같은 관점 전환으로 생긴 실천적 결과를 간략하게 살펴보기로 한다.

번역이란 한 문장의 메시지를 다른 문장의 메시지로, 가령 헝가리어 문장을 영어 문장으로 바꾸어 전달하는 것이다. 번역이 잘 되면 우리는 '동일한 의미를 가진' 두 문장을 보게 된다. 그 과정에서 에너지와 정보가—한 장소 또는 사람에게서 다른 장소 또는 사람으로—전환되지는 않는다. 그렇다면 번역을 왜 하는 걸까? 그 해답은 번역의 동기와 의미를 부여하는 사회적 상황에서 찾아야 한다. 번역이 필요한 까닭은 다른 언어를 사용하는 사람들끼리 의사소통을 해야 하는 상황이 발생하기 때문이다. 이 경우 자신 또는 타인이 번역을 해주어야 한다. 말하자면, 번역은 특정한 유형의 의사소통을 가능하게 해주는 행위, 즉 꽉 막힌 의사소통을 뚫

어주는 행위이다.[19] 이것은 이른바 정신과 환자가 자신과 타인을 대면하는 상황에 꼭 맞는 모형이다. 가상의 사례로 이 상황을 설명해보자.

헝가리어로 말하는 환자가 영어를 쓰는 의사에게 진료를 받는다고 치자. 환자는 도움을 원하고 의사는 도움을 주려고 한다. 두 사람은 어떻게 도움을 주고받을까? 의사소통은 어떻게 할까? 이런 상황이라면 다음과 같은 일이 벌어질 것이다.

1. 환자가 영어를 배운다.
2. 의사가 헝가리어를 배운다.
3. 통역사가 개입한다.
4. 환자가 영어를 배울 뿐만 아니라 자신이 직면한 의사소통 문제를 깨닫고 성찰함으로써 자기 문제를 기탄없이 연구한다.

히스테리를 이해하기 위해, 헝가리어/환자를 신체의 불편함에 대입하고 영어/의사를 입증 가능한 신체 이상에 대입해보자. (다른 정신병이라면 헝가리어를 환자의 불편함 또는 증상에 대입하고 영어를 정신과 의사의 판단 또는 소견에 대입해야 한다.) 모든 환자는 자기 느낌을 타인에게 어떻게 말해야 하는지 알고 있다. 이것이 말하자면 모든 환자가 사용하는 모국어다. 또 모든 의사는 진짜 질병이 어떻게 자신을 표현하는지 알고 있다. 이것이 말하자면 물리화학적 이상이 의료 전문가에게 자신의 본모습을 드러내는 방식이다. 요컨대 환자는 불편함의 언어로 말한다(듣는다). 그리고 의사는 병의 언어로 듣는다(말한다). 따라서 환자와 의사가 직면한 과제는 불편함의 언어를 병의 언어로 번역하고 병의 언어를 불편함의 언어로 번역하는 것이다. 이제 의사와 환자에게는 다음 네 가지 선택지가 열려 있다.

1. 환자가 병의 언어로 의사에게 말하는 법을 배운다. 그는 신체 기능에 문제가 있다는 증거가 조금이라도 있거나 심지어 아무런 증거도 없는데도 의료 조치를 취해줄 의사를 찾아다니다가 결국 찾아낸다. 그렇게 하여 비타민, 신경안정제, 호르몬제 같은 약물을 처방받거나 자신의 이, 자궁 등을 제거하기도 한다.
2. 의사가 히스테리성 몸짓 언어로 환자에게 말하는 법을 배우고 자신의 언어가 아니라 환자의 언어로 환자의 메시지를 이해한다.
3. 몸짓 언어를 신체병의 언어로 통역해주는 통역사가 개입한다. 환자와 일반 의사 모두와 대화가 통하고 그 둘을 중재할 수 있는 정신과 의사에게 환자를 의뢰한다는 의미다.
4. 환자가 진짜 병의 언어로 의사에게 말하는 법을 배울 뿐만 아니라 의사와 대화하면서 자신이 직면한 문제를 깨닫고 성찰함으로써 자기 문제를 기탄없이 연구한다. 환자는 자신의 의사소통 방식과 의사의 의사소통 방식을 모두 배운다. 특히, 그는 이 두 언어의 역사, 목적, 활용/남용에 대해서도 배운다. 그는 정신분석을 비롯한 정신 치료, 현명한 친구의 도움, 또는 독서와 명상을 통해 그런 것을 배울 것이다.

6장

히스테리와 정신병에 관한 현재의 관점

인간 행동을 연구하다 보면 우리는 정신의학에 관한 이론들이 정신의학 증상들만큼이나 다종다양하다는 당혹스러운 사실에 직면한다. 역사적, 국제적 관점에서도 그렇고 한 나라 안에서도 마찬가지다. 그래서 미국과 영국의 정신의학을 정의하고 비교하는 것이 어렵고, 미국과 스위스의 정신의학을 정의하고 비교하는 것도 쉽지 않다. 어느 나라도 정신의학에 대해 통일된 입장을 내놓지 못하기 때문이다. 이런 사태가 왜 발생했는지, 이것이 정신의학을 국제적 권위가 있는 과학으로 확립하려는 노력을 어떻게 방해하는지는 여기서 다루지 않는다. 우리가 무능력해서—때론 의지가 없어서—기술(description)과 규범(prescription)을 구분하지 못해 일관된 개인 행위 이론 구축을 방해하는 많은 난관에 직면해 있다는 점만 지적하고 넘어가겠다. 인간은 어떻게 행동하는가, 사회와 개인은 어떤 관계인가 같은 질문과 인간은 어떻게 행동해야 하는가, 사회와 개인은 어떤 관계여야 하는가 같은 질문을 우리는 구별할 수 있으며 또 구별해야 한다.

실제로 현대 정신의학은 각양각색이고 서로 경합하고 때때로 상호 배타적인 믿음과 실천이 특징이다. 이런 점에서—사실 이런 점뿐만은 아니다—정신의학은 과학보다 종교와 유사하고 의학보다 정치학을 닮았다고 할 수 있다. 종교와 정치에는 서로 충돌하는 체계나 이데올로기가 있기 마련이다. 인간 문제를 현실적으로 관리하기 위한 대타협, 특정한 유형의 집단 형성을 관리하고 정당화하는 데 필요한 윤리 체계 같은 것은 지배 이데올로기의 정치적 성공을 가늠하는 척도가 된다. 반대로 과학 이론은 이처럼 거대 인구집단 문제에 거의 관여하지 않기 때문에 인간 문제에 관한 대타협을 쟁점으로 다루지 않는다. 또 과학자들은 자신의 전문 분야에서 어떤 아이디어와 행위가 타당한가를 놓고 광범위하고 지루하게 다투는 경우가 별로 없다. 그들은 종교가 다를 수 있고 종교가 아예 없을 수 있고 인종이나 민족이 다를 수 있지만 생리학, 생화학, 또는 물리학에 관한 이론을 둘러싼 의견 불일치는 거의 없다. 하지만 정신의학에서는 전혀 그렇지 않다. 이 장에서는 오늘날 히스테리와 정신병에 관한 몇 가지 주요 관점을 간략하게 언급하겠다.

정신분석 이론

탁월한 정신분석 교재를 쓴 오토 페니켈(Otto Fenichel)은 불안 히스테리와 전환 히스테리를 구분한다. 그는 불안 히스테리(anxiety hysteria)가 공포증의 동의어이고 "가장 단순한 욕동(drive)과 방어(defense)의 화해"라고 정의한다.[1] 또 방어의 동인인 불안은 드러나지만 불안의 이유는 억압된 채로 남아 있다고 말한다.

그래서 인간은 이유를 모른 채 불안을 경험한다는 것이다. 페니켈은 "혼자 남겨져서 사랑받지 못한다는 생각에 두려워하는 어린아이"의 사례를 들며 그 과정을 설명한다.[2] 하지만 불안 히스테리 심리를 아이의 입장에서 혼자 남겨진 것과 사랑받지 못하는 것의 관계를 단순하게 연결한 것이 전부다. 어린아이가 사랑받지 못할 때 불안을 느끼는 건 정상적이기 때문에 그런 이유로 불안해하는 것은 '비정상적'이 아니다. 따라서 아이가 혼자 남겨져 있다는 것만으로는 불안을 느끼는 충분한 이유가 되지 못한다. 그런 반응이 나타나려면 다른 이유가 있어야 한다. 그래서 혼자 남겨져 있다는 것의 의미가 '공포증'이라는 '비정상적인 반응'의 원인으로 제시된다.

게다가 아이가 혼자 남겨져서 느끼는 불안 경험은 두 가지 상반된 해석에 열려 있다. 첫째, 그런 반응을 사랑받지 못한다는 느낌에 대한 과민반응으로 해석하면 그것은 병리적인 것─즉 '나쁜' 것─이라고 할 수 있다. 둘째, 그런 반응을 동일하지 않은 상황들을 서로 연결할 수 있는 아이의 능력으로 해석하면 그것은 정상적인 것─즉 '좋은' 것─이라고 할 수 있다. 후자 견해에 따르면, 공포증─그리고 거의 모든 '정신병리적 증상'─과 과학적 가설이 닮았다. 가설 만들기와 정신적 증상 만들기는 둘 다 상징적 표상을 구성한 다음 그것을 행위의 길잡이로 삼으려는 인간 본성에 따른 것이다.

또 페니켈은 전환 히스테리를 논할 때 신체 언어와 심리 언어를 뒤섞어 사용한다. 예를 들어 그는 억압된 '본능적 충동'이 무의식으로 표현된 '신체 기능'에 대해 기술한다.[3] 브로이어와 프로이트의 책들이 그렇듯이, 그의 책에는 신체 불편함 호소나 신체 증후를 통한 의사소통이 신체 기능 변질로 잘못 기술되어 있다. 아래 페니켈의 글은 히스테리에 관한 정신분석 저술들에서 전형적으로 나타나는 인식하지 못한 인식론적 오류를 보여주는 사례다.

한 환자가 하복부 통증에 시달리고 있었다. 어릴 적 맹장염을 앓을 때와 비슷한 통증이었다. 당시 그녀는 아버지의 사랑을 독차지했다. 여성의 복통은 아버지 사랑에 대한 갈망과 그때보다 훨씬 더 고통스러운 수술을 받을 수 있다는 두려움이 동시에 표현된 것이다.[4]

영국 이론생물학자 존 우저(John H. Woodger)는 위 사례와 동일한 유형의 현상을 다르게 설명한다. 아래 사례는 복통이 생겨 외과 의사를 찾은 한 소녀에 관한 것이다.

외과 의사의 권유에 따라 맹장 제거 수술이 진행됐다. 그러나 회복기와 요양기가 지났을 때 소녀가 다시 복통을 호소했다. 소녀는 첫 번째 수술로 인한 유착이 생겼으니 다른 외과 의사와 상담한 후 치료를 받으라는 조언을 받았다. 그러나 두 번째 외과 의사는 소녀를 정신과 의사에게 의뢰했다. 정신과 의사가 진찰한 결과, 소녀는 키스만 해도 임신할 수 있다고 교육받았고 실제로 그렇게 믿고 있다는 게 드러났다. 소녀가 방학 때 어느 대학원생과 키스를 한 다음에 첫 번째 복통이 생겼다. 수술에서 회복되자마자 소녀는 대학원생과 또 키스를 했고 비슷한 증상이 다시 나타난 것이다.[5]

페니켈은 자신이 쓴 글 전단에서 환자의 '진짜 신체 통증'과 자신이 주장하는 '히스테리성 통증'을 대비하고, 후단에서는 '복통'을 '사랑에 대한 갈망'으로 해석한다. 그러나 둘 다 환자가 호소하는 통증의 본질을 입증하는 데 필요한 결정적 쟁점을 무시한다. 결국 페니켈의 환자가 겪은 통증은 난관 임신 같은 것이 그 '원인'일 수가 있고 동시에 아버지 사랑에 대한 갈망을 '의미'하는 것일 수 있다.

통증의 '의미'가 통증의 '원인'이 될 수 있는지, 만일 그렇다면 어떻게 그럴 수 있는지를 규명하는 문제는 히스테리에 관해 정신분석 이론의 문제보다 훨씬 더 복잡하다. 후자는 어떤 통증은 '기질성'으로 보고 어떤 통증은 '히스테리성'으로 본다는 게 문제다. 그런데 전자는 갈망, 바람, 필요 따위 ― 넓게 보면 모든 종류의 심리적 '의미' ― 를 종양, 골절 같은 신체 병변과 유사한 '질병 요인'으로 본다는 게 문제다. 이보다 더 심한 현혹이 있을까? 논리적으로 볼 때 골절, 종양은 욕망, 열망, 갈등과 같은 부류에 속할 수 없다![6] 심리적 동기는 결코 인간 행동의 '원인'이 될 수 없다고 말하는 게 아니다. 당연히 심리적 동기가 인간의 사회적 행동을 설명하는 유용한 방식이 될 때가 있다. 하지만 명심할 것이 있다. 연극을 보고 싶은 바람이 극장에 가는 '원인'이 되지만, 이것은 물리학에서 말하는 '인과법칙'과 전혀 다른 의미다.

에드워드 글로버(Edward Glover)는 통상적인 정신의학적 분류를 고수하면서 "히스테리는 두 유형, 즉 전환 히스테리와 불안 히스테리로 존재한다"고 주장한다.[7] '히스테리'가 인간이 만든 추상물이 아니라 자연에서 발견되는 실체라고 암시하는 것이다. 그리고 그 역시 신체 언어와 심리 언어를 뒤섞어 사용한다. 가령 '신체 증상(physical symptom)'이란 말과 '정신 내용(psychic content)'이란 말을 혼용해서 사용한다.

하지만 글로버는 타당하고 중요한 차이를 지적한다. 즉 전환 증상은 '특정한 정신 내용'을 갖고 있지만 이른바 정신신체의학적 증상은 그렇지 않다는 것이다.[8] 다시 말해 전환 증상은 의도적인 신호이다. 어떤 메시지를 전달하려는 의도가 있는 행동이다. 따라서 이런 증상은 의사소통으로 간주해야 한다. 그에 반해서 이른바 정신신체의학적 증상은 의도하지 않은 신호이다. 행위가 아니라 사건이고 메시지 전달 의도가 없다. 따라서 이런 증상은 의사소통으로 간주해서는 안 된다. 그런데도 어떤 관찰자들(예리하고 지식이 풍부하거나 어리석고 실수할 수 있는)은 정신신체의학적 증상을 의도된 신호로 해석한다.

이 모든 것이 프로이트와 산도르 페렌치(Sándor Ferenczi)의 초기 논문에 어느 정도 암시되어 있다. '정신신체적인 것'이라는 특별한 꼬리표가 붙은 질병뿐 아니라 모든 유형의 질병이 의사소통 문제일 가능성이 있다는 그들의 주장으로부터 진단과 치료 양 측면에서 영감을 얻어, 그로덱(Georg Groddeck)[정신신체의학의 선구자로 알려진 인물]은 광범위하고 때론 환상적으로 '정신신체적인 것'으로 불리는 현상들을 해석했다.[9] 체계적이지도 않고 검증도 되지 않았지만, 그로덱의 발상은 모든 인간 행동에서 의사소통이 중요하다는 것을 더욱 강고하게 인정하는 계기가 되었다.

1930년대 정신분석가들은 이른바 자아심리학(ego psychology) ─본능적 욕동보다 의사소통적 행위를 강조하는 심리학─을 점점 더 중시하기 시작했다. 거의 같은 시기에 미국의 정신분석가 해리 스택 설리번(Harry Stack Sullivan)은 대인관계—즉 사회학적이고 의사소통적인—접근법을 정신의학과 정신 치료에 접목했다. 이 접근법이 선풍을 일으키더니 이내 정신분석에도 접목되었다. 이제 정신분석가들은 자신이 실제로 관찰할 수 있는 가장 중요한 대상이 인간의 경험과 관계—특히 인간의 의사소통—라는 사실을 더욱 명료하게 인식하게 되었다는 말이다.

나는 설리번이 정신의학에 큰 기여를 했다고 생각하지만, 그의 초기 이론의 상당 부분—특히 이른바 정신의학적 증상과 관련된 것들—은 프로이트의 발상을 개선했다기보다 일부 수정한 것이다. 예를 들면 《현대 정신의학 개념(Conceptions of Modern Psychiatry)》에서 설리번은 히스테리를 이렇게 정의한다.

> 자기중심적인 사람에게 특히 잘 발생하는 정신적 이상인 히스테리는 광범위한 기억상실로 인한 대인관계의 왜곡이다.[10]

설리번의 이 주장은 인간 행위를 생리학화하지는 않지만, 내가 전통적 정신의학 개념을 비판했던 것과 똑같은 비판을 받을 수 있다. 설리번 역시 히스테리를 하나의 질병 실체인 양, 또 기억상실이 히스테리의 원인인 양 말한다. 그러나 기억상실이 어떻게 히스테리를 '유발'할 수 있단 말인가? 이것은 열이 폐렴을 '유발'한다고 말하는 것이나 다름없다. 설리번의 해석은 프로이트의 고전적 언명, 즉 "히스테리성 환자는 기억 때문에 고통받는다"라는 주장을 살짝 수정한 데 불과하다.[11]

물론 프로이트와 설리번이 고통스러운 기억, 그 기억에 의한 억압, 그 기억의 지속적인 조작(operation, 操作)을 히스테리성 장애를 겪는 사람의 개인적, 사회적 행동의 주요 선행사건으로 정의한 것은 옳았다. 설리번은 후기 연구에서 히스테리를 의사소통의 한 형태로 설명함으로써 히스테리를 특수한 유형의 게임하기 행동으로 인식할 수 있는 토대를 마련했다. 히스테리를 게임 이론으로 설명하는 설리번의 견해는 뒤에서 자세히 다루겠다.[12]

로널드 페어베언(W. Ronald Fairbairn)은 정신의학적 문제를 일관되게 심리학적으로 공식화한 가장 성공적인 정신분석가 중 한 명이다. 그는 정신분석은 '대상관계'—즉 인간관계—에 대한 관찰과 진술을 다루는 것이라고 강조하고, 이 같은 자아심리학적—그리고 암시적으로 의사소통적—접근법에 기초한 정신분석 이론을 재정립한 중심 인물이다. 그의 논문 〈히스테리 상태의 본질에 관한 관찰(Observations on the Nature of Hysterical States)〉에 이런 글귀가 있다.

물론 히스테리 전환은—대상관계를 포함한 정서적 갈등의 의식적 출현을 차단하도록 디자인된—방어 기법이다. 이 전환의 핵심 특징은 개인적 문제를 신체적 상태로 대체한다. 그래서 개인적 문제가 완전히 무시되는 것이다.[13]

나는 간단명료한 이 주장에 동의한다. 위 주장에 따르면, 히스테리의 독특한 특징은 개인적 문제와 관련하여 일상 언어를 통해 이루어지는 의사소통이 '신체적 상태'로 대체된다는 것이다. 그 결과 담화(discourse)의 내용과 형식이 모두 바뀐다. 그 내용은 개인적 문제에서 신체적 문제로 바뀌고, 그 형식은 음성(구두) 언어에서 신체(제스처) 언어로 바뀐다.

따라서 히스테리 전환은 번역 과정 — 프로이트가 처음 제시한 개념 — 이다. 그러나 정신의학과 정신 치료 과정에서 발생하는 모든 유형의 사건에 내재한 의사소통적 측면을 더 깊이 이해하도록 자극을 준 것은 설리번과 페어베언이었다.

기질 이론

나는 여기서 히스테리의 기질적 — 생화학적, 유전학적, 신경생리학적 — 이론을 검토하려는 시도는 하지 않을 것이다. 다만 히스테리를 비롯한 정신병의 기질 이론에 대한 나의 입장과 이 이론에 대한 연구 현황을 살펴보려고 한다.

우선 나는 인간관계 또는 정신적 사건이 신경생리학과 전혀 무관하게 발생한다고 생각하지 않는다. 비유하자면, 그런 사건은 영국인이 프랑스어를 배우기로 작심하고 공부를 할 때 뇌 안에서 특정한 화학적 (또는 다른 어떤) 변화가 일어나는 것과 비슷하다. 그런데도 나는 그 학습 과정에 관한 가장 중요한 또는 유용한 진술을 물리학의 언어로 표현해야 한다고 추론하는 것은 실수라고 생각한다. 하지만 기질론자들은 정확하게 그런 식으로 주장한다.

지금 미국에서는 정신분석이 사회적으로 널리 수용되고 여전히 "정신병은 뇌질환이다"라는 칼 베르니케(Carl Wernicke)의 유명한 언명을 정신병 문제에 대한 기본 관점으로 무장한 의사들과 그들을 지원하는 과학자 연합 집단이 폭넓게 형성되어 있다. 어떤 면에서 이 언명이 전신 중독(systemic intoxication)으로 인한 진행성 마비나 정신이상에 적용되기 때문에 정신병이라 불리는 모든 것에도 적용된다고 그들은 주장한다. 그래서 이런 이상의 정확한 유전학적, 물리화학적 '기초'나 '원인'을 발견하는 것은 시간문제일 뿐이라는 주장이 나오는 것이다.[14] 물론 일부 '정신과 환자'와 '정신병' 꼬리표가 붙은 일부 '건강 이상'에서 중대한 물리화학적 교란 요인을 언젠가 발견할 수도 있다. 그렇더라도 모든 정신병에 생물학적 '원인'이 있다고 할 수는 없다. 그 이유는 간단하다. 사회에—또는 그런 '진단'을 하는 정신과 의사들에게—거슬리는 행동을 하는 사람을 낙인찍고 통제하는 데 '정신병'이란 용어를 사용하는 게 관례가 되었기 때문이다.

여기서 두 가지 인식론적 견해를 예리하게 구별해보자. 첫째, 물리학과 그 아류 학문만 과학으로 간주하는 극단적인 물리주의(physicalism)가 있다.[15] 여기서는 모든 관찰을 물리학 언어로만 정식화해야 한다. 둘째, 과학계 내부에서 정당한 방법과 언어가 다양하다고 주장하는 자유주의적 경험주의(liberal empiricism)가 있다.[16] 후자는 상이한 유형의 문제에 대처하려면 상이한 분석 방법이 필요하기 때문에 다양한 과학적 방법과 표현을 용인하고 수용하자는 입장이다. 이 견해에 따르면, 특정한 방법 또는 언어의 가치와 과학적 정당성은 그것이 이상적인 이론물리학 모형에 얼마나 근접했는가가 아니라 얼마나 실용적이고 유용한가에 따라 결정된다.

과학에 대한 이 두 가지 태도는 특정한 가치 판단에 따른 것이다. 물리주의는 모든 과학이 최대한 물리학을 닮아야 한다는 주장이다. 이런 견해는 인간 수행(human performance)의 물리적 기초를 가장 중시한다. 반면에 자유주의적 경험주의―경험주의, 실용주의, 조작주의라고 할 수도 있다―는 도구적 효용성, 즉 관찰 대상에 대한 설명력과 그 대상에 영향을 주는 힘에 초점을 맞춘다.

내가 보기에 정신의학계에서 기질론을 고수하는 사람들은 대부분 자신도 모르는 가치 체계를 신봉하는 것 같다. 그들은 오직 물리학(과 그 분야)만 과학적인 것으로 인정하는 것 같은데, 그렇게는 주장하지 않고 심리사회적 이론이 틀렸기 때문에 반대한다는 말만 늘어놓는다. 여기에 전형적인 사례가 있다.

연구 결과, 일반적인 진단 의학 분야에서 사용하는 표준 절차에 따라―즉 주요 불편함, 병력, 신체검사, 실험실 검사를 통해 사실 여부를 결정하여―히스테리를 진단하는 것이 적절해 보인다. 이미 알려진 히스테리성 증상의 경우에 의사는 특별한 치료 기술, 꿈 분석, 또는 장기간의 심리 검사를 하지 않고도 곧바로 진단할 수 있다. 이 연구는 히스테리의 원인 또는 증상 기전에 관한 정보를 제시하지 않는다. 그 원인과 기전을 아직은 알 수 없지만 논의, 억측, 더욱이 '권위자'나 '심리학파'의 언명에 따른 추론 같은 비과학적인 방식이나 '무의식', '심층 심리', '정신역동', '정신신체', '오이디푸스 콤플렉스'처럼 정의되지 않은 허황한 말이 아니라 과학적 조사를 통해 발견될 것이다. 따라서 확고한 임상적 기반 위에서 기초 연구를 수행할 필요가 있다.[17]

요컨대 심리학에 경도된 정신과 의사〔프로이트〕와 기질론을 추종하는 그의 동료〔설리번〕는 동일한 전문가 조직의 구성원이지만 동일한 언어로 말하지도 않고 동일한 관심사를 가지고 있지도 않다. 그러니 그들이 서로에게 또는 서로에 대해 좋은 말을 할 것이 전혀 없다는 것은 놀라운 일이 아니며, 그들이 소통할 때도 단지 서로의 연구와 관점을 헐뜯기 위한 것일 뿐이다.

2편

개인 행위 이론의 토대

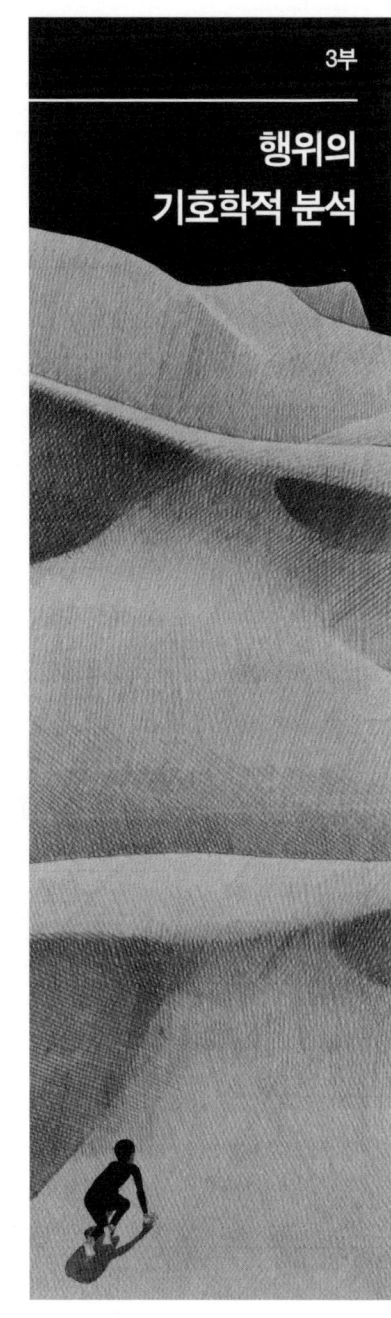

3부

행위의 기호학적 분석

7장

언어와 원형 언어

　우리의 연구를 심화하려면 '언어', '기호', '상징' 같은 용어를 정의해야 한다. 이 중 가장 기초가 되는 '기호' 개념부터 살펴보자. 기호는 우선 물리적인 것—칠판에 쓴 분필의 흔적, 종이에 쓴 펜이나 잉크의 흔적, 사람의 목에서 나오는 음파 따위—이다. 철학자 한스 라이헨바흐(Hans Reichenbach)에 의하면 "기호를 기호로 만드는 것은 그 기호가 대상과 기호 사용자인 사람 사이에서 차지하는 매개적 위치이다."[1] 기호가 기호로 존재하거나 기호로서 기능하려면 사람이 기호의 지시 대상에 주의를 기울여야 한다. 따라서 자연에 있는 모든 것은 그것에 대한 사람의 사고방식에 따라 기호로 존재할 수도 있고, 그렇지 않을 수도 있다. 물리적인 것이 기호 사용자와 관련해 의미가 있는 대상의 대체물 또는 표상으로서 나타날 때 기호가 된다. 기호, 대상, 기호 사용자의 삼항 관계를 기호 관계 또는 표시의미 관계*라고 한다.

원형 언어의 구조

엄격한 상징적-논리적 용법에 따르면, 기호의 사용과 언어의 사용은 같지 않다. 그렇다면 비언어적 기호란 무엇인가? 라이헨바흐는 기호를 세 부류로 구분한다. 첫째는 대상과 기호의 인과적 접점을 통해 기호 기능을 획득한 부류이다. 가령 연기는 불의 기호이다. 이런 기호를 '지표 기호(indexical sign)'라 한다. 둘째는 기호가 지시하는 대상과 유사 관계에 있는 부류이다. 가령 어떤 사람의 사진이나 어떤 지역의 지도 같은 것이다. 이런 기호를 '도상 기호(iconic sign)'라 한다. 셋째는 대상과 기호가 순전히 관습적 또는 임의적 관계에 있는 부류이다. 가령 단어나 수학 부호 같은 것이다. 이런 기호를 '관습 기호(conventional sign)' 또는 '상징'이라 한다. 상징들은 각각 독립적으로 존재하는 것이 아니라 언어 규칙이라고 불리는 일련의 규칙에 따라 상호 대응 관계를 맺는다. 상징, 언어 규칙, 언어 사용과 관련된 사회적 관례로 구성된 전체를 때론 언어 게임이라 부른다. 논리학 용어로 말하면 지시 대상과 체계적인 대응 관계를 맺는 관습 기호들을 사용한 의사소통만 언

---

* '표시의미'는 denotation의 번역어이다. 이 단어는 보통 '함축', '외연', '지시' 등으로 번역되고 있으나 이를 뜻하는 영어 단어 implication, extension, reference가 있어 이와 구분하기 위해 '표시의미'로 옮긴다(강범모, 〈의미론에서 '의미'와 관련된 용어들의 개념과 번역어〉, 2013 참고). 한편 '표시의미(denotation)'는 '암시의미(connotation)'와 함께 이해해야 한다. 표시의미는 기호가 지시 대상을 일차적, 자연적, 표시적, 존재의 차원으로 가리키는 것이고, 암시의미는 이차적, 문화적, 암시적, 의미의 차원으로 가리키는 것이다. 이를테면 '비둘기'라는 기호가 하늘을 날아다니는 새를 가리킬 때는 '표시의미'가 되고, '평화'를 상징할 때는 '암시의미'가 된다.

어라고 부른다.

이 정의에 따르면 '몸짓 언어' 같은 것은 있을 수 없다. 자신을 정확하게 표현하고 싶으면 몸 기호'를 통해 의사소통하지 말고 말을 해야 한다. 내가 '몸 기호'라는 표현을 사용하는 것은 현학적인 체하려는 것이 아니라 이 표현이 두 가지 중요한 특징을 함축하기 때문이다. 하나는 여기서 관습적, 언어적 상징이 아닌 다른 무엇을 다룬다는 것이고, 다른 하나는 몸 기호의 특성을 더 심층적으로 확인해야 한다는 것이다. 내가 말하는 몸 기호는 이른바 히스테리성 마비, 시력 상실, 청력 상실, 발작 같은 현상을 염두에 둔 것이다. 이런 사건은 그 자체로 말을 하는 것이기 때문에 그런 기호를 사용하는 의사소통에는 말이 필요 없다. 이 점에서 말 또는 팬터마임으로, 즉 관찰자에게 자신이 아프다는 것을 나타내는 행위로 의사소통하는 통증 같은 다른 몸 기호와 구별된다. 말 자체도 몸 기관을 사용하기 때문에 넓게 보면 말도 '몸 기호'라고 할 수 있다. 하지만 이런 표현을 사용하는 것은 모호하고 비전문적이다.

기초적인 정의는 이 정도로 하고, 이제 앞서 제기한 질문을 살펴보자. 이른바 몸짓 언어를 사용하는 기호의 특성은 무엇인가?

도상 기호 개념은 앞에서 몸 기호라고 말한 현상들과 정확히 일치한다. 도상 기호와 표의된 대상의 관계는 일종의 유사성이다. 예를 들면 사진은 사진 속에 있는 사람의 도상 기호이다. 마찬가지로 히스테리성 발작은 기질성 간질 발작의 도상 기호이다. 또 히스테리성 마비나 하지 약화는 다발성경화증이나 척수매독으로 인한 마비나 약화의 도상 기호일 수 있다. 요컨대 몸 기호는 신체 병의 도상 기호로 가장 잘 개념화할 수 있다. 이 해석은 그런 유형의 의사소통이 고통받는 자—환자—와 도움주는 자—의사—의 상호작용에서 자주 발생한다는 사실에서 확인된다. 그러므로 신체병의 도상 기호로서 몸 기호는 이른바 질병 언어를 구성하는 요소이다. 다시 말해, 도상 기호로서 영상이 영화 산업과 그 고객과 특별한 관계를 맺듯이, 몸과 관련된 도상 기호는 '치료 산업'과 그 고객과 특별한 관계를 맺는다.[2]

언어학자들은 대개 자기 관심사와 필요에 따라 언어를 분류한다. 영어, 독일어, 프랑스어, 헝가리어 따위로 개별 언어를 분류하고, 인도유럽어족, 핀우그리아어족, 인디언어족 따위로 어족을 분류한다.

하지만 화이트헤드(Alfred N. Whitehead)와 러셀(Bertrand A. W. Russell)[3]에게 영향받은 논리학자들과 철학자들은 논리의 설명력 또는 조작의 복잡도에 따라 언어를 구분하는 완전히 새로운 분류법을 개발했다. 일차적, 즉 최하위 언어는 '대상 언어(object language)'*이다. 이 언어의 기호는 고양이, 개, 의자, 탁자 같은 물질적 대상을 표의한다. 다음으로 기호를 지시하는 기호가 있다. '단어', '구', '문장', '절' 같은 단어는 (일차적) '메타 언어(metalanguage)'에 속하는 기호이다. 기호와 지시 대상의 대응 관계는 무한 반복된다. 따라서 논리적으로 바로 아래 수준에 있는

---

* 이 책에서 '대상(object)'이라는 단어는 문맥에 따라 몇 가지 다른 의미로 사용된다. 특히 두 상황에서 특별한 양식으로 사용된다. 대상관계와 관련하여 '대상'은 사물이나 관념보다 주로 사람을 뜻한다. 한편 언어의 논리적 위계와 관련하여 '대상'은 담화의 수준을 표의하는데, 대상 수준과 메타 수준의 논리적 관계는 항상 상대적이다. 가령 일차적 메타 언어는 이차적 메타 언어의 대상 언어가 된다. (저자 주)

기호를 표의하는 기호를 통해 점점 더 높은 수준의 메타 언어를 구성할 수 있다. 기호논리학은 이렇게 대상 언어와 메타 언어를 (그리고 계속 상위 수준으로 올라가는 메타 언어를) 구분함으로써 언어의 과학화에 크게 기여했다. 이 분류법 덕분에 대상 언어에 대해 말하려면 메타 언어가 필요하다는 것이 분명해졌다. 물론 동일한 어계(語系)가 대상 언어와 메타 언어에서 모두 사용될 수 있다. 로만 야콥슨(Roman Jakobson)이 말했듯이 "우리는 (대상 언어인) 영어에 대해 (메타 언어인) 영어로 말하고 영어 동의어, 완곡 표현, 의역을 통해 영어 단어와 문장을 해석한다."[4] 일상 언어는 대상 언어와 메타 언어가 혼합된 것이다.

이 분류 체계에서 언어의 최하위 수준이 대상 언어라는 점은 이 책에서 특별히 중요하다. 여기에는 정신의학에서 몸짓 언어라는 이름으로 부르는 것이 끼어들 여지가 전혀 없기 때문이다. 몸짓 언어는 도상 기호로 구성되기에 대상 언어의 '조작(operation)'보다 논리적으로 더 원초적인 체계를 구성한다.

관습 기호(또는 상징)가 최하위 언어(대상 언어), 기호를 지시하는 기호(일차적 메타 언어) 등을 구성하므로, 관습 기호가 표의하는 것보다 더 협소한 것을 표의하는 기호를 사용하는 의사소통 체계는 대상 언어보다 하위에 있는 언어를 형성한다고 볼 수 있다. 나는 이런 유형의 언어를 '원형 언어(protolanguage)'로 부른다. '메타 언어'는 대상 언어 다음에, 너머에, 또는 상위에 있는 언어를 표의하는데, 'meta(메타)'의 반대말 'proto(원형)'는 다른 것들보다 이전에 또는 하위에 있는 것을 가리키기에 그렇게 부르는 것이다.

마비나 발작 같은 히스테리성 증상은 특정한 사람들에게 어떤 메시지를 표현하거나 전달한다. 이를테면 마비된 팔은 다음과 같은 의미가 될 수 있다. "나는 이 팔로 죄를 지어서 벌을 받고 있다." "나는 이 팔을 사용해 (성애, 폭력 같은) 금지된 희열을 맛보고 싶다." 그러나 어떤 증상에 여차여차한 의미가 있다고 말할 경우, 그 의미는 정확히 무엇인가? 이것은 다음과 같은 질문으로 이어진다. 환자―메시지 발신자―는 자신이 의사를 전달하고 있다는 사실과 전달하는 의사가 무엇인지 알고 있는가? 메시지 수신자―의사, 남편, 아내 등―는 자신이 의사를 전달받고 있다는 사실과 전달받은 의사가 무엇인지 알고 있는가? 의사소통 참여자들이 이런 것들을 모르고 있다면, 그들이 의사소통을 하고 있다고 말할 수 있는가?

프로이트는 이런 질문을 제기한 적은 없지만―적어도 내가 제기한 방식으로 질문한 적은 없다―그래도 괜찮은 대답을 내놓긴 했다. 이런 질문이 꼭 필요한 것이어서 대답할 수밖에 없었는지는 몰라도, 그 대답은 명확하지 않고 오히려 문제를 불분명하게 만들었다. 프로이트는 '정신작용(mentation)'과 '앎(knowledge)'은 근본적으로 다른 유형이며, 전자는 의식적이고 후자는 무의식적이라고 주장했다. 무의식적인 앎은 일차 과정(primary process)에 의해 지배되고 의식적인 정신작용은 이차 과정(secondary process)에 의해 논리적으로 조직되고 지배된다고 말한다.[5]

프로이트는 '의식(conscious)'이라는 말의 의미를 명확하게 정의한 적이 없고 그저 관습적인 의미로 사용했다. 그는 '무의식(unconscious)'의 의미에 훨씬 더 주목하고, 무의식과 전의식(preconscious)을 구별하기도 했다.[6] 여기서는 그가 무의식을 부분적으로는 정신 장치*의 영역에 있다거나 그 일부인 양 말하고, 또 부분적으로는 정신 조작** 체계인 것처럼 말했다는 정도만 짚고 넘어가겠다. 프로이트는 무의식적인 앎, 무의식적인 갈등, 무의식적인 욕구 같은 현상이 존재한다고 가정하고 이런 표현을 사용하여 그 현상을 설명했다.

불행히도 이런 용어는 대답해야 할 문제를 명확하게 설명하기는커녕 불분명하게 만든다. 드러내 보일 수 있는 것만 앎으로 인정한다는 것이 사회적 사명을 수행하는 과학의 기본 가정이다. 그래서 과학적 앎—신비주의적 앎 또는 종교적 앎과 대조적이다—의 개념은 언어를 비롯한 관습 기호를 통해 표상된 개념과 불가분의 관계인 것이다. 대상 언어나 메타 언어로 표현할 수 없는 것은 적어도 과학적 앎이라고는 할 수 없다. 그런 것은 다른 종류의 '앎'이다. 예컨대 어떤 그림이 흥미롭고 아름답다는 것의 '의미'가 '앎'이 될 수는 없다.

앎과 정보도 구분해야 한다. 흐린 하늘이나 책은 인간이 메시지를 읽고 판독하고 이해할 수 있는 정보를 담고 있다. 그러나 인간만 앎을 간직하고 전달할 수 있다.

이처럼 정확한 용어를 받아들여 쓴다면 우리가 지금 다루고 있는 유형의 몸짓 언어는 앎이 아닌 정보를 전달한다고 결론지어야

---

* 정신분석 용어인 '정신 장치(mental apparatus 또는 psychic apparatus)'는 정신의 전반적인 구조와 메커니즘을 뜻한다. 이 용어를 만든 프로이트는 정신 장치가 무의식, 전의식, 의식으로 구성된다고 했지만 나중에 이드(id), 자아(ego), 초자아(superego)로 설명했다.

** 심리학 용어인 '정신 조작(mental operation)'은 정신적인 변조, 변형, 정보 처리 등 정신 속에서 발생하는 인지 과정과 행동을 가리키는 말이다. 여기서 조작(操作)은 "기계나 기구 따위를 일정한 방식에 따라 다루어 움직인다"는 뜻이다.

한다. 이런 메시지를 보내는 사람은 (의식의 주체인) 행위자가 아니라 몸으로 메시지를 보낸다고 주장한다. 그래서 이런 현상을 상식적으로 이해하려면, 더 나아가 그런 현상을 겪는 사람을 '이성적으로' 정신 치료하려면 그의 원형 언어를 일상 언어로 번역해야 한다.[7] 프로이트 역시 환자의 무의식을 의식으로 만드는 것에 대해 말할 때 비슷한 개념을 제시했다. 하지만 '무의식'을 오로지 언어로만, 즉 신비한 정신적 풍경이 아니라 의사소통의 한 형태로 개념화한 적은 없다. 따라서 원형 언어를 일상 언어로 번역한다는 개념이 무의식적인 것을 의식적인 것으로 만든다는 프로이트의 개념과 어느 정도 같은 것을 설명할지라도 두 개념 체계는 결코 동일하지 않다.*

이제 우리는 발신자의 원형 언어 사용과 자기 메시지에 대한 '의식적 앎'의 관계를 재검토할 수 있다. 여기서 관계는 반비례 관계이다. 자기도 모르는 무언가에 대해 말하는 것은 물론 불가능하지만, 확실하게 이해하지 못하거나 명확하게 알지 못하거나 사회적으로 인정되지 않는 무언가에 대해 원형 언어로 표현하는 것은 가능하다. 한편에서는 학습과 앎이, 다른 한편에서는 상징적 코드화와 의사소통이 상호의존적이면서 함께 전개되기 때문이다.[8] 도상적 몸 기호를 사용하는 것은 인간이 사용할 수 있는 가장 단순한 의사소통 수단이기에 이런 유형의 의사소통은 앎, 학습과 반비

---

* 내가 '원형 언어(protolanguage)'라고 부른 것과 정신과 의사 아일하드 폰 도마루스(Eilhard von Domarus)와 실바노 아리에티(Silvano Arieti)가 '고논리적 사고(paleologic thought)'라고 부른 것 사이에는 일부 유사점이 있다. (저자 주)

례한다. 상대적으로 덜 지적인 사람들이 원형 언어를 사용할 가능성이 더 높다는 것은, 이른바 히스테리성 증상에 대한 역사적, 사회적 결정 요인과 관련한 우리의 지식과 일치한다. 여기서 우리는 사람들이 자신의 히스테리성 성흔*을 보여주며 말 그대로 십자가에 못 박힌 예수의 도상이 되려고 노력하던 때를 떠올릴 수 있다. 이런 종류의 원형 언어를 통한 '대화'는 의사소통 과정 참여자들이 상위 수준의 언어를 쉽게 말하지 못하는 경우에만 발생한다. 종교에 대한 회의적인 인식이 커지면서 이런 유형의 원형 언어적 의사소통은 점차 사라지고, 질병과 치료의 심상을 활용하는 의사소통이 그 자리를 차지하게 되었다.

원형 언어의 기능

지금까지 나는 이른바 히스테리성 증상이라는 몸짓 언어의 특징을 두 가지 측면에서 검토했다. 첫째, 몸짓 언어의 요소들을 도상 기호로 정의하고, 몸짓 언어를 대상 언어와 메타 언어와 구별하는 동시에 관계짓기 위해 원형 언어라고 불러야 한다고 제안했다. 둘째, 몸짓 언어의 도상 기호와 그 기호가 표의하는 대상의 관계를 분석했다. 그래서 언어의 인지적 사용**에 주목했다. 이런 식으로 탐구한 까닭은 기호와 그 기호가 지시하는 대상의 관계를 밝

---

* '성흔(stigmata)'은 19세기 프랑스 신경학의 히스테리 연구에서 중요한 소재였다. 당시 저명한 신경학자 장 마르탱 샤르코는 성흔을 히스테리의 주요 신체 증상으로 정의했다. 성흔의 발작을 히스테리성 발작처럼 히스테리를 규명하기 위한 중요한 사례로 간주한 것이다. 그러나 의학이 발전하면서 이 현상은 임상 연구 대상에서 배제되었다.

혀 기호의 의미를 규명하기 위해서다.

기호학에서 언어의 인지적 사용에 초점을 맞추는 것을 '의미론(semantics)'이라 한다. 의미론은 기호와 대상, 즉 지시체(denotata)의 이차원 관계를 탐구하는 이론이다. 참과 거짓은 기호와 대상관계의 의미론적 지표다. 그래서 의미론은 기호와 대상에 사람을 지시하는 하나의 차원을 추가하는 '화용론(pragmatics)'과 대비된다. 화용론 연구자들은 기호-대상-사람의 삼차원 관계를 탐구한다. "이 문장은 물리학 법칙이다"라는 진술은 물리학자들이 그 문장을 참이라고 생각한다는 의미를 담고 있기 때문에 (메타) 언어의 화용적 사용이다. 관습적이고 일상적인 의미에서 '의미론'은 말로 하는 의사소통을 다루는 모든 종류의 연구를 가리키지만, 여기서는 이 용어를 엄격한 의미로 사용할 것이다.

라이헨바흐의 분류에 따르면 언어에는 정보(informative), 감응(affective), 촉구(promotive)라는 세 가지 기능이 있다.

우리가 여기에서 제기하는 질문은 다음과 같다. 도상적 몸 기호를 통해 어떤 종류의 정보가 누구에게 전달되는가? 이런 의사소통 양식이 얼마나 효과적인가? 이런 의사소통 양식에서 나타나는 오류의 근원은 무엇인가?

위 질문에 답하려면—즉 원형 언어의 화용론을 이해하려면—우리가 발견한 것을 일상 언어로 또는 일상 언어를 논리적으로

** '언어의 인지적 사용(cognitive uses of language)'은 언어를 인지 능력—정보 처리, 기억, 지각, 인식, 추론, 판단, 문제 해결, 의사 결정 등을 할 수 있는 능력—에 종속된 것이 아니라 인지 능력의 하나로 보는 관점이다. 다른 말로 '언어의 인지적 기능'이라고도 한다.

정제하여 표현해야 한다. 다시 말해 우리가 초기에 관찰한 것을 그것이 원래 말해주는 것과 다른, 즉 논리적으로 상위에 있는 상징 체계로 번역해야 한다.

전형적인 히스테리성 몸 기호, 가령 히스테리로 인한 팔 마비의 주요 정보 기능은 발신자가 장애가 있다는 생각을 전달하는 것이다. 그래서 다음과 같이 번역할 수 있다. "나는 장애가 있어요." "나는 아파요." "나는 상처를 입었어요." 이때 메시지 수신자는 사람일 수도 있고 부모의 이미지 같은 내적 대상(internal object)일 수도 있다.

우리는 일상에서 그리고 특히 의료 상황에서 몸짓 언어의 화용적 사용과 인지적 사용을 자주 혼동한다. 예를 들어 기능하지 않는 팔이라는 비언어적 의사소통을 "나는 아파요", "내 몸에 이상이 있어요" 같은 형태로 번역할 경우, 우리는 비특정적 도움 요청과 특정적―즉 의료적―도움 요청을 구별하지 못하고 혼란에 빠진다. 그러나 그 환자의 진술을 촉구 기능 측면에서 보면, 이렇게 단순하게 번역해야 한다. "나에게 뭔가를 해주세요!" 이런 형태의 메시지를 순전히 인지적으로 분석하는 것은 부적절하고 그릇된 것인데도, 의사들은 히스테리성 증상에 대한 감별 진단을 할 때 몸 기호가 인지적 의사소통을 구성하는 것인 양 다루면서 "예/아니요", "참/거짓"이라고 응답한다. 그러나 이른바 전환 증상을 보이는 환자에게 (브로이어와 프로이트가 말하듯) "예, 당신은 병이 있습니다"라고 말하거나 (그 이전의 의사들이 말하듯) "아니요, 당신은 꾀병입니다"라고 말하는 것은 모두 틀렸다. 어떤 진술에 대해 참 또는 거짓이라고 말하는 것은 의미론에서만 가능하다. 화용론에서는 메시지 수신자가 자신이 들은 것을 믿는지 여부가 쟁점이다. 그런데 정신의학은 기호보다 기호 사용자와 관련이 있기에—이것이 정신의학과 기호학의 차이 중 하나다—의사소통을 순전히 의미론적으로만 분석한다면, 정신의학자들이 연구하고 해명하고자 하는 문제의 가장 중요한 측면을 제대로 검토할 수 없을 것이다.

화용론의 입장에서 보면, 질병-모방을 꾀병 부리기로 본다는 것은 그런 의사소통의 합리성을 불신하고 거부한다는 말이다. 의심 많은 일반 의사가 꾀병자에게 "나한테 그딴 식으로 말하지 마시오!"라고 하는 것과 같다. 반대로 질병-모방을 히스테리로 본다는 것은 그런 의사소통의 합리성을 신뢰하고 수용한다는 말이다. 열성적인 정신분석가가 히스테리성 환자에게 "나한테 더 자세히 말해보시오!"라고 하는 것과 같다. 그 정신분석가가 제 몫을 하는 자라면 이 말은 분명 그 이상을 함축하고 있을 것이다. 가령 "당신이 (당신의 몸이 편찮다는 의미에서) 아프다고 믿는 것을 나도 믿습니다. 하지만 당신의 믿음은 틀린 것 같습니다. 사실 우리가 당신의 진짜 문제—신체적인 것이 아니라 개인적인 문제—를 건드리지 못하도록 스스로 아프다고 믿는 것 (그리고 내가 그렇게 믿기를 바라고 있는 것) 같아요." 그러나 실제로 이런 말을 듣기는 어렵다. 환자와 정신분석가 둘 다 막연하게나마 어느 정도까지는 환자가 진짜로 아프다고 믿기 때문이다.

다양한 의사소통 상황을 적절하게 정의하려면, 이제 우리는 특정한 의사소통 패턴이 정보적인지 비정보적인지 알아야 한다. 예를 들어 가벼운 대화를 나누는 사람들은 편안하고 유쾌한 인간관계에 참여하며, 이런 상황에서는 중요한 메시지를 전달하지 않는다. 반면 교실 안에서 교사는 학생들에게 어느 정도의 새로운 정보를 전달해야 한다.

의학과 정신의학도 이런 식으로 구별해야 한다. 몸 기호에 대한 두 분야의 관심과 사고방식이 다르기 때문이다. 기계로서 인간 몸(human body)이 어떻게 작동하고 고장나는지 관심 있는 일반 의사는 몸짓 언어가 지표 기호로서 말한다고 볼 것이다. 이를테면 중년 남성의 흉부 압박감이 왼쪽 어깨와 팔의 통증으로 이어지면 관상동맥폐색을 알리는 메시지라고 생각한다. 한편 행위자로서 인간 개체(human person)가 어떻게 작동하고 고장나는지 관심 있는 정신분석가는 몸짓 언어가 도상 기호로서 말한다고 볼 것이다. 예컨대 위에서 언급한 중년 남성이 보인 증상은 아내나 고용주의 '억압'을 알리는 신호로 볼 수 있다. 따라서 일반 의사가 할 일은 질병을 진단하고 치료하는 것이고, 정신분석가가 할 일은 환자의 몸 기호를 (그리고 다른 '증상'을) 일상 언어로 번역하여 환자가 그런 기호에 대해 자기 성찰적 태도를 지니도록 하는 것이다. 이 번역 과정은 추상적으로는 설명하기 쉽지만 실제로는 매우 어렵다. 내 생각에는 바로 이것 때문에 '정신분석적 조치(psychoanalytic treatment)'와 '치료(cure)'라는 매우 잘못되고 오도된 꼬리표가 달라붙는다.

언어의 또 다른 기능은 청자의 정서를 자극하여 특정한 행동을 유도하는 것이다. 라이헨바흐는 이것을 언어의 암시 기능이라 부르지만 나는 감응 기능이라고 명명한다. 시와 프로파간다가 전형적으로 감응 기능을 한다. 감응 기능과 촉구 기능에서 완전히 자유로운 말은 거의 없다.

몸짓 언어—넓게 보면 질병 언어—의 감응 기능은 아주 중요하다. 프로이트의 영리한 은유를 빌리자면 히스테리성 팬터마임이 다른 사람들에게 영향을 준다는 것은 상식이다. 아픈 사람을 보면 애처롭고 도와주려 하는 것은 사회적 윤리다. 따라서 몸 기호를 통한 의사소통은 메시지 수신자에게 다음과 같은 감정을 유도하려는 의도가 다분하다. "지금 내가 애처롭지 않나요? 나한테 이런 상처를 주다니, 부끄러운 줄 아시오. 내가 고통을 겪는 모습을 보면서 당신도 마음 아파해야 해요."

물론 의사소통은 다양한 상황에서 비슷한 목적으로 사용된다. 이를테면 십자가에 못 박힌 예수의 이미지 앞에서 치르는 다양한 의례들을 보자. 이런 광경은 사람들의 감정을 고조시키는 분위기를 조성하여 구경꾼이 겸허해지고, 죄의식을 느끼고, 벌벌 떨고, 정신적으로 위축되도록 만든다. 그래서 예수를 대변한다고 주장하는 자들의 메시지와 십자가에 못 박힌 이미지라는 도상 기호를 통해 보여주는 예수의 행위를 받아들이도록 만든다. 또 과거 프랑스 살페트리에르 정신병원에서 목격된 대히스테리*나 오늘날 목격되는 격렬한 '정신분열적 신체 흥분상태' 역시 특수한 사회적 상

---

* 장 마르탱 샤르코는 히스테리의 진행 과정을 경직(tonic)이 발생하는 단계, 간헐적 경련(clonic)이 발생하는 단계, 무아지경 또는 종교적 황홀감 같은 매우 격앙된 감정 상태가 되는 단계, 나른해지면서 섬망 상태에 빠져드는 단계로 구분했다. 여기서 그는 강직-간헐적 경련 단계를 뇌전증 같은 질병과 기질적으로 새로운 증상이라고 주장하며, 그것을 특별히 '대히스테리(grande hystérie)'라고 명명했다. 하지만 오늘날 의학계는 그의 주장을 수용하지 않고, 그가 말하는 '대히스테리'는 기존에 알려진 또는 후대에 확인된 기질적 발작의 일종이었을 것으로 보고 있다.

황에서 벌어지는 의사소통이다. 이런 의사소통의 목적은 정보 전달보다 분위기 유도라서 메시지 수신자는 마치 이런 말을 듣는 것처럼 느낀다. "나한테 관심 좀 가지시오! 나를 불쌍히 여기시오! 나를 책망하시오!" 이처럼 분위기를 유도하는 데 일상 언어보다 몸짓 언어가 훨씬 더 효과적이라는 것은 상식이다. 가령 어린아이와 여자는 자기 말을 들어주지 않으면 눈물로 호소할 때가 더러 있고, 증상을 보이는 환자도 그럴 수 있다.

내 말의 요지는 어떤 상황에서 어떤 사람들은 일상 언어—말이나 글—로 자기 생각을 전달할 수 없으면 원형 언어—울음이나 '증상'—로 전달하려고 할 수 있다는 것이다. 다른 상황에서 다른 사람들은 정반대로, 가령 일상 언어를 정상적인 어조에서 고함을 치거나 위협적인 어조로 바꿔 의사 전달의 어려움을 극복하려고 할 수 있다. 대개 전자는 약자의 방식이고 후자는 강자의 방식이다. 엄마가 아이의 말을 들어주지 않으면, 남편이 아내의 말을 들어주지 않으면, 아이와 아내는 울려고 할 것이다. 그러나 아이가 엄마의 말을 듣지 않거나 아내가 남편의 말을 듣지 않으면, 엄마와 남편은 고함을 칠 것이다.

이것이 바로 약자/피억압자가 강자/억압자를 마주 보고 의사소통할 때 겪는 근본적인 의사소통 딜레마이다. 이들은 공손하게 말하면 무시당하고, 말 그대로 언성을 높이면 무례한 사람으로 취급받고, 은유적으로 언성을 높이면 미친 사람 진단을 받을 것이다.

그러나 이 모든 것을 '과학자'가 '심리학'을 연구하기 훨씬 전부터 시인이나 극작가, 심지어 보통 사람들도 익히 알고 있었지만, 정신과 의사뿐 아니라 심지어 일반 상식조차 이를 받아들이지 않는 듯하다. 그 결과는 어떠한가? 타인의 의지처가 되거나 타인의 호소를 들어주어야 마땅한 권위자나 이른바 사랑의 대상*이 자신에게 의지하거나 호소하는 사람의 말을 외면하거나 거부할 때, 그래서 그 사람이 공포와 좌절, 분노와 복수심에 사로잡혀 불평불만에 가득한 채로 도상 기호로 그 심정을 토로할 때 권위자(전문가와 비전문가)나 의사(일반 의사와 정신과 의사)는 너 나 할 것 없이 그의 의사소통은 '정신과 증상'이고 그는 '정신과 환자'라고 결론짓는다. 그리하여 우리는 조용하면서 조용하지는 않은 이 모든 울부짖음과 호통, 탄원과 책망—이 모든 변화무쌍한 '말들'—을 무수한 이름의 정신병으로 부르게 되었다!** 현대인들은 정신병 진단을 받은 사람이 병원 환자라기보다 법정 원고와 비슷해서 이런저런 불만을 품고 의사소통하려고 한다는 것을 인정하지 않고, 그가 히스테리, 건강염려증, 정신분열증을 비롯한 온갖 유형의 정신병이 있다고 믿으려 한다.

따라서 언어를 정보 전달 수단으로 사용하려면, 교환하는 메시지가 인지적으로 중요할 뿐만 아니라 참여자들의 관계가 어느 정도 동등하거나 그들의 상황이 자기 뜻대로 행동할 수 있을 정도

---

* 정신분석 용어인 '사랑의 대상(love object)'은 인간이 성장하는 과정에서 특별하게 애착을 느끼는 사람(특히 어머니), 동물(개, 고양이 등), 사물(인형, 장난감 등)을 의미한다. 정신분석은 '사랑의 대상'이 인간의 심리적 건강과 의미 있는 애정 관계 형성에 중요한 요소가 된다고 설명한다.
** 미국정신의학협회가 DSM(Diagnostic and Statistical Manual of Mental Disorders, 정신병 진단 및 통계 편람) 개정판을 낼 때마다 정신병의 범주와 수가 늘고 있다. DSM-I(1952년)은 8개 범주 106개, DSM-II(1968년)는 10개 범주 182개, DSM-III(1980년)은 16개 범주 265개, DSM-IV(1994년)는 17개 범주 297개, DSM-V(2013년)는 22개 범주 350개의 정신병이 수록되어 있다.

로 자유로워야 한다. 이런 조건에서 정보는 원하는 행위를 생산하거나 적절한 대항 정보(counterinformation)를 생성할 수 있다. 한편 약자가 강자의 도움을 받으려면 주로 감응적 언어에 의존해야 한다. 직접적인 도움 요청은 자신의 약점만 드러낼 뿐이고 고통을 드러내는 식의 간접적인 요청이 도움을 받는 데 효과적일 수 있기 때문이다.[9]

언어의 셋째 기능인 촉구 기능은 청자가 특정한 행위를 수행하도록 하는 것이다. "도둑질하지 말라" 또는 "우향우" 같은 명령이 여기에 속한다. 명령법을 사용하면 촉구 기능이 분명해지지만 "모든 인간은 평등하게 태어난다" 같은 직설법 역시 그런 기능으로 사용된다. 이 문장은 외관상 서술적으로 보이지만 규범적이고 촉구의 의미를 담을 수도 있다.

서술적 주장, 즉 직설법 문장에 대한 응답은 참 또는 거짓이지만 규범적 주장, 즉 명령법 문장에 대한 응답은 동의와 복종 또는 반대와 불복종이다. "문을 닫거라"라는 말을 들으면 우리는 그렇게 할 수도 있고 거부할 수도 있다.

라이헨바흐는 문장에 기호 사용자를 끼워 넣음으로써 명령법 문장을 직설법 문장으로 바꾸는 간단한 방법을 제시했다. "명령법 문장 '문을 닫거라'를 직설법 문장 'A 씨는 문이 닫히기를 바란다'로 바꾸는 것이다. 이 문장은 참이거나 거짓이다."[10] 하지만 이 직설법 문장은 명령법 문장과 같은 촉구하는 힘이 없다.

외견상 서술문이 실제로는 명령문의 역할을 할 수도 있고, 때론 강력한 촉구 효과를 거두기도 한다. 명령법 문장이 직설법 문장으로 수시로 둔갑하는 것이 정신의학 언어의 근본 특성이다. 이것은 의사소통 상황에 정신과 의사와 환자가 아닌 제삼자를 끼워 넣는 경우 항상 발생한다. 예컨대 "존 도우 씨는 정신이상자다"라는 문장은 표면상 직설적이고 정보를 전달한다. 하지만 사실 이 문장은 촉구적이고 규범적이고, 이 문장에 기호 사용자를 끼워 넣으면 대략 다음과 같이 번역된다. "존 도우 씨의 부인은 남편이 행동하는 방식을 좋아하지 않는다. 제임스 스미스 박사는 질투심에 사로잡힌 남자는 정신적으로 병이 있고 잠정적으로 위험하다고 믿는다. 그리하여 그 부인과 스미스 박사는 존 도우 씨를 병원에 감금하려고 한다." 물론 이런 장황한 직설법 문장보다 "존 도우 씨는 정신이상자다"라는 간결한 문장의 촉구 효과가 더 크다.

언어가 촉구 기능으로 사용되어 참도 거짓도 표현하지 않는다면, 사람들은 어떻게 응답해야 할까? 또 다른 촉구 언어를 통해서다. 그 자체로 규범적인 언어인 '옳다', '그르다' 같은 단어는 촉구 기능을 수행한다. 말하자면 "너는 도둑질하지 말라"[출애굽기 20:15] 같은 명령에 대해 이 규칙에 찬성하느냐 반대하느냐에 따라 "옳다" 또는 "그르다"라고 말함으로써 대항할 수 있다.

몸짓 언어의 가장 확실한 기능은 촉구 기능이다. 삶이 고달프고 불만족스럽다고 느끼는 주부는 두통, 요통, 생리통 같은 '증상'을 통해 의사소통함으로써 남편이 자신을 더 아끼고 돕도록 할 수 있다. 그 대상이 남편이 아니라면 의사일 수 있고, 의사가 아니라면 의사의 의뢰를 받은 전문가일 수 있다. 이처럼 행위를 유도하는 도상적 몸 기호를 다음과 같이 번역할 수 있다. "(내가 아프니까······) 나를 보살펴주세요!—나한테 잘해주세요!—남편이 이런저런 일을 하도록 해주세요!—나를 그만 괴롭히라고 징병위원회에 말 좀 해주세요! —난 무고하다고 법원과 판사에게 말 좀 해주세요!"

히스테리의 상징화 사례

이제 브로이어와 프로이트의 《히스테리 연구》에 담긴 한 사례를 통해 내 주장을 설명하겠다. 아래 인용문은 프로이트가 체칠리 M. 부인을 치료하는 과정을 설명한 것이다.

이 치료 단계에서 마침내 우리는 부인의 안면신경통을 재생(reproduction)하는 데 성공했다. 나는 이전에도 그런 증상을 치료해본 적이 있다. 이 사례 역시 그때처럼 심령적 원인 때문인지 궁금했다. 내가 트라우마가 된 장면을 떠올리게 해주자 부인은 남편에게 극도의 심리적 과민 반응을 보이던 당시의 자기 모습을 떠올렸다. 부인은 남편과 나눈 대화와 남편의 아주 모욕적인 말에 대해 설명했다. 그러다가 갑자기 손으로 볼을 감싸더니 고통스럽게 울며 말했다. "그 말이 뺨을 후려치는 것 같았어요." 이 말 한마디로 부인의 통증과 병증이 모두 사라졌다.

의심할 여지 없이 과거 사건이 상징화된 것이다. 부인은 실제로 뺨을 얻어맞는 것처럼 느꼈다. 이런 이야기를 들으면 누구나 의문이 생길 것이다. '뺨을 얻어맞는' 느낌이 어떻게 삼차신경통이라는 육체적 형태로 나타나는 걸까? 그 신경통이 제일 분지와 제이 분지에서만 나타나는 까닭은 무엇인가? 말할 때는 괜찮다가 입을 열고 무언가를 씹을 때 신경통이 도지는 까닭은 무엇인가?

다음 날 신경통이 다시 도졌다. 그러나 이번에는 남편에게 모욕적인 말을 들은 다른 장면을 재생하여 신경통을 고쳤다. 이런 식으로 9일 동안 치료했다. 오랫동안 겪은 모멸감, 특히 말을 통한 모멸감이 상징화를 통해 안면신경통이라는 육체적 병증으로 나타난 사례였던 것 같다.[11]

프로이트는 다른 곳에서와 마찬가지로 여기서도 모멸감이 통증으로 변형되는 '상징화' 과정에 대해 말한다. 그리고 그는 이 과정을 '전환'이라고 부르면서 정신적인 것이 기질적인 것으로 비약하는 수수께끼를 영구화한다. 프로이트는 환자가 은유적으로 말했고 그 은유를 사실로 혼동했다고 말할 수도 있었을 것이다. 뺨 맞는 것 같은 모멸감이 실제로 뺨을 맞은 것이 되었다. 그렇다면 우리는 그 과정을 뒤집어서 글자 그대로 해석한 은유를 진짜 은유로, 즉 안면 통증을 모멸감으로, 신경학적 질병인 히스테리를 부부 갈등이나 분노로 번역하기만 하면 된다.

추측하건대 프로이트의 이 번역 모형이 일관되게 수행되지 못한 이유 중 적어도 하나는 프로이트 자신이 어떤 유형의 상징화를 발견했는지 정확하게 파악하지 못한 탓이다. 뺨을 맞은 것이 어떻게 삼차신경통(처럼 보이는 것)으로 '전환'될 수 있는가? 어떻게 전자가 후자의 상징이 될 수 있단 말인가? 프로이트는 이런 질문에 대답하지 않았을뿐더러 그런 의문을 품지도 않았다. 오히려 이렇게 밀고 나갔다. 우선 앞서 설명한 상징화가 언어적 상징과 지시 대상 사이에서 성립하는 상징화와 근본적으로 유사하다고 가정했다. 그다음 이것이 검증되지 않은—그리고 이미 확인되었듯이 부정확한—가정이 아니라 사실인 양 밀고 나갔다. 끝으로 고대 그리스어를 현대 영어로 번역하듯이 히스테리성 증상을 번역했다. 더욱이 전통적인 의료 모형을 통해 상징화의 이유나 동기에 접근했다. 그래서 다음과 같은 질문에 봉착했다. '전환'은 왜 일어나는가? 더 일반적으로 말하면, '환자'는 왜 '히스테리'를 일으킨 것인가? 프로이트는 이런 식으로 고전적인 의학 문제, 즉 '히스테리의 원인' 문제를 매듭지었다. 하지만 히스테리가 언어라면, 그 병인을 찾는 것은 영어의 병인을 찾는 것과 마찬가지다. 그러나 언어에는 역사, 지리적 분포, 활용 규칙 체계가 있을지언정 '병인'이란 건 없다.

　이제 프로이트가 인용한 사례에서 설명한 상징의 유형을 살펴보자. 안면 통증이 어떻게 뺨 맞은 것을 표상할 수 있는가? 모멸감이 왜 그런 식으로 표의되는가? 이런 상징화의 유형은 두 가지다.

　첫째 유형은 유사성에 기초한다. 뺨을 맞아서 느끼는 통증은 안면신경통(사실상 다른 모든 안면 통증)과 비슷하다. 따라서 체칠리 M. 부인의 안면 통증은 얼굴에 영향을 주는 특정한 유형의 신경학적 질병으로 인한 통증의 도상 기호이다. 실제로 모든 통증은 어느 정도까지는 다른 통증의 잠재적 도상 기호가 된다. 달걀 그림을 보고 우리가 본 달걀을 떠올릴 수 있듯이, 하나의 통증에서 우리가 느낀 통증을 기억할 수 있다.

　둘째 유형은 인과관계에 기초한다. 뺨을 맞은 것과 안면 통증을 느끼는 것은 원인-결과 관계이다. 따라서 환자의 안면 통증은 안면 부상의 지표 기호이다. 우리는 '통증'을 통해 '맞았다'는 것을 알게 되거나 유추할 수 있다(물론 이것이 그런 정보를 획득할 수 있는 유일한 방법은 아니다). 따라서 통증은 뺨 맞은 것 또는 삼차신경통을 앓는 것의 지표 기호일 수 있다. 발열이 감염의 지표 기호인 것처럼 말이다. 이 두 유형의 기호 관계는 우리가 지금 다루고 있는 실제 의사소통 패턴에서 등장한다. 이를테면 안면 통증을 호소하는 여성의 말이 남편에게는, 특히 그가 아내에게 상처를 주었을 때는 "당신이 어떤 상처를 입혔는지 보이나요?"라고 '들릴' 수 있다. 똑같은 말이 일반 의사에게는 "삼차신경통이 있어요"라고 '들릴' 수 있다. 남편과 의사 모두 그 통증을 도상적이고 지표적인 기호로 해석하더라도 기호-대상-기호 해석자 삼항 관계에서 차지하는 자신의 특수한 위치에 따라 그 기호를 상당히 다르게 읽는다. 마찬가지로 정신분석가가 안면 통증을 도상 기호로 읽는 것은 그가 삼항 관계에서 차지하는 특수한 위치 때문이다. 정신분석가는 이런 식으로 말한다. "이것은 신경통처럼 보이지만 아마 그렇지 않을 겁니다."

이제 뺨 때리기가 왜 안면 통증으로 표의되어야 하는지에 대한 질문이 남아 있다. 여기서는 이런 유형의 몸짓 기호를 사용하는 것은 직접적인 말로 표현하기 어렵거나 불가능한 상황 때문이라고 지적하고 넘어가겠다.[12] 성기와 성행위를 모국어 대신 라틴어로 말하는 관습이 좋은 예다.* 일상 언어로도 충분히 표현할 수 있는 것을 원형 언어로 번역하는 것도 비슷한 이유에서다. 그렇게 번역하면 중요하지만 민감한 주제를 의사소통할 수 있을뿐더러

---

* 가령 남자와 여자의 성기를 뜻하는 'penis', 'phallus', 'vulva', 'vagina'는 라틴어를 그대로 사용한 것이다. 성행위를 뜻하는 'coitus'는 라틴어 'coitio'에서 유래했다.

화자의 메시지에 담긴 불온한 함의를 자신과 분리하는 데 도움이 된다. 어떤 몸짓 기호를 선택하느냐는 프로이트가 발견한 원리처럼 고통받는 사람의 특이한 개인적, 사회적 조건에 따라 결정되는 것이 일반적이다.

8장

의사소통으로서 히스테리

루트비히 비트겐슈타인(Ludwig Wittgenstein)의 《논리-철학 논고》에 실린 버트런드 러셀의 서론을 보면, 러셀은 "언어의 본분은 사실을 주장하거나 부정하는 것이다"라고 선언한다.[1] 하지만 논리학자, 수학자, 자연과학자, 그리고 이런 언어적 사명을 금과옥조로 여기는 자들만 그렇게 말할 뿐이고, 일상생활에서 언어는 사실을 주장하거나 부정하기 위한 목적이 아닌 다른 목적으로 사용되는 경우가 훨씬 더 많다. 광고, 사적 대화, 종교, 정치, 정신의학, 사회과학 등 모든 분야와 상황에서 언어는 감정을 표현하고 행위에 영향을 주고 타인과 대화하는 데 사용된다. 그래서 언어를 분류하는 또 다른 기준, 즉 언어의 '담론성(discursiveness)'을 살펴봐야 한다.

담론적 언어와 비담론적 언어

담론성은 상징화의 자의성 정도를 가늠하는 척도다. 어느 수학자가 "x는 사과 1부셸을 나타낸다고 하자" 또는 "g는 중력의 힘을 나타낸다고 하자"라고 말할 때, 그 수학자는 완전히 담론적인 상징―즉 완전히 자의적이고 관습적인 상징―을 사용하는 것이다. 중력의 힘을 표의하는 데 어떤 상징이든 사용할 수 있지만 실제로 어떻게 사용할지는 그 상징에 대한 과학자들의 합의에 달렸다.

반면에 어느 화가가 특정한 색상이나 형식으로 자신의 절망을 표현할 때, 어느 주부가 특정한 몸 기호로 자신의 절망을 표현할 때 사용되는 상징은 관습적이지 않고 특이적(idiosyncratic)이다. 요컨대 미술, 무용, 의례―그리고 이른바 정신병―에서 사용되는 독특한 상징들은 자의적이라기보다 규범적이이지만 사회적이라기보다 개인적이다.

많은 철학자가 사실을 전달하지 않는 의사소통은 화자의 내면 감정을 표출하는 '소음'에 불과하다고 생각했고, 지금도 그렇게 생각하고 있다. 미국의 철학자 수잔 랭어(Susanne K. Langer)는 《새로운 열쇠의 철학(Philosophy in a New Key)》에서 이런 관점을 비판하고 "담론적 언어의 한계를 뛰어넘는 진정한 의미론"이 필요하다고 주장한다.[2] 이 책의 목표 중 하나도 바로 이 점이다. 즉 지금까지 순전히 뭔가를 표시하는 것으로 간주되어 온 언어 형태, 즉 특정한 몸 기호로서 언어를 체계적이고 기호학적으로 분석하는 것이다.

담론적 언어의 상징이 지닌 자의성과 대조적으로 비담론적 언어의 상징이 지닌 가장 중요한 특징 중 하나는 비자의성이다. 상징으로서 사진이 가장 좋은 예이다. 랭어도 지적하듯이 한 사람의 사진은 포즈를 취한 사람을 묘사하는 게 아니라 그의 복사본을 표상한다.[3] 그래서 비담론적 상징화를 종종 '표현적(presentational)'

이라고 부른다. 게다가 담론적 상징은 추상적이어서 그 지시 대상이 개괄적인 반면, 비담론적 상징은 구체적이어서 그 지시 대상이 특정한 대상이나 사람이다. 이를테면 '사람(man)'이라는 단어는 이 세상에서 상상할 수 있는 모든 사람—심지어 여자까지!—을 지칭하는 말이지 특정한 사람을 가리키지 않는다. 반면에 한 사람의 사진은 특정한 사람을 표상하고 확인한다.

초기의 문자 언어는 도상 기호, 즉 그림 형태의 문자를 통해 표상되었다. 언어학자 마거릿 슐로흐(Margaret Schlauch)에 따르면, 문자 언어의 가장 간단한 두 요소는 상형문자와 표의문자이다.[4] 둘 다 전달할 대상이나 관념을 닮은 그림으로 메시지를 표현하고, 우리가 여기서 '유비적 코드화 유형(analogic type of codification)'이라고 부르는 것의 원형이다. 정신분석과 '동작학(kinesics)'[5]은 사람이 대리석 서판이 아니라 자기 몸에 쓴 그리고 자기 몸으로 쓴 상형문자를 탐구하고 이해하기 위한 현대적 시도이다.

담론적 상징화가 정보를 전달하는 데 이점이 있는 건 분명하다. 문제는 비담론적 상징화가 감정을 표현하는 것 말고도 다른 기능을 하는지 여부다. 앞으로 살펴보겠지만 비담론적 상징화에는 몇 가지 기능이 더 있다.

음성 기호는 상대적으로 일반적이고 추상적인 방식으로 자신이 표의하는 대상을 설명하기 때문에 (매우 특수한 유형의 담론적 기호인 이름이 없는 경우) 특정한 대상을 식별하려면 풀어서 설명해야 할 때가 많다. 그래서 랭어는 아래와 같이 지적한다.

…… 단어-그림과 가시적 대상의 일치성은 결코 사진과 그 대

상의 일치성만큼 정확할 수 없다. 사진을 통해 믿을 수 없을 정도로 풍부하고 자세한 정보를 얻을 수 있기 때문에 지적인 눈을 가진 사람이라면 언어적 의미로 해석할 때처럼 머뭇거릴 필요가 없다. 그래서 여권이나 범죄자 대장에 문자 대신 사진을 첨부하는 것이다.[6]

마찬가지로 이른바 히스테리성 몸 기호도 그림인데, 대상을 묘사하는 그림은 대상을 설명하는 말보다 훨씬 더 그 대상과 유사성이 있다.* 몸 기호―가령 마비나 경련―를 통해 자신이 아프다는 생각과 메시지를 드러내 보이는 것은, 그저 "나는 아파요"라고 말하는 것보다 더 인상적이고 더 많은 정보를 전달한다. 몸 기호는 고통받는 사람이 자신이 어떻게 아픈지 정확하게 묘사한다. 글자 그대로 표현하고 표상한다. 환자는 자기 증상이 상징화될 때 자신의 불편함과 심지어 자신의 생애를 표현하라―아주 축약된 형태일지라도―는 말을 듣곤 한다. 이를 정신분석가들은 암묵적으로 인정하는데, 그들은 환자가 보이는 증상―그것이 있다면―속에 그가 겪는 '신경증'의 전체 역사와 구조가 들어 있기라도 한 듯이 다룬다. 정신분석가들은 가장 단순한 증상조차 회상을 통해서만 완전히 이해할 수 있다고 말하는데, 환자의 '증상'을 이해하려면 환자의 개인적 성장 과정과 사회적 조건에서 생애사적으로 특

---

* 메시지 전달에 사용되는 특정 형태의 행동을 그림으로 간주하면 일상생활에서 특정한 모자나 재킷을 착용하는 것을 이해하는 데 도움이 된다. 가령 유니폼을 통해 개인에게 특정한 동일성이나 역할을 의도적으로 부여한다. 이 모든 상황은 도상 기호의 사회적 사용이라고 할 수 있다. (저자 주)

이한 모든 측면을 알아야 한다는 뜻이다.

하지만 전형적인 기질적 질병 사례에서는 상황이 딴판이다. 환자의 증상, 가령 관상동맥 기능부전에 의한 흉부 통증은 생애사적인 것이 아니다. 다시 말해 그 증상의 상징화는 개인적이고 특이한 것이 아니라 해부학적이고 생리학적인 것이다. 예컨대 흉부 통증이 발목 골절의 기호가 될 수는 없다. 해부학과 생리학 지식을 통해 특정한 신체 증상의 의학적 '의미'를 해석한다. 하지만 도상 기호를 해석하려면 의학 언어에 정통해도 소용이 없고 개인사, 종교, 직업 등 기호 사용자의 개인성에 정통해야 한다.

이른바 정신의학적 문제는 본질적으로 구체적인 인간 경험인 곤경과 관련 있기 때문에 표현적 상징화(presentational symbolism)를 통해 그런 문제를 쉽게 드러낸다. 다시 말해 인간은 오이디푸스 콤플렉스, 성적 욕구 불만, 억압된 분노 같은 추상적 개념 때문에 고통받는 게 아니라 부모, 친구, 자식, 고용주 등과 맺는 특별한 관계 때문에 고통받는다. 정신의학적 증상의 언어는 이런 상황에 완벽하게 들어맞는다. 도상적 몸 기호는 특정한 사람이나 사건을 가리킨다.

히스테리의 비담론성

히스테리성 증상의 의사소통적 측면을 일상 언어의 논리로 이해할 수 없는 까닭을 더 잘 이해하기 위해서 앞서 인용한 프로이트의 임상 관찰 중 일부를 다시 살펴보자.

매우 지적인 환자였는데도 통증의 특성에 관한 그의 모든 설명이 중구난방이라는 사실에 깜짝 놀랐다. 기질성 통증에 시달리는 환자는, 다른 신경증이 없는 한 정확하고 침착하게 그 통증을 설명한다. 가령 그 통증은 콕콕 쑤시고 몇 시간마다 심해지고 여차여차한 원인 때문일 것이라고 말한다. 그런데 신경쇠약증*에 시달리는 환자는 통증을 설명할 때 자신의 지적 능력으로는 도저히 감당할 수 없는 난해한 것을 설명하고 있다는 표정을 짓는다. 그 환자는 언어가 너무 빈약하여 자신이 느끼는 감각에 딱 맞는 단어를 찾을 수 없고, 그런 감각은 듣도 보도 못한 특이한 것이어서 속속들이 설명할 수 없는 게 분명하다.[7]

프로이트의 설명은 히스테리성 환자가 자신의 감각에 딱 맞는 단어를 찾는 것이 얼마나 어려운지 보여준다. 히스테리가 아닌 정신의학적 증상과 관련된 신체적 느낌을 표시하는 환자들도 마찬가지다. 정신과 환자가 이처럼 말로 표시하지 못하는 것은 정확하게 설명하기 어려운 특이하고 별난 경험을 했거나 어휘력이 전반적으로 부족하기 때문이다. 나는 다른 이유도 있다고 보는데, 환자의 경험 — 가령 신체적 느낌 — 은 그 자체가 비담론적 언어의 상징이거나 그 일부라는 점이다.[8] 그런 느낌을 말로 표시하는 것이 어려운 까닭은, 비담론적 언어를 통째로 다른 언어, 특히 담론적 형태로 번역하기 어렵다는 사실 때문일 것이다. 비담론적 상징의

---

* '신경쇠약증(neurasthenic)'은 신경이 구조적으로 허약하여 나타나는 증상을 통칭하는 진단명이며, 19세기 후반부터 20세기 초까지 북미 신경과 의사들이 주로 사용했지만 지금은 의학계가 공식 폐기했다.

지시 대상은 참여자들끼리 의사소통이 잘될 때 비로소 의미가 있다. 정신분석을 할 때도 마찬가지다. 정신분석 절차는 정신분석가가 환자와 잘 통하는 사이가 될 때까지 그 환자가 겪는 곤경을 알지 못한다—알 수 있으리라 기대조차 해서는 안 된다—는 암묵적 가정에 기초한다.

도상적 몸 기호의 정보 기능

비담론적 언어로 어떻게 정보를 알아낼까? 이 질문은 오랫동안 철학자들과 기호 연구자들의 관심을 사로잡았다. 정신과 의사들은 이른바 히스테리성 몸 기호라는 비담론적 언어의 정보 기능을 특별히 주목했다. 히스테리는 마치 언어처럼 다루어졌지만 체계적으로 정립된 적은 없다. 이제 비담론적 언어 체계로서 도상적 몸 기호의 정보 기능을 검토해보겠다. 물론 앞으로 살펴볼 내용은 히스테리뿐 아니라 건강염려증, 정신분열증을 비롯한 많은 '정신병'에도 적용된다(이런 증상을 보이는 환자가 모두 몸 기호를 사용하기 때문이다). 전통적인 정신의학은 '진단'을 강조하지만, 여기서는 의학적 또는 정신의학적 맥락에서 도상적 상징의 사용을 강조한다.
언어의 정보 기능은 대개 언어적 상징이 지시하는 대상과 관련이 깊다. 극단적인 실증주의—이제 이런 시각을 지지하는 이들은 거의 없다—는 비담론적 언어에는 지시 대상이 전혀 없다고 주장하며 비담론적 언어로 구성된 메시지를 무의미하다고 간주한다. 하지만 오늘날 폭넓게 인정받는 균형감 있는 철학적 견해는 담론적 언어와 비담론적 언어의 차이를 종류가 아닌 정도의 문제로 간주한다. 비담론적 언어에도 지시 대상과 인지적 의미가 있다는 것이다.

미국의 수학자 아나톨 라포포트(Anatol Rapoport)는 비담론적 언어의 지시 대상은 의사소통 참여자들의 '내적 상태(inner state)'라고 말했다.[9] 라포포트는 비담론적 언어에도 지시 대상이 있음을 인정하면서도 '외부에 있는 것-내부에 있는 것'으로 지시 대상을 구분하는 전통적 입장을 고수한다. 비담론적 의사소통이 단순하고 구체적인 경향이 있지만 발신자의 내적 경험만 표시하지 않는 경우도 더러 있다. 불이 난 극장에서 대피하는 사람들을 예로 들어보자. 공황 상태에 빠진 일부 관객들 — 심지어 화염도 보지 못하고 "불이야!"라는 고함도 듣지 못한 관객들 — 의 행동은 단순한 공황 상태 그 이상을 기의하는 것일 수 있다. 우선 몸짓 언어의 감응 기능에 반응하는 사람들도 있을 것이다. "주위 사람들이 공황 상태다. 나 역시 공황 상태를 느낀다." 그러나 그 행동은 감응 기능과 밀접하게 관련된 유사 인지적 메시지(부분적으로는 정보인 메시지)를 전달하기도 하다. "나는 위험하다! 목숨을 구하려면 도망쳐야 한다!"

위 사례는 의사소통 참여자의 내적 지시 대상 — 그 참여자의 감응 — 과 그가 주변 세계와 맺는 관계가 완전히 분리되지 않을 수 있다는 것을 보여준다. 감응은 사적인 것 — '내적 지시 대상' — 이자 공적인 것 — 자아와 대상(들), 자기와 타인 간의 관계 지표 — 이기 때문이다.[10] 감응은 내적, 사적 경험과 외적, 공적 사건을 이어주는 핵심 고리다. 비담론적 언어의 지시 대상을 주관적이고 특이한 의미 그 이상으로 봐야 하는 근거가 바로 여기에 있다. 따라서 도상적 몸 기호는 경험과 그 표시의 주관성—누구도 타인의 고통을 느낄 수 없다는 사실—에만 국한되지는 않는다. 고통으로 몸부림치며 괴로워하는 사람 같은 매우 제한적이지만 그 자체로 인지적인 내용이 담긴 그림을 표현하기도 한다.

제스처를 통한 의사소통의 역할이 여기에 어울리는 사례다. 제스처는 '음성 언어의 형님'[11)]으로서 가장 초기의 의사소통 수단이다. 제스처는 상대적으로 원시적인 인지적 기능에 사용되기도 하고 모방이나 동일시를 통해 원시적인 학습에 기여하기도 한다. 기호학적으로 말하면 제스처는 매우 도상적인, 음성 언어는 약간 도상적인, 수학은 완전히 비도상적인 기호 체계다.

히스테리, 번역, 그리고 정보 전달 오류

히스테리성 몸 기호로 정보를 전달할 때는 일반적으로 비담론적 언어와 동일한 한계가 있다. 담론성이 약한 언어를 담론성이 강한 언어로 번역하는 것은 쉽지 않다. 본래의 메시지를 담론적으로 번역하는 것은 어떤 의미에서는 거짓이 될 것이므로 그런 번역 시도는 오류가 발생할 가능성이 매우 크다. 히스테리성 증상이 종종 잘못된 정보를 전달하는 이유는 기본적으로 두 가지다. 하나는 방금 언급한 대로 비담론적 상징을 담론적 형태로 번역하는 것이 언어적으로 어렵기 때문이고, 다른 하나는 메시지가 그것을 수신하고 번역하는 수신자를 위한 것이 아니라 사실은 '내적 대상'을 위한 것일 수 있기 때문이다.

잘못된 정보―그것이 실수든 거짓말이든―는 도상적 몸 기호뿐 아니라 일상 언어로도 전달된다. 그런 정보가 화자의 이익을 위한 것이고 화자가 고의로 누군가에게 그런 메시지를 보낸 것이라면, 그것은 거짓말이다. 하지만 그런 정보가 무심결에 전달된 것이고 화자가 고의로 누군가에게 그런 메시지를 보낸 게 아니라면, 그것은 실수다. 따라서 '고의적 실수' 같은 것은 없지만 사고, 무지, 또는 능력 부족으로 인한 실수는 있을 수 있다.

거짓말과 실수의 차이를 이런 식으로 정의하면서 '의식' 개념을 일부러 피했다. 의식적인 병 모방은 '꾀병'이어서 "병이 아니다"라고 하면서, 무의식적인 병 모방은 그 자체로 '병', 즉 '히스테리'라고 주장하는 전통적인 정신분석적 사고가 문제를 해결하기는커녕 더 많은 문제를 만들어내기 때문이다. 오히려 [가령 거짓말과 같은] 목표-지향적 행위와 무심결에 한 실수를 구분하는 것이 더 유용하다고 나는 생각한다. 하지만 정신분석 이론은 모든 행위가 목표-지향적이라고 암묵적으로 가정하기에 무심결에 한 실수를 인정하지 않는다. 따라서 어떤 사람이 게임 규칙에 무지하거나 능력이 부족해서 자기 일을 적절하게 수행하지 못하고 실패하는 일은 있을 수 없다고 본다. 그 대신 실패 그 자체가 비록 무의식적인 목표이기는 하지만 하나의 목표라고 간주한다. 이런 관점이 치료가 필요하다는 사고방식을 고취한다. 그러나 인간의 모든 오류가 이렇게 목적의식적일 리 없다. 이런 시각을 고집하는 것은 순수한 오류의 가능성을 부정하는 것이다.

더욱이 실수를 한 사람은 사과를 하는 게 보통이지만, 거짓말을 일삼는 사람은 들통이 나면 더 많은 거짓말을 하거나 그저 실수였을 뿐(이 말 자체가 거짓말일 수 있다)이라고 말하기 일쑤다. 인지적 관점에서 보면 거짓말과 실수 둘 다 참-거짓 중 거짓에 해당한다. 그러나 화용적 관점에서 보면 거짓말은 그 말을 한 사람에게 책임을 물어야 할 행동이지만 실수는 그 일을 저지른 사람에게 책임을 물을 수 없는 사건이다. 따라서 특정한 의사소통을 거짓말로 간주할지 아니면 실수로 간주할지 여부는 어느 정도까지는 화자의 됨됨이와 행동거지에 대한 관찰자의 사고방식에 달렸다고 할 수 있다. 요컨대 우리는 히스테리를 거짓말로 간주할 수도 있고 실수로 간주할 수도 있다. 나는 히스테리를 실수가 아닌 거짓말로 간주하는 것이 인지적으로 더 정확하고 도덕적으로 더 품위 있다고 믿는다. 이 관점을 경험적 증거가 설명이나 이론으로서 지지할 뿐 아니라, 사람을 자생력 없는 사물이 아니라 책임질 수 있는 행위자로 대우해야 한다는 당위성이 규범적으로나 전략적으로 지지한다.

대상* 접촉 수단으로서 언어

히스테리를 비롯한 정신의학적 문제에 관한 연구는 영국 시인 존 던(John Donne)의 유명한 시구 "그 누구도 그 자체로서 온전한 섬이 아니다"를 새로운 시각으로 조명한다. 인간은 다른 인간을 필요로 한다. 이보다 더 근본적인 필요가 있을까? 프로이트는 부모, 특히 어머니나 어머니 대행자에 대한 어린아이의 한없는 필

---

* 나는 이 절에서 '대상(object)'이라는 단어를 사람이나 인형처럼 인간의 특질을 부여한 것을 지칭하는 정신분석적 의미로 사용한다. (저자 주)

요와 의존을 설명하는 데 독보적이다. 현대 정신분석 이론의 핵심인 대상관계론은 대상에 대한 필요를 전제한다. 사람이 어떤 대상을 필요로 하는지, 어떤 방식으로 대상을 추구하는지 연구하고 규명하는 것이 정신분석의 본령이라는 주장도 있다. 실제로 최근에 나온 상당수 정신분석 문헌은 대상관계를 탐색하고 유지하기 위한 다양한 메커니즘을 다룬다. 이런 관점으로 어루만지기, 애무하기, 포옹하기는 물론 성관계 자체를 대상과 접촉하는 다양한 수단으로 해석한다.

제스처 의사소통에서 참인 것이 음성 언어에서 참이 아니라고 가정할 이유는 없다. 모든 의사소통 행위는 누군가에게 말을 거는 것이기에 다른 사람과의 접촉을 목적으로 하는 기능도 있다. 이것을 언어의 대상-탐색(object-seeking)과 관계-유지(relationship-maintaining) 기능이라고 부를 수 있다. 이 기능의 의미와 성패는 사용된 언어의 담론성에 따라 달라진다. 만일 사람과 접촉하는 것이 의사소통의 기본 목적이라면, 그 목적을 달성하기 위해 사용된 언어는 상대적으로 비담론적—예를 들어 수다 떨기, 춤추기, '정신분열증적' 신체 증상 등—일 것이다. 따라서 상대적으로 가벼운 담론적 의사소통은 정보를 전달하는 수단이라기보다 사람과 접촉하려는 수단이라고 생각하는 것이 타당하다.

이 관점은 춤, 음악, 종교 의식, 재현 미술 등을 해석하는 데 많이 사용된다. 이 모든 것에서 사람은 비담론적 기호 체계를 통해 다른 사람과 중요한 관계를 맺을 수 있다. 제약학에 빗대어 설명하자면 비담론적 언어—춤, 미술 등—는 주약(主藥)—사람 접촉—에 첨가하는 부형약(賦形藥)〔먹기 어려운 약을 쉽게 먹을 수

표4 언어의 대상-탐색 기능 발달 과정

발달 단계	전형적 의사소통 방식과 그것이 수신자에게 끼치는 결과	언어적 특징	얻거나 배우는 것
아기의 울음	엉엉 울기, 눈물 흘리기, 고통과 불편함에 대한 신체적 표현: "내 맘 알아죠!" "이리로 와!"	비음성적, 비담론적, 고도의 도상성	초기 동일시, 유기체의 유지
어린이의 말로 하는 불평	"아파!" "잠이 안 와!" "나를 돌봐줘!" "같이 있어 줘!"	음성적, 비담론적, 축소된 도상성	대상의 내면화, 자아 형성
어린이의 질문	"이건 뭐라고 불러?" "이건 어디서 나왔어?" "가져도 돼?"	음성적, 점차 담론적, 비도상적(관습적) 기호	대상의 내면화, 정보나 지식의 습득
청소년의 지적 대화	지적 호기심: "나한테 말해 줘." "나(내 마음)한테 관심을 가져줘." "내 생각과 지식을 존중해줘."	음성적, 점차 담론적	대상의 내면화, 성인 대상과 관계함으로써 성인과 동일시, 점차 지식을 자존감의 원천으로 강조
교사에 대한 (어린) 성인기 학생의 의사소통 태도	인격적인 배움을 바람	음성적 또는 특별한 담론적 상징 체계	상징, 기예, 지식 (교사에 대한 인간적 관심이 점차 감소)
책과 의사소통하기	비인격적인 배움을 바람: 물리적으로 존재하지 않는 사람에 대한 메시지를 "가르쳐 주세요!"		개인적 성취라는 맥락에서 위와 같음
협력적 상황에서 타인과 의사소통하기	협력적 관계를 통해 배우기를 바람: "가르쳐 주세요!"가 아니라 "우리는 함께 참여하고, 생각과 기예를 나누고, 서로에게 배워요."		협력적 성취라는 맥락에서 위와 같음

있도록 가미하는 물질]이라고 할 수 있다. 사람들이 서로 어울려 하는 많은 행위—테니스 경기, 친구와 사냥 가기, 과학 회의 참석 등—가 이런 기능을 한다.

언어의 대상-접촉 기능은 유아기에 특히 중요하다. 심리 발달이 진척되면서 이 기능은 정보 기능으로 대체된다. 이런 변화를 요약하여 표4로 정리했다. 어린아이의 초창기 의사소통에서 가장 중요한 목표는 대상을 탐색하고 접촉을 유지하는 것이다. 이 같은 언어의 '파악하기' 기능은 나이가 들수록 점차 감소하고, 아이는 언어를 추상적으로 사용하는 법을 배운다. 읽기와 쓰기에 심리적으로 몰입한다는 것은 내 눈앞에 없는 사람들에 대한 지남력을 함축한다. 특수한 과학 언어뿐만 아니라 음성 언어도 대상-탐색 기능이 있지만 음성 언어는 점차 덜 개인적인 언어로 바뀐다.

수학 같은 추상적인 상징 체계는 특히 정신분열증적 인격체가 대상을 탐색하는 데 유용하다. 그는 이런 상징화를 통해 대상과의 접촉을 탐색하고 이루는 동시에 자신과 타인 사이에 심리적 거리를 유지할 수 있다. 이런 거리를 유지하면서 개인적 관계를 맺는 것은 사실상 불가능하다.

간접적 의사소통으로서 히스테리

수학처럼 고도로 담론적인 언어는 직접적인 의사소통만 허용한다. 수학 기호는 '대화'에 참여하는 모든 사람의 상호 합의에 따라 지시 대상을 명확하게 정의한다. 따라서 애매함과 오해가 최소화된다.

언어가 오해를 불러일으키는 주된 원인은 애매함이다. 일상 언어에서 많은 기호가 여러 의미로 사용되기 때문에 애매함이 커져 오해가 생긴다. 또 지시 대상이 애매하면 사람들은 한 가지 이상으로 해석될 수 있는 표현을 사용하여 의도적으로 간접적 의사소통을 한다.

여기서 간접성과 비담론성의 차이를 알 수 있다. 어떤 언어를 비담론적이라고 하는 까닭은, 그 언어의 기호들이 잘 정의된 지시 대상을 중의적으로 표현해서가 아니라 그 지시 대상이 특이해서 잘 정의되지 않기 때문이다. 직접성과 담론성은 고도로 담론적인 의사 표시가 직접적이라는 점에서 겹치는 부분이 있지만, 비담론적 언어라고 해서 반드시 간접적 의사소통에 유용한 건 아니기에 겹치지 않는 부분도 있다. 다소 담론적인 언어가 음악처럼 완전히 비담론적인 언어보다 간접적 의사소통에 더 유용할 수도 있다.

간접적 의사소통을 지칭하는 용어는 많다. 암시하기, 넌지시 말하기, 은유로 말하기, 애매모호한 말, 빗대어 말하기, 함의, 신소리 등등. 여기서 '암시하기(hinting)'는 언급하는 대상에 대해 중립적인 반면, '빗대어 말하기(insinuation)'는 경시하는 말이다. 또 빗대어 말하기는 그 반대말이 없다. 누군가의 '좋은' 점을 빗대어 말한다는 표현은 없다. '넌지시 말하기(alluding)'로 아첨을 할 때가 있지만, 아첨을 간접적으로 표현하는 특별한 단어가 없다는 것은 암시하기가 주로 다른 사람의 감정이 상할까 봐 두려워하는 화자를 보호하는 기능을 한다는 주장을 언어학적으로 뒷받침한다.

두 사람의 관계가 정서적으로 중요하지만 불안정할 때—가령 한쪽이 다른 한쪽에 의존하고 싶다고 느끼거나 다른 한쪽이 위협적이라고 느낄 때―그들 사이에 간접적 메시지 교환이 시작된다. 간접적 메시지가 정보를 전달할 뿐만 아니라 의사소통 참여자들의 관계를 탐색하고 조정하는 기능까지 하는 데는 그럴만한 이유가 있다. 그 탐색 기능에는 화자가 넌지시 상대방의 태도를 변화시켜 자신의 필요와 욕망을 더 잘 수신하도록 만들려는 의도가 포함되어 있을 수 있다.

데이트와 구애에는 무수한 간접적 의사소통이 포함되어 있다. 젊은 남성은 성관계를 원할 수 있고, 젊은 여성은 결혼을 원할 수 있다. 데이트 게임의 첫 단계에서는 양쪽 모두 상대방이 무엇을 원하는지 잘 모른다. 그래서 자신들이 무슨 게임을 하고 있는지 정확하게 알지 못한다. 더구나 우리 문화에서는 성적 관심과 행동에 관한 직접적인 의사소통을 여전히 꺼리고 심지어 금기로 받아들인다. 따라서 암시하기와 넌지시 말하기는 불가피한 의사소통 방식이다.

간접적 메시지는 다른 대안이 철저히 금지되고 무시되고 고립된 것이거나 너무 직접적이고 공격적이어서 금지된 의사소통 행위일 때, 의사소통적 접촉을 하는 데 유용하다. 그런 대안을 선택한다는 것은 고통스러운 일이다. 둘 중 어느 대안을 선택하더라도 개인적 욕구나 성적 욕구를 충족할 수 없을 것이다. 이런 딜레마 속에서 간접적 의사소통이 유용한 타협점이 되는 것이다. 데이트 게임의 초기 단계에서 남성은 여성을 식당이나 영화관으로 초대할 수 있다. 이런 의사소통은 다-결합가적(polyvalent)*이다. 초대하는 것과 초대에 응하는 것 둘 다 여러 의미의 '차원'이 있다. 하나는 공개적인 메시지―함께 식사를 할지, 영화를 보러 갈지

등―이다. 또 성행위 의향을 떠보는 질문을 포함하는 좀 더 내밀한 메시지―성적 제안을 암시하는 식사 초대를 수락하는 것―도 있다. 반대로 식사 초대 거부는 교제에 대한 거부이자 나아가 성적 탐색의 가능성에 대한 거부를 의미한다. 다른 의미의 차원도 있을 수 있다. 예컨대 식사 초대 수락은 개인적으로 또는 성적으로 가치 있다는 신호로 해석되어 자존감을 높일 수 있는 근거가 될 수 있는 반면, 거부는 그 반대를 의미하기에 가치가 없다는 감정을 불러일으킬 수 있다.

프로이트는 간접적 의사소통의 심리적 기능을 설명하는 데 대가였다. 프로이트는 환자와 그가 겪는 신경증 증상의 연관성에 대해 이렇게 말한다. "그 환자에게 떠오르는 관념은 억압된 요소에 대한 암시의 성격―간접적인 말 속에 들어 있는 억압된 요소에 대한 표상―을 띠고 있는 것이 분명하다."[12] 간접적 의사소통 개념은 프로이트의 꿈 작업〔꿈의 내용을 만드는 무의식적 과정〕과 신경증 형성에 관한 이론에서 핵심이다. 그는 꿈 형성을 "불편한 진실을 권력자들에게 말해야 하는 정치 평론가"가 직면한 곤경과 비교했다.[13] 정치 평론가는 꿈을 꾸는 사람처럼 직접적으로 말할 수 없다. 검열관이 그런 말을 허용하지 않을 것이기 때문이다. 그래서 둘 다 '간접적 표상'을 활용하는 수밖에 없다.[14]

또 간접적 의사소통은 온갖 농담, 만화, 유머의 원천이다.[15] 돈

---

* 언어학 용어인 '결합가(valency 또는 valence)'는 한 문장에서 서술어(동사)를 사용할 때 문법상 꼭 필요한 요소(논항)의 수를 말한다. 가령 1형식(주어+동사) 동사는 '단일가', 3형식(주어+동사+목적어) 동사는 '이중가', 5형식 동사(주어+동사+간접목적어+직접목적어)는 '삼중가'를 가진다.

많은 바람둥이 건축가가 잘나가는 여배우에게 "내 아파트로 올라가서 내 그림 같이 볼래?"*라고 한 말이 왜 익살인가? 남자도 그림을 보여주는 데 관심이 없고 여자도 보는 데 관심이 없고, 둘 다 섹스에 관심이 있을 뿐이기 때문이다. 남자가 섹스에 관심 있는 까닭은 쾌락 때문이고, 여자는 아마도 물질적인 보상 때문일 것이다. 똑같은 메시지를 직접적인 언어 ─ 즉 바람둥이가 50달러를 주면서 여배우에게 잠자리를 같이하자고 말하는 것 ─ 로 전달하는 것은 정보가 될지언정 유머는 아니다.

유머를 언어학적으로 잘 해석하면, 그 희열 효과 때문에 의사소통 과제를 성공적으로 완수하는 데 도움이 된다. 어린아이, 언어 구사력이 낮은 사람, 또는 이른바 정신분열증 환자처럼 농담을 글자 그대로 받아들이면 재미가 없다.

간접적 의사소통의 보호 기능

간접적 의사소통의 보호 기능은 성적 욕구, 의존 욕구, 금전 문제 같은 난처한 주제 또는 금지된 생각이나 소망을 전달할 때 특히 중요하다. 이런 '민감한' 문제에 직면할 때 우리는 간접적 의사소통을 통해 욕구에 대한 의사 표시와 거부 또는 부정을 동시에 허용한다. 의료 현장에서 흔히 볼 수 있는 사례를 들면, 의사는 환

---

* 1906년 미국 백만장자 해리 켄들 소가 아내를 강간했다며 유명 건축가 스탠퍼드 화이트를 권총으로 살해했다. 화이트는 평소 "내 아파트로 올라가서 그림 볼래?"라는 말로 어린 소녀들을 유혹했다고 한다. 그 후로 이 표현은 미국에서 상대를 유혹할 때 사용하는 관용어가 되었다.

자와의 진료비 협의를 기피하고 그런 일은 비서나 간호사에게 맡긴다. 자신이 고용한 직원을 통해 의사소통하는 의사는 돈을 요구하는 동시에 요구하지 않는다. 돈을 요구한다는 메시지는 비서가 내놓는 진료비 청구서에 명시적으로 담겨 있고, 돈을 요구하지 않는다는 메시지는 의사의 그 주제에 대한 기피에 암묵적으로 담겨 있다. 비서는 의사의 대리인 노릇을 하기 때문에 실제로는 의사가 돈을 요구하는 것이다. 하지만 의사가 금전 문제를 대놓고 협의한다는 모습을 기피함으로써 의사-환자 관계에서 돈은 전혀 중요하지 않다는 것을 넌지시 내비친다. 우리가 위선이라고 부르는 것들은 대부분 이런 종류의 간접적 의사소통이다. 이것은 대개 화자의 이익에 복무하고 청자의 이익을 그만큼 침해한다.

사람들은 자신의 가치관과 상황에 따라 신체병과 삶 문제를 수용할 수도 있고 그러지 않을 수도 있다. 오늘날 건강을 중시하는 분위기에서 사람들은 대부분의 신체병을 수용하지만 대부분의 삶 문제는 그렇게 하지 않는다. 상대가 걱정하지 않도록 오히려 자기 삶에 대해 반대로 말하기도 한다. 실제로 의료 환경에서는 개인의 삶 문제를 수용하지 않는 경우가 유난히 많다. 환자와 의사 모두 삶 문제를 부정하고 신체병 용어로 의사소통하는 경향이 있다. 예를 들면 직장이나 결혼 문제로 고민하는 남자가 위산 과다와 불면증 치료를 받으러 오면 의사는 제산제와 신경안정제를 처방할 것이다.

꿈과 히스테리의 암시

　암시하기는 직접적 형태의 의사소통에 비해 화자가 자신이 한 말을 책잡히지 않고 의사소통할 수 있도록 함으로써 화자를 보호한다는 이점이 있다. 상대방이 메시지를 잘못 수신하더라도 도망갈 구멍이 있다는 말이다. 암시하기 같은 간접적 의사소통에서 화자는 자신이 전달한 메시지의 명시적 의미만 책임지면 된다. 여기서 공개한 메시지는 후과가 두려운 내밀한 메시지를 전달하는 수단이다.

　보고된 모든 꿈은 간접적 의사소통, 즉 암시라고 할 수 있다. 외현적인 꿈 이야기가 드러난 메시지라면 잠재적인 꿈 사고는 꿈꾸는 사람이 암시하는 내밀한 메시다.* 이런 꿈꾸기—그리고 꿈 의사소통—의 기능은 정신분석 상황에서 가장 잘 관찰된다. 정신분석은 꿈을 완전히 수용 가능한 사회적 행위로 설명하기 때문이다. 분석되는 환자는 종종 정신분석가와 관련된 꿈을 꾼다. 그런 꿈은 주로 정신분석가에 대한 환자의 느낌이나 앎을 드러낸다. 가령 환자는 정신분석가가 화난 것 같아서 스트레스를 받더라도 자기 생각을 곧이곧대로 말할 수 없을 때가 있다. 정신분석가가 늦게 오거나 건성으로 인사하면 그런 느낌을 받을 수 있다. 그러면 환자는 정신분석가에게 좀 더 사이좋게 지내자고 말하고 싶지만, 그런 말을 하면 둘 관계가 더 소원해질까 봐 그렇게 하지 못하고

---

* 프로이트는 꿈을 꾼 사람이 기억하는 꿈의 내용을 '꿈 이야기(dream story)'라고 하고, 그 꿈의 재료가 된 전의식적 사고를 '꿈 사고(dream thought)'라고 했다.

어려움에 처한다. 이런 딜레마 속에서 환자의 꿈 의사소통이 이루어지는 것일지도 모른다. 환자는 스트레스가 되는 사건을 암시하는 꿈을 보고할 때 꿈속에서 정신분석가에 해당하는 인물을 생략할 수 있다. 이렇게 되면 환자는 자신을 보호하려다가 자칫 위험한 의사소통에 빠질 수 있는데, 정신분석가가 그 꿈을 엉뚱한 방식으로 해석할 수 있기 때문이다.[16]

만일 정신분석가가 환자의 비난을 수용할 수 있고 또 그럴 의지가 있다면 꿈을 제대로 해석할 수 있다. 그러면 내밀한 꿈 의사소통은 목적을 달성한다. 난처한 메시지가 전달되고, 환자-정신분석가의 관계가 더 위험해지지 않고, 둘 사이가 좋아진다. 반면 정신분석가가 꿈의 숨은 메시지에 대해 우왕좌왕하거나 소극적이거나 둔감한 경우 꿈 의사소통을 다른 방식으로 해석할 수 있다. 이는 분명 바람직하지 않은 분석 과정이지만 환자가 정신분석가를 노골적으로 비난하거나 그에게 호되게 꾸중을 듣는 편보다 낫다. 오해는 적어도 사이가 좋지 않은 관계에 또 다른 부담을 지우지는 않는다.

프로이트의 말마따나 꿈이 암시라는 발상은 새로운 게 아니다.[17] 하지만 프로이트는 꿈꾸기의 정신적 또는 정신내적(intrapsychic) 측면에 많은 관심이 있었지만 꿈 의사소통을 대인 간 사건*으로 다루는 데 크게 주목하지 않았다. 헝가리의 정신분석가 산도르 페렌치는 한 발 더 나갔다. 페렌치는 〈사람은 자기 꿈을 누구에게 말하는가?(To Whom Does One Relate One's Dreams?)〉라

---

* '대인 간 사건(interpersonal event)'은 환자-치료자 사이에서 자연스럽게 발생하는 의사소통, 반응, 과정, 전반적인 상황을 뜻한다.

는 도발적인 제목의 소논문에서 꿈은 간접적 의사소통이라고 못 박았다.[18]

보고된 꿈을 암시로 간주할 수 있듯이 보고된 히스테리성 증상도 암시로 간주할 수 있다. 프로이트는 히스테리를 비롯한 정신의학적 증상과 꿈의 특징인 의미의 다중성을 '동인의 다중결정(motivational overdetermination)', 즉 증상을 통해 충족되는 본능적 욕구의 다중성 때문이라고 했다. 나는 여기서 동인(動因)의 관점이 아닌 기호학의 관점에서 이 현상에 접근한다. 다시 말해 '증상의 다중결정'이 아니라 의사소통적 의미의 다양성에 대해 말한다.

히스테리성 증상의 암시 기능은 프로이트의 체칠리 M. 부인 사례에서 확인할 수 있다. 체칠리 M. 부인은 히스테리성 안면 통증에 시달렸는데, 그 통증은 적어도 두 가지 의미를 담고 있었다.

1. 환자 자신, 중요한 대상, 의사, 불특정 다수에게 공개한 의미는 다음과 같다. "나는 아파요! 나를 도와주세요! 나한테 잘해주세요!"
2. (실제 사람, 내적 대상, 또는 둘 다에 해당하는) 특정한 사람을 향한 내밀한 의미는 다음과 같이 번역할 수 있다. "당신은 내 뺨을 때린 것 같은 상처를 주었어요. 나한테 사과하고 보상하세요."

남편과 아내, 부모와 자식 사이에서 흔한 이런 의사소통적 상호작용은 서로 밀접하게 의존해야 하는 상황에서 발생하고, 각자는 상대편을 만족시키기 위해 자기 욕망의 일부를 억제해야 한다. 게다가 자신의 욕구 일부를 억제한 사람은 상대방(들)도 똑같이 할 것을 요구한다. 그래서 솔직담백한 욕구 표시는 위축되고 이런저런 간접적인 의사소통과 간접적인 욕구-충족이 조장된다. 특별한 관계를 맺고 있는 사람들 사이에서 발생하는 이 같은 상황은 자신이 특별한 지식이나 기술이 있기 때문에 다른 사람의 욕구를 채워줘야 하는 상황과 대비된다.

말하자면 가족 관계나 직장 동료 관계처럼 제도적인 구속적 관계는 자유로운 전문가-클라이언트 관계 또는 판매자-구매자 관계처럼 실용적인 목적을 추구하는 도구적인 비구속적 관계와 대비된다. 도구적 관계에서는 참여자들이 자기 욕구를 억제할 필요가 없다. 가족 관계와 달리 단지 욕구를 표시한다고 해서 반드시 그 욕구를 채워줘야 하는 관계가 아니기 때문이다.[19] 이런 관계에서는 욕구를 스스럼없이 표시할 뿐만 아니라 그렇게 하도록 장려받기도 한다. 그래야 문제나 욕구를 확인하고 해결책을 찾거나 욕구를 채우는 데 도움이 되기 때문이다.

이와 관련하여 두 가지 상반된 속담이 있다. 영국에서는 "정직이 최선의 방책이다"라고 말하고, 헝가리에서는 "진실을 말하면 머리통이 깨진다"라고 말한다. 하지만 두 속담의 모순은 실질적이라기보다 피상적이다. 두 속담은 서로 다른 사회적 상황을 가리키고, 각각의 맥락에서 둘 다 유용하다. 정직은 도구적 관계에서는 최선의 방책이지만 제도적 상황에서는 위험하다. 똑같이 진실을 말했지만, 아인슈타인은 과학계라는 열린 사회에서 보상을 받았고 갈릴레오는 교회라는 닫힌 사회에서 처벌을 받았다.[20]

히스테리,
병이 아닌 관용적 표현

정신의학이 의사소통 분석을 다룬다는 것은 새삼스럽지 않지만, 이른바 정신병이 병이 아니라 '관용적 표현(idiom)'이라는 시각은 제대로 규명된 적도 없고 그 함의가 충분히 평가된 적도 없다.

나는 히스테리―몸에 대한 불편함 호소와 몸 기호를 통한 의사소통―가 특수한 형태의 기호 사용 행위라고 주장한다. 이 같은 관용적 표현의 발단은 두 가지다. 하나는 몸 기호(마비, 경련 등)와 몸 느낌(통증, 피로 등)으로 발현되는 질병과 장애가 있는 인간의 몸이고, 다른 하나는 병자의 삶을 적어도 일시적으로는 더 편안하게 만드는 외견상 보편적인 관습, 즉 문화와 사회다. 이 두 요소로 히스테리라는 특수한 언어―이 관용적 표현은 단지 '병의 언어'로 취급된다―의 발달과 사용을 설명할 수 있다. 사람들이 히스테리 언어를 사용하는 까닭은 다른 언어를 사용하는 방법을 모르거나 자기가 처한 상황에서 이 언어가 특별히 유용하기 때문이다.

히스테리를 (그리고 정신이상 전체를) 신체병에 시달리는 사람의 문제가 아니라 외국어로 말하는 사람의 문제처럼 인식하고 또 그렇게 취급하는 것의 함의는 다음과 같다. 우리는 질병에는 '원인', '처치법', '치료법'이 있다고 생각하고 또 그렇게 말한다. 하지만 어떤 사람이 다른 언어로 말하면 그 사람이 특이한 언어를 사용하는 '원인'을 찾으려고 하지 않는다. 미국인의 입장에서 누군가 프랑스어로 말한다고 해서 그 사람의 '병인'을 찾는다는 것은 어리석은 (그리고 쓸데없는) 짓이다. 학습과 의미의 측면에서 그런 언어 행위를 이해해야 한다. 요컨대 누군가 프랑스어로 말하는 것은 그가 프랑스어를 말하는 사람들 속에서 살았기 때문이다.

따라서 히스테리가 질병이 아니라 관용적 표현이라면 그 '원인'을 찾는 것은 무의미하다. 언어와 마찬가지로 히스테리가 어떻게 학습되었는지, 그 의미가 무엇인지 질문할 수 있을 뿐이다. 또 우리는 히스테리 '처치법'에 대해 의미 있게 말할 수 없다. 특정한 조건에서 우리가 언어를 바꾼다고 해서―가령 프랑스어로 말하다가 영어로 말한다고 해서―그런 변화를 '치료'라고 부르지는 않는다. 병인의 측면이 아니라 학습의 측면에서 말한다면, 우리는 다양한 의사소통 형식들이 저마다 존재 이유(레종 데테르)가 있고 의사소통 참여자마다 상황이 다르기에 저마다 '유용하다'는 것을 알게 될 것이다.

끝으로 의사는 질병을 치료할 때 환자에게 무언가를 행하지만 교사는 언어를 가르칠 때 학생이 스스로 무엇인가를 행하도록 돕는다. 환자는 병을 치료받지만 학생은 (외국) 언어를 스스로 익힌다. 정신과 의사와 정신 치료사들이 영원히 좌절감에 빠지는 이유는 아주 간단하다. 배우는 데 전혀 관심 없는 사람들에게 새로운 언어를 가르치려 들기 때문이다. 프로이트는 자신의 '해석'을 거부한 환자들이 '치료'에 '저항'한다고 말했다. 그러나 이민자들이 자신이 지금 살고 있는 나라의 언어로 말하는 것을 거부하고 예전 언어 습관을 지킬 경우, 우리는 신비한 유사 의학으로 설명하지 않고도 그들의 행위를 충분히 이해할 수 있다.

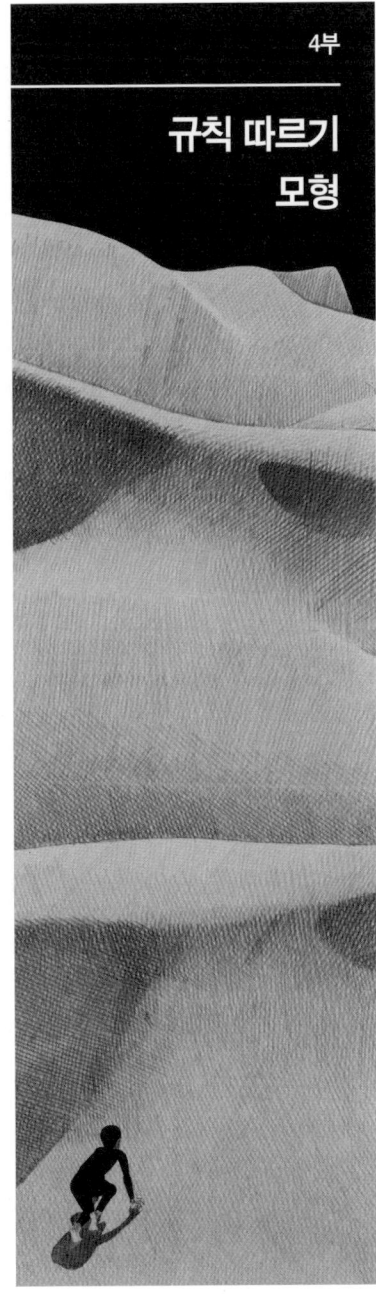

4부

규칙 따르기 모형

9장

행위와 규칙

정신분석적 설명은 주로 동기나 소망의 측면에서 이루어진다. 사람들이 자신의 행위에 '동기를 부여하는' 욕망을 충족하려고 이런저런 일을 한다고 본다. 이런 종류의 설명은 어느 정도 쓸모가 있지만 그 가치가 과장되기 쉽다. 이를테면 정신분석가라면 고공낙하 취미를 지닌 사람은 자살 충동 동기가 있다고 말할 수 있다. 이 설명이 행위자의 동기를 정확하게 설명하는지 여부는 문제 삼지 않더라도, 위험하고 자기 파괴적인 행동이 얼마든지 있을 텐데 그 사람은 왜 하필 고공낙하를 통해 자살 성향을 표시하는 것인지 그 이유를 설명하지 못하는 것은 확실하다. 달리 말하면 동기는 일반적이거나 추상적 방식으로 행동을 설명한다. 동기는 특정한 사람이 특정한 방식으로 특정한 시간에 그 행동을 하는 이유를 말하지 않는다. 특정한 행동을 구체적인 방식으로 설명하려면, 그 행위자에게 동기를 부여한 것 이외에 다른 것들도 살펴봐야 한다. 특히 규칙과 역할 개념을 반드시 검토해야 한다.

동기와 규칙

영국 철학자 리처드 스탠리 피터스(Richard Stanley Peters)는 논문 〈동기 부여 개념(The Concept of Motivation)〉에서 행위를 둘러싼 동기와 규칙의 차이를 탐구했다. 피터스는 어떤 사람이 무엇을 행할지 예견하고 예고하기 위해 그 사람의 개인사를 시시콜콜 알 필요가 없으며, 그가 하는 역할만 알아도 충분할 때가 있다고 정확하게 짚는다.

우리는 목사가 찬송가가 끝날 무렵 설교단을 향해 걸어오기 시작하면 그가 무엇을 할지 안다. 여행자가 호텔 문을 들어서면 그가 무엇을 할지 안다. 교회 예배와 호텔 투숙에 관한 관습을 이미 알기 때문이다. 우리는 사람들이 하려는 행위의 원인을 전혀 몰라도 예측할 수 있다. 사회 속 인간은 체스를 두는 사람의 확대판이다.[1]

피터스는 이 논문에서 인간 행동에 대해 가장 먼저 알아야 할 것은 행위자의 행동을 규정하는 규범과 목적이라고 결론짓는다. 따라서 인간 행동에 관한 기초 과학은 인류학과 사회학이다. 이런 학문은 인간 행동을 특정한 유형으로 분류하는 데 필요한 규범과 목적의 틀을 체계적으로 제시하기 때문이다. 지나치게 불분명할 때가 더러 있지만 정신의학과 정신분석 역시 이런 문제를 다룬다. 예를 들어 도착증에 관한 연구에서 ─ 실제로는 '도착증'을 구성하는 것을 정의하는 데서 ─ 정신분석 관찰자는 규범과 목적에 관심을 둔다. 다만 그는 사회적으로 수용되는 규범을 암묵적으로 지지하고, '정신성애적(psychosexual) 기능'이라는 언어로 논의하고 표현함으로써 자신이 규범에는 전혀 관심이 없고 오직 '생물학적 과정'에만 관심이 있는 것처럼 보이게 한다.[2] 이것은 프로이트의 《성욕에 관한 세 편의 에세이》[3]를 비롯한 여러 글에서 여실히 나타난다.

다른 방식으로 말하면 정신분석 이론은 행위를 인과적으로 설명하는 반면, 역할 이론*은 행위를 관습적으로 설명한다.[4] 또한 인과적 설명은 기계론적이며, 종종 '숨은 요인'을 활용하고 본능, 욕동, 리비도 같은 선행하는 사건이나 힘의 측면에서 가설을 세운다. 반면 관습적 설명은 생기론적이며, 종종 선택이나 의지 같은 개념을 활용하고 행위를 규정하는 관습과 목적—예를 들어 종교적, 직업적 행위 규범에 명시된 것과 같은—의 측면에서 가설을 세운다.**

---

* 사회학과 심리학에서 주로 사용하는 용어인 '역할 이론(role theory)'은 인간 행동을 내재적 조건(능력, 욕망, 선택 등)이 아니라 외재적 조건(집단, 사회, 환경) 속에서 설명하려는 이론이다. 이 이론의 틀에서 보면, 사회 구성원인 개인의 역할은 사회적으로 합의된 기능과 규범 안에서 이루어지는 행동들의 집합이다. 따라서 개인은 연극 무대에서 배우가 정해진 배역을 연기하듯이 그 사회나 집단의 역할 기대(role expectation)에 부합하도록 행동해야 하고, 그러지 못할 경우에는 자신의 행동을 수정해야 한다.

** '기계론(mechanism)'은 자연과 생명 현상을 물리와 화학, 인과관계, 역학법칙 등으로 설명하고, 생명 과정은 기계적이고 물리화학 법칙으로 환원될 수 있다고 보는 데카르트 이후 자연과학자들의 견해다. '생기론(vatalism)'은 생명체 안에 스스로 생명을 유지하고 그 목적을 실현할 수 있는 보이지 않는 힘이 있고, 이 힘을 물리적인 것으로 환원할 수 없는 생명 본연의 특성이라고 보는 고대 그리스 철학자들과 이들을 계승한 르네상스 시대 철학자들의 견해다. 자연과학에서는 오래전에 생기론을 폐기했지만 오늘날 일부 사회의학자와 행동과학자들이 생기론을 다시 주목하고 있다.

사실 프로이트는 인과적 설명과 관습적 설명 둘 다 사용했다. 그의 정신분석 이론은 인과적 설명에 근거한 것이고, 정신분석 치료는 관습적 설명에 근거한 것이다. 그래서 프로이트와 그의 추종자들이 개발한 정신분석은 인식론적으로나 윤리적으로나 뒤죽박죽이다.

지금까지 주로 프로이트의 인과적 설명과 동기적 설명의 사례를 살펴봤는데, 이제 그의 관습적 설명을 간략히 언급하겠다. 특히 프로이트는 자신이 고안한 이른바 임상 작업(clinical work) 또는 치료 작업(therapeutic work)에서 꿈, 강박증, 공포증, 도착증 같은 흔한 정신적 활동을 중시했다. 하지만 피터스는 그런 활동은 "의미가 없거나 매우 기이한 의미가 있는" 것으로 봤다. 프로이트는 "무의식까지 포함하도록 목적의식적인 규칙 따르기 행위 모형을 확장하고"[5] '과학적 심리학'을 추구한다며 무의식 현상을 재정립하고 그것을 '정신분석'이라고 불렀다. 하지만 프로이트는 당대의 다른 사람들처럼 '의식적인' 규칙 따르기 행위를 책임, 처벌 개념과 동일시했고, 개인적 판단을 배제한 '과학적인' 방식으로 히스테리를 비롯한 전체 정신병을 치료하겠다는 열망 때문에 자신이 발견한 것—즉 '증상으로 인한' 행동 역시 규칙 따르기 행동 원리에 따른다는 것—을 신비화했다. 따라서 "이드가 있던 자리에 자아가 들어가야 한다(Where id was, ego shall be)"라는 프로이트의 유명한 치료 원칙을 지금의 말로 번역하면 "모호하고 불분명한 규칙 따르기를 명확하고 분명한 규칙 따르기로 대체해야 한다"가 된다. 이어지는 장들에서 나는 어떤 히스테리성 행위가 규칙을 준수하는지, 그런 행위가 어떻게 비롯되는지, 왜 지속되는지 설명하고 논평할 것이다.

자연과 관습: 생물학과 사회학

현대 과학의 기본 원리는 자연과 관습을 논리적으로 철저히 구분하는 것이다.* 피터스의 말마따나 "동작으로서 동작(movement)은 영리하지도 않고 효과적이지도 않고 온당하지도 않다. 행동의 맥락에서만 그렇게 될 수 있다."[6] 따라서 인간 참여를 비롯한 어떤 현상을 행동(action)으로 간주할지 아니면 우연한 일(happening)로 간주할지 여부는 매우 심오한 결과를 초래한다. 우연한 일은 "영리한지 우둔한지, 온당한지 온당치 못한지, 효과적인지 비효과적이라고 특징지을 수 없고 …… 일단 보기에는 그저 일어난 일(occurrence)이다."[7] 우연한 일은 인과적으로 설명하기에 적절하고 관습적으로 설명하기에는 적절하지 않다. 행동은 그 반대이다.

또 피터스는 이렇게 지적한다. 어떤 사람이 자기 행동의 동기를 말해보라고 요청받는 것은 그 사람이 좋지 않은 일을 하고 있다는 암시가 될 수 있다. 하물며 자신의 동기가 무의식적이라고 대답하면, 그 사람은 좋지 않은 일을 하고 있을 뿐 아니라 그런 사실조차 모른다는 암시가 될 수 있다. 다시 말해 자기 행동에 대한 이유를 제시하는 것과 정당성을 제시하는 것 사이에는 중요한 차이가 있다. 우리는 원인과 이유에 대해서는 외견상 도덕적으로 중립이라

---

* '자연법'이라는 본질적으로 종교적인 개념에서 보면 이런 구별은 모호하다고, 또는 거부해야 한다고 말하는 사람도 있을 것이다. (저자 주)

고 생각하며 듣지만, 동기와 정당성에 대해서는 도덕적 검토가 필요하다고 생각하며 듣는다. 따라서 정신병에 대한 동기 분석을 제시하려는 정신분석의 노력은, 단지 행위에 대한 과학적 설명을 제시하는 것에 국한되지 않았다. 환자의 일탈적 또는 공격적 행위, 그리고 환자를 향한 정신과 의사의 관심과 환자를 통제하기보다 치료하려는 정신과 의사의 노력에 대한 내밀한 도덕적 정당성까지 제시했다.

규칙, 도덕, 정신분석

'윤리', '도덕' 같은 비전문적 용어는 사람들이 일상적인 행동을 할 때 준수해야 할 규칙을 가리키며, 때론 이런 규칙을 연구하는 학문을 가리키기도 한다. 정신분석 용어 '초자아'가 이와 거의 같은 의미다. 초자아는 사람들이 준수해야 할 규칙뿐 아니라 때때로 자신과 타인의 규칙에 대한 탐색과 고찰을 의미한다. 이미 말했듯이 '정신분석'이라는 단어 자체는 개인 행위의 특정 규칙에 대한 연구—규칙을 승인할지 아니면 거부할지 결정하는 연구—를 가리킨다. 요컨대 우리는 여기서 많은 용어를 마주하고 있는데, 어떤 것은 일상 언어이고 어떤 것은 정신분석 전문 용어이지만 모두 비슷비슷한 의미를 지니고 있다. 이런 곤경을 헤쳐 나가기 위해, 나는 규칙 따르기와 규칙 의식에 대해 간단하게 언급하려고 한다.

정신분석 이론의 근원적인 도덕적 한계는 프로이트가 '정신적으로 건강한' 성인에게 어울리는 도덕성의 유형을 정의하는 것보다 '신경증이 있는 사람들'에게 종종 나타나는 '어린애 같은 도덕성'에 내재한 결함을 비난하는 데 더 많은 관심을 쏟았다는 사실에서 비롯된다.

그렇다고 정신분석 이론이 다양한 유형의 윤리적 행위를 설명하고 평가하는 데 전혀 도움이 되지 않는다고 생각하는 건 오류다. 이와 관련하여 초자아의 상대적 경직성/유연성 개념은 매우 중요하다. 어린애 같은, 미성숙한, 신경증적인 초자아는 경직되어 있으며, 잘 이해하지 못한 규칙을 노예처럼 따르는 특징이 있다. 반면 성숙한, 정상적인 초자아는 유연하며, 상황 파악이 빠르고 그에 맞게 규칙을 조정할 수 있다. 그래서 영국 정신분석가 제임스 스트레이치(James Strachey)는 정신분석 치료의 기본 목적은 환자의 '경직된 초자아'를 더 '유연하게' 만드는 데 도움이 되는 '변칙적 해석'을 하는 것이라고 주장했다.[8] 하지만 이 견해는 그 기반이 되는 초자아에 대한 정신분석 이론과 마찬가지로 어떤 종류의 경직성이 나쁘거나 바람직하지 않은 것인지, 어떤 종류의 유연성이 좋거나 바람직한 것인지에 대해서는 침묵한다. 요컨대 프로이트를 비롯한 정신분석가들은 규범의 기준은 나 몰라라 하면서 시종일관 규범의 체계만 가지고 놀았고 지금도 그렇다.

실제로 프로이트는 규범의 기준이 쟁점으로 부상했을 때 그것이 무엇인지 설명해 달라는 요청을 거부했다. 그는 많은 사람들이 간직하고 있는 단순하고 상식적인 믿음―내가 하는 일이 옳은 것이다―만 되뇌었다. 정신분석가 어니스트 존스(Ernest Jones)의 말을 들어보자. "오래전에 프로이트는 윤리 문제에 관한 내용이 담긴 편지를 제임스 잭슨 퍼트넘에게 보냈다. 퍼트넘이 그 편지를 나에게 보여주었는데, 다음 두 문장이 기억에 남는다. '나는 도덕

적인 것이 당연하다고 생각하오. …… 나는 비열한 짓을 해본 적이 없소.'"⁹⁾

도덕성은 자명한 것이고 자신은 비열한 짓을 한 적이 없다는 진술이 희한하게도 인간—자신을 포함한—을 연구한다는 사람의 입에서 나왔다. 나는 이 말을 과학자로 가장한 채 도덕주의자가 되고자 한 프로이트의 불굴의 결심을 반영한다고 생각한다.¹⁰⁾ 이런 의지로 그는 승승장구했다. 정체를 감춘 비밀-도덕주의자 프로이트는 대중의 사고와 삶에 지대한 영향을 끼친 세속 종교의 창시자가 되었다. 하지만 그에게 철학자로서, 도덕주의자로서, 심리학자로서 성공을 안겨준 원천은 그의 실패를 재촉하는 원천이기도 했다. 사실 정신분석가와 정신과 의사가 다루는 모든 행동은 학습된 행동이다. 학습된 행동을 규정하는 규범과 기준, 그것이 추구하는 목적을 명백하게 파악하지 않고서는 그런 행동을 적절하게 설명하거나 분석할 수 없다. 따라서 정신분석 이론은 애당초 그런 행동을 적절하게 설명할 수 없는 운명이다.

규칙과 책임

행동과 우연한 일을 구별하는 것은 이 장뿐만 아니라 이 책 전체에서 아주 중요하다. 나는 물리화학적 신체 이상—대장암—은 우연한 일이고, 이른바 정신병 또는 정신의학적 이상—손 씻기 강박증—은 행동이라고 주장한다.

행동과 우연한 일을 정확하게 구분할 수 없을 때도 있다. 신경학적 문제가 없는 사람이라면 자신이 처한 인간 조건을 사고하는 방식에 따라 우연히 발생한 사건을 역할하기〔행동〕 상황으로 전환할 수 있다. 여기서 '사고방식'은 우연한 일을 겪은 다음 희망을 품는가 아니면 좌절을 겪는가—즉 그 결과를 능동적으로 지배하는가 아니면 수동적으로 인내하는가—를 의미한다. 이를테면 출근길에 열차 충돌 사고를 당한 남자가 있다고 치자. 그는 부상으로 잠시 의식을 잃고 병원으로 실려 간다. 이 모든 것은 우연한 일이다. 의식을 되찾으면 그는 병자 역할을 맡게 된다. 이제부터 그의 행위는 우연한 일이 아니라 규칙 따르기와 역할하기 측면에서 봐야 한다. 무의식 상태가 되어 통제력을 완전히 상실했다가 의식이 회복되어 자기 통제력을 행사하는 경우, 사실 그 어떤 분석도 그의 행위를 적절하게 설명하지 못했다. 어찌 보면 당연한 일인데도 여기서 이 점을 강조하는 까닭은, 곤경에 처한 사람은 자신을 완전히 무기력한 존재, 즉 '환경의 희생자'로 생각하는 경우가 너무 많기 때문이다.

 사람은 환경의 희생자일 수도 있고 아닐 수도 있다. 대개는 달갑지 않은 상황과 개인의 '생활방식'[11]이 그 사람의 운명 형성에 영향을 준다. 요컨대 사람은 달갑지 않은 상황을 스스로 초래하지 않은 것으로 경험하고 정의하더라도 실상 그렇지 않을 수 있다. 오히려 자신을 보호할 목적으로 그렇게 하는 경우도 있다. 다시 말해 사람들이 어떤 행동을 하는 것을 선택하든 더 흔하게는 아무런 행위를 하지 않는 것을 선택하든, 그 선택이 불행한 결과로 이어지면 스스로 선택한 것인데도 '내 잘못이 아니다'라고 느낄 때가 많다. 순전히 관습적인 도덕적 의미에서 보면 그들의 말이 정당할 수도 있다. 그러나 일반적인 의미에서 보면 특정한 행동을 한 것,

심지어 일시적이거나 단기적인 나쁜 결과를 초래하는 행동을 한 것이 죄책이나 비난의 대상이 될 수 있다(행동을 하지 않은 것에 대한 죄책이나 비난은 훨씬 덜 심하다). 나는 외부의 의지와 권력의 압도적인 힘이 아무리 개탄스럽더라도, 모든 사람이 적어도 어느 정도는 자기 운명을 스스로 결정한다고 주장하고 싶다.

규칙과 반규칙

사람이 규칙을 따른다는 말은 사람은 교육받은 규칙에 따라 행동하는 경향이 있다는 것 이상을 함축한다. 이 말은 사람이 규칙과 정반대로 행동하는 경향도 있음을 함축한다.

이와 관련하여 프로이트가 이른바 '원시 단어(primal word)'가 나타내는 상반되는 의미들을 관찰한 것은 적절하다.[12] 프로이트는 특정한 원시 단어가 서로 반대되는 의미를 동시에 표시한다고 지적했다. 예컨대 라틴어 'sacer'는 '성스러운'과 '저주받은'을 모두 뜻한다. 이처럼 어떤 상징이 대조적인 의미를 동시에 지니는 것은 꿈 심리학의 중요한 특징이다. 꿈속에서 어떤 상징은 원래의 것을 그대로 나타낼 수 있지만 정반대의 것을 나타낼 수도 있다. 가령 큰 키는 큰 키 또는 작은 키를 의미할 수 있고, 젊음은 젊음 또는 늙음을 나타낼 수 있다. 나는 이런 원리가 '감응'에도 적용된다고 주장한 적이 있다.[13] 예를 들면 두려움을 느낀다는 것은 누군가가 두려워한다―경계하면서 위험에 대비한다, 죄책감을 느낀다, 죄가 있다 등등―는 것을 의미할 수도 있지만, 반대로 누군가가 양심적이라는 것을 의미할 수 있다. 이런 상반된 의미 작용은 상징을 형성하고 활용할 수 있는 인간의 내재적 능력인 것 같다. 이것은 감응, 도상 기호, 단어, 규칙, 규칙 체계(게임)에 적용되는데, 각각은 지시 대상과 그 반대의 것을 모두 의미하거나 (더 빈번하게는) 연상시킨다.

'반규칙(antirule)'은 어린아이나 심리사회적으로 순진무구한 사람의 행위에서 특히 중요하다. 이들은 자신에게 주어진 규칙과 그 반대되는 것으로 자기 세계를 인지하고 질서를 세우려는 경향이 있다. 능동적인 규칙 따르기는 사회적 조화를 보장하는 대신 자율성을 향한 인간 욕구를 희생시킬 수 있다. 자율성 욕구를 충족하려면 자신만의 규칙을 따라야 한다. 우리가 자신의 것으로 경험하는 최초의 가장 단순한 규칙이 바로 반규칙이다. 첫돌도 지나지 않은 아기에게 밥을 먹으라고 윽박지르면 먹지 않으려고 발버둥 칠 때가 있다. 아기의 거부 반응은 생애 최초의 규칙 따르기 거부―반규칙 따르기―사례다. 직관적인 사람이라면 잘 알겠지만 그런 반응에 대해서는 "상대방이 뭔가를 하길 바란다면 정반대의 것을 요구하라" 같은 말이 제격이다. 고집 센 노새는 주인이 뒤로 가도록 해야 앞으로 가는 법이다. 금지된 과일이 더 맛있다는 속담도 있다. 반사회적이고 나쁜 행동에 이런 원리를 적용해야 한다는 것은 심리학자뿐 아니라 보통 사람들도 잘 알고 있다. 하지만 내가 여기서 말하는 반규칙 개념은 '무엇을 하지 말라'는 금지(proscriptive) 규칙과 '무엇을 하라'는 규범(prescriptive) 규칙을 모두 포함하기 때문에 설명의 범위가 더 넓다.

십계명 규칙은 금지―가령 살인과 도둑질을 하지 말라―도 있고, 규범―가령 부모를 공경하라―도 있다. 여기서 분명한 것은 이 규칙들은 모두 그 반대 의미를 함축하고 연상시킨다는 점이다. 살인과 도둑질을 하지 말라는 말을 들으면 '그렇게 할 수도 있겠구나'라는 생각이 생겨난다. 물론 십계명이 공표되기 전부터 사람들은 그런 생각을 하고 있었다. 따라서 대다수 형법은 법으로 금지하기 이전부터 존재하던 인간의 나쁜 성벽을 억제하기 위한 것이라고 말해도 무방하다. 그렇지만 법률—특히 근대 법률—은 그것이 금지하는 행위를 하려는 성향을 오히려 창조하고 조장한다는 사실 역시 부정할 수 없다.

규칙의 유형

이제 우리는 규칙의 기능과 전달을 검토할 준비가 되었다. 오늘날 서구 문화 속에서 자라는 어린이들은 온갖 규칙을 배워야 한다. 이런 규칙을 편의상 다음과 같이 세 유형으로 나누어보자. (1) 자연법 또는 생물학적 규칙 (2) 규범적 법률 또는 사회적(종교적, 도덕적) 규칙 (3) 모방, 대인관계 규칙이다.

생물학적 규칙

생물학적 규칙은 일반적으로 자연법이라 불리는 상위 범주의 특정한 부분을 구성한다. 이 규칙은 물질적, 즉 비인간적 환경과 관련된 인간 몸의 물리학과 화학에 관한 것이다. 인간이 만든 생물학적 규칙의 암묵적 목표는 인간 개체를 물리화학적 기계로 존속시키고 생태계의 종으로 생존하도록 하는 것이다. 기초적인 생물학적 규칙은 대부분 직접 경험을 통해 후천적으로 학습되지만,

적어도 원초적인 일부 규칙은 선천적이라고 할 수 있다. 생물학적 규칙에 관한 더욱 정교한 지식은 과학적 방법으로 학습해야 한다. 기초 의료과학이 이 목적에 기여할 수 있다.

그렇다면 동물도 초보적인 생물학적 규칙을 '안다'고 할 수 있을까? 어떻게 보면 그렇다고 할 수 있다. 동물도 생물학적 규칙에 '복종'하지 않으면 멸종하기 때문이다. 하지만 동물이 그런 규칙을 '안다'는 것의 의미를 분명히 해두어야 한다. 여기서 '안다'는 것은 주변 환경의 특정한 대상에 적절하게 반응한다는 의미다. 그것은 자동적이고 조건반사적이지 자기 성찰적이지 않다. 학습과 앎의 위계에서 동물의 앎은 가장 단순하고 초보적인 앎이라 할 것이다. 대상에 대상으로 반응할 뿐 기호로는 반응하지 않으므로 대상 학습*이라고 할 수 있다.

동물은 메타 규칙(metarule)을 알지 못한다. 원숭이가 게임을 하고 조련받은 곰이나 물개가 규칙을 따를 순 있지만, 동물의 상징화 능력은 제한적이어서 비성찰적인 동물이 규칙을 따르기는 어렵다. 요컨대 동물은 자신이 규칙을 사용한다는 인식이 없기 때문에 규칙을 지적으로 사용할 수 없다. 특별한 상황에 맞게 규칙을 조정할 수도 없고 메타 규칙을 학습할 수도 없다.[14]

---

* 심리학 용어 '대상 학습(object learning)'은 사물의 한 가지 특성을 그 사물의 다른 특성과 일대일로 연결하는 사고 과정을 말한다. 가령 동물 행동 실험을 통해 검은색 초콜릿의 색과 검은색 초콜릿의 맛을 연결하여 검은색 초콜릿이 달콤하다는 것은 학습할 수는 있다. 하지만 하얀색 초콜릿도 달콤하다는 것은 알지 못한다.

사회적, 종교적, 도덕적 규칙

유일신교에서 유래했든 다신교에서 유래했든 문화와 사회에서 유래했든, 사회관계를 관장하는 모든 규범적 법률은 사회적, 종교적, 도덕적 규칙에 속한다. 이 같은 규범적 법률은 지리적 범위나 분포 그리고 제재의 성격 면에서 자연법과 다르다. 자연법은 지구 밖의 상황, 가령 다른 행성에는 적용되지 않더라도 지구상의 모든 지역에 적용된다.

'사회적 규칙'은 사회 집단의 지배적인 관행에서 비롯된 모든 규칙을 말한다. 이런 규칙을 심각하게 위반하는 개인은 죽임을 당할 수도 있다. 여기서 중요한 단어는 ('개체(individual)'가 아니라) '개인(person)'이다. 사회적 규칙의 초점은 생물학적 생존이 아니라 사회적 생존이기 때문이다. 생물학적 생존이 생물학적 규칙 적응에 달렸듯이 사회적 생존은 사회적 규칙 적응 또는 인간의 욕구에 맞도록 사회적 규칙을 바꾸는 데 달렸다.

모방, 대인관계 규칙

모방 규칙 또는 대인관계 규칙은 주로 어린 시절에 타인을 본보기 삼아 모방함으로써 학습된다. 어린아이는 부모, 친척, 형제자매, 또래가 행동하는 것을 보고 또 은유적으로나 글자 그대로 지켜보면서 자신이 어떻게 행동해야 하는지 알게 된다. 공학에서 실물 크기의 모형이 장차 제조할 제품의 본보기가 되듯이, 아이들은 본보기를 보고 행동한다.

모방 규칙과 사회적 규칙의 경계가 항상 뚜렷한 건 아니다. 일부 사회적 규칙은 모방을 통해 획득된다. 또 모방 규칙은 주로 가

표5 규칙의 분류: 생물학적 규칙, 사회적 규칙, 대인관계 규칙

	생물학적 규칙	사회적 규칙	대인관계 규칙
예시	"살기 위해 먹어야 한다. 그러지 않으면 아사할 것이다."	"살기 위해 신을 섬겨야 한다. 그러지 않으면 집단에서 추방될 것이다."	"성인 남자라면 자립성을 가져야 처자식을 부양할 수 있다. 그러지 않으면 성인 대접을 못 받을 것이다."
연구 주체	생물학	인류학, 사회학	인류학, 심리학, 정신분석
규칙의 목적	신체 그리고/또는 종의 생존. 생물학적 정체성	(대)집단의 사회적 생존. 사회적 (또는 집단적) 정체성	소집단(가족) 또는 개인의 사회적 생존. 개인적 정체성
규칙 위반에 대한 제재	1. 신체적 병이나 질병 2. 신체 소멸: '생물학적 죽음'	1. 사회적 일탈 행위와 '처벌', '범죄', '죄악' 2. 집단에서 추방. '사회적 죽음'	대인관계 갈등. 개인적 패배, 좌절, 불행. '정신병', '인간적 실패'
제재 근거 규범	자연법	성문법 (또는 종교법)	관습, 개인 행위 규범
규칙 준수에 대한 보상	수명 연장, 신체 효율성과 건강 증진	우애와 협력 영역 확대(가령 초국가적 관심사와 정체성)	창의적 자기 결정. 정체성과 자유에 대한 의식 강화
변화 속도	변화가 전혀 없거나 느림	점진적 변화	급속한 변화

족 안에서 학습되기 때문에 '사회적 규칙'이라는 상위 부류의 하부에 속한다. 그런데도 특히 히스테리와 정신병과 관련된 우리의 당면 목적을 위해서 두 부류의 규칙을 최대한 정확하게 구분할 필요가 있다. 사회적 규칙과 모방 규칙의 차이를 살펴보자.

모방 규칙은 보통 어떻게 먹고 입고 몸을 돌볼 것인가 같은 소소한 일상사와 관련 있다. 이런 규칙은 언어로 명확하게 표현되는 것이 아니라 집단의 손윗사람들의 일상 행위에서 나타난다. 아이들은 '맹목적 모방'을 통해 이런 규칙을 체득한다. 이런 종류의 학습은 '맹목적'이라는 점에 유의해야 하는데, 이런 모방은 다른 사람 서명을 위조하는 행위와 달리 무의식적으로 또는 부지불식간에 발생하기 때문이다. 예를 들어 모국어를 학습하는 사람은 자신이 다른 사람들을 모방한다는 것을 인식하지 못한다.

모방 규칙을 따름으로써 학습된 행동이 주로 소소하고 그 규칙의 성격이 불명확한 데 반해, 사회적 규칙은 명확한 규칙을 통해 복잡한 행위 상황들을 규정한다. 모방 규칙이 관습인 반면, 사회적 규칙은 도덕-종교적 규범 또는 세속 법률이다. 따라서 그 제재 내용도 다르다. 모방 규칙을 학습하거나 준수하지 않으면 별나다, 어리석다, 바보 같다, 맹꽁이 같다는 말을 들을 뿐이지만, 사회적 규칙에서 일탈하면 낙인부터 추방, 심지어 죽음까지 심각한 결과가 뒤따른다. 대체로 사회학자는 사회적 규칙을 연구하고, 심리학자와 정신분석가는 모방, 대인관계 규칙을 연구하며, 인류학자는 둘 다 연구한다(세 규칙 유형의 특징을 표5에 요약했다).

규칙의 필요

사회적 규칙이 존재하고 지속되는 것은—그 규칙을 만든 이유가 무엇이든 간에—규칙을 따르려는 인간의 필요가 그만큼 강하다는 증거이다. 규칙을 만들려는 욕구와 그 규칙을 준수하려는 인간의 성향은 규칙을 거부하고 규칙에서 해방되려는 인간의 욕망

못지않다. 앞으로 설명하겠지만,[15] 이 상반된 성향은 인간의 흔한 양면가치―가령 친구를 사귀고 싶은 욕구와 홀로 있고 싶은 욕구가 동시에 존재하는 것―의 특수한 사례다. 순순히 사람에게 복종하고 규칙을 따르다가 태도를 바꿔 반항하고 거스르려는 것이 이 같은 인간 역설의 대표적 사례이다. 이 딜레마를 해결하는 가장 유용한 방법의 하나가 추상 능력, 즉 상징화를 점차 높은 수준으로 구성할 수 있는 능력이다. 이런 구성은 규칙을 규칙으로 명확하게 이해함으로써 발생하는 압박감을 완화한다. 원칙적으로 우리는 각 규칙의 집합에 상응하는 메타 규칙의 집합을 구성할 수 있다. 메타 규칙의 집합은 바로 아래 (논리) 수준에 있는 규칙들의 형성을 지배하는 사항들로 구성된다. 메타 규칙을 인식하는 것은 (바로 아래 수준에 있는) 규칙들의 기원, 기능, 범위에 대한 이해를 함축한다. 이런 이해에 도달하면 일정한 통제력을 가질 수 있다. 우리는 메타 규칙의 사고방식이라고 할 수 있는 것―사실 규칙의 영역에 적용된 과학적 사고방식의 특수한 사례이다―을 실천함으로써 비로소 안전하면서도 유연한 규칙들을 통합할 수 있는 능력, 즉 행위-규제적 수행성(agency)을 획득할 수 있다. 결국 우리는 메타 규칙의 사고방식을 통해 규칙을 준수할지 여부와 변경할지 여부에 대한 우리의 선택 범위를 넓힐 수 있다.

10장

도움받음과 도움줌의 윤리

　나는 히스테리 개념이 주로 비음성적, 몸 기호를 통한 장애 또는 병의 상태에 대한 표시이자 의사소통을 가리킨다고 주장했다. 이런 의사소통의 암묵적 목적은 도움을 확보하는 것이다. 히스테리 문제를 이런 식으로 구성한다면 다음과 같이 질문하는 것이 논리적이다. 허약하거나 장애가 있거나 병든 사람이 당연히 타인의 도움을 받아야 한다는 것을 삶의 게임 규칙으로 보는 발상은 어디서 유래했는가? 한 가지 대답은 확실하다. 그런 것은 전형적으로 어린 시절에 하던 게임이다. 모든 사람은 한때 어른들의 보살핌을 받는 허약하고 무력한 아이였으며, 그런 도움이 없었으면 우리는 살아남아 성인이 되지 못했을 것이다.
　거의 비슷하지만 다른 확실한 대답을 하나 더 하자면, 약자를 도와야 한다는 규범적 사고방식이 서구의 주요 종교에 체현되어 있다는 것이다. 유대교, 특히 기독교는 비유를 통한 금지, 본보기를 통한 권장 등 활용할 수 있는 모든 수단을 통해 이런 규칙을 가르친다.
　이 장에서는 두 규칙 체계를 체계적으로 설명하려고 한다. 하나는 가족 게임 규칙이고, 다른 하나는 종교 게임 규칙이다. 두 규칙을 고른 이유는, 둘 다 이른바 히스테리 행동을 비롯한 많은 정신병 전략에 대해 상당한 역사적 기초와 이론적 근거를 제시하기 때문이다. 요컨대 우리는 이 두 게임 규칙을 준수함으로써 어떻게 정신이 병드는지 알 수 있을 것이다.

유년기와 도움받음의 규칙

인간은 어린아이로 남아 있기를 바라고 성인이 되면 항상 불가피한 고통이 따른다는 믿음은 인간 발달과 개인성에 관한 정신분석 이론의 핵심이다. 프로이트는 이런 믿음을 지나치게 좋아했고 자신의 추측에 끊임없이 활용했다. 그는 미성숙함과 아이 같음을 동경하는 인간의 성향은 선천적인 것이거나 생물학적으로 '주어진' 것이지만, 성숙함과 어른다움을 추구하는 인간의 성향은 욕구불만에 대한 반작용이지 생물학적으로 '주어진' 것이 아니라고 주장했다. 프로이트가 보기에 인간의 개인적, 문화적 발달은 '외부' 실재에 의해 부과된 본능적인 — 주로 성적인 — 욕구불만의 결과이다. 그래서 '이기적인' 본능적 만족과 '사회적인' 이익이나 욕구의 만족 사이에 화해할 수 없는 갈등이 존재한다.[1] 이 이론의 가장 중요한 함의 중 하나는, 미성숙한 또는 어린아이 같은 행위 패턴 — 프로이트의 말로는 '퇴행' — 을 재개하려는 인간의 성향은, 음식이나 물을 먹고 싶은 욕구와 유사한 생물학적 욕구를 충족하려는 것으로 간주한다는 점이다. 퇴행적 행동의 원인을 학습과 특별한 사회적 영향에서 찾는 것은 쓸데없다는 말이다. 이런 도식은 터무니없어 보인다. 프로이트가 성숙한 것, 진보적인 것으로 분류한 것만 학습된 것이고 미성숙한 것, 퇴행적인 것으로 분류한 모든 것은 '퇴행', 즉 유사 자동적인(quasi-automatic) 생물학적 과정의 결과란 말인가?

이와 같은 정신분석적 설명은 과학적이지 않을뿐더러 새롭지도 않다. 이른바 '성인-아이(man-child)'가 '욕구불만' 때문에 미성숙 상태로 추방되었다는 프로이트의 견해는 타락에 대한 성경 이야기를 살짝 위장한 것이다. 창세기는 아담과 하와가 에덴동산에서 사는 것을 좋아했다고 암시한다. 그렇지 않았다면 그들이 왜 그곳에서 '추방'당했겠는가? 이와 비슷하게 프로이트의 이야기는 인간이 유년기를 좋아한다고 암시한다. 그렇지 않다면 인간에게 왜 아이 같음을 상실한 것에 대한 '욕구불만'이 생기겠는가? 종교와 정신분석은 둘 다 인간이 기본적으로 퇴행하려 한다고 설명한다. 내가 보기에 이런 설명은 아이 상태로 있는 것과 성인이 된다는 것에 대한 어린아이의 일반적인 느낌에 관한 가장 초보적인 연구조차 무시한 것이다.

나는 실낙원이 신화라고 생각한다. 정신분석은 유년기와 퇴행의 희열을 침소봉대(針小棒大)하고 성인기와 역량의 희열을 봉대침소(棒大針小)한다. 인간 조건을 관찰하는 많은 연구자들은 인간 발달 과정을 프로이트와 상당히 다르게 설명하는데, 그들은 성숙을 향한 선천적인 욕동(drive)을 훨씬 더 중시한다.[2] 이를테면 수잔 랭어는 상징화를 향한 인간 욕동을 특별히 강조하는데,[3] 나는 그 견해에 완전히 동의한다. 더 나아가 인간은 상징뿐 아니라 대상과 접촉하는 일, 즉 인간관계와 관련해서도 성숙하려는 욕동이 있다고 생각한다.[4]

그렇다고 학습이 때때로 고달프다는 사실을 부정하는 건 아니다. 학습을 하려면 근면함, 자제력, 인내력이 필요하다. 아이 같음은 어떻게 보면 습성이기 때문에 고쳐야 할 다른 습성처럼 극복해야 할 문제다. 어린아이처럼 되는 데 큰 노고가 필요하지 않다는 점을 간과해서는 안 된다. 아울러 게으르거나 둔하거나 아프거나 어리석은 자만 노고를 아끼라는 말에 솔깃해한다는 점도 명심해야 한다. 건강하고 에너지가 넘치는 사람, 특히 젊은이는 노고를 아끼는 대신 소진하려고 한다. 또 노고를 어떻게 소진하느냐에 따라 노고를 즐길 수도 있다.

요컨대 나는 인간 발달을 연구하는 과학 이론들이 학습과 능력을 방해하는 종교, 문화, 법률, 가족의 금지 사항을 놀랍도록 소홀히 다룬다고 생각한다. 이를 입증한다기보다 간단히 설명하기 위해 몇 가지 사례를 제시하겠다.

1. 유대교와 기독교는 인간이 신의 은총에서 벗어나 타락한 것이 '선악을 알게 하는 나무'의 열매를 먹지 말라는 금기를 어겼기 때문이라고 한다.
2. 로마 가톨릭에는 수백 년 동안 금서 목록이 있었다. 대다수 세속 국가의 권력은 여전히 특정한 서적, 그림, 영화의 출판이나 배포를 금지하고 있다.
3. 더 교묘하지만 똑같이 강력한 권력을 지닌 무수한 사회 세력은 사람들이 출생과 죽음, 의학과 법률, 종교와 역사에 관한 기초적인 사실을 학습하지 못하게 한다. 자민족중심주의를 비롯한 종교적, 인종적, 성적 편견은 다양한 유형의 무지와

유치함을 공개적으로 혹은 은밀하게 조장하고 보상한다.
4. 가족 같은 소집단 안에서 개인은 자존감과 안전감을 높이려고 자신이 어리석고 의존적이라는 인상을 상대에게 심어줄 때 — 가령 아이가 부모에게, 아내가 남편에게 또는 남편이 아내에게 — 가 더러 있다.

장애와 병을 조장하는 성경의 규칙

유대교와 기독교의 종교적 가르침에는 아픔과 어리석음, 가난과 두려움 — 즉 모든 종류의 장애 — 을 보상하는 규칙이 가득하다. 이런 규칙은 독립독행과 자신만만함, 그리고 건강과 안녕에 대한 자만은 벌을 받는다고 으름장을 놓는다. 이것은 특별히 새롭지는 않더라도 대담한 주장이다. 적절한 증거를 인용해 이를 뒷받침하겠다. 그렇다고 장애를 조장하는 규범이 성경의 전체라거나 핵심이라고 주장하는 건 물론 아니다. 성경은 무수한 행위 규칙을 도출해낼 수 있는 복잡하고 혼종적인 작품이다. 실제로 서구 종교사는 성경 구절을 여기저기서 인용하여 무수한 인간 행위 — 노예제부터 마녀 화형까지, 독신주의부터 일부다처제까지 — 를 지지하거나 거부하는 근거로 삼는다.

나는 개인적으로 자기 자신과 타인에 대한 자율성과 완전함을 존중해야 한다고 생각하지만 여기서 이런 가치를 정당화할 생각은 전혀 없다. 하지만 성경 같은 책은 인간의 도덕적 우선순위를 명시하여 독자가 저자의 성향을 더 잘 판단하고 보완할 수 있도록 할 필요가 있다고 생각한다.

나는 신학적 방식이 아니라 사회심리학적 방식으로 종교 규칙과 규칙 따르기에 접근하려고 한다. 종교 규칙에 대한 나의 해석이 '신학적 정합성'을 갖추었는지 여부는 여기서 별로 중요하지 않다. 중요한 것은 스스로 종교적이라고 표방하는 개인들의 실제 행동에서 그들의 행위를 관장하고 설명하는 규칙을 내가 정확하게 추론했는지 여부다.

나는 비판적 해석자로서 성경 구절을 기록된 진술로 다루려고 한다. 내가 성경의 특정한 규칙을 면밀히 검토하려는 이유는, 그 규칙을 찬사하거나 비난하려는 것—이런 것은 지금까지 충분히 이루어졌다—이 아니라 그런 규칙이 승인하거나 거부하는 가치, 찬성하거나 반대하는 가치를 규명하기 위함이다. 물론 나의 해석 가운데 일부는 성경 본문을 현대적 방식에 적합하게 설명하려고 애쓰는 성직자들의 해석과 상충할 수 있다. 유대교 문헌이든 기독교 문헌이든, 오늘날 종교 문헌에 관한 '자유주의적' 해석은 대체로 한 가지 목적, 즉 현대인에게 종교를 판매하기 위함이다. 이런 목적을 당당하게 밝히는 건 민망한 일일 것이다. 그래서 판매자는 구매자의 입맛에 맞게, 즉 종교가 현대 국가의 정치적, 과학적 발상과 제도가 가능한 한 양립하도록 제품을 잘 포장해야 한다.

하느님은 겸손한 자, 온유한 자, 궁핍한 자, 신을 경외하는 자를 사랑한다는 모티프는 구약과 신약을 하나로 꿰는 실이다. 분에 넘치게 살면 하느님을 거역하고 신의 시기심을 부추길까 봐 안절부절못하는 인간의 두려움이 유대교는 물론 고대 그리스의 범신론에도 깊이 배어 있다. 이것은 대다수 원시 종교—인간이 자기 형상을 통해 신의 모습을 상상하는 종교—에서 나타나는 공통 요소다. 신은 인간을 닮았지만 그 이상이다. 신은 존경과 지위를 요구하는 초인 같은 존재이고 필멸의 존재인 인간을 위험에 빠뜨리겠다고 위압할 수 있다. 억세게 운이 좋았던 사모스의 왕 폴리크라테스의 전설*이 좋은 사례다.[5]

(신의) 시기심에 대한 엄청난 공포 때문에 행복해지는 것을 두려워하는 이런 사고방식은 유대-기독교 윤리를 엄격하게 따르는 사람들의 심리에 내재해 있다. 물론 이런 심리는 자신을 보호하는 방어적인 전략이다. 이 전략이 효과를 거두려면, 첫째 다른 사람들이 존재하고, 둘째 그들이 따르는 특정한 행동 규칙이 작동한다고 가정해야 한다.

이 '나는-행복하지-않다' 게임에서 인간의 상대는 누구인가? 이 전략이 통하려면 어떤 게임 규칙이 필요한가? 상대의 정체는 당연히 인간을 굴복시킬 수 있는 지위에 있는 신과 권력자다. 여기서 두 참가자(인간과 신)의 권력 차이가 결정적으로 중요한데, 이것 하나만으로도 시기심에 대한 두려움을 설명할 수 있기 때문이다. 지배-복종 관계에서는 복종해야 하는 참가자만 상대방의

---

* 고대 그리스 정치가 폴리크라테스는 기원전 535년 소아시아의 아름다운 섬 사모스를 점령한다. 여기에 만족하지 않고 그는 연이어 여러 섬을 공격하여 승승장구한다. 하지만 행운이 계속되면 신들이 시기하여 불행을 내린다는 말을 듣고 애지중지하던 황금 반지를 바닷물에 던져 스스로 불행을 자초한다. 하지만 물고기가 그 반지를 삼키고 어부가 그 물고기를 잡아 폴리크라테스에게 진상하여 결국 반지가 돌아왔다. 그 직후 사모스가 페르시아군에게 점령되고 왕은 처형된다. 이처럼 매사가 순탄하고 운이 너무 좋아 더할 나위 없이 행복한 순간에 불행이 닥칠 것 같은 불안감을 느끼는 현상을 심리학에서 '폴리크라테스 콤플렉스'라고 한다.

시기심을 부추길까 봐 두려워한다. 지배하는 위치에 있는 참가자는 상대방이 자신에게 심각한 위해를 가할 힘이 없다는 것을 이미 알고 있기 때문에 그런 두려움이 없다.

따라서 일반적으로 억압적 상황—가령 난폭한 남편에게 고통을 겪는 아내의 상황—에서 공공연하게 만족감을 드러내는 것은 두려운 일이다. 이런 상황에서는 부담이 가중될까 봐 만족감(즐거움, 흡족함)에 대한 경험과 표시를 억제하기도 한다. 이를테면 식구는 많고 살림은 쪼들리는 가정에서 자란 사람이 다른 가족은 여전히 가난한데 자신만 어느 정도 먹고살만 할 때 이런 딜레마에 직면한다. 그 사람이 어찌어찌하여 큰 부자가 된다면야 자신에게 의지하려는 다른 가족을 건사하는 데 아무 문제가 없을 것이다. 하지만 살림살이가 약간 넉넉한 정도라면, 아무리 노력해도 가난한 다른 가족의 요구 탓에 자신의 노동, 절약, 행운이 가져다준 과실을 맛볼 수 없을 것 같은 두려움에 직면할 것이다. 가족의 욕구가 자신이 가진 것보다 항상 더 클 것이기 때문이다.* 이처럼 약간 성공한 사람이 가난한 가족과 갈등을 빚을 경우, 그는 자신의 살림살이에 대해 "엄살을 부린다"는 소리를 듣게 될 것이다. 그래서 그는 실제보다 더 못사는 척할 것이다.

이처럼 부유하면서도 가난한 척하는 것과 건강하면서도 병이 있는 척하는 것은 그 양상이 흡사하다. 두 전략 모두 외견상 고통스럽고 자학적인 것처럼 보이지만, 이런 전략이 나타나는 사회적 맥락으로 더 파고들면 방어 작전이라는 것이 드러난다. 전체를 보

---

* 누진세가 사람들에게 비슷한 감정을 불러일으킬 수 있다. (저자 주)

호하기 위해 부분을 희생시키는 것이다. 예컨대 전시에 아픈 척하며 목숨을 보전하거나 가난한 척하며 재산을 보호하는 것이다.

만족감 표시를 두려워하는 것은 노예 심리의 특징이다. 노예는 자기 일을 아무리 '훌륭하게 완수해도' 파김치가 될 때까지 노동에 내몰린다. 자기 일을 완수했다는 것은 임무를 마쳤으니까 쉴 수 있다는 뜻이 아니다. 오히려 더 많은 요구가 밀려든다. 반대로 노예가 자기 일을 완수하지 못했는데 당장이라도 쓰러질 듯한 기색—진짜든 가짜든—을 보이면 주인은 더는 채근하지 못하고 쉬게 할 것이다. 하지만 기진맥진한 기색—진짜든 가짜든—을 보이는 것 자체가 특히 그것이 습관적일 경우, 그 행위자에게 피로감을 유발하거나 그를 소진시킬 수 있다. 나는 이것이 근심과 걱정에 시달리는 사람이 호소하는 이른바 만성 피로 상태의 주요 원인이라고 믿는다. 이런 사람은 자신을 억압하는 관계에 있는 사람들(실제로든 내면적으로든)에 맞서 무의식적으로 '파업을 하는 중'이며, 그들에게 늘 은밀하게 반항하지만 성공하지는 못한다. 노예와 달리 자유민은 자신의 여건에 맞게 보폭을 조절할 수 있다. 자유민은 피곤하더라도 일을 할 수도 있고 피곤하면 휴식을 취할 수도 있으며, 노동과 그 결실을 모두 만끽한다.

이제 장애나 병을 잠재적 또는 실질적 이점으로 만드는 몇 가지 특정 규칙을 살펴보자. 이런 규칙은 특정 상황에서 인간(신하, 아들, 환자)이 건강하고 독립적이고 부유하고 교만하면 신(왕, 아버지, 의사)이 인간을 엄하게 다루고 벌한다고 규정한다. 반대로 인간이 병약하고 의존적이고 가난하고 겸손하면 신이 인간을 보살피고 지켜줄 것이다. 내가 이 규칙을 과장하는 것처럼 보일 수 있겠지만, 나는 그렇게 생각하지 않는다. 과장한다는 인상을 받는 까닭은 그런 확고부동한 규칙이 있다는 말을 들으면 자연스럽게 반감이 생기기 때문이다.

내 주장을 뒷받침하는 성경 구절은 많다. 이를테면 누가복음에 이런 구절이 있다.

> 예수께서는 이 말을 들으시고 말씀하셨다. "너에게는 아직도 해야 할 일이 하나 더 있다. 있는 것을 다 팔아 가난한 사람들에게 나누어주어라. 그리고 와서 나를 따라라. 그러면 하늘에서 보화를 얻게 될 것이다." 그러나 그는 큰 부자였기 때문에 이 말씀을 듣고 무척 마음이 괴로웠다. 예수께서는 그를 보시고 이렇게 말씀하셨다. "재물이 많은 사람이 하늘 나라에 들어가는 것이 얼마나 어려운 일인지 모른다. 부자가 하느님 나라에 들어가는 것보다 낙타가 바늘귀를 빠져나가는 것이 더 쉬울 것이다."[6]

산상수훈[7]에 의존성과 장애를 조장하는 성경 규칙이 가장 잘 기술되어 있는 것 같다. 여기서 예수는 마음이 가난한 자, 온유한 자, 슬퍼하는 자 들을 축복한다. 이 구절은 기독교 하느님이 인간과 게임하는 기본 규칙을 명료하게 보여준다. 하느님은 무엇을 하겠다고 약속하는가? 또 인간에게 어떤 행동을 요구하는가? 내 대답을 적절하게 구성하기 위해, 성경 구절의 "복이 있나니(blessed are)"를 "해야 하느니(should)"로 바꾸어 팔복(八福)[예수가 산상수훈에서 가르친 여덟 가지 참 행복]을 금지 조항으로 해석한다. 그중 세 가지 복을 해석하면 아래와 같다.

성경 본문 (마태복음 5장 3, 5, 8절)	논리적 추론 (나의 해석)
마음이 가난한 사람은 행복하다. 하늘 나라가 그들의 것이다.	인간은 '마음이 가난'해야 한다. 예를 들어 어리석고 순종적이어야 한다. 영특하거나 박식하거나 독단적이지 말라!
온유한 사람은 행복하다. 그들은 땅을 차지할 것이다.	인간은 '온유'해야 한다. 예를 들어 소극적이고 나약하고 순종적이어야 한다. 독립독행하지 말라!
마음이 깨끗한 사람은 행복하다. 그들은 하느님을 뵙게 될 것이다.	인간은 '마음이 청결'해야 한다. 예를 들어 순진무구하고 무조건 충성스러워야 한다. (하느님에 대한) 의심을 품지 말라!

이런 언설은 세속적 인간에 대한 보상과 처벌을 다루는 일반적인 규칙을 단순히 역전시킨 것이 분명하며, 결과적으로 결함과 흠결을 긍정적인 가치로 코드화된다. 다른 성경 구절은 "내일 일을 위하여 염려하지 말라"고 명령한다.[8] 다시 말해 인간은 장래를 계획해서는 안 되고 독립독행하지 말고 자신에게 의탁하는 사람을 부양하려 들지 말라는 것이다. 그 대신 인간은 하느님을 믿고 따라야 한다.

'부정적인 속성'—통찰력이나 행복이나 지혜가 없는 것—에 대한 보상 규칙이 기독교 윤리 전반에 배어 있다. 특히 가난[9], 굶주림[10], 거세에 대한 보상을 강조하는데, 가령 다음 구절이 유명하다. "처음부터 결혼하지 못할 몸〔고자〕으로 태어난 사람도 있고 사람의 손으로 그렇게 된 사람도 있고 또 하늘나라를 위하여 스스로 결혼하지 않는 사람도 있다. 이 말을 받아들일 만한 사람은 받아들여라."[11]

여기서 거세는 하느님의 사랑을 구하는 방식의 하나로 코화된다. 자기-거세와 성불능—더 일반적으로는 색욕과 그 성쇠—의 이미지는 성경의 여러 대목, 주술에 대처하고 마녀 박해를 정당화하는 문헌,[12] 초창기 정신분석가들의 사례집과 설명서[13]에 단골로 등장한다.

'도움받음(helplessness)'에 관한 성경 규칙은 장애인이 자신의 나약해진 상태를 도움받을 자격에 대한 추정적 증거*로 간주할 수 있다는 것을 암시한다. 즉 장애인은 적절한 신학적, 의학적, 정신의학적 개입을 통해 보상받아야 한다는 것이다. 히스테리 거래 행위**에서 행위자는 다른 사람이 자신의 욕구를 들어주도록 강제하는 강압적인 전략의 일환으로 장애를 활용한다. 이 전략은 마치 환자가 이렇게 말하는 것과 다름없다. "당신은 나에게 장애인—즉 멍청하고 나약하고 소심한 사람—이 되라고 말했소. 그렇게 나를 사랑하고 보살펴준다고 약속했소. 나는 당신이 말한 대로 하고 있소. 이제 당신이 약속을 지킬 차례요!" 정신분석적 정신 치료의 상당 부분은 환자가 그렇게 행동하도록 누가 가르쳤는지, 또 환자가 그런 가르침을 받아들이는 이유가 무엇인지 정확하게 규명하는 것을 주제로 다룰 수 있다. 그러면 이 같은 행위 규범이 현

---

* '추정적 증거(prima facie evidence)'는 소송 당사자들이 어떤 사실을 놓고 다툴 때 재판부가 일견 충분하고 인정하는 증거, 즉 반증이 없는 한 그것으로 충분하다고 추정하는 증거를 말한다.
** 독일 민법에서 '법률 거래 행위(Rechtsgeschäft)'는 법률 주체인 개인이 입법자가 되어 자기 삶에 관한 법을 스스로 정하는 행위를 말한다. 이처럼 개인의 자율성에 기반한 주관적 법(subjektives recht)은 공동체의 합의에 의한 객관적 법(objektives recht)과 대비된다. 저자는 '법률 거래 행위'를 뒤틀어서 '히스테리 거래 행위'라는 표현을 사용함으로써 히스테리가 인간의 자율적 행위라는 것을 강조한다.

대 사회의 상황이 요구하는 조건과 너무도 비극적인 상극인데도 종교, 사회, 부모가 공모하여 그런 규범을 주입하도록 부추긴다는 사실을 발견할 것이다.

규칙 역전의 역사

앞서 살펴봤듯이 기독교 신앙과 실천은 어린아이와 노예에게 가장 잘 어울리는데, 이 교의가 등장한 당시 사회적 상황을 떠올려보면 그리 놀랄 일은 아니다.

성경을 전체적으로 보면 이렇게 일반화할 수 있다. 성경 규칙의 일부는 억압 완화를 지향하지만, 전반적으로는 그 규칙이 생겨나고 그 규칙 창시자들이 필연적으로 심취했을 억압적인 정신을 조장한다. 더욱이 피억압자와 억압자는 기능적으로 쌍을 이루고 있어서 인간관계에 대한 양쪽의 지향은 비슷한 경향이 있다. 이 효과는 자신과 상호작용하는 사람들과 동일시하려는 기본적인 인간 성향에 의해 더욱 강화된다. 그래서 노예는 잠재적인 주인이고 주인은 잠재적인 노예다. 이 점을 명심하고 피억압자의 심리와 억압자의 심리를 잘못 대비하지 않는 것이 매우 중요하다. 그 대신에 각각은 노예도 주인도 되기도 싫은, 즉 인류는 동등하다고 생각하는 사람의 지향과 대비해야 한다. 에이브러햄 링컨은 이를 기억에 남을 만한 완벽한 말로 표현했다. "나는 노예가 되고 싶지 않듯이 주인이 되고 싶지도 않습니다. 이것이 내가 생각하는 민주주의입니다. 이것과 다른 모든 것은 그 다른 점만큼 민주주의가 아닙니다."[14] 우리가 링컨처럼 자유롭고 자율적인 개인을 정의한다면,

성경 규칙과 전혀 다른 삶을 계획하는 개인이 될 것이다.

그렇다면 새로운 사회 규칙은 어떻게 창조되고 실행되는가? 강력한 복속이 새 규칙을 실행하는 확실한 방법이지만 이는 강자만 활용할 수 있다. 약자는 더 섬세한 설득 방법에 의존해야 한다. 기독교계와 정신분석계를 비롯한 여러 집단의 역사를 보면, 초기에는 약자의 설득 방법을 활용하다가 나중에는 강자의 설득 방법을 사용했다. 기독교가 태동할 당시에는 신자들의 힘이 약했다. 그래서 그들은 비강압적 방법으로 자신들의 견해를 확산시켜야 했다. 하지만 권력을 잡은 뒤로는 강압적인 조치를 활용했다. 박해받던 자들이 박해자가 된 것이다.

억압받는 개인과 집단이 특징적으로 사용하는 또 다른 방법은 "먼저 된 자로서 나중 되고 나중 된 자로서 먼저 될 자가 많으니라"[15] 같은 유형의 규칙 변경이다. 이 방법은 언뜻 피억압자의 운명을 개선하기 위한 겸손한 노력쯤으로 보인다. 그러나 그런 노력이 성공하면, 피억압자는 억압자가 되고 억압자는 피억압자가 되는 지위 역전이 발생한다.

예수가 옹호한 규칙 역전의 역사적 모형은 모세와 유대인들이 사용한 것이었다. 현재 삶에 만족하지 못한 유대인들은 일상의 삶은 궁핍하지만 사실 자신들은 하느님의 선민이라는 사상에 고취되어 있었다. 하느님의 선택을 받은 자가 된다는 것은 언젠가 자신에게 특별히 좋은 일—그것이 하느님의 사랑을 받는 것일 뿐이라도—이 생긴다는 것을 의미한다. 이것이 효과를 발휘하면 심리적으로 훌륭한 전략이 된다. 이를 통해 신자는 약해진 자존감을 높이고 열등한 노예 신분을 거부하며 더욱 온전한 인간으로 도약

할 수 있다.

하지만 선민사상을 누릴 수 없는 집단도 있기에 그런 전략은 보편적으로 활용되지는 못한다. 유대교는 이교도를 개종하려 노력하는 종교가 아니었다. 유대인은 노예 소유주 집단을 모방했고 근본적으로 배타적인 집단이 되었다.

이런 역사적 기반에서 예수는 노예 해방 정신을 대중화했다. 오늘날 민주 사회에서 사회적 지위는 혈통이 아니라 성취에 따라 결정된다. 이런 점에서 초기 기독교는 근대 민주주의의 시조였다. 예수는 그리스도의 법*을 받아들이는 모든 사람에게 그 법이 적용되어야 한다고 선언했다. 이처럼 유대교 전통이 광범위하게 민주화되면서 기독교가 탄생했고, 그 뒤 2천 년 동안 기독교가 사회적으로 크게 번성했다.

물론 나는 그리스도의 법에 따라 기술된 신약의 일부 규칙에 대해 말하는 것이다. 신약과 구약을 대비해서는 안 된다. 그리스도의 법은 유대교의 규칙이 아니라 그 당시 지배적인 사회 질서 규칙을 역전한 것이었기 때문이다. 당시 지배적인 규칙은 무엇이었는가? 로마의 자유민으로 사는 것, 로마인처럼 다신교 신자가 되는 것이 그렇지 않은 것보다 더 낫다는 것이었다. 즉 병약한 것보다 건강한 것, 가난한 것보다 부유한 것, 박해받고 미움받는 것보다 존경과 사랑을 받는 것이 더 낫다는 규칙이었다. 예수와 사도

---

* 성경에는 두 가지 종교 규범이 있다. 하나는 하느님이 시나이 언덕에서 모세를 통해 내린 '모세 율법'이고, 다른 하나는 예수가 갈릴리 언덕에서 스스로 천명한 '그리스도의 법', 즉 '새로운 법'이다. 모세 율법은 오늘날 유대교의 종교적 전통이 되었고, 그리스도의 법은 개신교의 전통이 되었다.

바울이 기술한 그리스도의 법은 이와 같은 당시 실생활 규칙을 급진적으로 역전시켰다. 그리하여 '마지막'은 '처음'이 되고 '패배자'는 '승리자'가 된다. 신앙심 깊은 기독교인은 승리자가 되고 이교도 로마인은 패배자가 되고, 건강하고 부유하고 존경받는 사람은 벌을 받고 병약하고 가난하고 박해받는 사람은 보상을 받는다.

그리스도의 법이 대중의 지지를 받고 성공할 수 있었던 이유는 이 법의 몇 가지 특징 때문이다. 기독교가 태동할 당시에는 노예와 병들고 가난하고 불행한 사람들이 자유롭고 건강하고 풍족한 사람들보다 훨씬 더 많았다. 지금도 마찬가지다. 그래서 로마 사회에서 실현된 지상의 게임 규칙은 극소수 사람들에게만 기회를 약속한 반면, 기독교의 규칙은 많은 사람에게 천상에서 아낌없는 보상을 약속했다. 이런 의미에서 보면 초기 기독교는 민주주의와 포퓰리즘을 동시에 지향했다.

하지만 우리는 특정한 시기와 목적에 유용했던 사회 규칙이 다른 시기와 목적에서는 무용하고 심지어 유해할 수 있다는 사실을 너무 잘 알고 있다. 성경 규칙은 한때 엄청난 해방적 영향력을 행사했지만 이미 오래전부터 심리적으로나 정치적으로 억압적인 효과를 만들고 있다. 애석하게도 이런 변질은 대다수 혁명 과정의 특징이다. 초기의 해방적 국면은 곧 억압적 국면으로 전환된다.[16]

해방적 규칙이 때가 되면 또 다른 억압 방식이 될 수 있다는 것은 모든 유형의 규칙 변경 전략에 폭넓게 적용되는 일반 원리다. 그래서 오늘날 또 다른 규칙에 불과한 새로운 사회 체계를 성심을 다해 신봉하는 것은 매우 위험하다. 그러나 사회적 삶이 부단히 증가하는 인간의 복잡성과 자기 결정을 향한 역동적 과정으로 지속되려면 새로운 규칙이 끊임없이 필요하다. 그러나 단순한 규칙 변화로는 어림도 없다. 옛 규칙을 새 규칙으로 변경하는 데 더해, 옛 규칙의 근거를 제대로 인식하고 그 규칙이 지속적으로 영향력을 발휘하지 못하도록 경계해야 한다. 그런 영향력 중 하나가 옛 규칙에 대한 내밀한 반동 형성으로 새 규칙을 만드는 경우다. 기독교, 프랑스혁명, 마르크스주의부터 자칭 기질적 전통에 대한 의료 혁명이라는 정신분석까지 모두 혁명이 피하지 못한 운명, 즉 새로운 폭정에 굴복했다.

현대 서구인에게 종교적 가르침이 어떤 영향을 끼치는지는 여전히 민감한 주제다. 정신의학자, 심리학자, 사회과학자는 이런 주제를 기피하는 경향이 있지만, 나는 여기서 유대-기독교의 가치와 규칙의 일부를 재검토하면서 이 주제를 논의하고자 했다 과학적으로 존중받을 만한 심리사회적 이론을 진정으로 갈구한다면, 우리는 기존의 종교적—그리고 특히 전문가의—규칙과 가치에 지금보다 훨씬 더 많은 관심을 쏟아야 할 것이다.

온정주의와 치료주의의 윤리

아기 울음이 부모의 달래는 행위를 유발하듯이[17] 성인의 은유적인 울음—음성적으로나 비음성적으로 병이 있으니 도와달라고 표시하는 것—은 의사의 치료 행위를 자극한다. 흥미롭게도 의사는 성직자의 후예답게 자신이 하는 일을 '소명(calling)'—이 단어는 병자뿐 아니라 하느님의 부름을 받는다는 뜻이다—이라고 말한다. 의사인 도움주는 자는 병자, 부상자, 장애인을 비롯한 도움받는 자의 부름을 받고 달려가서 성직자처럼 그 곁에서 건강을 보살핀다. 이런 이미지 속에서 병자는 아프다는 이유만으로 도움받을 자격을 얻는다. 도울 수 있으면서도 돕지 않으면 무관심한 사람이라고 도덕적 비난을 받는다. 환자가 이 원리를 악용하면 꾀병과 의사 착취가 심해진다. 의사가 이 원리에 구속되면 환자에 대한 원망과 보복이 일어난다.

의료 환경에서 나타나는 정서적 공감은 가정에서도 흔하다. 환자는 아프고 도움받아야 하는 자신을 의사가 보살펴야 한다는 것을 알고, 아기는 연약하고 도움받아야 하는 자신을 부모가 보살펴야 한다는 것을 안다. 치료주의(therapeutism)는 온정주의(paternalism)*의 반복이다.

물론 어린아이와 환자를 이렇게 단순하게 비교하는 것은 무리다. 예로부터 환자는 의사에게 수고비를 지불했다. 의사와 환자 모두 의료 서비스를 돈으로 거래하는 것을 부담스러워했지만, 지금은 과거와 달리 이런 부담에서 서서히 벗어나고 있다. 프로이트는 의료 계약을 둘러싼 위선적 자세로는 정신 치료를 수행할 수 없다는 것을 알아차리고 자신의 선조, 동료, 추종자보다 훨씬 더 솔직하게 이 문제에 대처했다.[18] 그는 환자를 온정적으로 대하면 자신이 자율적으로 행동하지 못한다, 환자가 자율성을 지니려면 환자와 의사가 진료비에 대해 허심탄회하게 대화를 나누어야 한

---

* '온정주의' 또는 '가부장주의'는 아버지가 자식을 보호하듯 특정 개인이 선의를 품고 다른 개인이나 집단의 자율성을 통제하는 행위나 조치를 말한다. 온정주의의 핵심은 지배와 보호에 기반한 사회관계이다. 특히 남북전쟁 이전의 미국 남부 노예주들이 노예 제도의 정당성을 주장하기 위해 이 개념을 널리 사용했고, 이후 페미니즘 등 사회학에서 이 용어를 비판적으로 사용하고 있다.

다, 적어도 환자를 이 같은 제약에서 벗어나게 해야 정신분석 상황을 만들 수 있다고 생각했는데,[19] 이 점은 높이 평가할 만하다.

자비심을 앞세우는 모든 치료적 태도와 방식을 주시하고, 그렇지 않다고 입증될 때까지는 그것이 환자의 가치를 평가절하하고 의사의 가치를 평가절상하는 데 기여한다는 점을 명심해야 한다. 우리는 여기서 주인과 노예의 전통적인 관계를 되짚어봐야 한다. 어쩌다가 좋은 주인이 흑인 하인을 다정하게(북부 공장 지대에서 흑인이 받는 대우보다 더 다정하게) 대우했더라도, 그의 자비심은 온정주의적인 노예 소유 규범의 일부이면서 그것과 한 덩어리이다.

내가 보기에 오늘날 '의료 윤리'라고 대수롭지 않게 보아 넘기는 것들은 대부분 앞서 설명한 것과 비슷한 방식으로 의사를 치켜세우고 환자를 깎아내리려는 온정주의 규칙에 불과하다. 의학적 특히 정신의학적 돌봄을 진정으로 개선하려면, 환자의 해방과 완전한 권리─이것은 자율과 호혜의 윤리가 완전히 실현된 이후에야 가능한 변화다─를 보장해야 한다. 모든 개인은 아프든 악하든 나쁘든 미쳤든 존엄하고 존중하는 대우를 받아야 한다. 그리고 자기 행위를 책임져야 한다. 의료 관점이 이렇게 바뀐다면, 즉 환자가 의료 상황에서 존엄과 통제력을 지닌다면, 더는 병을 핑계 삼지 않아도 될 것이다.

우리가 여기서 다루는 병과 치료의 도덕적 함의를 최초로 확인하고 장애에 관한 우호적인 규칙이 지닌 사회적 문제를 지적한 대표적인 사상가는 허버트 스펜서(Herbert Spencer)이다. 스펜서의 타당한 견해를 살펴보면 도움줌(helplessness)과 도움받음(helpfulness)의 윤리를 더 잘 이해할 수 있다.

현대 사회학의 창시자로 알려진 스펜서는 도움받아야 할 사람을 돕는 문제에 관심이 많았다. 스펜서는 다윈의 진화생물학적 사고에 영향을 받아 모든 고등 동물종의 경우 "개체의 유체(幼體) 시기의 삶과 성체(成體) 시기의 삶을 정반대로 다루어야 한다"라고 지적했다.[20] '고등' 동물은 성장 속도가 상대적으로 느리지만 성장 후에는 "하등 동물보다 새끼를 더 잘 보살핀다."[21] 이를 근거로 삼아 스펜서는 다음과 같은 일반 법칙을 세웠다. "미성숙 시기에 받는 혜택은 개체의 힘이나 능력에 반비례해야 한다. 만일 유체 시기에 우수성에 비례해 혜택을 받거나 공적에 따라 보상을 하는 종이 있다면, 장담컨대 그 종은 한 세대가 지나면 사라질 것이다."[22]

이어서 스펜서는 '가족 집단 체제'와 '성체가 된 종 개체들로 구성된 더 큰 집단 체제'를 대비했다.[23] 성체 동물은 삶의 어느 시점에 혼자 남게 되어 생존에 필요한 것을 스스로 조달하거나 그러지 못하면 죽고 만다.

이제 앞서 설명한 것(미성숙 시기의 삶)을 뒤집는 원리가 작동하게 된다. 성체는 살아가면서 우수성에 비례해 혜택받고 공적에 따라 보상을 받는다. 우수성과 공적은 생존에 필요한 모든 것—먹이를 구하는 것, 살 곳을 확보하는 것, 천적을 피하는 것 등—을 조달할 수 있는 능력이다. 같은 종 개체들과 경쟁해야 하고 다른 종 개체들과 적대해야 하는 상황에서 각 성체는 자질이 우수한지 아니면 열등한지에 따라 그 개체수가 감소하고 심지어 사멸하거나 아니면 번성하고 번식한다. …… 여기서 다음과 같은 광의의 사실을 지적하고자 한다. 가족-집단 내부와 가족-집단 외부에서 이루어지는 자연의 대처 양식이 정반대이고, 한 양식이 다른 양식을 침범하면 그 종에게 즉각적으로 또는 장기적으로 치명적일 수 있다.[24]

스펜서는 동물처럼 인간도 이런 자연법칙을 거스를 수 없다고 주장했다. 그는 어린아이가 가족의 보호를 받아야 하는 것은 필요하고 적절하다고 생각했지만, 성인에게 이런 양식을 적용하면 인간종에게 재앙이 닥칠 것이라는 느낌을 강하게 받았다. 확고한 개인주의 정신으로 무장한 스펜서는 온정주의적인 국가의 '성스러운 돌봄(ministration)'에 반대하고 인간의 자립적 책임을 강조했다.

가족생활의 원리가 사회생활에 채택되어 전면적으로 적용되면, 즉 공적이 적을수록 보상이 더 많으면 사회에 치명적인 결과가 삽시간에 나타날 것이 명백하다. 심지어 가족 체제가 국가 체제를 부분적으로 침범하더라도 치명적인 결과가 서서히 나타날 것이다. 모든 종은 나름대로 삶의 양식에 적합한 원리와 그 적합성을 유지하는 원리가 있는데, 이와 상반된 원리가 침범하여 작동하면 반드시 사회에 즉각적으로 또는 장기적으로 재앙을 초래한다.[25]

나는 생물학 원리를 사회적인—따라서 본질적으로는 윤리적인—문제에 직접 적용하는 건 올바르지 않다고 생각한다. 그런데도 스펜서의 주장을 인용한 이유는 그 주장에 담긴 정치적 함의 때문이 아니라 역사적 중요성 때문이다. 스펜서는 프로이트와 동시대 인물이지만 그보다 연장자였다. 부모와 어린 자식 사이의 기초적인 생물학적 관계가 특히 자식의 사회 활동에서 중요하다는 스펜서의 가설은 정신분석 이론의 초석이 되었다. 헝가리 정신분석가 게저 로헤임(Geza Roheim)은 다른 동물보다 긴 인간의 태아기에 관한 스펜서주의자들의 이론에 기초해 자신의 인간 이론을 정립하기도 했다.[26]

스펜서의 주장이 그럴듯해 보이지만 그 주장을 너무 많은 영역에 적용해서는 안 된다. 가령 인간 유아의 부모 의존성이 생물학적으로 결정되었다는 주장을 '신경증'을 설명하는 데 적용하는 것은 인과관계의 역전이 될 수 있다. 오히려 이렇게 설명하는 편이 더 설득력이 있어 보인다. 인간 유아가 [동물 유체에 비해] 오랫동안 의존적인 까닭은, 긴 유아기가 생물학적으로 결정되어서가 아니라 완전히 성숙한 인간—생물학적으로만 성장한 유기체가 아니라—으로 간주되기 전에 숙달해야 하는 상징, 규칙, 역할, 게임을 배우는 시간이 길기 때문이다.

이제 어리다(또는 미성숙하다)는 것과 (병 등으로) 장애를 겪는다는 것의 유사성을 다시 생각해보자. 음식 구하기, 집 짓기, 적에 맞서 싸우기 같은 일을 하는 데 어린아이는 쓸모가 없고 부담만 될 뿐이다. 신체 장애가 있거나 다른 어떤 이유로 게임을 거부하는 사람도 사회에서 쓸모가 없고 부담만 된다. 그런데도 인간 사회는 왜 그런 장애가 있는 사람에게 관대할까? 정답을 말하면 인간 사회는 장애인을 쓸모 여부로만 판단하지 않기 때문이다.

장애가 있는 성인은 기능 면에서 보면 어린아이와 비슷하기에 아이가 부모와 맺는 관계와 유사하게 장애가 없는 사람과 관계를 맺기 쉽다. 장애인은 도움이 필요하고 도움 없이는 생존하기 어렵다. 장애가 없는 사람은 도움을 줄 수 있는 능력을 갖추고 있고 그렇게 하도록 동기를 부여받는다. 부모와 성인은 자식과 어려운 사람을 보살펴야 한다는 생물학적 성향 말고도 돌봄 행위를 촉진하는 현실적인 유인이 있다. 이를테면 원시 사회에서 어린아이는 자라서 능력을 갖추면 생존에 필요한 육체노동을 할 수 있는 존재로 간주되었다. 따라서 연약한 아이를 돌봐준다는 것은 부모를 돕고 종족을 지탱할 수 있는 강인한 성인을 얻는다는 의미였다.

스펜서의 주장에서 가장 약한 고리는 인간이 생물학적 유기체에서 사회적 존재로 근본적으로 변화할 수 있음을 고려하지 못한 점이다. 규칙 따르기 행위와 관련해 말하자면, 인간은 무심결에 행동하는 존재에서 자기 성찰적으로 행동하는 존재로 바뀔 수 있다. 전자의 방식이든 후자의 방식이든, 어쨌든 인간은 규칙을 '따른다'. 전자의 경우에는 사람이든 동물이든 규칙에서 벗어날 기회가 없기 때문에 규칙 따르기는 의무적이지만, 후자의 경우에는 사람에게 규칙에 복종할지 불복할지 선택할 기회가 있기 때문에 규칙 따르기는 자기 의식적이다. 더욱이 규칙을 인지하는 것은 새로운 조건―즉 특정 규칙을 작동하기 위해 설계된 일들을 정교하게 만들어내는 것―으로 이어진다. 그러므로 인간이 지적이고 기호를 사용하는 동물이 되어 부모와 자식 사이 불가피한 관계를 인지하게 되는 순간, 아이 같음을 모방하여 어떤 목적을 달성하기 위한 무대가 펼쳐지는 것이다. 히스테리 발생에 필요한 무대도 인간의 사회적 발달 초기 단계에 마련된다. 히스테리가 나타나는 필요조건은 두 가지다. 하나는 부모가 (또는 제 기능을 다하는 개인이) 어린 자식을 (또는 제 기능을 다하지 못하는 개인을) 돌본다는, 생물학적으로 결정되지만 사회적으로 실행되는 규칙이고, 다른 하나는 언어와 상징화의 발달을 통한 자기 성찰과 인지 능력의 성장이다. 이런 관점에서 보면 히스테리는 단순히 장애, 즉 '퇴행'이라기보다 창의적인 성취, 즉 '진보'다.

11장

신학, 주술, 히스테리

　교육자, 특히 종교적 가르침을 주입하는 데 관심이 많은 교육자는 항상 유아기에 학생을 철저히 교육하려고 애쓴다. 그때 주입된 것이 아이의 인격에 지속적으로 영향을 줄 수 있다는 발상은 정신분석보다 훨씬 더 앞선 시기에 나타났다. 프로이트는 5~6살 무렵에 인격이 고착된다고 주장함으로써 그런 견해를 재확인했다. 프로이트의 견해에 동조하지는 않지만 유아기에 주입된 규칙이 평생 그 사람의 행위에 깊은 영향을 끼친다는 것은 틀림없는 사실이다. 유아기 이후에도 따르는 '규칙 식단(rule diet)'이 이전과 별반 다르지 않다면 더욱 그렇다. 내가 보기에 유아기에 주입된 부조리한 규칙이 그 이후—6살부터 초기 성인기까지—교육에도 포함되는 경우가 많은 것 같다. 초기 학습 경험이 이후에 받은 영향으로 수정되거나 교정되지 않고 오히려 강화된다면, 이 경험이 나중에 미치는 광범위한 효과는 따져볼 필요조차 없을 것이다. 이렇게 강화되는 학습 경험 가운데 특별히 여기서 주목할 것은, 아이 같은 게임과 상호 강압적인 인간 행동 전략을 영구화하는 종교적, 국가적, 전문가의 신화에 내재한 가치관과 규칙이다.

내가 종교적, 국가적, 전문가의 신화라고 부르는 것은 개인이 속한 (또는 개인이 속하고 싶은) 집단을 미화하는 것이 주요 목적인 게임이다. 이렇게 '닫힌' 게임은 규칙을 준수할 능력을 갖춘 모든 사람이 참여할 수 있는 '열린' 게임과 대비된다. 종교와 국가를 초월하는 도덕성에 기반한 '열린' 게임 규칙은 우리의 현재 습관과 많은 부분에서 심한 갈등을 빚곤 한다. 그렇다고 해서 인간 평등—동등한 권리와 의무가 있다는 의미에서 또는 능력에 따라 모든 게임에 참여한다는 의미에서—을 지향하는 사회적 흐름이 인류를 위협한다고 생각할 필요는 없다. 오히려 그런 흐름은 여전히 우리의 존중과 지지를 받는 몇 안 되는 가치 중 하나다.

이 장에서는 오늘날 정신병 개념이 개인적, 사회적 관계에서 나타나는 문제를 불분명하게 만들고 변명하는 데 주로 사용된다는 점, 그리고 중세 말의 주술 개념이 이런 방식으로 사용되었다는 점을 보여주려고 한다. 오늘날 우리는 관계의 문제를 정신의학의 문제라고 둘러대고—즉 의료화하고—이와 관련된 도덕적, 개인적, 정치적, 사회적 논쟁을 거부한다. 마녀사냥이 판치던 시기에 사람들은 주술의 문제를 신학의 문제라고 둘러대고—즉 종교화하고—그런 논쟁을 거부했다. 중세 말의 종교 규칙과 그 효과는 규칙 따르기 행위의 원리를 보여주는 좋은 사례가 될 뿐만 아니라 주술의 존재에 대한 중세인의 믿음이 정신병의 존재에 대한 현대인의 믿음으로 전승되었다는 것을 보여준다.

의학 이론으로 보는 주술

주술 사용 혐의로 기소된 중세 여성들은 지금으로 말하면 히스테리에 시달린 사람들이라고 주장하는 경우가 종종 있다. 많은 (정신)의학 저술가들 역시 주술을 정신의학적 관점으로 바라보는 견해를 지지한다.

예를 들면 정신분석가 그레고리 질부르그[1]는 하인리히 크라머(Heinrich Krämer)와 야콥 슈프랭거(Jacob Sprenger)가 쓴 《마녀를 심판하는 망치(Malleus Maleficarum)》[2]에 대한 기록을 해석해 당시 마녀들이 오진된 정신과 환자라고 주장한다. 하지만 질부르그는 마녀가 정신적으로 아픈 사람이었다는 것을 입증하는 데 급급하여 이와 다르게 해석할 수 있는 모든 증거를 외면한다. 그래서 《마녀를 심판하는 망치》가 의학 서적이라기보다 법률 서적에 훨씬 더 가깝다는 사실을 무시한다. 마녀를 색출하고 주술을 입증하는 것은 선고를 위한 예비 작업이었다. 질부르그는 이 책이 주로 법적 조사와 선고를 다룬다고 지적하는 데서 멈추고, 마녀가 사실은 당시 지배적인 사회적 (신학적) 질서를 거스르는 범죄자 또는 중립적으로 말하면 위반자였음을 논리적으로 추론하지 못한다. 오히려 그는 "마녀를 환자로 대체하고 악마를 삭제하는 등 약간만 각색하면, 《마녀를 심판하는 망치》가 15세기 임상 정신의학을 기술한 훌륭한 의학 교과서로 손색이 없다"라고 주장한다.[3]

하지만 질부르그는 책 후반부부터 전혀 다른 견해를 제시하는데, 전반부에서 주장한 것과 다소 모순된다. "마녀와 주술사로 기소된 모든 여자가 정신이 병든 것이 아니었는데도, 정신이 병든 거의 모든 여자가 마녀, 주술사, 또는 마법에 걸린 것으로 간주되었다."[4]

또 질부르그는 중세인들이 지금 우리가 하는 게임과 상당히 다른 게임에 참여했다고 지적하면서도 이 책을 쓴 독일 가톨릭 사제 크라머와 슈프랭거의 관찰을 의료 모형과 정신의학 모형으로 주조하기를 멈추지 않는다. 그의 주장을 들어보자.

《마녀를 심판하는 망치》의 이 구절은 15세기에 제기된 가장 중요한 진술일 것이다. 이 간단명료한 구절에서 두 사제는 약 2백 년에 걸친 의학적, 철학적 탐구를 통해 매우 신중하게 수집하고 보존해 오던 많은 정신의학적 지식을 통째로 일소해버린다. 그들은 당시까지 축적된 정신의학적 지식을 탁월한 솜씨로 일거에 단순화하여 일소함으로써 논쟁의 여지를 막아버린다. 그 당시 이런 주장에 감히 누가 "하지만 그것은 진실에 어긋나오"라며 반박할 수 있었겠는가? 그리하여 오늘날 광기, 주술, 이단이 하나의 개념으로 융합되고 그런 문제가 의학적인 문제일 수도 있다는 의심조차 배제되는 시대에 이르렀다.[5]

이어서 질부르그는 이렇게 덧붙인다.

인간의 자유의지에 대한 믿음이 여기서 가장 터무니없고 가장 끔찍한 결론으로 치닫는다. 가령 이런 식이다. 인간은 설령 인지력, 상상력, 지적 기능을 왜곡하는 병에 시달리고 있더라도 자신의 자유의지로 무엇이든 한다. 인간은 자발적으로 악마의 유혹에 머리를 조아린다. 악마는 인간을 유혹하거나 함정에 빠뜨리지 않는다. 인간은 자기 선택에 따라 스스로 악마에게 복종하기 때문에 자유 선택에 대한 책임을 져야 한다. 그런 사람은 반드시 벌을 받아 마땅하다. 그는 반드시 공동체에서 제거되어야 마땅하다.[6]

질부르그의 견해에 따라 정신과 의사들은 너도나도 마녀를 '정신병'을 '앓는' 불행한 여자로 가정하게—사실상 주장하게—되었다. 하지만 이런 해석은 당연히 비판에 직면한다. 마녀가 정신이 병든 사람이라는 사고는 주술의 존재에 대한 믿음의 토대인 신학적 세계관을 불신하는 것이고, 정신병 개념을 광범위한 무소불위의 권력을 설명하는 이론으로 숭상하는 것이기 때문이다.

질부르그는 《마녀를 심판하는 망치》 저자들이 2백 년 동안 축적한 (정신)의학 지식을 일소했다고 주장한다. 그러나 15세기 신학자들이 직면한 문제를 해결할 수 있는 적절한 (정신)의학 지식이 있었다면, 그것이 대체 무엇이란 말인가? 확실한 건 그들에게 로마 제국의 의학자 갈레노스(Galenus) 의술은 고려 대상이 아니었다. 사실 중세인들은 주술 문제에 대해서는 적절한 '의학' 지식이 전혀 없었다. 그런 지식이 필요했을 리가 없다. 당시 주술 혐의는 대개 누군가를 제거할 목적으로 조작된 것이었고 잔인한 고문으로 자백을 강요했다는 증거가 차고 넘친다.[7] 마지막으로 주술에 대한 믿음이 '의학적 실수'였다면—히스테리가 있는 사람을 마녀로 오진한 것이라면—이런 실수가 13세기 이전에는 많지 않았던 이유는 무엇인가?

질부르그는 의학적 설명처럼 보이는 것을 제시하며 주술을 설명하려 하지만, 그것을 어떻게 이해하고 활용했는지에 대한 세부 설명은 없다. 오늘날 용어로 '정신이 병든' 마녀들이 어떤 종류의 병에 굴복했단 말인가? 마비나 뇌종양 같은 질병에 굴복했단 말인가, 아니면 가족과 사회의 억압이나 골치 아픈 목표 따위로 인해 삶의 문제에 굴복했단 말인가? 의학적 관점에서 주술을 보는 자들은 이런 질문을 제기하지 않을뿐더러 누군가 이런 질문을 해도 대답하기 주저한다. 주술 혐의 씌우기가 자유의지에 대한 광적인 믿음 때문이라는 질부르그의 해석은 틀렸다. 그의 해석이 맞다면 어찌하여 마녀는 유독 여성 특히 늙고 가난하고 사회적으로 희생시켜도 무방한 여성이었겠는가? 더욱이 당시에는 어떤 사람이 악마에 사로잡힌 것 같으면, 그의 자유의지 탓이 아니라 '사리 분별'을 하지 못한 탓이라고 생각했다. 그래서 마녀 사냥꾼을 불행한 의뢰인의 대리인으로 여기고 마녀 처형을 의뢰인을 '치료하기 위한' 것으로 간주한 것이다. '치료'는 무엇으로 구성되는가, '치료사'는 누구인가에 대한 이처럼 전체주의적 정의가 지금도 모든 비자의적 환자에 대한 정신과적 개입에서 작동하고 있다.[8]

주술에 대한 의학적 견해는 마녀의 존재에 대한 믿음과 그 결과인 마녀사냥을 결정짓는 두 가지 명백한 사회적 요인을 무시한다. 첫째 하느님, 예수, 기독교 신학에 대한 심취는 사악한 신, 악마, 마녀, 주술사의 존재에 대한 믿음과 불가분의 관계였다. 둘째 마녀와 악마의 성교에 대한 관심은 가톨릭교회의 공식적인 반성애적 사고방식의 복사본, 즉 거울상(mirror image)이었다. 육체는 허약하고 죄가 많아서 인간에게 가치 있는 유일한 목표는 영혼을 영원히 구원받는 것이라는 중세인의 신학적 세계관에 비추어 마녀 고문과 화형을 바라봐야 한다.[9] 사람의 몸을 기둥에 묶고 불태우는 것은 공식적인 게임 규칙을 고수한다는 상징적 행위였다. 이렇게 극적이고 의례화된 방식으로 신앙심을 확인함으로써 중요한 사회적 허구 곧 신화를 지속시켰다.[10] 중세 때 기소된 마녀를 불태우는 행위는 미국 금주법 시기에 압수된 주류를 폐기하는 행위와 유사하다. 실제로는 사람들이 잘 따르지 않는 규칙을 공인하는 행위였다는 점에서 그렇다. 또 중세의 성행위는 지금 기준으로 보더라도 아주 난잡했다.[11] 이 두 사례로 보건대, 법은 대다수 사람들이 따르고 싶지 않았던 고도로 윤리적인 이상을 표시한 것이다. 그래서 사람들은 법망에서 빠져나가려 하고, 법을 지키는 시늉만 하고, 자기 대신 벌을 줄 적당한 희생양을 떠올렸다. 이런 상황에서는 규칙을 위반하거나 위반한 것으로 간주되어 붙잡혀 마땅한 벌을 받아야 할 사람이 맡는 역할이 바로 희생양의 사회적 기능이다.[12] 따라서 주류 밀매업자와 모든 부류의 조직 폭력배―모두 금주법 시절에 등장했다―는 금욕의 신전에 제물로 바친 희생양이었다고 할 수 있다. 규정된 행동 규칙과 실제 사회적 행위 사이의 간극이 클수록 인간은 공식적으로 선언된 윤리적 믿음에 따라 살아야 한다는 사회적 신화를 유지하기 위한 수단으로 희생양 제물이 필요하다.

희생양 이론으로 보는 주술

내가 보기에 주술은 다양한 재앙을 설명하고 파악하기 위해 특정한 방법을 표상한 것이다. 인간은 무지함과 무력함을 인정할 수도 없고 그렇다고 다양한 신체적, 생물학적, 사회적 문제를 이해하고 파악하지도 못한다. 그래서 희생양을 통해 안식처를 찾는다. 특히 마녀, 여성, 유대인, 흑인, 정신병자 들이 희생양으로 지목된다. 모든 희생양 이론은 질서를 위반하는 개인, 종족, 병 따위를 통제하거나 정복하거나 제거해야 비로소 모든 문제가 해결된다고 가정한다.

의료인들은 마녀가 오진된 히스테리성 환자였다는 주장을 열광적으로 지지하지만, 사회과학자들은 마녀가 사회적 희생양이었다는 견해를 선호하는 경향이 있다.[13] 나는 후자의 해석에 동의하며 희생양 이론이 의학 이론보다 더 나은 이유를 보여주려고 한다. 마녀를 오진된 히스테리성 환자로 간주하는 것도 오류지만, 오늘날 히스테리를 비롯한 정신병을 '앓고' 있는 사람을 신체병을 앓고 있는 사람과 동일한 범주에 집어넣는 것도 오류라고 주장한다.

주술을 희생양 이론으로 바라보면 우리는 이런 질문을 할 수 있다. 누가 마녀로 간주되었는가? 마녀는 어떻게 재판받았고, 유죄 판결은 누구에게 이익이 되었는가? 마녀의 존재를 믿지 않은 사람들은 주술을 어떻게 생각했을까? 그들은 마녀를 병자라고 생각했을까? 아니면 주술은 아무 문제가 없고 날조된 혐의가 문제라고 믿었을까? 이런 질문을 논하면서 주술의 존재에 대한 중세인의 믿음과 정신병의 존재에 대한 현대인의 믿음이 어떻게 닮았는지 살펴보고, 둘 다 해명하기 어려운 특정한 도덕적 문제를 은폐하는 그릇된 설명이라는 것을 보여주겠다. 미리 말하자면 둘 다 특정 집단—성직자 집단과 의료 전문직—의 이익에 복무하고, 특별한 집단을 사회적 편의주의(expediency)라는 제단에 올려놓고 희생시키는 기능을 한다. 중세에는 마녀가 희생양이었다면 지금은 비자의적 정신과 환자를 비롯해 정신이 병든 모든 사람이 희생양이다.

여기서 명심해야 할 점이 있다. 전통적인 병 개념은 통증, 고통, 장애 같은 간단한 사실을 근거로 삼는다는 점이다. 따라서 고통받는 사람, 즉 환자 본인이 먼저 자신을 병자로 생각하고 나중에 다른 사람들도 그렇게 생각하는 것이 보통이다. 사회학 용어로 말하면 일반 의학에서 병자 역할은 전형적으로 본인이 정의한 것이다.[14]

그러나 전통적인 정신병 또는 광기 개념은 정반대 기준에 따른다. 정신적으로 고통받는다고 추정되는 사람(특히 '정신이상자')은 자신이 아프지도 않고 장애도 없다고 생각한다. 그러나 다른 사람들이 그가 아프고 장애도 있다고 주장한다. 그래서 정신과 환자의 역할은 당사자의 의지와 반대되는 사람들에 의해 부여될 때가 많다. 요컨대 정신의학에서 병자 역할은 전형적으로 타인이 정의한 것이다.

자발적으로 병자 역할을 하는 것과 자기 의지에 반해 병자 역할이 부여되는 것은 엄연히 구분되어야 한다. 정신과 환자의 병자 역할은 그렇게 하면 정신 치료 같은 특정한 유형의 도움을 받을 수 있다는 기대가 있을 때 본인이 정의하는 것이다. 반대로 자기 의지에 반해 병자 역할이 부여될 때, 그것은 누군가를 정신과 환자로 정의하는 사람들의 이익에 복무한다. 다시 말해 병자 역할은 개인적 치료를 기대하는 것이지만, 사회 통제를 위한 사회적 바람에 의해 타인에 의해 부여된다.

중세인들은 누군가 마녀라는 것을 어떻게 분간했을까? 자신이 마녀라는 것을 '알아차리는' 사람은 드물었고, 다른 개인이나 집단이 누군가가 마녀라고 주장했다. 그런 다음 공식적인 방식으로 마녀 여부를 확인했다. 요컨대 마녀 역할은 전형적으로 타인이 정의한 것이었다. 이런 측면에서 보면 오늘날 비자의적 정신과 환자의 역할과 동일하다.

주술 혐의로 기소된 사람들은 대부분 여성이었다. 'hysteric(히스테리가 있는 사람)'이라는 단어가 그렇듯이 'witch(마녀)'라는 단어에도 'woman(여자)'이 함축되어 있다. 피에르 자네와 지크문트 프로이트는 '남자 히스테리성 환자'*도 존재한다고 최초로 주장했지만, 마녀가 된다는 것과 여자 히스테리성 환자가 된다는 것은 상관성이 아주 높다. 이와 관련해 영국 신학자 제프리 패린더(Geoffrey Parrinder)는 영국에서 마녀로 판결받은 사람들 가운데 남자는 15명뿐이었다고 주장한다.[15] 패린더는 이 사실을 해석하며 남성이 지배하는 세계에서 여성은 박해받는 소수자라고 주장한다.

주술 혐의로 기소된 사람들 중 압도적 다수가 여성이었고 대부분 하층민이었다. 그들은 가난하고 무지하고 사회적으로 무력하고 더러는 늙고 연약했다. 당시 주술 '진단'은 오늘날 누군가를 정신이 병들었다고 부르는 것처럼 모욕이자 비난이었다. 당연한 말이지만 사회적으로 저명한 사람보다 하찮은 사람을 비난하는 게

---

* '남자 히스테리성 환자'의 발견은 샤르코의 '뇌병자에서 히스테리성 환자로의 전환'처럼 정신적 고통의 민주화에서 새로운 장을 열었다. 프로이트는 양성의 창조적 수행 잠재성에 관해 양성평등을 알리기보다 양성의 신경증 민감성에 대해 양성의 평등함을 알리는 데 더 열정적이었다. 남자 역시 히스테리로 고통받을 수 있다는 그의 주장은 여자는 남자와 동일한 '승화(sublimation)'와 '정신 발달'이 불가능하다는 신조와 상반된다. (저자 주)

더 안전하다. 어쩌다가 상류층이 주술 혐의를 받을 경우에는 개인보다 수녀회 같은 큰 집단이 고발하는 것이 더 효과적이고 안전했다. 지금이나 그때나 수가 안전을 보장하고, 많은 사람들이 뭔가를 주장하면 그것이 진실처럼 보인다. 하지만 그 당시 식자층과 부유층에게 마녀 낙인을 찍고 그들을 기둥에 묶어 화형 처분을 내리는 경우는 드물었다. 오늘날 식자층과 부유층에게 그들의 의지에 반해 정신이 병들었다는 진단을 내리고 로보토미(lobotomy, 전두엽 절제술) 처분을 내리는 경우가 드문 것과 마찬가지다.

실제로 중세 종교 재판관들은 주술 혐의로 기소된 아주 연약하고 순박해 보이는 부유층 여성들이 극악무도한 괴력을 지녔다는 소문을 반신반의했던 것 같다. 패린더의 말을 들어보자.

> 재판관들은 부유층 여성들이 악마의 도움으로 흉한 짓을 했지만 속임수에 능란한 악마가 자신의 추종자들이 자신을 필요로 하는 순간에 그들을 내버렸다고 설명했다. …… 재판관들에게 아주 편리한 설명이었다. 이 같은 논리로 스스로 면피하면서 이 위험한 여성들을 처리할 수 있었기 때문이다.[16]

패린더는 마녀사냥 같은 반여성주의적 믿음과 행위를 '웃기는 짓'이라고 했지만 20세기 유럽에서도 이와 비슷한 사고방식이 횡행하고 있다는 사실을 간과해서는 안 된다. 이른바 문명국가에도 아직 이런 편견이 남아 있고, 더구나 경제적으로 저개발된 지역에서는 노예나 타민족을 착취하듯이 여성을 체계적으로 억압하고 착취하는 관습과 삶 규칙이 여전하다.

인간 행동 과학의 진보를 검토할 때 이와 같은 역사와 문화를 고려하는 것이 중요하지만, 특히 히스테리와 관련해 더욱 중요한 것은 세기 전환기 중부 유럽이 여성을 바라보는 문화적 태도다. 바로 그때 그곳에서 정신분석이 탄생했고, 정신분석을 통해 오늘날 '역동정신의학'으로 부르는 것이 등장했기 때문이다. 당시 사회적 상황에서 여성의 지위는 여전히 심각한 억압 상태였다는 것이 널리 알려진 사실인데도 오늘날 우리는 그런 사실을 쉽게 망각하거나 별로 주목하지 않는다. 당시 여성은 부모나 배우자에게 경제적으로 의존해야 했고, 교육이나 취업 기회가 거의 없었고, (명시적으로 그러지는 않았겠지만) 자궁 소유자 취급을 받았다. 여성에게 '어울리는' 역할은 결혼과 모성이었다. 그래서 여성은 남성보다 지적 능력, 윤리적 감각 같은 생물학적 특성이 열등하다고 간주되었다. 프로이트의 여성관은 크라머와 슈프랭거의 관점과 별반 다르지 않다.

여자들은 정의감이 거의 없다고 봐야 하는데, 물론 이것은 여자의 정신적 삶에서 질투가 많은 것과 관련이 있다. 정의감이 생기려면 질투심이 적어야 한다. 여자는 질투심을 멀리해야 한다는 인간의 요건을 저버린다. 또 여자는 남자에 비해 사회적 관심이 적고 본능을 승화할 수 있는 능력이 낮다.*[17]

---

* 심리학 용어 '승화(sublimation)'는 자신의 부정적인 성향, 욕구, 충동 따위를 사회적으로 긍정적인 형태로 표출하려는 방어기제다. 가령 사회적 억압 때문에 부정적인 성향을 가진 사람이 자신의 경험을 문학 작품으로 표출하는 것, 아주 공격적인 사춘기 소년이 격투기를 통해 그 공격성을 해소하는 것 따위다. 방어기제 중 거의 유일하게 사회적으로 장려되는 기제다.

여기서 굳이 프로이트의 여성관을 인용한 까닭은, 그 관점을 비판하기 위함이 아니라—이미 다른 사람들이 그런 비판을 잘 수행하고 있다[18]—주술, 히스테리, 정신병으로 불리는 현상에서 희생양이 중요하다는 것을 강조하기 위함이다.

마녀, 악마 같은 존재에 대한 믿음은 형이상학 또는 신학의 문제에만 국한된 것이 아니라 대중의 행위에도 (특히 마녀사냥과 마녀재판에서) 영향을 주었다. 어떻게 보면 그런 재판은 성스러운 기적을 대면하는 거울상이었다. 그것이 주술인지 기적인지 여부를 판정하고 공인하는 자들은 사회 권력층—여기서는 로마 가톨릭교회의 고위 사제들—이었다. 그래서 '마녀재판'이라고 하는 것이다. 물론 이 '재판'은 의학적이지도 않고 과학적이지도 않았다.

중세인들은 고대인들 못지않게 법률 분쟁과 과학 분쟁의 차이를 명확하게 알고 있었다. 그런데 오늘날 히스테리에 관한 의학 이론은 이처럼 중요한 차이를 흐릿하게 만든다. 법적 다툼은 상충하는 이해관계를 해결하지만 의료 절차는 환자의 병을 해결하고 건강 회복 조치를 취한다. 후자의 상황에서는 당사자들 사이에 이해관계 충돌이 발생하지 않는다. 환자는 병이 있고 회복을 바란다. 가족과 사회도 환자의 회복을 바라고 의사도 마찬가지다.

당사자들의 이해관계가 충돌하는 법적 분쟁에서는 상황이 달라진다. 한쪽에 좋은 일이 다른 쪽에는 나쁜 일이 될 수 있다. 환자와 의사가 협력하는 상황이 아니라 서로 다투는 상황에서는 재판관이 끼어들어 중재한다.

유럽 마녀재판에서 재판관은 관례에 따라 유죄 판결을 받은 이단자의 세속적 소유물 중 일부를 차지했다.[19] 오늘날 자유 사회에서 판사는 당연히 공정해야 한다. 판사는 법을 수호해야 하고 소송 당사자들과 아무런 사회·경제적 이해관계가 없어야 한다. 이 모든 것이 자명해 보이지만, 소송 당사자들에 대한 판사의 공정함이 여전히 실현되지 못한 이상일 때가 있다. 이를테면 오늘날 전체주의 국가에서 국가에 대한 범죄는 마녀재판과 똑같은 방식으로 처리된다. 판사가 분쟁 당사자들의 한쪽인 국가 공무원이다. 자유 사회도 예외가 아니다. 기본적인 도덕적, 사회적 믿음 체계를 위반하는 범죄—반역, 국가 전복 등—에서 판사의 공정함은 어딘가로 사라지고 '정치적인 정의'가 그 자리를 메울 때가 종종 있다. 그래서 '정치범'은 '영웅'이 될 수 있지만 혁명에 실패하면 '범죄자'로 전락하는 것이다.

마녀재판은 피고인과 하느님 또는 피고인과 하느님의 세속적 대리인 가톨릭교회(나중에는 개신교) 사이에서 벌어진 다툼이었다. 공평한 재판은 언감생심이었다. 원고와 피고의 권력관계는 왕과 농노의 관계나 다름없었다. 한쪽은 모든 권력을 지녔고 다른 한쪽은 아무런 권력이 없었다. 또다시 우리는 지배와 복종이라는 주제와 마주한다. 유독 영국에서만 법적 보호 장치와 사회적 감수성 덕분에 마녀사냥 광풍이 잦아들었다. 영국은 13세기에 마그나카르타(Magna Carta, 대헌장)가 승인된 후 왕보다 권력이 약한 자들의 권리와 존엄성을 중시하는 분위기가 점차 조성되었기 때문이다.

마녀재판에서 표면적으로 드러난 갈등 이면에는 사회 계층, 가치관, 인간관계를 둘러싼 갈등이 자리 잡고 있었다. 심지어 가톨릭교회 내부에도 반목이 있었는데, 이것이 나중에 구교도와 신교도의 대립으로 치달았다. 이런 맥락에서 빈민층과 피억압 계층에서 골라낸 마녀와 주술사가 희생양이 되었다. 그들은 사회적 진정제가 되어 사회적으로 유용한 역할을 충실히 수행하고,[20] 중요한 공공 드라마(public drama)에 참여함으로써 기존 사회 질서를 안정적으로 유지하는 데 기여했다.

종교적이고 의학적인 삶 게임

중세의 삶은 거대한 종교 게임이었고, 이 게임의 지배적 가치는 내세에서 구원받는 것이었다. 앨프리드 갤리넥(Alfred Gallinek)은 "중세의 히스테리와 중세의 시공간은 분리할 수 없다"라고 강조하면서 이렇게 지적한다.[21]

세속적인 모든 것을 최대한 멀리하고 현세에서 이미 천국에 도달하는 것이 당시 사람들의 목표였다. 구원이 목적이었다. 구원이 기독교인의 주된 동기였다. 중세의 이상적인 인간상은 구원과 영원한 천상의 기쁨을 확신하고 모든 두려움에서 해방된 사람이었다. 그런 사람이 바로 성인이었다. 기사도 아니고 음유 시인도 아닌 성인이 되는 것이 중세의 진정한 이상이었다.[22]

기독교적 삶 게임에서 한쪽은 성스러움과 구원이 차지하고 다른 쪽은 주술과 천벌이 차지한다. 이 두 부분은 하나의 믿음 체계와 규칙 체계에 속해 있다. 용맹을 떨쳐 훈장을 받는 것과 탈영해서 처벌받는 것이 하나의 군율 체계에 속한 것과 마찬가지다. 긍정적인 구속력과 부정적인 구속력, 즉 보상과 처벌은 서로 보완하는 한 쌍이고 게임의 형식과 본질을 구성하는 데 동등하게 참여한다. 하나의 게임은 게임 규칙들의 총합으로 구성된다. 게임 규칙 중 하나라도 바뀌면 게임 자체가 변한다. 이 점에 유의해야 바람직한 것(보상)만 보존하고 바람직하지 않은 것(처벌)은 모두 제거해야만 게임의 정수(精髓)가 유지된다는 감상적인 믿음에서 벗어날 수 있다.

오히려 게임을 보존하고 싶으면—즉 사회적 (종교적) 현 상태를 유지하려면—기존 게임을 있는 그대로 열정적으로 해야 최선의 결과를 얻을 수 있다. 따라서 오늘날 의료-치료적 삶의 게임에서 정신병을 색출하는 것이 중요한 전략이듯 중세의 종교적 삶의 게임에서는 마녀를 색출하는 것이 중요한 전략이었다. '악마와 맺은 계약(Pacts with the Devil)'에 관한 패린더의 설명을 보면,[23] 주술의 존재에 대한 믿음과 편견이 종교적 삶 게임에 얼마나 영향을 끼쳤는지 알 수 있다.

주술과 이단을 '진단하는' 기준이 진정한 믿음의 소유 여부를 판단하는 기준과 동일했다는 점이 중요하다. 둘 다 사람이 한 말이 추론의 근거였다. 주장이 행위의 명백한 증거였던 것이다. 허풍선이와 아첨꾼의 주장이든 모리배와 모략꾼의 주장이든 모두가 증거가 되었다. 그래서 성모 마리아를 보았다는 주장은 참으로 이치에 맞고 정직한 행위로 간주되었고, 이웃 사람이 마법을 부려 빗자루를 타고 날아가는 것을 보았다는 주장도 참으로 상식적인 행위로 간주되었다.

행동 대신 말에 의존했기 때문에 재판관은 고문이라도 해서 반드시 자백을 받아야 한다는 생각을 지니고 있었다. 더욱이 마녀사냥과 마녀재판은 잔혹 행위가 다반사였던 사회적 분위기―귀족이 농노에게, 남자가 여자에게, 어른이 아이에게 저지른 잔혹 행위를 생각해보라―에서 이루어졌다. 이처럼 잔혹 행위가 일상이 되자 사람들의 감수성이 무뎌져 그런 행위에 무덤덤해졌다. 평범한 일―가령 남자들 사이의 일상적인 잔인함―에는 큰 관심이 없다. 오, 그런데 악마에 사로잡힌 마녀의 비열한 행위라니, 이 얼마나 흥미진진한 사건인가! 주술과 마법 '진단자'들은 그런 사건을 직접 목격하지 못했기 때문에 말을 통한 의사소통에 크게 의존할 수밖에 없었다. 이 의사소통에는 두 종류가 있었다. 하나는 악마의 행동, 즉 기괴한 행동을 하는 사람을 고발하는 것이고, 다른 하나는 그런 행동을 한 자가 자백하는 것이다.

이제 히스테리 '진단'을 조장하는 사회 체계의 가치관을 살펴보자. 과학은 우리 문화의 주요 가치이다. 과학이라고 말하는 의학 역시 이런 가치 체계의 일부이다. 따라서 건강, 병, 치료 개념은 오늘날 모든 것에 관여하는 의료-치료적 세계관의 밑돌이다.[24]

이처럼 과학은 광범위한 사회적 가치를 공유하지만, 내가 말하는 과학은 특정한 과학적 방법도 아니고 진리 탐구, 이해, 또는 설명도 아니다. 나는 과거 조직 신학*과 유사한 제도로서 과학을 말하고 있다. 과학의 측면에서 말하면, 점점 더 많은 사람이 이른바 '과학주의(scientism)'에 빠져 인간 삶의 실천 지침을 연구하고 있

---

* '조직 신학(organized theology)' 또는 '제도 신학(institutional theology)'은 특정한 국가나 집단이 공인하고 체계적, 성문법적, 관료적으로 확립된 신학을 말한다. 조직 신학은 인간의 영혼을 구원하는 종교적 원리가 아니라 주로 국가나 집단의 철학, 이데올로기, 통치 이념으로 작동한다.

다. 이런 가치 체계에 따르면 인간의 최대 목표 중 하나는 튼튼하고 건강한 몸을 가지는 것이다. 이것은 고결한 영혼을 가지려 했던 중세인의 염원을 계승한 것이다. 현대인은 종교적 구원이 아니라 자기 위안, 성적 매력, 행복감, 장수를 위해 건강한 몸을 염원한다. 그래서 건강한—특히 최근에는 매력적인—몸을 가지려고 엄청난 노력과 돈을 들인다. 그리고 정신을 인간 유기체 또는 신체의 일부로 간주하게 되면서 이런 가치 체계에 건강한 정신을 가지는 것이 추가되었다. 이런 관점에서 보면 인간의 몸은 천부적인 골격계, 소화계, 순환계, 신경계 따위와 '정신'으로 구성된다. 고대 로마인들의 말마따나 "건강한 신체에 건강한 정신이 깃든다." 현대 정신의학의 상당 부분이 이런 고대의 명제에 집착한다는 건 아주 흥미롭다. 정신과 의사들은 정신병의 원인을 생화학적 또는 유전적 결함에서 찾는다지만, 사실 그런 관점에 (의식적으로나 무의식적으로) 매달려 인간의 정신적 고통을 다룬다.

정신의학을 생화학으로 환원할 수 없는데도 정신병 개념은 두 가지를 함의한다. 첫째 정신적으로 건강한 것이 '좋은 것'이고, 둘째 정신적으로 건강한 것과 병이 있는 것을 진단하는 어떤 기준이 있다. 중세 시절 남자들은 하느님과 예수의 기치 아래 위엄 있게 행진하며 그런 가치가 정당함을 보여주었는데, 지금도 동일한 유형의 행위를 그런 식으로 정당화하고 있다. 어떤 행위일까?

가령 특별히 튼튼하고 건강하다고 간주되는—또는 이런 가치에 기여하는—자는 보상받는다. 운동선수, 미인대회 우승자, 영화배우는 현대판 '성자'이고 화장품 제조업자, 일반 의사, 정신과 의사는 그들의 조력자다. 그들은 명예, 존경, 보상을 받는다. 이는 누구나 아는 사실이지 놀랄 일이 아니다. 그렇다면 마녀와 주술사 부류에 속하는 자는 누구인가? '건강'과 '행복'의 이름으로 박해받고 희생되는 자는 누구인가? 일반 대중이다. 그들의 맨 앞에 정신이 병든 자들—특히 자신이 아니라 타인에 의해 그렇게 정의된 자들—이 있다. 정신병원에 강제 입원된 자들은 '나쁜' 사람으로 간주되고 이들을 '더 좋은' 사람으로 만들기 위해 용감무쌍한 노력을 기울인다. 여기서 '나쁜', '좋은' 같은 단어는 그 사회의 지배적인 가치 체계에 따라 사용된 것이다. 이들뿐 아니라 노인, 추한 사람, 기형적인 사람이 지금은 사라진 마녀와 주술사와 비슷한 범주에 속한다.

이런 특성을 지닌 개인을 '나쁘다'고 말할 수 있는 근거가 의료 게임 규칙에 내재해 있다. 주술이 전도된 신학 게임이었다면 정신치료—특히 비자의적 정신과 환자 '돌봄'—은 전도된 의료 게임이다. 의료 게임 규칙은 건강—잘 기능하는 몸과 행복을 포함한다—을 긍정적 가치로 정의하고, 병—잘 기능하지 않는 몸과 불행을 포함한다—을 부정적 가치로 정의한다. 따라서 의료 게임 참가자들은 어느 정도까지는 아픈 사람을 싫어하고 업신여길 것이다. 이런 불이익은 병자 역할의 핵심이어서 기본적인 게임 규칙을 바꾸지 않는 한 없어지지 않는다. 다만 아픈 사람이 자신을 낫게 하려는 사람들에게 고분고분하고 스스로 회복하려 노력하면 그 불이익이 다소 감소할 수는 있다. 그런데 히스테리와 이른바 정신병이 있는 사람은 회복하기 위한 '적절한' 노력을 하지 않는다. 그런 노력을 하기는커녕 대개는 자신이 원하는 방식으로 '아픈' 사람으로 인증받으려 하거나 스스로 아픈 사람이라고 생각하려 한다.

앞서 살펴봤듯이 히스테리성 환자는 '내 몸이 잘 기능하지 않는다'는 메시지를 극적인 방식으로 표상한다. 우울증 환자는 '나는 불행하다'는 메시지를 극적인 방식으로 주장한다. 이렇게 한사코 병자 역할을 가장하고 그런 역할에서 벗어나려고 하지 않는 한, 주변 사람과 의사는 그들을 환자로 환대해야겠다는 생각을 거둬들이고 일탈자로 냉대해야겠다고 생각할 것이다.

전통적인 기독교 윤리 틀에서 이단자가 인간적인 대우를 받으려면 진정한 신자가 될 가능성이 있고 또 스스로 그렇게 되려고 노력해야 했던 것처럼, 전통적인 의료 윤리 틀에서 환자가 주변 사람과 의사의 인간적인 대우를 받으려면 건강해질 가능성이 있고 또 그렇게 되려고 스스로 노력해야 한다. 전자는 신실한 기독교인이 될 수 있어야만 인간으로 인정받고 후자는 건강한 시민이 될 수 있어야만 인간으로 인정받는다는 뜻이다. 요컨대 과거의 이단도 현재의 아픔도 존중과 관용의 윤리 관점에서 보면 마땅히 받아야 할 인간적인 대우를 받을 수 없(었)다.

한물간 믿음을 의심하는 건 쉽지만 현존하는 믿음을 의심하는 건 결코 쉽지 않다. 그래서 오늘날 지식인들이 종교와 주술을 마음껏 조롱하면서도 의학과 정신병을 조롱하지 못하는 것이다. 중세 때 누군가 이단은 다른 삶의 방식일 뿐이라고 주장했다면 터무니없거나 해로운 말로 들렸을 것이다. 오늘날 누군가 정신병은 다른 삶의 방식일 뿐이라고 주장한다면, 역시 터무니없거나 해로운 말로 들릴 것이다.

5부

게임 모형

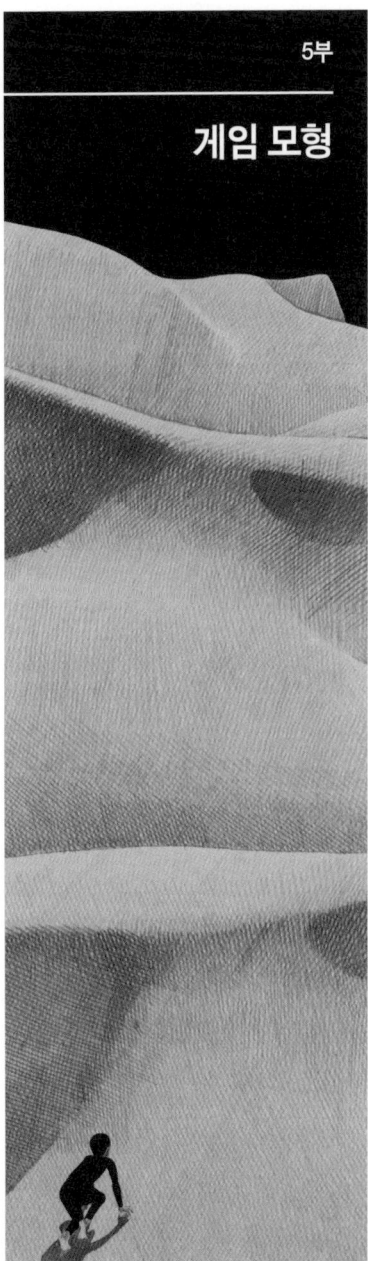

12장

행위와 게임

지금까지 나는 조지 허버트 미드(George Herbert Mead)[1]가 정식화한 인간 행위에 관한 게임 모형을 활용해 이 책의 상당 부분을 설명했다. 미드의 관점에서 보면, 마음과 자아는 동물의 행위와 인간의 행위에서 가장 중요한 차이점인 언어적 의사소통을 통한 사회적 과정에서 생성된다.

게임으로서 인간 행위

미드는 게임을 사회적 상황의 패러다임으로 여겼다. 게임하기는 모든 참가자들이 다른 참가자의 역할을 할 수 있다는 것을 전제한다. 미드는 어린아이가 게임 규칙에 깊은 관심을 가지게 되고 점차 게임하기에 능숙해지는 것이 인간의 사회적 발달에 매우 중요하다고 지적했다.

한 개인을 둘러싼 사회적 상황은 그가 하는 게임의 팀을 구성하기 때문에 그가 누구이고 어떻게 행동하는지를 결정하는 데 중요하다. 인간의 이른바 본능적 욕구는 사실상 자신이 속한 환경에서 널리 수행되는 사회적 게임에 의해 형성되는데, 여기에는 '욕구'를 억압하거나 촉진하거나 심지어 생성하는 것도 포함될 수 있다. 행위가 이원적으로, 즉 생물학적이고 사회적으로 결정된다는 관점이 자아심리학과 대상관계 이론을 거쳐 정신분석 이론에 접목되었다. 고전적 정신분석 이론이 이렇게 수정된 것은 다행이지만 자아의 기능에 관한 설명은 우리가 앞서 다루었던 규칙, 역할, 게임에 관한 설명만큼 이론과 치료 양 측면에서 만족스럽지는 않다.

이와 관련하여 정신분석과 게임 이론의 접점을 분명하게 보여주는 한 가지 문제, 즉 일차 이득과 이차 이득*의 문제를 간략하게 살펴보자. 정신분석에서 게임을 해서 얻는 이득—가령 히스테리성 병을 통해 보호를 받으려는 것—은 이차 이득이다. 이차 이득은 남을 속인다는 부정적인 의미로 사용되기 때문에 무의식적인 본능적 욕구를 충족하려는 일차 이득보다 덜 중요한 행위의 동기로 간주된다.

이런 현상을 행위에 관한 게임 모형으로 재해석하면, 굳이 일차 이득과 이차 이득을 구분할 필요가 없어진다. 다시 말해 생물학적 욕구와 억압된 충동이 더 중요한지 아니면 사회적 요인과 대인관계가 더 중요한지 따질 필요가 없다. 인간의 욕구와 충동은 이

---

* '일차 이득(primary gain)'과 '이차 이득(secondary gain)'은 전환이상증(conversion disorder)—이 책이 출판될 당시에는 '전환 히스테리'라고 불렸다—의 심리적 원인 중 하나로 꼽는 의학, 심리학 용어이다. 일차 이득은 환자의 원인 모를 병증이 어떤 일을 수행하지 못한 것 또는 하기 싫은 일을 회피하려는 것에 대한 불안과 죄책감에서 벗어나 긴장을 완화하려는 내적(무의식) 동기에서 비롯된다. 또 이차 이득은 환자가 병증이 있다고 보고함으로써 어떤 일을 하지 않아도 되거나 어떤 의무를 면제받거나 경제적 보상을 받거나 주변의 관심과 보호를 받으려는 외적 동기에서 비롯된다.

를 처리하기 위한 특정한 규칙이 없으면 인간의 사회적 삶에 존재한다고 할 수 없기 때문에 본능적 욕구는 생물학적 규칙의 측면뿐 아니라 인간의 심리사회적 의미의 측면에서도, 즉 게임의 일부로 다루어야 한다.

따라서 우리가 '히스테리' 또는 '정신병'이라고 부르는 것은 특정한 사회적 환경의 맥락에서만 적절하게 이해할 수 있다. 매독과 결핵 같은 질병은 그 속성상 '사건(event)'이어서 그 질환자가 사회에서 어떻게 행동했는지 몰라도 설명할 수 있지만 히스테리를 비롯한 이른바 정신병은 그 속성상 '행동(action)'이고 감각과 지각이 있는 인간이 일으키는 것이어서 게임의 틀을 통해 가장 잘 이해할 수 있다는 게 내 생각이다. 따라서 정신병은 신체병과 근본적으로 다르고 오히려 게임에서 사용하는 수(手)나 전술과 비슷하다고 할 수 있다.

지금까지 나는 대다수 사람이 게임 개념에 익숙하다고 가정하고 이 개념을 사용했다. 또 모든 사람이 게임 방법을 알고 있을 때 이 가정이 정당하다고 생각한다. 그래서 게임은 잘 이해되지 않는 다른 사회심리학적 현상을 설명하는 데 좋은 모형이다. 하지만 규칙을 준수하고, 게임을 하고, 새로운 게임을 구성하는 능력을 모든 사람이 똑같이 가지고 있는 건 아니다. 여기서 어린아이의 게임 능력 발달 과정을 간략하게 살펴보면 도움이 될 것 같다.

어린 시절 게임 능력 진화에 관한 많은 연구를 수행한 장 피아제(Jean Piaget)[2]는 도덕적 행위를 일종의 규칙 준수로 보자고 제안했다. 그는 "모든 도덕성은 규칙 체계로 구성되기에 개인의 규칙 습득 측면에서 도덕성의 본질을 탐구해야 한다."라고 썼다.[3]

그래서 피아제는 도덕성, 즉 윤리적 감성과 행위를 다양한 규칙에 대한 개인의 실천과 동일시한다. 그의 견해는 도덕 체계를 게임으로, 도덕적 행위를 게임 참가자의 실제 행동으로 분석하는 데 합리적 근거를 제공한다.

피아제는 규칙 준수 행위의 특징을 두 가지로 정의한다. 하나는 규칙 실행, 즉 다양한 연령대 어린아이들이 규칙을 적용하는 방식이고, 다른 하나는 규칙 인식, 즉 규칙과 역할 수행에 관한 자기 성찰이다. 아이들은 연령에 따라 게임 규칙의 성격을 상당히 다르게 생각한다. 상대적으로 나이 어린 아이는 규칙을 의무적이고 외부에서 부과된 '신성한' 것으로 여기는 반면, 상대적으로 나이 든 아이는 규칙을 사회적으로 정의된 것, 즉 스스로 부과한 것으로 여긴다. 피아제는 유아기 초기 단계에 나타나는 자기중심주의, 모방, 타율성부터 후기 단계에 나타나는 협력, 합리적 규칙 준수, 자율성까지 추적하며 규칙 준수 행위와 게임하기 행위를 연구한다.[4]

피아제는 규칙 실천, 즉 규칙 적용을 4단계로 구분한다. 1단계의 특징은 언어 습득 이전 아이가 자신이 관찰한 타인의 행동 패턴을 기계적으로 모방하는 것이다. 그는 이것을 운동 규칙(motor rule)이라고 부르는데, 이것이 나중에 습관이 된다.

2단계는 두 살이 넘은 "아이가 외부로부터 코드화된 규칙 사례를 하나씩 습득하는 시기"부터 시작된다.[5] 이 시기 아이들의 게임하기는 완전히 자기중심적이다. 아이들은 다른 사람들 앞에서 게임을 하지만 그들과 함께 하지는 않는다. 이 같은 규칙 적용은 타인을 모방하는 행위와 자신이 습득한 규칙 사례를 특이하게

(idiosyncratic) 활용하는 행위가 결합한 것이다. 예를 들어 모두가 동시에 게임에서 승리할 수도 있다. 이 단계는 대개 7~8살에 끝난다.

3단계, 즉 '초기 협력 단계'가 되면 아이들은 "상호 통제와 규칙 통일에 관심을 갖기 시작한다."[6] 그렇지만 게임은 여전히 특이한 형태로 남아 있다. 아이들은 자신이 참여하는 게임 규칙에 대해 질문을 받으면 종종 완전히 모순된 설명을 할 때가 있다.

4단계는 11~12살부터 나타나며 규칙을 코드화하는 게 특징이다. 아이들은 게임 규칙을 명확하게 이해하고 규칙에 관해 높은 수준으로 규칙에 합의한다. 이제 게임 규칙은 명확하고 공개적이고 협정한 것이 된다.

이 체계는 규칙 인식, 즉 규칙의 기원과 속성에 대한 개인의 경험, 특히 규칙을 준수해야 하는 방식에 대한 감각과 개념의 발달로 보완될 수 있다. 피아제는 규칙 인식의 발달 과정을 3단계로 정의한다. 1단계에서 "규칙은 아직 강압적이지 않다. 규칙이 순전히 운동적(motor)일 뿐이기 때문이거나 (자기중심적 단계 초기에) 의무적인 현실이라기보다 무의식적으로 흥미로운 사례로 받아들이기 때문이다".[7] 5살 무렵에 시작되는 2단계에서는 규칙을 신성하고 불가항력적인 것으로 여긴다. 그런 규칙들로 구성된 게임을 타율적 게임이라고 한다. 그 규칙은 어른들이 만든 것이고 영원히 지속되는 것으로 경험된다. 이때 "어린아이는 모든 규칙 변경을 규칙 위반이라고 생각한다."[8] 3단계에서 아이는 규칙을 상호 합의를 거쳐 의무적 성격을 획득한다고 생각하기 시작한다. 이런 규칙은 집단이나 게임이 충성을 요구하기 때문에 반드시 복종해야 하지만, 바람직하지 않은 규칙은 변경될 수 있다고 생각한다. 이것이 자유 사회에서 성인에게 기대하는 게임에 대한 태도다. 또 우리는 게임 규칙이 인간이 만든 것처럼 국가의 법도 인위적이란 사실을 알고 느껴야 한다. 법을 신이 부여한 것이라고 믿어야 했던 신권 사회의 게임 규칙과 대조적이다. 타율적 게임과 대비되는 자율적 게임은 발달 순서에서 마지막 단계에 도달한 개인들만 할 수 있는 게임이다.

 게임과 규칙에 대한 아이의 인식이 진화하는 것은 지능의 발달과 유사하다. 따라서 생물학적 규칙과 사회적 규칙을 구별할 수 있는 능력은 어느 정도 지적, 도덕적 발달 정도에 달렸다. 그래서 아이들은 청소년기가 되어서야 성경 규칙의 합리성에 의심을 품기 시작한다. '청소년기의 반항'으로 꼽히는 상당 부분은 이 시기에 아이가 부모, 종교, 사회의 요구를 규칙 체계라고 인식하고 지적으로 검토할 수 있는 충분한 감각을 갖추기 때문에 나타나는 현상으로 보인다. 특히 성경은 발달하고 있는 청소년의 논리적 감각에 의해 비판받기 쉬운데, 그 이유는 성경에 생물학적 규칙과 사회적 규칙이 구별 없이 뒤섞여 있는 경우가 종종 있기 때문이다. 피아제의 용어로 표현하면 이 시기 청소년은 모든 규칙을 타율적인 게임의 일부인 것처럼 생각한다. 타율적인 게임은 10살 이하 아이의 세계에서나 어울리는 형태다.

 아이들, 특히 유아는 부모에게 완전히 의존하기 때문에 외부에서 부과된 강압적인 규칙 외에는 다른 것을 이해하는 능력이 부족할 수밖에 없다. 마찬가지로 성인 역시 자신이 아닌 다른 사람들에게 의존하거나 의존하도록 만들어지면 그가 하는 게임의 경향과 태도는 어린아이와 비슷해질 것이다.

게임의 논리적 위계

지금까지 나는 게임들이 거의 같은 종류인 것처럼 다루었다. 이제 이런 관점으로는 충분하지 않다. 특히 게임은 수많은 의사소통 행위의 조각들로 구성되기 때문에 언어 위계와 유사한 게임 위계가 당연히 쉽게 구축된다. 언어적 기호는 물리적 대상, 다른 단어, 더 복잡한 기호 체계 같은 지시 대상을 가리킨다. 마찬가지로 게임은 특정한 행동을 가리키는 규칙 체계로 구성된다. 규칙과 행동의 관계는 단어와 지시 대상의 관계와 동일하다. 여기서 나는 가장 단순한 유형화된 행동의 집합을 가리키는 규칙들로 구성된 게임을 '대상 게임', 그리고 다른 규칙들을 가리키는 규칙들로 구성된 게임을 '메타 게임'이라고 부르겠다. 전형적인 대상 게임 사례는 본능적인 행위 유형이다. 이런 행위는 생존, 대소변, 성적 흥분 해소 등을 위한 것이며, 따라서 대상 게임은 인간만 하는 것이 아니다. 사람이나 동물이 손상된 팔이나 다리가 물체에 부딪치지 않도록 반사적으로 움츠리는 행위는 대상 게임의 '수(手)'라고 할 수 있다.

물론 학습된 특이한 인간의 행위 요소는 전적으로 메타 게임 수준이다. 이를테면 가장 초보적인 메타 게임은 소변을 어디서 보면 되고 어디서는 보면 안 되고, 음식을 언제 먹으면 되고 언제 먹으면 안 되는지 따위를 결정하는 규칙이다. 브리지 게임, 테니스, 체스 같은 일상적이거나 관습적인 게임은 모두 복잡한 메타 게임들이 혼합된 것이다.

테니스 같은 일상적 게임을 분석하는 데 게임 위계 개념을 적용해보자. 기술과 전략이 필요한 다른 게임들처럼 테니스는 우선 참가자 수, 코트 배치, 라켓과 공의 속성과 활용 등을 규정하는 기본 규칙들로 특징지어진다. 이 규칙들은 테니스 경기의 대상 규칙이지만 적절한 코트 배치나 라켓 제조 등 논리적으로 앞선 게임과 관련해서는 메타 규칙이 된다. 하지만 우리는 테니스 게임을 할 때 일반적으로 기본적인 테니스 게임 그 자체보다 낮은 수준의 게임에는 관심을 두지 않는다. 그렇지만 이와 같은 인프라-테니스 게임은 테니스를 치고 싶지만 장비를 구매할 돈이 부족해서 하지 못하는 사람에게는 중요할 수 있다.

기본 규칙 수준에서 시작하너라도—즉 참가자, 장비 등이 있더라도—실제 테니스 게임을 하려면 기본 규칙보다 훨씬 더 많은 규칙이 필요하다. 참가자들이 모두 기본 규칙을 준수하더라도 각자가 테니스를 치는 방식이 하나밖에 없는 게 아니기 때문이다. 예를 들어 어떤 참가자는 무슨 수를 쓰더라도 이기려고 하고 다른 참가자는 정정당당하게 치려고 할 것이다. 그렇더라도 두 참가자는 첫째, 규칙 A, B, C를 준수하며 테니스를 쳐야 하며, 둘째, 그 규칙을 지키며 어떻게 행동해야 하는지 지시하는 규칙을 지켜야 한다. 후자를 '메타 테니스' 규칙이라고 한다. 일상 언어에서 '테니스'라는 단어는 물론 이 게임의 모든 규칙을 가리키는 데 사용된다. 일상적 게임을 하는 방식이 다양하다는 사실, 즉 게임의 논리적 수준이 다르기 때문에 여러 유형의 참가자들이 만나면 늘 갈등을 빚게 된다.

승부욕이 강한 두 젊은이가 테니스 게임을 하는 경우에는 둘 다 승리가 최우선 목표일 것이다. 게임 스타일, 페어플레이, 건강 상태 등 나머지는 부차적이다. 그 둘은 게임의 최소 기본 규칙만 준수하면서 무슨 수를 쓰더라도 이기려고 할 것이다.

한 단계 더 높은 수준의 테니스, 즉 '메타 테니스 게임'은 기본 규칙과 기본 규칙을 참조하는 새로운 규칙으로 구성된다. 여기에는 게임 스타일, 수(手), 예절 따위에 관한 규정이 포함될 수 있다. 이와 같은 높은 수준의 규칙, 즉 메타 규칙에 따라 게임을 한다는 것은 두 가지 의미가 있다. 첫째, 참가자들은 새 규칙 — 예전 규칙을 대체한 것이라기보다 추가된 규칙 — 에 적응하고 이를 따를 것이다. 둘째, 참가자들은 새 규칙에 내재되어 있는 새로운 목표를 자신의 목표로 삼을 것이다. 테니스 게임에서 이는 수단과 방법을 가리지 않고 이기려 하기보다 정정당당하게 또는 품격 있게 경기하는 것을 의미할 수 있다. 여기서 중요한 점은 대상 게임과 메타 게임의 목표가 반드시 충돌할 필요는 없지만 때론 충돌할 수 있다는 점이다. 일반적으로 높은 수준의 규칙과 목표(윤리)를 중시한다는 것은 그것이 기본 규칙과 목표보다 우위에 있다는 의미다. 다시 말해 사회화가 잘 된 영국인이라면 '추잡한 승자'보다는 '공정한 패자'가 되는 것이 더 낫다, 즉 자기 이미지와 관중에게 더 큰 보상이 된다는 말이다. 그러나 이것이 정말 사실이라면, 우리가 일상에서 사용하는 '패자'와 '승자'라는 단어는 우리가 실제로 말하려는 바와 상충할 수 있다. 왜냐하면 제임스를 '공정한 패자'라고 말할 때 — 특히 그가 '추잡한 승자'로 간주되는 상대방과 대비될 때 — 우리가 의미하는 것은 제임스가 기본 게임에서는 졌지만 메타 게임에서는 이겼다는 것이기 때문이다. 그러나 에둘러 표현하는 경우라면 몰라도 일상 언어로는 "제임스는 좋은 게임을 했지만 졌다" 같은 말을 할 수가 없다.

일상생활에는 위에서 설명한 사례와 유사한 상황이 가득하다. 사람들은 논리적으로 다양한 수준의 게임이 복잡하게 섞여 있는 행위에 끊임없이 참여한다. 사람들이 자신이 하는 게임이 무엇인지, 또 자신이 게임을 잘하는지, 잘못하는지, 아니면 고만고만하게 하는지 명확히 파악하지 못하면 '실제로 일어나고 있는 일'을 이해하거나 변경할 기회가 거의 없을 것이다.

우리가 "사람들은 일상생활에서 실제로 어떤 규칙을 따르는가?"라는 질문을 던진다면, 우리가 던진 은유의 그물이 너무 넓어 감당할 수 없을 정도로 많은 것이 걸려들 것이다. 그러나 우리의 질문을 '단순한 사람'의 경우로 좁혀보자. 우리가 기본적인 삶의 규칙, 예를 들면 성경의 삶의 규칙 같은 한 가지 해석만 이해하려 한다고 치자. 그러면 십계명이 새 가전제품을 구매할 때 받는 사용 설명서가 될 것이다. 구매자는 그 기계를 요긴하게 활용하려면 설명서에 있는 특정한 규칙을 잘 준수해야 한다는 설명을 듣는다. 그렇게 하지 않으면 후과를 치러야 할 것이다. 가령 설명서대로 작동하지 않다가 기계가 고장이 나면 구매자는 사후 보증 서비스를 받을 수 없다. 이것은 죄 또는 부당한 병(조작 잘못)과 정당한 병(제조 결함)을 설명하는 데 딱 맞는 비유이다. 말하자면, 삶의 게임 제작자(신)가 구매자(인간)에게 제공하는 혜택을 얻고 싶으면 십계명과 성서의 가르침이라는 규칙을 따라야 한다.

하지만 실제 삶의 게임에서는 상황이 더 복잡하다. '승리'하려면 '패배'해야 한다고 가르치는 게임 규칙도 종종 있다. 이를테면 성서 규칙에는 다음과 같은 '선한 삶'에 관한 규정이 있다. ⑴ "온유한 자는 복이 있나니 그들이 땅을 기업으로 받을 것임이요."9) ⑵ "의를 위하여 박해를 받은 자는 복이 있나니 천국이 그들의 것임이라."10) 이 규칙의 이면에는 어떤 사람은 온유하고 어떤 사람은 박해받는다는 암묵적인 전제가 깔려 있다. 그런데 여기서 온유함과 박해받음은 개인이 의도적으로 추구한 것이 아닌 외부 요인에 의한 사건으로 가정한다.* 그러나 그렇지 않다면? 또 그렇지 않을 수 있다면?

초기 기독교 시절에는, 지금도 비슷하지만 공격적인 사람들이 덜 공격적인 이웃에게 승리하는 경향이 있었다. 그래서 오늘날 영국인들이 말하는 페어플레이 같은 것을 확립하기 위해 윤리 규칙이 등장한 것이다. 그 후 점차 더 높은 수준의 명령 게임이 등장하면서 문제가 상당히 복잡해졌다.

이런 관점으로 삶의 문제를 살펴보면, 이른바 '성숙해지기', '교양 쌓기', '정신분석 (등으로) 치료받기' 라는 이름으로 통하는 모든 과정들은 한 가지 중요한 공통점을 전제로 삼는다는 것이 선명해진다. 사람은 자신의 게임 규칙이—또 그 게임 자체가—다른 사람들의 규칙과 반드시 같은 건 아니라는 사실을 알게 된다. 예를 들면 자신이 열광하는 게임에 다른 사람들은 시큰둥해한다는 사

---

* 일상 언어에서 '온유함'은 주로 '온화하고 부드러운 천성'을 뜻하는 단어다. 하지만 성서에서 말하는 '온유함'—그리스어 프라우스(praus)—은 천성이 아니라 '길들여진 온유함' 또는 '가르침을 통해 변화된 온유함', 즉 후천적으로 변화된 성품을 말한다. 다시 말해 예수와 하느님에 의해 길들여진 또는 변화된 온유함이다.

실, 또는 다른 사람들이 게임 규칙을 일부 변경하는 것을 선호한다는 사실을 알게 된다. 하지만 이런 것은 평범한 환경에서 사는 보통 사람들에게만 적용되고 힘센 자들에게는 적용되지 않는다. 막강한 권력을 휘두르는 자들은 자신이 만든 게임을 하도록 다른 사람들을 설득하거나, 부추기거나, 강요할 수 있기 때문이다. 힘센 자들은 정신과 의사와 상담할 일이 없고, 따라서 결코 '정신병자'로 정의되지 않는 이유와 같다. 다만 그들이 권력을 잃은 후에―특히 죽은 뒤에―'명백한 광인'이었다고 선언되는 경우는 종종 있다.[11]

따라서 어떤 사람이 그의 규칙에 따라 게임을 할 다른 사람들을 찾지 못하거나 자신의 방식대로 게임하도록 다른 사람들에게 강제할 수 없을 경우 그는 다음 셋 중 하나를 선택할 것이다.

첫째, 타인의 강압적인 규칙에 순종하고 타인이 자신에게 요구하는 순종적인 역할을 받아들인다.

둘째, 사회적으로 공유되는 많은 활동을 포기하거나 철회하고 자기 일에만 매진한다. 이런 사람은 별난―때론 제대로 정의되지 않은―기준에 따라 예술적, 종교적, 과학적, 신경증적, 또는 정신이상적인 사람으로 치부되고 그런 꼬리표를 달게 된다. 무엇이 별난 기준인지 여기서 일일이 검토할 수는 없고, 사회적 효용과 그 구성 요소를 정의하는 권력이 그 기준을 정하는 데 중요한 역할을 한다는 점만 지적하겠다.

셋째, 자신과 다른 사람들의 게임의 정확한 성격을 차츰 인식하게 되고, 다른 점을 수용하고 상대편에 맞추려고 노력한다. 이것은 아무리 노력해도 완전하게 성공할 수 없는 고단한 일이다. 이 선택지는 다른 관련자들의 자유와 존엄성을 보호한다는 점이 매력이다. 하지만 자기 뜻대로 행동하려는 사람에게는 부담이 되기 때문에 많은 사람들이 이보다 더 쉬운 수단을 선택하여 자신이 중요하다고 생각하는 목적을 달성하려고 한다.

인격 발달과 도덕적 가치

나는 매우 인간적인, 정상적인, 잘 기능하는 인격(personality) 같은 개념은 사회심리적, 윤리적인 기준에 뿌리를 둔 것이라고 주장한다. 인격은 생물학적으로 주어진 것도 아니고 생물학적 결정 요인이 인격에 특별히 중요하지도 않다고 생각한다. 물론 인간은 일정한 상한선과 하한선 안에서만 기능하도록 유전적으로 결정된 생물학적 자질을 가진 동물이다. 나는 그 한계선, 일반적인 범위를 인정하고 그 한계선 안에서 이루어지는 인간의 고유한 정신의 작용(operation) 패턴에 주목한다. 그래서 생물학적 설명 대신 도덕적, 사회심리적인 설명 체계를 구축하려고 노력한다.

사회마다 가치관이 다르다. 한 사회 내에서도, 특히 많은 개인들로 구성된 사회라면 어른은 아이에게 어떤 가치관을 가르칠지, 또 아이는 어른에게 어떤 가치관을 배울지 아니면 거부할지에 대한 선택권을 가진다. 오늘날 서구 사회는 대체로 자율성과 타율성, 즉 '위험한' 자유와 '안전한' 예속 사이 그 어디쯤에서 대안을 찾는 중이다.

예를 들어보자. 프랑스혁명은 자유, 평등, 우애의 이름으로 전개되었다. 이 중 평등과 우애라는 가치는 억압이 아닌 협력을 뜻한다. 그러나 프랑스혁명의 원동력을 제공한 철학자들의 이상적인 협력의 가치는 현실에 영합하는 대중의 실용적인 가치에 이내 자리를 내주었다. 그 결과, 이 두 가치는 억압받는 대중을 통치할 때 군주가 써먹던 가치와 별반 다르지 않게 되었다. 그리하여 평등, 우애, 협력은 곧바로 권력, 강압, 억압으로 대체되었다.

뒤이어 일어난 유럽의 주요 혁명 과정에서 하층계급의 도덕적 가치관은 더 노골적인 주장을 받아들였다. 가령 마르크스주의 혁명은 프롤레타리아 독재를 약속했다. 피억압자가 억압자가 되리라! 이것은 "먼저 된 자가 나중 되리라!"라고 약속한 성서의 예언과 유사했다. 이 둘의 차이는 실행 수단이 다른 것뿐이다.

앞서 살펴본 대로 피아제는 어린아이 게임의 진화와 그 게임을 통한 도덕 감각의 진화는 타율성에서 시작하여 자율성으로 나아가는 발달 과정이라고 설명했다. 대인관계 규칙 또는 전략의 측면에서 표현하면, 어린아이는 성장하면서 외부 통제에 의한 규제에서 벗어나 자기 통제에 의한 규제로, 그리고 강제에서 벗어나 협력으로 나아간다고 할 수 있다. 피아제는 인간 발달 과정의 심리적, 사회적 차원을 이렇게 잘 설명했지만 윤리적 차원은 철저히 외면했다.* 프로이트처럼 성심리적(psychosexual) 발달에 대해 말하든 피아제처럼 게임의 발달에 대해 말하든, 사람들이 하는 말의 바탕에는 도덕적 행위가 있다. 피아제가 다양한 게임 행위 유형을 설명하는 데 사용하는 강압과 협력, 자율성과 타율성 등 모든 개

---

* 앞서 설명했듯이 피아제는 "모든 도덕성은 규칙 체계로 구성되기에 개인의 규칙 습득과 관련하여 도덕성의 본질을 탐구해야 한다"고 주장했는데, 이는 도덕적 행위를 독립적인 것이 아니라 규칙에 종속적으로 보는 견해다.

념과 기준에는 도덕적 기준이 포함되어 있다.

특히 피아제가 정의한 어린아이의 '정상' 발달은, 내가 보기에, 사실은 피아제 자신과 오늘날 서구 사회의 중산층과 상류층 다수가 바람직하다고 생각하는 발달 유형이다. 그래서 그는 이렇게 선언한다.

> 우리 사회에서 아이는 자라나면서 어른의 권위에서 벗어나 점차 자유로워진다. 반면에 문명화 수준이 낮을 때는 사춘기가 연장자와 종족의 전통에 점점 더 뚜렷하게 복종하기 시작하는 시기였다.[12]

하지만 자율성의 가치에 대한 지지는, 앞서 본 피아제의 진술처럼 지금 같은 문명화 시대에도 결코 절대적이지 않다. 오늘날 강압적, 권력 의존적, 타율적 행위를 조장하는 힘에 대해 피아제는 이렇게 지적한다.

> 그 성인은 자신의 모든 권력을 사용하여 어린 자식이 특정한 성향을 고수하도록 이리저리 다그쳤는데, 특히 그 성향이 사회적 발달에 부합하는 것이면 더 그랬던 것 같다. 행동의 자유가 충분히 주어질 경우, 어린아이는 자기중심성에서 벗어나 최대한 협력하는 방향으로 스스로 나아가는 경향이 있는 반면, 대다수 성인은 지적으로나 도덕적으로 자기중심성을 강화하는 방식으로 행동하는 경향이 있다.[13]

나는 성인의 일부 행동 유형이 어린아이의 자기중심성을 조장한다는 주장에는 동의하지만, 아이가 이 자기중심성 단계에서 벗어나 스스로 자율성을 향해 나아간다는 대목은 미심쩍다. 자율성과 상호성은 가르치고 배워야 하는 복잡한 가치이다. 물론 그런 가치를 강제로 가르칠 수는 없지만 아이가 모방할 수 있는 모범을 실천하고 보여주어야 한다.

피아제는 어른의 강압적이거나 독단적 태도 때문에 어린아이가 성장해서도 복종하게 된다고 지적했다. 그런데도 오늘날 종교적, 의료적, 교육적 규범과 상황에서 그런 태도를 조장하는 규칙은 넘쳐난다. 그 결과, 그런 규칙에 노출된 사람들—가령 주립 정신병원 입원 환자, 정신분석 치료실을 찾아가는 사람—은 도움받는 사람의 자세로 적응하라는 압력을 받게 된다.[14] 이로 인해 시스템 내에서는 적절하거나 '정상적'이라고 판단되는 행위를 하지만 시스템 밖에서도 항상 그런 건 아니다. 규칙에 대한 저항은 다양한 시스템에서 다양한 수준으로 용인될 수 있지만 어떤 경우든 개인과 집단을 갈등하게 만드는 경향이 있다. 그래서 대부분의 사람들은 규칙에 반항하기보다 순응하려고 한다. 다른 사람들은 규칙이 어떤 의미인지 또 그 규칙이 상황에 따라 어떻게 제한되는지 인식함으로써 적응하려고 한다. 이 경우 행위자는 어느 정도 내적 자유(inner freedom)를 유지하면서 시스템 안에서 무리 없이 살 수 있다.

이런 사안들과 히스테리와 정신병이 제기하는 문제는 구체적으로 어떻게 연결될까? 인간 행위에 관한 연구인 정신의학은 당연히 윤리학, 정치학과 깊은 관계가 있다. 앞에서 여러 사례를 통해 그

관계를 보여주었지만, 다음과 같은 질문을 통해 히스테리를 둘러싼 윤리학과 정신의학의 관계를 다시 들여다보자. 어떤 종류의 인간관계와 숙달 유형이 이른바 히스테리가 있는 사람의 가치관에 영향을 주는가? 좀 다른 방식으로 표현하면, 히스테리가 있는 사람은 어떤 종류의 게임을 하려고 할까, 또 그 게임에서 승리하기 위해 어떤 종류의 행위를 해야 한다고 생각할까? 다음 장에서 이 질문에 답하겠다.

13장
게임으로서 히스테리

히스테리와 대인관계 전략

규칙을 따르고 인식하는 능력의 발달 과정에 관한 피아제의 주장을 약간 수정하여,[1] 나는 대인관계 과정의 숙달 단계 또는 유형을 강압, 자조, 협력으로 나눈다. 강압은 가장 단순한 규칙이고, 자조는 다소 어렵고 협력은 가장 까다로운 규칙이다.

히스테리가 있는 사람들은 위 세 가지 전략이 불균등하게 혼재된 게임을 한다. 그런 사람들의 게임에는 강압 요소가 지배적이지만 자조와 협력 요소도 섞여 있다. 이런 유형의 행위를 할 수 있다는 것은 다소 상충하는 게임, 가치관, 삶의 양식이 종합되어 있다는 의미다. 여기에는 강점과 약점이 있다.

히스테리가 있는 사람은 삶의 양식에 격렬한 내적 모순이 있어서 세 가지 게임 중 어느 것도 제대로 수행하지 못한다. 첫째, 그는 강압 전략에 높은 가치를 부여하지만, 사실은 자신이 선택한 것이 강압 전술인지 다른 전술인지조차 자각하지 못할지도 모른다. 타인을 강압하려는 자신의 바람이 무의식적이거나 적어도 모호할 수 있다는 말이다. 정신 치료 상황에서 치료사는 그런 사실을 쉽게 눈치채고 환자도 순순히 인정하는 편이다. 내 말의 요지는 그가 암묵적으로 강압과 지배의 가치에 경도되어 있더라도 이 게임을 능수능란하게 할 수 없다는 것이다. 그렇게 하려면 그에게 부족한 두 가지 자질이 필요하다. 우선 상대적으로 그는 무모하게 자신을 공격자와 동일시하고, 타인의 욕구와 감정에 상당히 무감각하다. 그는 동정심이 너무 많아 공공연하게 그리고 성공적으로 지배 게임을 할 수 없다. 고통스러워하며 타인을 강압하고 지배할지언정 '이기적인' 의지로는 그렇게 하지 못한다.

둘째, 자조 게임을 제대로 하려면 게임에 푹 빠져야 한다. 하지만 그렇게 하다가 자칫 사람들부터 고립될 수 있다. 종교, 예술 따위에 노력을 쏟다 보면 대인관계에 무관심하게 된다. 물론 자신의 몸, 고통, 무력함 같은 것에 정신을 팔다 보면 자조 게임을 잘하기 위해 익혀야 할 실제 작업에 집중하기 어려울 수 있다. 더욱이 삶의 중요한 영역에서 고도의 수완을 발휘해야 할 상황에서는 자신의 무력함을 드러냄으로써 타인을 지배하겠다는 계략을 그대로 유지할 수 없다. 무력감을 보여줌으로써 타인을 지배하겠다는 목표를 유지하더라도 그 목표를 추구하는 전술은 수정해야 한다. 시중에 떠도는 얼간이 교수*가 여기에 딱 맞는 사례다. 자기 전문 분야에서는 탁월한 능력이 있지만 식사할 때, 덧신을 신을 때, 또는

---

* '얼간이 교수(absentminded professor)'는 특정한 지적 분야에서 탁월한 능력이 있으면서도 보통 사람들이 무난하게 할 수 있는 소소한 일상을 처리하지 못하는 사람을 비꼬아서 하는 말이다. 이런 캐릭터는 만화나 코미디 영화의 주인공으로 많이 등장한다. 저자가 이 책을 집필할 당시에도 미국에서 영화 〈얼간이 교수(Absent-Minded Professor)〉(1961년)가 개봉해 인기를 끌었다.

소득세를 낼 때는 거의 무력한 사람이 있다. 이러한 영역에서 무능함을 드러내는 것은 몸이 불편하다고 호소하는 히스테리를 가진 사람이 누군가의 의학적 관심을 기대하는 것과 똑같은 방식으로 누군가의 도움을 요청한다.

셋째, 협력 게임은 히스테리가 있는 사람이 전혀 공유하지 못하는 가치를 함축하고 또 요구한다. 나는 히스테리 상황에서 우리가 진정한 가치 충돌에 직면한다고 믿는다. 즉 한편에서는 평등과 협력, 다른 한편에서는 불평등과 지배-복종이 서로 충돌한다. 이런 가치 충돌은 두 개의 별개 영역, 즉 환자의 대인관계 시스템과 치료를 둘러싼 대인관계 시스템에서 발생한다.

하지만 정신의학계는 히스테리 문제를 이런 식으로 보거나 정식화하지 않는다. 정신과 의사들은 자신의 가치가 무엇이든 간에 환자와 동료들이 그것을 공유하고 있다—또는 공유해야 한다!—고 암묵적으로 가정하고 진료하는 경향이 있다. 물론 항상 그런 것은 아니다. 하지만 나의 주장처럼 이런 종류의 가치 충돌이 정신의학에서 실제로 중요한 문제라면, 이 문제를 해결하려고 하지 않는 까닭은 무엇인가? 그 대답은 간단하다. 그렇게 하면 집단 결속력, 즉 정신의학 전문직의 명예와 권력이 위협받기 때문이다.

사실을 말하면, 히스테리를 비롯한 신경증 증상은 '타협물(compromise)'이다. 이 같은 발상은 정신의학 이론의 초석이다. 처음에 프로이트는 히스테리를 본능적 욕동과 사회적 방어* 또는 이기적 욕구와 사회적 삶에 요구되는 조건의 타협물로 생각했고, 나중에는 신경증이 이드와 자아 또는 이드와 초자아의 대립과 타협에서 발생한다고 주장했다. 하지만 여기서 나는 히스테리를 위 세 가지 유형의 게임을 가로지르는 새로운 유형의 타협물로 설명하려고 한다.

우리가 '히스테리'라고 부르는 것은 강압 게임에서 전형적으로 나타나는 데, 이때 히스테리는 도상적 신체 기호로서 상대방의 행동을 촉진하는 데 강력한 영향을 끼친다. 이런 의사소통은 특히 환자의 가족과 친지에게 강렬한 인상을 주는데, 보통 일상 언어로 표현된 유사한 진술보다 훨씬 더 강렬하다. 그래서 아픔이나 고통을 드러내는 것이 다른 사람들을 강압하는 데 더 유용하다. 이 같은 특성 때문에 히스테리는 환자에게 다른 어떤 것보다 즉각적인 효과를 제공하는 매우 실용적인 가치다.

자조 게임 역시 대다수 히스테리 사례에서 감지된다. 전통적으로 히스테리성 환자는 자기 고통에 무관심한 태도를 보인다고 말한다. 나는 이것이 두 가지를 의미한다고 본다. 하나는 사실상 강압적 의사소통을 한다는 것을 부정하는 것이고, 다른 하나는 어느 정도 자조에 대한 열망을 긍정하는 것이다. 따라서 히스테리성 환자가 다른 사람들과 완전히 강압적인 관계만 맺는 건 아니다. 하지만 그는 마지못해 자조 전략에 참여하고, 다른 방법이 통하지 않으면 언제라도 증상을 통한 강압 전략을 쓸 준비를 갖추고 있다. 또 그는 자조 또는 협력 전술을 학습하는 것이 매우 어렵다고

---

* '사회적 방어(social defense)'는 범죄 같은 사회적 비행을 저지를 가능성이 있는 사람을 미리 제거하고 격리하거나 치료하고 교육하는 예방 조치다. 가령 위험성이 높은 정신장애인을 정신병원에 강제 격리한다거나 지적장애인의 재생산을 통제하기 위해 강제 불임 시술을 하는 것이다. 나치 정권이 유대인을 비롯하여 장애인, 공산주의자, 동성애자, 집시 들을 학살한 것도 사회적 방어 조치였다.

느끼며, 게다가 그를 둘러싼 사회 환경이 그런 학습을 쉽게 장려하지도 않는다.

히스테리가 있는 사람은 협력 게임을 하더라도 불완전하게 한다. 이 게임이 참가자들의 상대적인 평등감을 요구하고 전제하기 때문이다. 하지만 히스테리적인 의사소통 방법을 사용하는 사람은 열등감과 억압감을 느끼고 실제로 그렇기도 하다. 그래서 다른 사람들보다 우월하다고 느껴보고 싶고 그들을 억압하기를 열망하기도 한다. 그러나 그들은 또한 자신의 억압 상태에 대한 잠정적인 구제책으로 어느 정도 평등과 협력을 추구한다.

한마디로 자조 게임 요소와 협력 게임 요소가 약간 섞여 있더라도 히스테리는 기본적으로는 강압 게임이다. 히스테리가 있는 사람은 자신의 가치관이 불확실하고 그 가치관과 자기 행위의 연결점도 불명확하다는 말이다.

여기서 우리는 초창기 정신분석 문헌에 보고된 환자들 중 일부가 병이 들고 나이가 많은 가족을 돌보다가 히스테리를 '앓게' 된 젊은 여자들이었다는 점에 다시 주목해야 한다. 브로이어와 프로이트의 유명한 환자 '안나 O'의 사례도 그랬다.

1880년 7월 환자의 사랑하는 아버지가 흉막주위농양에 걸렸는데 치료가 되지 않아 결국 1881년 4월 사망했다. 발병 후 첫 한 달 동안 안나는 온 힘을 다해 아버지를 간호했고, 당연히 자신의 건강이 점차 크게 악화됐다. 그 누구도, 어쩌면 자신도, 그녀에게 무슨 일이 벌어지고 있는지 몰랐다. 그러다가 결국 쇠약, 빈혈, 음식에 대한 혐오감이 심해져서 더는 아버지를 간호하지 못하게 되었다.[2]

이렇듯 안나 O는 하기 싫어도 순종해야 하는 처지에서 히스테리 게임을 시작했다. 안나 O는 도움이 필요한 병자와 특별한 관계여서 어쩔 수 없이 그를 도와야 하는 억압받는 무보수 간호사 역할을 했다. 안나 O 같은 처지에 있는 여성은—오늘날 어린 자녀 양육에 구속되어 있는 여성처럼—삶의 가치가 무엇인지, 또 자신이 가치 있다고 생각하는 것이 자기 행위에 어떤 영향을 미치는지 충분하게 인식하지 못했다. 예를 들어 프로이트 시대의 젊은 중산층 여성들은 병든 아버지 돌봄을 자기 의무로 생각했다. 전문적인 하인이나 간호사를 고용하여 그런 일을 시키는 것은 도의상 내키지 않았을 것이다. 주변 사람들은 물론 본인도 그렇게 하는 것은 아버지를 사랑하지 않는 징표라고 생각했을 것이기 때문이다. 이와 비슷하게 오늘날 많은 미국 여성은 어린 자녀의 노예로 살아가고 있다. 어머니가 직접 자녀를 돌봐야 한다는 생각이 일반적이어서 그들은 그 일을 타인에게 맡겨서는 안 된다고 느낀다. 하지만 '어르신'은 노인시설에 맡길 수 있다. 유료 도우미를 고용하여 부모 돌봄을 위탁하는 것은 아무런 문제가 되지 않는다. 제1차 세계대전까지—심지어 그 이후까지—유럽 상류층과 중산층에서 일반적이던 사회적 상황이 완전히 역전된 것이다. 예전에는 부모는 직접 모시고 어린 자녀는 고용한 도우미에게 맡기는 경우가 많았다.

어린아이든 노인이든, 의무적 성격의 돌봄은 그 속성상 도움을 요청받는 사람에게 무력감을 불러일으킨다. 도의상 도움 요청을 거부할 수 없고 심지어 도움을 제공하면서도 그 조건을 스스로 정할 수 없는 사람은 사실상 도움을 구하는 사람의 노예가 된다. 환자와 의사의 관계에서도 비슷한 상황이 발생할 수 있다. 의사가 자신의 규칙, 즉 언제 어떤 방식으로 도움을 줄 것인지를 정할 수 없다면 그 역시 환자의 인질이 될 수 있다.

따라서 프로이트가 인용한 전형적인 히스테리 사례에는 도덕적 갈등—젊은 여성 환자들이 자신이 원하는 대로 살지 못해서 생긴 갈등—이 포함되어 있다. 그들은 아픈 아버지를 보살피며 자신이 좋은 딸이라는 것을 증명하고 싶었을까? 아니면, 결혼을 하든지 어떻게든 부모에게서 독립하고 싶었을까? 나는 히스테리 사례에서 결정적인 쟁점은 갈등하는 욕망들 사이의 긴장이고, 성적 문제—가령 아버지에 대한 딸의 근친상간 욕망—는 (중요하지만) 부차적인 쟁점이었다고 생각한다. 그런 욕망은 딸이 아버지의 몸을 만지며 간호해야 하는 대인관계 상황에서 자극받은 것이었을 수 있다. 또 어쩌면 성적 문제를 의식 속에 받아들이고 그 문제에 대해 걱정하는 편이 부모 돌봄에 대한 윤리적 문제를 일으키는 것보다 더 쉬웠을지 모른다.[3] 윤리적 문제는 인간 삶에서 매우 어렵다. 그런 문제는 특별한 책략으로는 '해결'할 수 없고 기본 목표에 대한 의사 결정을 내린 후 그 목표를 달성하기 위한 헌신적인 노력이 필요하다.

히스테리 게임 사례:
설리번의 '히스테리 역동'

정신분석가 해리 스택 설리번은 전통적 정신의학 개념을 고집했지만 게임 모형을 사용해 히스테리 사례 하나를 설명했다.

원칙적으로 말하면, 히스테리가 있는 사람은 기준에 맞지 않게 살더라도 존중받을 수 있는 방법이 있다고 낙천적으로 생각하는 사람일 수도 있다. 하지만 이런 방식의 히스테리 설명은 오해의 소지가 크다. 그런 사람은 결코 그런 생각을 하지 않기 때문이다. 적어도 그가 그런 생각을 했다는 것을 입증하는 것은 사실상 불가능하다.[4]

여기서 설리번은 히스테리가 있는 사람은 존중받는 사람을 흉내 내는—즉 누군가를 속이는—사람이라고 주장한다. 이어서 정신분석 전통에 따라 그 사람은 의식적으로 그렇게 하지 않는다고 덧붙인다. 하지만 내가 보기에 히스테리가 있는 사람은 꼼꼼하게 전략을 짜지 못할 수는 있겠지만, 그렇다고 자기 행위를 의식하지 못한다고 강조하는 것은 오류다. 특정한 정신 활동이 정확히 "얼마나 의식적인가"라는 질문은 정신분석 태동기 때부터 난제였다. 나는 이것이 사이비 질문이라고 생각한다. 의식, 즉 자기 성찰적 인식은 부분적으로는 개인이 처한 상황에 달려 있기 때문이다. 다시 말해 의식은 단순히 개인적 특성이 아니라 부분적으로는 사회적 특성이다.

아래 인용구에서 설리번은 히스테리를 명백하게 게임하기로 설명한다.

다음과 같은 가정을 통해 히스테리 역동*이 작동하는 방식을 설명해보자. 히스테리 성향이 강한 한 남자가 여자의 돈을 보고 결혼한다. 그의 아내는 다소 극적이고 과장된 남편의 행동과 말투를 보고 결혼 전에 철저하게 현실적으로 생각하지 못했다며 후회를 하게 되고, 남편이 자신을 아끼지 않는다는 것을 눈치챈다. 그래서 앙갚음이 시작된다. 내가 최근에 본 어떤 여자처럼, 남편이 성교를 시도하면 여지없이 질경련이 일어나 성관계를 할 수가 없다. 남편은 자신의 욕구 충족을 가로막는 질경련이 아내의 거부감 탓이라고 생각하지 못한다. 그 이유는 간단하다. 질경련 같은 객관적인 현상을 목격하고 아내가 히스테리 과정을 이용하여 자기 문제에서 벗어나려고 한다고는 꿈에도 생각하지 못하기 때문이다. 그래서 남편은 그 문제를 깊이 생각하지 않는다. 그 대신 자신의 욕구 충족을 앗아간 질경련 문제를 해결하려고 터무니없는 짓을 하는데, 아내를 세심하게 보살피는 게 아니라 사소한 일에 다소 과장된 관심을 보인다. 그러다 보니 실패를 거듭한다. 그러다가 어느 날 밤 자포자기의 심정으로 현실적인 정신 치료를 위해 큰맘 먹고 자위를 해서 사정을 한 다음 '오, 이거 죽이네'라고 생각하며 잠에 든다. …… '오, 이거 죽이네' 같은 생각이 히스테리가 있는 사람의 묘책이다.

또 그는 아내가 곤히 잠든 새벽에 깨어나고 어떤 종류의 무서운 발작을 일으킨다. 새벽에 그런 일이 생기면 주변 사람은 누구라도 깜짝 놀랄 것이다. 아내가 깨어나 겁에 질려 의사에게 전화를 한

---

* 설리번은 불안증이나 히스테리 같은 정신적 문제는 인간 내면의 정신역동의 불균형 때문이 아니라 대인관계의 실패와 좌절 때문이라고 설명한다. 그의 대인관계 이론에서 핵심이 되는 것이 '역동(dynamism)' 개념이다. 설리반은 물리의 세계처럼 정신의 세계에서도 상호작용하는 사람들이 (심리적) 에너지를 끊임없이 주고받는다고 주장한다. 따라서 정신세계의 일부인 히스테리 역시 대인관계 상황에서 상대방에게 전이될 수 있다고 주장하며, 그것을 '히스테리 역동(hysteric dynamism)'이라고 했다.

다. 하지만 의사가 도착하기 전에 극적인 가치에 대한 훌륭한 감각을 지닌 남편은 간접적으로 아내에게 자기가 정신을 잃을까 봐 몹시 두려워한다고 알린다. 이 때문에 아내는 극심한 불안 상태에 빠진다. 의사가 도착해보니 아내는 이러다가 자신도 정신을 잃을 것 같아서 괴로워하고―부분적으로는 질경련 때문에 이런 일을 벌어진 것 같아―남편은 갖가지 이상한 증상을 보인다.[5]

이 대목에서 설리번은 현란한 솜씨로 정신과 질병을 삶의 문제로 설명한다. 남편과 아내의 상호 강압적 관계가 특히 눈길을 끈다. 그리고 환자 가장하기, 즉 정신이 병든 사람 역할하기도 주목할 만하다.

설리번은 한발 더 나아가 '히스테리 역동'을―그의 표현이 아니라 내 방식으로 표현하면―무의식적이거나 노골적인 꾀병 부리기의 한 형태라고 설명한다. 또 히스테리는 '전도된 승화(inverted sublimation)'의 일종이라고 말하고, 그 이유를 이렇게 설명한다. 환자는 "사회적 비난을 피하면서도 승화에 도달할 수 있는 개인적인 욕구 충족 방식을 통해 용납되지 않는 충동을 충족시키는 방법을 찾는다. 그러나 그런 행동은, 설사 들통이 나더라도 사회적 비난을 받는 게 고작이다."[6] 이 말은 히스테리에서 비음성적 또는 간접적 의사소통이 어떻게 활용되고 어떤 기능을 하는지, 그리고 히스테리와 꾀병 부리기가 얼마나 긴밀하게 연관되어 있는지 잘 보여준다. 게임하기 용어로 바꾸어 말하면, 히스테리가 있는 사람은 속임수를 써도 처벌받지 않을 것이라는 생각이 들면 기꺼이 속임수를 써서 이득을 취한다. 더욱이 그 속임수는 주변 사람들이 그것을 이기적인 술책이 아니라 피할 수 없는 고통으로 해석할 정도로 잘 연출된 것이다.

아래 인용문을 보면 히스테리가 있는 사람이 하는 게임의 또 다른 측면—즉 자신이 하는 게임을 스스로 결정하는 사람의 유형—이 잘 드러난다.

히스테리가 있는 사람들은 다른 사람들을 다소 심하게 경멸한다. 다른 사람들을 이리저리 배회하는 그림자 같은 존재로, 때론 자신이 하는 공연의 관객쯤으로 간주한다는 말이다. 어떻게 이런 일이 일어날까? 아마, 그리 좋은 말로는 들리지 않을 것이다. 인성이 돼먹지 않은 순 거짓말쟁이라는 말로 들릴 수도 있다. 그들은 항상 말에 의지한다. 그래서 모든 것을 약간씩 과장해서 말해야 한다. …… 자기 삶—자신의 관심사, 흥미, 슬픔 등등—에 대해 이야기할 때 과장된 표현을 사용해야 만족스럽다. 어떤 의미에서 보면 그들은 현실이 불완전하다고 말하는 것이다. 그래서 내가 그들이 소소한 사건과 평범한 사람을 오히려 경멸한다고 말한 것이다. 그들은 현실보다 더 나은 것에 익숙한 양 행동하고 실제로 그런 것에 익숙하다.[7]

설리번은 여기서 히스테리 게임이 비교적 정교하지 못하다고 말한다. 이 게임은 어린아이, 배우지 못한 사람, 억압받는 사람, 겁쟁이 등 스스로 자기 실현과 독자적인 성공의 기회가 적다고 생각하는 사람에게 잘 어울린다. 그래서 그들은 모방하기와 거짓말에 기대어 자기 발전 전략을 도모한다는 것이다.

지금까지 설리번이 설명한 '역동'은 주로 강압 책략에 관한 것이다. 이것은 히스테리가 강압 게임이라는 나의 가설과 일치한다.

설리번은 히스테리 전환, 즉 도상적 몸 기호의 사용에 대해서는 이렇게 설명한다.

> 이런 전환이 나타나면 그것은 유용한 기능을 수행한다. 그리고 그 기능은 주로 자기 시스템* 내부에서 발생한다. …… 그 기능은 장애를 유발하는 시스템에서 이익을 보도록 설정된, 유치할 정도로 단순한 조작이어서 사람들이 금방 눈치를 챈다. 그 환자는 아무렇지도 않게 이렇게 말하곤 한다. "이 병만 없다면 할 수 있을 텐데……." 이어서 자신의 가능성에 대해 자화자찬을 늘어놓는다. 장애가 안전 조작**을 위한 편리한 수단으로 기능하는 것이다.[8)]

---

* 설리번이 만든 개념인 '자기 시스템(self-system)' 또는 '자기 역동(self-dynamism)'은 불안에 직면했을 때 스스로 그 불안감을 최소화하거나 극복할 수 있는 인간의 능력이다. 설리번에 따르면, 유아 시기에 칭찬과 보상을 많이 받은 '좋은 나(good me)'일수록 불안감이 약한 '자기 시스템'을 갖는 반면, 비난과 벌을 많이 받은 '나쁜 나(bad me)'일수록 불안감이 심한 '자기 시스템'을 갖는다. 어릴 때 경험이 그 후 겪는 불안에 영향을 준다고 설명한다는 점에서 설리번의 '자기 시스템' 개념은 프로이트의 '자아(ego)' 개념과 유사한 측면이 있다.

** 설리번이 만든 개념인 '안전 조작(security operation)'은 어린아이가 중요한 타자(어머니, 보모 등)와 맺은 대인관계에 상응하는 공감 능력을 통해 불안감을 느낄 때 안전감을 조작해내는 것을 말한다. '안전 조작'에는 아이가 저지레를 치고 나서 "내가 한 게 아니라 손이 그랬어!"라고 말하는 것처럼 실수와 자신의 관계를 차단하는 '분리(dissociation)'와 부모의 꾸중을 못 들은 척하는 것처럼 불안 요소를 외면하는 '선택적 무관심(selective inattention)'이 있다. '안전 조작'은 '자기 시스템'의 주요 구성 요소이고, 프로이트의 '방어기제' 개념과 유사한 측면이 있다.

이것은 물론 전환의 한 측면일 뿐이지만 중요한 측면이다. 설리번의 주장은 히스테리가 있는 사람이 실제 삶 활동에서 경쟁력 있게 참여하려고 하더라도 실패할까 봐 두려워서 병을 앓고 있다는 말이나 다름없다. 또 그의 주장에 따르면 히스테리가 있는 사람은 그런 전략을 채택함으로써 자신의 패배를 초래한다.

결국 설리번은 이런 유형의 게임을 하는 경향이 있는 사람은 자신의 게임 레퍼토리에 취약해서 그런 행동을 한다는 가설로 귀착한다.

히스테리 역동이 삶의 고난을 만회하는 묘책이 된다는 것은, 그 환자가 전도양양하고 다재다능한 인성을 갖추었더라면 경험했을 삶의 많은 부분을 놓쳤다는 의미일 것이다. 히스테리가 있는 사람은 최소한의 노력으로 궁색함과 곤란함에서 빠져나오는 방법을 너무 일찍 배우는 탓에 그들이 말하는 바로 그런 삶—기묘하고 너무나 단순한 삶—을 살고 있다. 그래서 병인 또는 병리 메커니즘을 일소하더라도 복잡한 대인관계 환경에 전혀 부합하지 못하는 사람들이 사라지지 않는 것이다. 그들은 단지 경험을 하지 못했을 뿐이다. 많은 사람들이 경험하는 교육의 기회를 놓친 것이다.[9]

위 인용문은 심리학 그리고 정신분석 이론과 치료의 도덕적 토대를 강조한다. 사람은 자신이 배운 가치 또는 스스로 터득한 가치에 따라 무엇이 가치 있는 행동과 삶이고 무엇이 그렇지 않은지를 판단한다는 것이다. 특히 이런 측면에서 정신병은 종교와 유사하다. 어떻게 배우냐에 따라 종교는 누군가에겐 신앙이지만 누군가에겐 망상이다. 정신과 의사들이 그 사실을 은폐하는 데 거의 성공했지만, 실상은 히스테리 또는 이른바 정신병리 게임을 완벽하게 수용 가능한 이성적인 것으로 보는 사람들이 많다. 하지만 오늘날 정신의학 이론은 이런 사실을 부정하고 정신과 치료는 환자의 게임하기 습성을 본인이 유지하려는 습성이라기보다 버리고 싶은 우발 사건으로 본다. 하지만 정신의학 이론은 정신의학적 증상과 증후군에 내재된 도덕적 선택을 인정해야 하고, 정신과 치료는 환자의 게임하기 습성을 버리고 싶은 사건이 아니라 유지하려는 습성으로 봐야 한다.

거짓말: 히스테리 특유의 전략

요즘은 정신과 의사가 거짓말에 관해 말하는 것을 잘 보기 어렵다. 어떤 사람을 '환자'라고 부르는 순간 정신과 의사는 그가 속이거나 거짓말할 가능성을 배제한다. 그 사람이 실제로 거짓말을 하더라도 의사는 거짓말을 히스테리, 건강염려증, 정신분열증 또는 '정신병리' 같은 정신병의 증상으로 간주한다. 그 결과, 정신의학이 거짓말과 속임수에 둔감하다고 계속 지적하면 '반정신의학적'이고 '반인도적'인 사람 취급을 당한다. 다시 말해 뭔가 잘못 알고 있거나 악의적인 사람으로 치부해버린다.

나는 오래전부터 거짓말을 가장 중요한 정신의학적 현상의 하나라고 여기고 있는데, 이런 관점은 부분적으로는 프로이트의 초창기 관찰을 진지하게 받아들인 결과이다. 프로이트가 사회적, 의학적 위선을 얼마나 맹비난했는지 상기해보라. 그런 위선 역시 특정한 유형의 거짓말일 뿐이다. 프로이트는 섹스와 돈과 관련하여 환자와 의사가 거짓말하는 습성을 특히 강하게 비판했다. 이것은 프로이트가 의사 초년기에 알고 지낸 빈의 산부인과 의사 루돌프 크로박(Rudolf Chrobak)에 관한 회고에서 잘 드러난다. 크로박은 여자 환자를 프로이트에게 의뢰했는데, 그 환자는 남편이 발기부전이어서 결혼 생활 18년 동안 처녀로 살았다.[10] 이런 경우 당시 의사의 도덕적 의무는, 크로박이 프로이트에게 말했듯이, 여성 환자의 상태에 대해 거짓말을 해서 남편의 명예를 보호하는 것이었다. 내가 이 사례를 언급하는 까닭은, 정신분석 초기부터—환자와 의사 모두의—거짓말이 주요 쟁점이었다는 사실을 보여주기 위해서다. 나는 무의식적 전환과 히스테리 전환 같은 정신분석 개념은 거짓말을 해야겠다는 빌미에 대처하기 위해, 그리고 자유연상(free association)과 정신분석 계약(psychoanalytic contract) 같은 정신분석 장치는 거짓말을 관리하기 위해 생겨났다고 믿는다.

의료 상황은—그것이 종종 모방하는 가족 상황처럼—전통적으로 거짓말의 풍부한 원천이다. 환자는 어린아이처럼 의사한테 거짓말을 한다. 그리고 의사는 부모처럼 환자한테 거짓말을 한다.[11] 환자는 약하고 무력하여 직접적인 요구를 마음껏 할 수 없어서 거짓말을 하고, 의사는 자신이 보호해야 하는 사람이 자기한테 '좋은' 것만 알기를 원하기 때문에 거짓말을 한다. 따라서 의학적, 정신의학적 상황에서 유아증(infantilism)과 온정주의는 속임수의 원천이자 모델이다.

한 젊은 여성의 정신분석을 바탕으로 한 다음 이야기는 히스테리가 게임이라는 것을 보여주는 데 더할 나위 없이 유용하다. 이 여성이 왜 나에게 도움을 청하러 왔고 어떤 사람인지는 여기서 언급할 필요가 없고, 그가 한 행위의 한 가지 측면, 즉 거짓말만 살펴보겠다. 그 여성이 거짓말한다는 것 — 즉 B가 사실임을 확실히 알고 있으면서도 누군가에게 A라고 진술한 것 — 은 분석 초기에 확실했고, 분석 내내 주요 주제였다. 그 여성은 거짓말을 하는 주된 이유가 어릴 때 경험한 억압적이고 비이성적인 어머니의 압박감 때문이라고 생각했고 또 그렇게 말했다. 어릴 때 그는 어머니를 대하는 가장 간단하면서도 효과적인 방법이 거짓말하기라는 것을 알게 되었다. 어머니가 그 거짓말을 나무라지 않고 수용했기 때문에 이 전략을 자주 사용했고, 결국 거짓말이 습관으로 굳어졌다. 그 여성을 만났을 때, 주변 지인들, 특히 남편은 예전에 어머니가 그랬던 것처럼 아내의 거짓말을 건성으로 받아넘겼다. 그 여성은 자신의 진실하지 않은 의사소통에 대한 생각을 드러냈다. 한편으로 그 여성은 자신의 거짓말이 진실한 말로 수용되길 바랐고, 한편으로는 의심받고 폭로되길 바랐다. 거짓말이 성공하면 그 대가로 자기가 거짓말을 한 사람들에게 항상 심리적으로 의존해야 한다는 것을 깨달았던 것이다. 덧붙이면, 이 여성은 완벽하게 정상적인 사회생활을 했고 무분별하게 거짓말을 한 건 아니고 의지하고 싶거나 화를 돋우는 사람에게만 거짓말을 하곤 했다. 그는 관계를 소중하게 여길수록 의견 차이를 공공연하게 드러내는 위험을 감수할 수는 없다고 굳게 믿고 있었다. 그래서 압박감을 느끼고 거짓말을 한 것이다.

이렇게 하여 이 환자에게 거짓말하기는 히스테리 전환 또는 꿈꾸기와 비슷한 간접적 의사소통이 되었다. 우리가 그의 게임 유형을 간파했듯이, 그의 거짓말을 들은 사람들은 점차 그가 거짓말을 하고 있다는 것을 알게 되었다. 그 역시 그런 분위기를 감지했다. 하지만 이런 것으로 다른 참가자(들)의 행위나 반응을 통제하는 것을 주요 가치로 삼는 거짓말 책략의 유용성이 감소하지 않았다. 게임 측면에서 보면 그 여성은 정직한 게임을 할 기회가 없었던 것 같다. 그렇게 하려면 자신이 수(move)를 둔 다음 상대편 적수가 수를 둘 때까지 기다려야 했다. 이런 생각만으로도 그는 참을 수 없을 정도로 불안해졌고 특히 자신과 가까운 사람들과 갈등을 느낄 때 더 불안해졌다. 그는 정직한 게임을 함으로써 자신의 불확실성과 불안을 드러내는 쪽이 아니라 부정직한 게임을 하는 쪽을 선호했다. 그는 거짓말을 하더라도 그 결과가 어떨지 충분히 예상했기 때문에 자신만만하게 그린 의사소통을 했다. 그래서 결혼 생활 전반이 복잡한 거짓말 게임이 되었고 남편은 건성으로 거짓말을 참말로 받아들였다. 그 여성을 조종하려면 그러는 편이 더 좋았기 때문이다. 이제 이것이 또 다른 억압이 되고 남편에게 거짓말을 할 새로운 이유가 되었다. 그 결과는 뻔히 예상할 수 있다. 부부는 이런 식으로 주거니 받거니 예측 가능한 의사소통을 하면서 꽤 안전한 결혼 생활을 이어갔다.

게임하기 행위의 불확실성과 통제

정직한 게임의 중요한 심리적 특성 중 하나는, 각 참가자가 자신이 적절하다고 생각하는 대로 수를 쓸 수 있는 절대적 자유를 가지고 있어서 서로의 행동을 예측하기 어렵다는 점이다. 이를테면 체스를 할 때 참가자들은 게임 규칙이 허용하는 한 어떤 말이든 자유롭게 움직일 수 있다. 또 극단적으로 불공평한 게임이 아닌 한, 어느 참가자도 상대편의 다음 수가 무엇인지 정확하게 예측할 수 없다. 사실, 이것이 게임의 요체다. 참가자들은 위험과 불확실성을 감수하고 그것에 숙달되어야 한다. 그래서 게임은 때론 즐거운 흥밋거리고 때론 괴로운 골칫거리다.

따라서 게임을 하려면, 특히 잘하려면 어느 정도―때론 상당 정도―불확실성을 견뎌야 한다. 체스나 룰렛 같은 실제 게임에서는 물론이고 인간관계에서 나타나는 은유적 게임에서도 마찬가지다. 사회적 관계에서도 어떤 사람이 정직하게 행동하면 다른 사람들이 자신의 행동에 어떻게 반응할지 예측할 수 없는 경우가 많다. 그런데 그 사람이 어떤 이유로 자신과 상호작용하는 사람들의 행동을 통제하고 예측하려 한다고 가정해보자. 이런 경우에는 거짓말을 하고 속이고 싶은 유혹에 빠질 것이다. 그런 사람은 공식적으로는 똑같은 게임을 하는 것처럼 보일지라도 정직한 게임과는 거리가 먼 게임을 한다고 할 수 있다. 한 가지 예를 들면 그 사실이 분명해진다. 정직한 체스의 목표는 체스 규칙에 숙달하는 것이지만 부정한 체스의 목표는 상대편을 이기는 것이다. 전자는 게임을 잘하고 앞으로 더 잘하는 법을 배우는 것이 우선이고 승리는 뒷전이다. 후자는 무조건 승리하는 것이 전부이다. 요컨대 정직한 게임에서는 참가자들이 게임을 잘하는 기술을 중시하지만 부정직한 게임에서는 그런 것을 무시한다. 이처럼 정직한 게임과 부정한 게임의 목표는 완전히 다르다. 전자의 목표는 성공적인 게임 방법 익히기―게임을 잘하는 것―이고 후자의 목표는 상대편 통제—상대편이 특정한 수를 두도록 강압하거나 조종하는 것—이다. 전자는 지식과 기술이 필요하고 후자는—특히 인간관계에서 나타나는 은유적 게임에서는—상대편에 관한 정보가 필요하다.

이것은 권한을 가진 상사가 부하 직원의 성과가 아니라 인격에 관심을 가지는 사회적 상황에서 가장 폭넓은 함의를 지닌다. 그런 상황에서 상사는 부하 직원의 부적절한 업무 수행을 너그럽게 봐 줄 뿐만 아니라 그렇게 하도록 교묘하게 조장하기도 한다. 상사가 원하는 것은 유능한 부하 직원이 아니라 자신이 지배하고, 통제하고, '치료할' 수 있는 직원이다. 이와 관련된 가장 아이러니한 사례 중 하나가 정신분석 교육 시스템인데, 맹세코 교육자는 교육생이 정신분석가로서 갖추어야 할 능력보다 그의 인격에 더 많은 관심을 가신다.[17] 상사가 부하 직원의 심리 파일과 정신의학적 보고서를 구해 보관하는 무수한 관료 조직과 교육 기관의 업무가 이런 해석을 설명하고 뒷받침한다. 이런 상황에서 상사는 부하 직원을 '자애롭게' 관리하는 것이 곧 자기 업무를 능수능란하게 처리하는 것이라고 생각한다.

앞서 설명한 결혼 게임에서 나타나는 것 같은 거짓말하기 특히, 서로 거짓말하기는 이와 같은 관계 관리 기능을 한다. 거짓말하기의 가치는 그 거짓말의 직접적, 의사소통적 의미라기보다 간접적, 메타-의사소통적 의미에서 발생한다. 사실 거짓말을 한다는 것은 자신이 상대방을 두려워하고, 의존의 대상으로 생각하고, 기쁘게 해주고 싶다고 알리는 것이다. 이것은 거짓말 수신자가 거짓말쟁이를 어느 정도 통제함으로써 그를 잃을까 봐 두려워할 필요가 없다고 안심시키는 말이기도 하다. 한편 거짓말 수신자가 그 거짓말을 묵묵히 받아주는 것은 자신도 거짓말쟁이와 관계를 맺고 계속 유지하고 싶다는 의사를 전달하는 것이다. 이런 식으로 각 참여자는 진실을 내어주고 통제를 얻고 존엄을 내어주고 안전을 확보한다. 이런 토대 위에서 결혼을 비롯한 '친밀한' 인간관계가 지속되곤 한다.

이처럼 굴욕적인 타협은 안전을 보장하지만 진실한 의사소통에 기반한 관계는 이혼으로 이어지기 십상이다. 그래서 나쁜 결혼이 좋은 결혼보다 더 안정적이라는 말이 아이러니하지만 직관적으로 충분히 이해된다. 여기서 '나쁜'과 '좋은'이란 낱말은 존엄, 정직, 신뢰 같은 가치와 그 반대 가치를 가리킨다. 결혼의 지속 또는 결혼 계약 해지라는 사실 관계는 복잡한 인간관계의 법적 지위에 관한 규정에 불과하다. 이것으로는 관계의 진정한 특성을 전혀 알 수 없다. 따라서 정신과 의사들처럼 결혼 계약이나 유지를 성공적인 게임 ─ 성숙함 또는 정신적 건강함 ─ 의 조짐으로 여기고, 반대로 별거나 이혼을 통한 결혼 해지를 실패한 게임 ─ 미성숙함 또는 정신병 ─ 의 조짐으로 간주하는 것은 대책 없이 천진난만하고 바보스러운 짓이다.

히스테리 게임의 변화에 대하여

병으로서 히스테리의 특징은 전환 증상을 드러낸다는 것이다. 하지만 게임으로서 히스테리의 특징은 지배와 대인관계 통제라는 목적을 드러낸다는 것이다. 이 목표를 달성하기 위해 사용하는 전형적인 전략은 장애와 병을 이용한 강압, 그리고 다양한 유형의 기만적인 책략—특히 거짓말—이다.

 질병은 치료될 수 있지만 게임 행위는 변화될 수 있을 뿐이다. 따라서 히스테리 (또는 다른 정신병)를 '치료'하려면 먼저 환자의 삶의 목표와 가치관, 그리고 의사의 '치료' 목표와 가치관부터 이해해야 한다. 환자는 어떤 방향과 유형으로 자신의 게임 행위를 변화시키고 싶을까? 치료자는 환자가 어떤 방향으로 변화하기를 원할까? '변화'라는 단어와 달리 '치료'라는 단어는 환자의 행위가 나쁘다는 의미를 담고 있다. 그것은 '아픈' 행위이기 때문이다. 그리고 환자가 변화하길 바라는 치료자의 방향은 좋은 또는 더 좋은 것이다. 그것은 '건강한' 행위이기 때문이다. 이렇듯 전통적인 정신의학의 관점에서는 의사가 무엇이 좋고 나쁜지, 무엇이 아프고 건강한지를 정의한다. 내가 선호하는 개인주의적이고 자율적인 '정신 치료'에서는 환자가 좋은 것과 나쁜 것 또 아픈 것과 건강한 것을 스스로 정의한다. 이렇게 환자는 치료자의 가치관과 충돌하는 목표를 스스로 설정할 수 있다. 치료자가 이를 수용하지 않으면—환자가 치료자에게 불복하고 '저항하는' 것이 아니라—치료자가 환자 돕는 일에 '저항하는' 것이 된다. 정신 치료를 제대로 설명하려면, 나는 이 두 가지 가능성을 모두 수용해야 한다고 생각한다.

 요컨대 이른바 정신과 환자에 대한 치료 개입과 그의 삶의 활동 변화에 관한 설명은 증상과 치료의 언어가 아니라 환자의 게임 방향 변화라는 언어로 설명해야 한다. 따라서 히스테리성 환자의 '호전' 또는 '치료'라는 변화는 다음 중 어느 한 가지 방향으로 발생할 수 있다. 타인에 대한 더 효과적이고 무자비한 강압과 지배, 타인에 대한 더 수동적이고 마조히즘적인 복종, 대인관계 통제에 대한 투쟁에서 물러나고 점점 더 인간관계에서 고립됨, 마지막으로 다른 게임들을 배우고 그중 일부에 흥미를 품고 능력을 습득하는 것으로 말이다.

요약

프로이트는 1909년에 이렇게 썼다. "히스테리성 발작을 겪는 환자를 정신분석해보면, 그 발작이 운동 활동 속으로 투사되고 번역되어 들어가서 팬터마임으로 표현된 망상에 불과하다는 확신을 얻게 된다."[13] 히스테리성 증상이 사실상 일종의 팬터마임, 즉 무언극—환자가 비음성적 신체 신호로 메시지를 표시하는 것—이라는 프로이트의 주장은 히스테리가 병이 아니라 관용적 표현 또는 언어이고 질병이 아니라 극화(dramatization) 또는 게임이라고 인정한 셈이다. 예를 들면 상상 임신 또는 거짓 임신은 임신하지 않았는데도 임신했다고 믿는 환자의 믿음이 그림으로 표현되고 극화된 것이다.

요컨대 히스테리는 단어(즉 관습 기호) 대신 그림(즉 도상 기호)으로 의사소통하는 언어 유형이다. 따라서 히스테리 언어는 제스처 게임(charade)〔몸짓으로 단어를 알아맞히는 놀이〕같은 그림 언어와 비슷하다. 그래서 이른바 히스테리성 환자를 다루는 사람은 그를 진단하고 치료하는 방법이 아니라 그들의 특별한 언어를 이해하고 그것을 일상 언어로 번역하는 방법을 배워야 한다. 제스처 게임에서 한 참가자가 개념이나 속담을 몸짓으로 연기하면 다른 참가자들은 그것을 일상 언어, 즉 음성 언어로 번역하려고 애쓴다. 마찬가지로 히스테리 게임에서는 '환자'가 어떤 믿음이나 고충을 연기하면—이 때문에 그는 '환자'가 된다—다른 사람들—가족, (정신과) 의사 등—은 그의 팬터마임—이른바 '히스테리 전환'—을 일상 언어로 번역하려고 노력해야 한다.

14장
흉내 내기와 병

흉내 내기와 역할 취득

흉내 내기(impersonation) 개념은 다른 사람의 외모, 성격, 조건, 또는 사회적 역할을 가장하거나 모방하는 것을 말한다. 흉내 내기는 아주 흔한 현상이어서 그 자체로는 정신의학 문제가 아니다. 실제로 일상 대화에는 다양한 흉내 내기, 더 정확히 말하면 흉내쟁이를 지칭하는 용어가 많다. 허풍선이, 사기꾼, 위조꾼, 날조자, 협잡꾼, 야바위꾼, 스파이, 배신자 등. 하지만 정신과 의사들이 각별히 주목하는 흉내쟁이는 꾀병자와 히스테리가 있는 사람이다. 앞 장에서 이 두 부류의 사람들에 대해 언급했다.

웹스터 사전은 흉내 내다(impersonate)를 "사람이나 어떤 특성을 가장하거나 따라 한다"로 정의한다. 하지만 이 정의에는 몇 가지 흥미로운 난점이 있다. 조지 허버트 미드와 다른 사람들의 주장처럼[1] 역할 취득* 행위는 아주 흔한데, 그렇다면 일상적인 역할 취득과 흉내 내기는 어떻게 다른가? 내 대답은 이렇다. 역할 취득이 특정한 게임의 맥락에서 이루어지는 일관되거나 정직한 역할하기(role-playing)인 반면, 흉내 내기는 일상생활의 맥락에서 이루어지는 일관성 없는 또는 부정직한 역할하기다. 예를 들어 행상인의 역할을 맡고 잠재 고객에게 상품을 판다는 것은 자기 소유의 상품을 판매하거나 소유자의 권한을 위임받아 물건을 판매한다는 의미다. 어떤 사람이 자기 것이 아닌 상품을 판매하는 것은 정직한 행상인의 역할을 흉내 내는 것이고, 따라서 '사기꾼'이라고 불린다.

역할 취득은 인간 행위의 항구적이고 보편적인 특성이기 때문에 모든 인간 행위를 흉내 내기로 해석할 수 있다. 가령 이른바 돈 후안은 곡예사처럼 날쌘 남자를 흉내 낸다고 할 수 있고 여장 남자는 이성의 사회적 역할과 성적 기능을 흉내 내는 사람이라고 할 수 있다. 시몬 드 보부아르(Simone de Beauvoir)는 역할 취득을 흉내 내기로 설명한다.

각 여성이 자기 신분에 맞게 옷을 갖춰 입더라도 게임은 지속된다. 여자의 기교는 예술처럼 상상의 영역에 속한다. 거들, 브래지어, 머리 염색, 화장으로 몸과 얼굴을 위장할 뿐 아니라 아무리 둔한 여자라도 '치장하고' 나면 알아보기 어렵다. 그 여자는 그림이나 조각상 또는 무대에 오른 배우처럼 거기에 없는 누군가를 연상시키는 행위자다. 즉 그녀는 배역을 표상할 뿐 그녀 자신은 아니다.[2]

---

* 미국 사회학자 미드는 인간이 사회화되는 과정에서 자신과 직접 관계를 맺는 부모와 형제자매 같은 인물을 자신에게 꼭 필요한 타인, 즉 '의미 있는 타자(significant other)'('중요한 타자'라고도 함)라고 했다. 어린아이는 성장하면서 의미 있는 타자의 행동과 역할을 따라 하고 배우는데, 이것을 '역할 취득(role-taking)'이라 했다.

보부아르가 여성에 대해 말한 것이 사실이라면, 다른 사람을 흉내 내는 데 많은 시간을 보내는 어린아이에게는 훨씬 더 분명한 사실이다. 아이들은 소방관, 의사, 간호사, 엄마, 아빠가 되는 놀이를 한다. 어린아이의 정체성은 주로 부정적인 용어로 정의된다. 즉 뭔가를 하는 것이 허용되지 않거나 그럴 능력이 없다는 이유로 아이가 할 수 없는 것을 위주로 정의하기 때문에 당연히 아이는 흉내 내기를 통해 자기 역할을 충족해야 한다. 물론 어린아이의 진짜 정체성 또는 사회적 역할은 어린아이로 존재하는 것이다. 그러나 전통적인 친족 중심 문화와 대비되는 성취 중심 문화에서는 대체로 어린아이를 특정한 방식의 행동을 할 수 없거나 그렇게 하는 것이 부적절하다고 인식하는 경향이 있다. 어린 시절 그 자체가 장애의 한 형태로 간주된다는 말이다.*

여기서 5~10살 아이가 특징적으로 참여하는 흉내 내기를 간략히 살펴보자. 어른의 눈으로 보면 그런 놀이 행동의 특징은 그것이 흉내 내기라는 것을 금방 알 수 있다는 것이다. 의사나 간호사 놀이를 하는 아이를 보고 진짜 의사나 간호사로 착각하는 어른이 있을까? 질문 자체가 우스꽝스럽다. 그런 놀이에서는 흉내 역할과 진짜 역할을 구분할 필요가 없다. 놀이에 사용하는 백지가 20달러 위폐가 아니듯이 의사 역할을 하는 5살 조무래기는 사기꾼이 아니다. 아이의 정체성을 (아이답게 행동하는 것으로) 확실하게 못 박아 두고 믿음직한 어른의 역할을 흉내 내려는 노력을 무시하는 까

---

* 노년도 이와 비슷하다고 할 수 있다. 노인이 직장을 그만두고 생산성이 없어지면 그리고 특히 경제적으로, 육체적으로 장애가 있으면, 그냥 노인으로만 존재하는 것이 자신의 주요 역할이 된다. (저자 주)

닮은, 부분적으로 그 아이의 크기 때문이다. 어린아이는 너무 작아서 어른 역할을 하는 것으로 전혀 보이지 않는다. 물론 아이도 어른과 동일한 기술을 지닐 수 있고, 음악 신동처럼 오히려 어른보다 기술이 뛰어날 수도 있다. 그러나 그런 아이라도 어른의 사회적 역할을 지닐 수는 없다.

아이의 흉내 내기는 어른이라면 금방 눈치챌 정도로 뻔하지만, 어른의 세계에서는 너무 감쪽같거나 전문적인 정보나 기술이 있어야 감지할 수 있는 것이어서 어른조차 알아차리기 어려운 흉내 내기가 있다. 정식 의사와 돌팔이 의사 또는 정식 화가와 위조 화가를 구별하지 못하는 사람들은 많다. 또 임상 심리학자와 정신과 의사 또는 정신과 의사와 '정식' 의사를 쉽게 구별하지 못하는 사람들이 대부분이나. 이것을 구별하려면—즉 심리학자가 어떻게 정신과 의사를 흉내 내는지, 또 정신과 의사가 어떻게 정식 의사를 흉내 내는지 알아차리려면—일반적인 정보가 아니라 전문적인 정보가 필요하다.[3]

흉내 내기는 유년기에 꼭 필요하다. 아이는 어른을 흉내 내고 어른과 동일시함으로써 성장하는 법을 배운다. 그래서 아이가 심리적, 사회적으로 성숙하기 전까지는 성공한 흉내 내기와 실패한 흉내 내기를 구분할 필요가 없다. 어른만 자신을 다른 사람인 척 가장하는 데 성공할 수 있기 때문이다.

정신과 의사와 정신분석가들은 포괄적인 의미의 흉내 내기(impersonation)와 흉내 내기의 일종인 사칭하기(imposturing)를 체계적으로 구별하지 못한다. 이를테면 이 주제를 폭넓게 연구한 헬레네 도이치(Helene Deutsch)는 이 두 개념과 현상을 사실상 동일시하여 혼란을 부추겼다.[4] 아래 인용문에서 보듯이, 도이치는 어떤 것은 흉내 내기로 보고 어떤 것은 사칭하기로 본다.

> 세상은 '…인 체'하는 자들 특히 사칭꾼과 흉내쟁이로 가득 차 있다. 사칭꾼에 관심을 갖게 된 이후로 나는 어디서나 그런 사람을 만난다. 내 친구나 지인 중에도 심지어 내 안에도 그런 사람이 있다. 내 친구 딸 낸시는 3살 반인데, 고상하게 생긴 그 아이는 두 손을 다소곳이 잡고 기품 있게 걸어 다닌다. 왜 그런 태도를 취하냐고 묻자 아이는 이렇게 말한다. "난 낸시의 수호천사거든요. 그래서 꼬마 낸시를 보호하고 있어요." 아빠가 천사의 이름이 뭐냐고 묻자, 이 꼬마 사칭꾼은 당당하게 "낸시"라고 대답했다.[5]

이 세상이 다른 사람인 체 행동하는 자들로 가득 차 있다는 도이치의 말은 옳다. 알프레트 아들러도 이런 현상을 가리켜 '인생의 거짓말'*이라고 표현했다.[6] 이 지점에서 프로이트와 아들러에게 영향을 준 독일 철학자 한스 파이잉거(Hans Vaihinger)의 저작 《'마치 …인 것처럼'의 철학(Die Philosophie des Als Ob)》[7]이 떠오른다.

요컨대 모든 흉내쟁이가 사칭꾼은 아니지만 모든 사칭꾼은 흉내쟁이다. 도이치는 어린아이의 행위에서 나타나는 흉내 내기를 사칭이라고 잘못 설명한다. 그러나 우리가 보았듯이 어린아이는

---

* 개인심리학의 창시자 알프레트 아들러(Alfred Adler)는 자신의 인생 계획이 다른 사람들 또는 자신이 통제할 수 없는 상황 때문에 실패했다는 잘못된 믿음에 따라 그 책임을 회피하기 위한 수단으로 자신의 생각이나 행동을 조작하는 것을 '인생의 거짓말(life-lie)'이라고 했다.

정체성이 형성되지 않아서 아직은 그 누구도 아니기 때문에 다른 사람을 흉내 내야 한다. 도이치는 "우리가 되고 싶어 하는 대상인 척하며 우리의 실제 모습을 가장하는 것"이 사칭하기의 본질이라고 결론짓는다.[8] 그러나 도이치의 정의는 자기 모습을 더 잘 보이고 싶어 하는 모든 인간의 욕망을 반복한 것이다. 흉내 내기가 개인적 이득을 위한 기만적인 역할 취득, 즉 사칭하기와 항상 일치하는 건 아니다. 흉내 내기는 불쾌한 역할 가장과 불쾌하지 않은 역할 가장을 모두 포함하고 있어서 비난받을 수도 있고 칭찬받을 수도 있는, 도덕적으로 다소 중립적인 용어다.

물론 어린아이 또는 열등하거나 억압받거나 절망적인 환경에 처해 있거나 그렇다고 생각하는 어른이 현재의 자신보다 더 나아지고 더 중요해지고 싶은 욕망이 가장 클 것이다.* 그들은 다양한 방식으로 흉내 내기에 의존할 가능성이 높다. 반대로 꿈을 이룬 사람, 즉 자신의 실제 역할 성취와 정의에 비교적 만족하는 사람은 다른 사람으로 가장할 가능성이 낮다. 그는 현재의 자신에 만족하고 진짜 자기 모습을 있는 그대로 말할 수 있는 호사를 누릴 수 있다.

---

* 어린아이는 항상 억압받는다거나 어린아이에게 확고한 내면적 정체성이 없는 것은 억압 탓이라는 의미로 받아들이지 않길 바란다. 유년기에 개인 정체성이 없는 주요 원인은 그 시기에 아이의 사회적, 심리적 발달이 아직 여물지 않았기 때문이다. (저자 주)

다양한 흉내 내기

일반적으로 인간의 모든 활동이나 역할은 흉내 낼 수 있기 때문에 흉내 내기 유형은 인간 행위만큼이나 다양하다. 이렇게 다양한 흉내 내기 가운데 정신의학과 특별히 관련이 있어 보이는 몇 가지만 골라 간략하게 언급하겠다.

우선 거짓말하기는 논리적인 흉내 내기 사례다. 거짓말쟁이는 진실을 말하는 사람을 흉내 낸다. 여기서 말하는 거짓말하기는 사람들이 어떤 음성 또는 문자 의사소통이 진실일 것이라고 기대하고 있을 때 하는 거짓말이다. 시인은 은유로 말하고 정치가는 수사학으로 말하지만, 우리는 그들의 말을 거짓말이라고 하지 않는다. 하지만 법정 증인은 분명하게 진실을 말해야 하며 그러지 않으면 위증죄로 처벌을 받는다.

게임의 맥락에서 속이기는 거짓말하기와 비슷하다. 속임수를 쓰는 자는 불공정하게 승률을 높이기 위해 정직한 게임 참가자를 흉내 낸다. 게임 규칙이 명확하게 규정되어 있고 모든 참가자들이 알고 있을 때 비로소 우리는 속임수에 대해 말할 수 있다. 이를테면 어떤 규칙이 있어야 사업을 하다가 속았다, 남편이 또는 아내가 상대편에게 속았다고 말할 수 있다. 하지만 게임 규칙이 불명확하거나 다른 참가자들이 그것을 모르고 있을 때 우리는 이런 규칙 파괴를 다른 말을 표현한다. 예컨대 정신의학 의료 게임에서는 환자가 의사를 속인다고 말하지 않고 환자가 히스테리나 건강염려증으로 고통받고 있다고 말한다. 또 정치에서는 공무원이 속인다고 말하지 않고 공무원이 나라를 사랑한다 또는 보편 복지를 보호한다고 말한다.

내가 2장에서 살펴보았고 다른 책[9)]에서 상세하게 다루었던 꾀병 부리기는 사회적으로 정당화되는 병자 역할을 흉내 내는 것이다. 아프다는 것이 정확히 무엇인가는 질병 게임 규칙에 따라 다르다. 의료 게임 규칙이 몸이 아픈 사람의 병자 역할만 정당하다고 정할 경우 아프지 않은데도 병자 역할을 하는 사람은 꾀병자로 간주할 것이고, 몸이 아프지 않은 사람의 병자 역할도 정당하다고 정할 경우 아프지 않은데도 병자 역할을 하는 사람은 정신병자로 간주할 것이다.

당연한 말이겠지만 질병 게임의 규칙을 모르는 사람은 꾀병을 부릴 수 없다. 비유를 들면 피카소 그림의 가치를 모르는 사람은 피카소의 위작을 팔 수도 없고 팔려고 하지도 않을 것이다. 여기서 우리는 흉내 내기에서 실수와 자기 기만 문제를 좀 더 면밀하게 따져볼 수 있다. 질병의 경우, 사람은 실제로 그렇지 않은데 정말 몸이 아프다고 믿고 자신을 병자라고 말할 수 있다. 그는 피카소의 위작을 속아서 샀으면서도 진품이라고 믿고 다른 사람에게 진짜 피카소 작품이라고 말하며 팔려는 사람이다. 분명히 이런 행위는 위조범의 행위와 다르다. 정신의학과 정신분석은 전통적으로 꾀병 부리기는 위조품과 비슷하고 히스테리는 자신도 모르게 위조품을 소유하고 판매하는 것과 비슷하다고 간주해 왔다. 하지만 나는 둘 다 흉내 내기로 보는 게 타당하다고 생각한다. 하나는 진짜 피카소 작품을 가지고 있는 것처럼 흉내 내는 것이고, 다른 하나는 진짜 병을 가지고 있는 것처럼 흉내 내는 것이다. 흉내 내기가 의식적이고 의도적인지 그렇지 않은지 여부는 흉내쟁이와 의사소통을 한 다음 그가 무엇을 주장하고 어디에 집착하는지 조사해보면 대부분 쉽게 확인할 수 있다.

이른바 정신병은 특별한 흉내 내기 사례라고 개념화하는 것이 최상이다. 이를테면 히스테리성 환자는 특정한 질병이나 장애를 지닌 병자의 역할을 흉내 낸다고 보는 것이다. 정신과 의사들은 히스테리성 환자가 흉내 낸다는 것을 어느 정도 인정하고 시인하지만, 그런 환자는 자신이 어떤 행위를 하는지 모른다고 토를 단다. 그들은 그렇게 믿으면서 우쭐댄다. 환자가 자신에 대해 아는 것보다 정신과 의사가 환자에 대해 아는 것이 더 많다고 생각하기 때문이다. 하지만 그런 믿음은 대개 사실이 아니다. 우리는 다음과 같이 해석할 수도 있다. 히스테리성 환자가 자기 행위를 인지할 만한 상태가 아니어서 자신이 무엇을 하고 있는지 모르는 것처럼 보일 뿐, 만일 그가 자기 행위를 인지하고 있다면 자기 삶의 전체 또는 특정한 측면에 대한 진실을 결사코 말하지 않으려고 할 이유가 없다. 그래서 그는 자신뿐만 아니라 다른 사람들에게도 거짓말을 해야 한다. 거듭 말하지만, 나는 이렇게 보는 것이 옳다고 생각한다.

이른바 건강염려증 환자와 정신분열증 환자도 흉내를 낸다. 전자는 특정한 환자의 역할을 맡는 반면, 후자는 종종 유명 인물의 역할을 맡는다. 돌팔이 의사가 진짜 의사라고 주장하듯이 건강염려증 환자는 자신이 암에 걸렸다고 주장하기도 한다. 또 어린아이가 자신이 아빠라고 주장하듯이 정신분열증 환자는 자신이 예수라고 주장하기도 한다. 이런 사례는 정신과 의사와 보통 사람들이 왜 그리고 언제 광인 또는 정신이상자 꼬리표를 붙이는지 잘 보여준다. 어떤 사람의 흉내 내기가 대중적으로 지지를 받지 못할수록 또 다른 사람들이 거부감을 보이는데도 한사코 그런 흉내 내기에 집착할수록, 그는 더욱더 광인 또는 정신이상자로 정의되고 간주된다.

또 다른 유형의 흉내 내기 사례를 꼽자면, 믿을 만한 사람인 척하면서 피해자를 속이는 신용 사기꾼이 있다.[10] 이런 흉내 내기는 다분히 의도적이며, 자신과 주변 사람들은 그것이 속임수를 쓴다는 것을 훤히 알고 있지만 먹잇감이 된 희생자만 그런 사실을 모른다. 신용 게임에서 사기꾼은 이득을 보고 희생자는 손실을 보는 것이 분명하다.

이제 특별히 주목해야 할 흉내 내기 유형이 하나 남아 있는데, 다름 아닌 무대에서 하는 연기 또는 흉내다. 여기서 역할 취득은 그 맥락상 흉내 내기가 확실하다. 리어왕이나 링컨을 연기하는 배우는 리어왕이나 링컨이 아니며, 배우와 관객도 이를 잘 알고 있다. 연극에서 흉내를 내는 것은 여러모로 전형적인 흉내 내기다. 이런 흉내 내기는 무대에서 이루어지는 것이지만 배우의 배역이 무대 밖에서도 그의 모습, 실제 삶, 또는 적어도 대중적 이미지에 깊은 영향을 주기도 한다. 배우가 한 배역을 지속적으로 연기할 경우에는 더욱 그렇다. 연극과 영화에서는 이것을 '고정 배역 맡기' 또는 '정형화되기'라고 부르는데, 이 현상은 우리가 다루고 있는 정신의학과 일상적 사회관계에서도 상당히 중요하다. 어떤 배우가 정형화된 배역을 반복해서 맡으면, 대중은 그가 '정말로' 그 배역과 비슷한 사람이라고 생각할 수 있다. 항상 건달 역할을 하는 남자 배우와 항상 육감적인 역할을 하는 여자 배우는 현실에서도 그런 사람이라는 인상을 심어준다. 가령 많은 미국인들에게 보리스 칼로프는 프랑켄슈타인이었고, 레이먼드 매시는 링컨이었고, 랠프 벨러미는 프랭클린 루스벨트였다. 관객뿐 아니라 배우 자신도 이렇게 가정된 정체성을 그럴싸하게 받아들이고, 무대 밖에서도 무대에서 하는 것처럼 행동할 수 있다. 역할은 습관이 될 수 있고 실제로 그렇게 된다. 많은 만성 정신병 사례에서 우리는 히스테리, 건강염려증, 정신분열증 또는 기타 정신병 게임이 몇 년 심지어 몇십 년 지속되면 결국 뿌리 깊은 습관이 되는 것을 목격한다.

간저증후군

정신과 의자들이 특별히 주목하는 흉내 내기 유형은 이른바 간저증후군(Ganser syndrome)이다. 간단히 말해서 이 증후군은 수감자가 미친 척하는 전략적 흉내 내기다. 하지만 수십 년째 정신과 의사들은 그것이 꾀병인지, 히스테리인지, 정신이상인지, 아니면 비-병인지를 놓고 갑론을박하고 있다.[11] 나는 간저증후군이 판사, 교도관, 교도소 정신과 의사가 정의하는 수형 생활 조건에서 발생하는 특별한 종류의 흉내 내기라고 생각한다.

간저증후군은 1898년 독일 정신과 의사 지크베르트 간저(Sigbert Ganser)가 최초로 규명한 — 내가 보기에는 창조한 — 정신병이다.[12] 간저는 이 증후군을 '특이한 히스테리적 몽롱 상태'라고 불렀고 주요 증상은 '횡설수설(vorbeireden)'이라고 했다. 그 뒤 정신과 의사들은 이 증상을 '논리착오(paralogia)', '근사응답증후군

(syndrome of approximate answers)', '간저증후군' 따위로 부른다. 미국의 표준 교과서인 아서 노이즈(Arthur P. Noyes)의 《현대임상정신의학(Modern Clinical Psychiatry)》의 설명을 보자.

간저는 재판을 기다리며 구치소에 대기 중인 수감자에게 나타나는 흥미로운 유형의 정신이상을 설명했다. 이 증상은 범죄를 저지른 후에만 나타나기 때문에 범행 당시 환자의 정신 상태에 대해 아무것도 알려주지 않는다. 책임 능력이 없을 경우 면책이 가능한 혐의를 받고 있는 그 환자는 사실을 제대로 인지하지 못하는 등 책임 능력이 없는 것 같아 보인다. 멍청해 보이고 질문이나 지시를 정확하게 이해하지 못하는 것 같다. 모호하게나마 질문에 답하지만 그 내용이 부조리하다. 아주 단순하고 친숙한 과제를 부조리한 방식으로 수행하거나 간단한 질문에도 정확하지 않은 근사한 대답을 한다. 가령 심이 뭉툭한 연필을 가지고 글자를 쓰려고 하거나 4 곱하기 3을 11이라고 말한다. 얼핏 보면 책임 능력이 없는 사람으로 보이려고 그런 행위를 하는 것 같아서 경험이 부족한 관찰자라면 그가 꾀병을 부린다고 생각하기 십상이다. 그 역학은 해리성 정신 과정의 역학과 비슷하다.[13]

이 설명에서 그런 행위를 하는 사람에게 '환자' 꼬리표를, 그 행위에 '정신이상' 꼬리표를 붙인다는 점에 주목해야 한다. 그러나 그는 자신이 '아프다'는 것을 어떻게 보여줬을까?

프레드릭 베르탐(Fredric Wertham)은 간저증후군을 다르게 해석한다.

간저 반응은 거의 유일하게 교도소와 낡은 독일 교과서에서만 볼 수 있는 히스테리성 거짓 바보짓이다. 오늘날 이 증상은 무의식적인 멍한 상태(stupefaction)가 아니라 대부분 의식적인 꾀병 부리기로 간주된다.[14]

간저 '환자'가 책임 능력 없음을 주장하며 처벌을 모면하기 위해 자기 딴에 정신이 병든 사람의 행동을 흉내 내는 것과 속임수를 써서 소득세를 면제받으려는 사람의 행동은 어떻게 다른가? 전자는 미친 척하는 것이고 후자는 가난한 척하는 것이다. 그런데도 정신과 의사들은 이런 종류의 행동을 여전히 병의 징후로 보고 그 속성, 원인, 치료법을 추론하느라 바쁘다.

이 같은 사실로 볼 때 간저 환자의 흉내 내기와 고정 배역을 연기하는 배우의 흉내 내기가 비슷하다. 간저증후군 진단을 받은 사람들은 자신과 자신의 주요 청중 모두 그가 진짜 아프다고, 즉 '증상으로 인한' 자신의 행위를 책임질 능력이 없는 장애를 가지고 있다고 심지어 그의 몸은 원인을 알 수 없는 물리화학적 이상으로 고통을 받고 있다고 확신하도록 만드는 데 놀라울 정도로 성공했다. 이 측면에서 그들의 성공은 잘 나가는 남자 배우가 여자들에게 무척 매력적이라고 스스로 믿고 다른 사람들도 그렇게 믿도록 만드는 데 성공하는 것과 정확히 일치한다.

가장한 역할, 흉내 낸 역할, 진정한 역할

한 배우가 고정 배역을 계속 맡을 경우, 그가 '가장한 역할'이 너무 그럴듯하여 사람들이 그가 '연기하는' 게 아니라 '자신의 실제 모습을 보여준다'고 생각하도록 만들 수 있다. 마찬가지로 꾀병, 히스테리, 또는 간저증후군 진단을 받은 사람이 진짜 아픈 환자로 받아들여진다면 그가 가장한 역할이 너무 그럴듯해서 사람들은 그가 '연기하는' 게 아니라 '아프다'고 생각할 것이다. 이런 현상은 실제로 모든 삶의 영역에서 나타날 수 있고 전혀 신기한 일이 아니다. 우리를 둘러싼 세계의 이미지는 우리의 실제 경험에 기초하여 구성된다. 그렇지 않고서는 어떻게 구성되겠는가? "보는 것이 믿는 것이다", "두 눈으로 보는 것보다 네 눈으로 보는 게 더 낫다"는 속담도 있다. 이처럼 우리는 우리가 보는 것과 다른 사람들이 보았다고 말하는 것에 기초하여 세계를 구축한다. 그래서 보완적 정보 채널은 우리의 인상과 경험을 교정하고 지탱하는 데 매우 중요한 역할을 한다. 이를테면 우리는 듣는 것만으로는 그것이 육성인지 녹음된 목소리인지 구분하기 어렵다. 그 목소리의 원천을 눈으로 보면 이런 문제를 쉽게 해결할 수 있다. 보완적 정보 채널이 타인일 경우, 그 사람과 우리 사이의 의견 합치 또는 불합치는 우리의 경험과 판단을 형성하는 데 아주 중요하다.

흉내 낸 역할(impersonated role) 개념과 진정한 역할(genuine role) 개념의 의미가 정반대라고 주장할 경우 위 내용을 좀 더 일반화하여 말할 수 있다. 흉내 낸 역할, 즉 거짓 역할과 진정한 역할,

즉 진짜 역할을 구분하는 방법은 익숙한 검증 과정이다. 다양한 관찰자들의 견해를 비교하는 사회적 검증 과정일 수도 있고, 관찰이나 실험을 통해 주장이나 가설을 시험하는 것으로 구성되는 과학적으로 더욱 명쾌한 조작 과정일 수도 있다. 가장 단순한 검증 방법은 위에서 언급한 것처럼 보완적 정보 채널―보고 듣기, 환자의 진술이 공식 문헌과 일치하는지 여부 점검 등―만 사용하는 것이다. 자신이 예수라고 주장하는 사람의 사례를 보자. 우리가 그 사람에게 그의 주장을 뒷받침할 증거를 요구하면, 그는 자신이 고초를 겪고 있고 곧 죽을 것이라고 말하거나 동정녀 마리아의 아들이라고 말할 것이다. 물론 우리는 그의 말을 믿지 않는다.

하지만 이런 사례는 너무 단순하다. 그래서 이 사례로는 히스테리에서 특징적으로 나타나는 병자 역할을 검증할 때 직면하는 미묘하고 난해한 문제에 제대로 대처할 수 없다. 여기서 다음과 같은 질문이 제기된다. 그 환자는 '정말' 통증을 겪는 것인가? 즉 진정한 병자 역할을 하는 것인가? 아니면 '히스테리성' 고통을 겪는 것인가? 즉 흉내 낸 병자 역할을 하는 것인가? 이런 종류의 사례에서는 다른 사람들에게 그 환자가 '아프다'고 생각하는지 아니면 '꾀병을 부린다'고 생각하는지 물어보고 대답을 할 수가 없다. 이 두 역할을 구별하는 기준은 사회적인 것이 아니라 과학적인 것이어야 한다. 다시 말해 특정한 '작업'이나 '시험'을 통해 심층적인 추론에 필요한 더 많은 정보를 확보해야 한다. 신체병과 정신병을 구별할 때, 추가 정보를 수집하는 주요 방법은 환자를 대상으로 신체적, 심리적, 실험실 검사를 하는 것이다.

흉내 내기와 진정한 역할 수행은 근본적으로 다른 게임이다.[15]

진정한 역할 행위자는 목표를 가지고 안간힘을 다해 게임을 수행하려고 한다. 가령 외과 의사는 병든 부위를 적절하게 제거함으로써 아픈 사람을 치료하려고 한다. 흉내 내는 역할 행위자는 안간힘을 다해 게임을 잘하는 사람을 흉내 내려고 한다. 가령 의사를 흉내 내는 사람은 자신이 의사임을 다른 사람들에게 확신시켜 의사 역할에 따른 경제적, 사회적 보상을 얻어내려고 애쓴다.

따라서 흉내 내기의 목표는 흉내 대상처럼 보이는 것이다. 즉 외면적 또는 '피상적'으로 자신과 타인을 비슷하게 보이도록 하는 것이다. 이는 복장, 말투, 증상, 특정한 주장 따위를 통해 달성할 수 있다. 일부 사람들이 능력과 업무 숙달 대신 역할 흉내를 추구하는 까닭은 여기서 논외로 한다.

불필요한―병리생리학의 관점에서 볼 때 '불필요한'―외과수술을 흉내 내기 전략으로 사용할 때가 종종 있다. 이 상황에서 흉내쟁이는 질병 게임을 통해 자신이 병자 역할을 하고 있다고 주장하고 이를 입증하려고 한다. 수술에 동의한 외과 의사는 그 사람을 위해 유용한 기능을 수행한다. 외과술의 원칙상 그 유용성이 정당하지 못해도 상관없다. 의사의 개입은 병자 역할에 대한 환자의 주장을 정당화한다. 수술 흉터는 공식적인 병의 증거이다. 환자의 진정성을 입증하는 증명서다.

한편 진정한 역할을 수행하는 사람의 목표는 특정한 기술이나 지식을 획득하는 것인데, 보통은 그런 목표를 의식적으로 간직하며 산다. 그런 사람 역시 다른 사람―외과 의사, 과학자 등―을 닮고 싶은 욕망이 있을 것이다. 그러나 이런 게임의 규칙과 목표는 피상적인 유사성이 아니라 실질적인 유사성을 요구한다. 그 목표는 흉내 내기에서 나타나는 것 같은 단순한 '표피적 변화'가 아니라 학습을 통한 '내면적 인격'의 변화다.

정신의학은 흉내 낸 역할을
진정한 역할로 인증한다

정신과 의사는 꾀병, 히스테리, 간저증후군 ─ 실제로는 모든 정신병 ─ 환자가 아프다고 스스로 정의한 것을 사실상 인증함으로써 그의 병 형성을 돕는다. 이처럼 정신의학은 스스로 또는 다른 사람들이 아프다고 주장하는 사람의 병자 역할을 인증하고 정당화하는데, 이는 정신의학 전체 나아가 사회 전체에 아주 심각한 함의를 던진다. 일반 의사와 정신과 의사가 병자 역할을 흉내 내는 사람을 진정한 환자로 다루는 것은 영화배우 레이먼드 매시나 랠프 벨러미를 진짜 미국 대통령으로 생각하는 관객처럼 행동하는 것이다. 관객의 반응이 이런 식이라면, 그 배우는 관객의 반응을 보고는 자신의 실재에 대한 정확한 정의와 그 안에 포함된 자기 정체성을 확인할 수 없을뿐더러 그런 관객 반응 때문에 자기 실체를 혼란스럽게 인식할 수밖에 없다. 이렇게 하여 그 배우는 용기를 내어 관객이 자신에게 바라는 역할, 그리고 자신도 은근슬쩍 그렇게 하고 싶은 역할을 한다. 무대에서 연기하는 배우는 고정 배역이 얼마나 위험한지 잘 알지만, 실제 삶이라는 무대에서 연기하는 사람은 그런 위험에 둔감한 편이다. 그래서 병자 역할 흉내 내기를 일삼아 하는 사람은 가족이나 의료 전문가로부터 그런 역할을 인증받는다는 것이 얼마나 위험한지 곰곰이 생각하지 않고 오히려 관객들이 자신의 흉내 내기 역할을 저지하거나 거부할까 봐 전전긍긍하는 경우가 많다. 사기꾼은 피해자가 자신을 의심하고 거부할까 걱정하고, 예로부터 꾀병자는 의사가 자신을 의심하고 거부할까 걱정한다. 하지만 배우가 흉내를 낸 역할에 대한 관객의 거부감이 첫 공연일 때 가장 심하듯이 실제 삶에서도 마찬가지다. 초연을 마치고 연극이 계속되면서 배우는 자신의 역할을 인정받거나―그러면 연극이 더 오래 상연된다―아니면 거부당한다. 그러면 연극이 종료된다. 배우가 배역을 더 오래 할수록 비평가와 관객은 그의 연기에 덜 까탈스러워진다. 이제 그는 배역의 '일부'가 된다. 이것은 인생사에서도 익숙한 과정이다. 이를테면 어떤 학생이 학기 초에 수행 능력이 우수하여 모범생으로 정의되면, 교사는 그 이후 수행 평가에서 불량 학생보다 모범 학생에게 훨씬 덜 까다로울 것이다. 이런 식으로 배우, 운동선수, 은행가 등 능력이 입증된 사람은 그렇지 않은 사람보다 비난을 면할 가능성이 훨씬 더 크다.

도구적 집단(instrumental group)과 제도적 집단(institutional group) 개념과 이 두 집단 구성원 기준을 사용하여 진정한 역할과 흉내 낸 역할을 구분할 수도 있다.[16] 도구적 집단은 기술 공유에 기초를 두고 있다. 예컨대 데이비스컵 대회 참가팀 구성원이라는 것은 특별한 기술을 공유하고 있다는 의미를 담고 있다. 구성원 각자가 실제로 테니스 치는 법을 잘 알고 있기 때문에 우리는 이것을 진정한 역할이라고 생각한다. 반면에 제도적 집단은 친밀성, 지위 같은 비기능적 기준에 기초하고 있다. 왕족 같은 가족 구성원이 좋은 예다. 왕이 죽으면 왕세자가 새로운 왕이 된다. 이렇게 비-왕(nonking)에서 왕으로 전환하는 데 새로운 지식이나 기술 따위는 전혀 필요 없다. 죽은 왕의 아들이기만 하면 된다.

흉내 내기를 한 문장으로 요약하면 세습 군주제 모형에 기초한 행동 전략이다. 이 전략에는 도구적 기술은 중요하지 않다는 뿌리 깊은 믿음이 응축되어 있다. 삶의 게임에서 승리하려면 '역할을 수행'하고 그것을 사회적으로 승인받기만 하면 된다. 부모는 자식들이 이 모형을 따르도록 한다. 하지만 자식들은 이 모형을 따르는 순간 공허한 삶을 살기 시작된다. 자식들이 그 공허함을 채우려고 하면 그들의 노력에 '정신병' 같은 꼬리표가 붙곤 한다. 그런 사람이 할 수 있는 유일한 게임은 정신적으로 병이 들거나 이상이 있는 자가 되는 것―또는 다른 사람을 죽이거나 자신을 죽이는 것―일 수 있다.

요약

어떤 역할을 할 때 배우의 주된 임무는 좋은 연기를 하는 것이다. 역할이 진정한 것이라면―즉 체스 게임이나 자동차 운전을 하는 것처럼 도구적으로 정의할 수 있는 역할이라면―성공한 역할하기는 단순히 과제를 성공적으로 완수했다는 뜻이고 실패한 역할하기는 과제를 성공적으로 완수하지 못했다는 뜻이다.

하지만 그 역할이 흉내 낸 것이라면―즉 실제로 그렇든 아니든 어떤 사람이 특정 자질을 가졌다고 다른 사람들을 설득하는 것처럼 관습적으로 정의할 수 있는 역할이라면―실패 가능성은 두 배가 된다. 가령 배우가 연기를 너무 못하면 관객이 그가 흉내 내는 역할을 보고 진짜라고 설득되지 않아서 실패할 것이고, 배우가 연기를 너무 잘하면 관객이 그 역할이 진짜라고 설득되기 때문에 실패할 것이다. 나는 이런 일이 배우뿐만 아니라 이른바 정신과 환자에게도 일어날 수 있다고 앞서 설명했다. 여기에 덧붙이자면 유능하고 성공적인 연기자가 이런 위험에 빠질 가능성이 가장 높다고 할 수 있다. 바꾸어 말하면, 서툴게 또는 마지못해 히스테리 게임이나 정신병 게임을 하는 사람은 가족이나 의사로부터 그 역할에서 거부당할 가능성이 높다. 그런 게임을 능숙하게 하는 자의 연기가 성공할 가능성이 높으며, 그는 아픈 사람—정신이 병든 사람—으로 인정받을 것이다. 그래서 두 경우 모두 진정한 역할 수행에는 실패한다. 나는 이른바 정신이 병든 사람들 대부분이 이런 상황에 처해 있다고 생각한다. 이들은 주로 무기력함, 절망, 나약함, 때론 신체병이라는 역할을 흉내 낸다.*—그런 것들은 사실 사회적, 윤리적, 대인관계로 인한 갈등에서 생긴 좌절감, 불행함, 혼란과 관련 있다.

나는 그런 흉내쟁이와 그의 흉내를 받아들이는 사람들의 위험을 지적하려는 것이다. 가장 큰 위험은 문화적으로 공유되는 신화를 창조하는 것이다. 나는 '정신병'이 그런 신화라고 믿는다.

오늘날 정신의학은 정신병 게임의 후기 단계를 나타낸다. 초기 단계, 즉 정신감정 의사들**이 신경과 의사 또는 신경병리과 의사를 동경하던 19세기 말 이전에 그들은 병자 역할을 흉내 내는 사람

---

* 나는 이 같은 흉내 내기가 몇 가지 선택지 가운데 교묘하게 골라낸, 항상 의식적으로 계획된 전략이라고 생각하지 않는다. 그런 일이 종종 일어나긴 하지만 말이다. (저자 주)

들을 격하게 부정했다. 그들은 '진짜' 아픈—즉 신경학적으로 아픈—환자만 진찰하고 연구하고 치료하려 했다. 모든 정신과 환자를 사기꾼이자 사칭꾼으로 생각한 것이다.

하지만 오늘날 정신과 의사들은 정반대가 되었다. 그들은 진정한 역할과 흉내 낸 역할을, 즉 정직하게 게임하는 것과 속임수를 쓰는 것을 구분하는 데 반대한다. 그들은 그렇게 행동함으로써, 앞서 언급한 미술품 전문가[17]처럼 행동한다. 걸작을 감쪽같이 모방한 모조품도 걸작이라고 감정한다.

정신과 의사들이 질병 모형에 따라 정신과적 질병을 개념화하니, 정신과 치료는 정신과적 병을 '가진' 사람에게만 '제공'할 수 있는 것으로 정의할 수밖에 없다! 이 때문에 정신과적 질병과 치료의 진정한 본질에 대한 개념화는 난마처럼 뒤엉키고 정신이 아픈 환자의 역할을 흉내 내는 사람들에 대한 어처구니없는 딜레마가 생기는 것이다.

일단 어떤 역할이 사회적으로 수용되면 적어도 원칙적으로는 그 역할을 흉내 내거나 모방할 수 있다. 그렇다면 정신과 환자 역할을 흉내 내는 사람을 어떻게 간주해야 할까? 그는 꾀병을 부리는 광인인가 아니면 진짜 광인인가? 정신과 의사들은 그런 사람 역시 자신이 '치료'할 수 있는 환자라고 주장하고 싶었다. 그렇게

** '정신감정 의사(alienist)'는 19세기 병원이나 사설 클리닉에서 정신병을 치료하거나 법정에서 정신병을 감정하는 의사를 지칭하는 용어다. 당시에는 정신병을 앓는 사람은 인간의 진정한 속성에서 완전히 벗어난 존재(alien)라고 생각했고 그런 존재를 연구하고 감정하고 치료하는 사람을 'alienist'라고 했다. 지금의 '정신과 의사(psychiatrist)'의 선조 격이라고 할 수 있다. 이 책에서는 '정신과 의사'와 구별하기 위해 '정신감정 의사'로 번역한다.

하려면 정신이 병든 척하는 사람들도 '아픈 사람'이라고 개념화하고 정의해야 했다. 이렇게 하여 그들마저 병자가 되었다.

그래서 무슨 일이 일어나고 있는지 아무도 정확히 알지 못하는 사이에 정신의학 게임과 실제 삶 게임의 경계가 점차 흐릿해졌다. 영화 속 여배우에게 푹 빠진 외롭고 낭만적인 남자 팬은 점차 그 여배우가 실제로 곁에서 숨 쉬는 연인으로 느낄 수 있는데, 이때 필요한 것은 설득력 있는 연기와 감수성 풍부한 관객이다. 남자에게 마릴린 먼로가 필요하고 여자에게 클라크 게이블이 필요하듯이 의사에게는 병자가 필요하다! 그래서 나의 주장은 이렇다. 병자 연기를 하는—병자 역할을 흉내 내는—사람 특히 치료에 경도된 의사들 앞에서 그런 연기를 하는 사람이 가장한 역할을 하는 것을 사회가 수용하면, 그 사람은 특정한 때론 예기치 못한 방식으로 큰 위험에 빠진다. 표면적으로는 그런 사람이 도움을 요청하고 또 도움을 받고 있지만, 이른바 '도움'의 손길은 그가 환자 역할을 순순히 수용하고 치료사의 모든 요구에 고분고분 따를 때만 다가올 것이다.

이 딜레마의 주요 대안은 병든 행위와 건강한 행위를 범주화하여 구별하는 관행과 정신적 아픔을 이른바 정신 치료의 전제 조건으로 삼는 관행을 폐지하는 것이다. 정신분석이나 정신 치료를 통해 사람들을 '치료'하는 것은 그들이 아프기 때문이 아니라 다음과 같은 이유 때문이라는 점을 솔직히 인정해야 한다는 말이다. 첫째, 사람들이 이런 유형의 도움을 갈망하고 있다. 둘째, 사람들이 살면서 문제를 겪고 있고, 자신과 주변 사람들이 습관적으로 하는 게임을 이해함으로써 그 문제를 극복하려고 한다. 셋째, 우리는 정신 치료사로서 사람들을 '교육'하는 데 참여하길 원하고 또 그렇게 할 수 있는데, 이것이 바로 전문가로서 해야 할 우리의 역할이다.

끝으로 흉내 내기 개념은 정신과 환자뿐 아니라 정신의학 전문가의 역할을 이해하는 데 유용하다. 양쪽 모두 흉내 내기에 참여하고, 열쇠와 자물쇠처럼 서로가 상대방의 역할에 딱 맞춘다. 정신과 환자는 병자 역할을 흉내 내거나 다른 사람들에게 병자 역할을 한다는 인상을 심어준다. 이른바 히스테리가 있는 사람은 아픈 척 행동하며 스스로 치료를 요청하고, 이른바 편집증이 있는 사람은 아픈 사람으로 간주되어 본인 의사와 무관하게 치료를 받는다. 전자는 스스로 환자로 정의하고 후자는 타인에 의해 환자로 정의된다. 이와 달리 정신과 의사, 정신분석가, 임상심리학자들은 상호 보완적인 방식으로 흉내 내기 행동에 참여한다. 그들은 내담자의 문제를 병의 징후로 받아들이거나 질병 범주에 집어넣음으로써 의료 전문가와 치료사의 역할을 가장한다. 이와 같은 전문가 흉내 내기는 내담자의 행위와 무관하게 일상 공간에서 나타나기도 한다. 오늘날 정신의학·정신분석·심리학 조직과 그 구성원들은 물론이고 법원과 학교, 법률가와 교육자 같은 기관이나 개인들도 이 같은 흉내 내기를 적극 장려하고 지원한다.

문제는 정신 건강 전문가들의 전문적 신조다. 그들은 정신병을 의학적 병으로 보고 정신 치료를 의학적 치료로 본다. 하지만 사실은 히스테리가 있는 사람이 환자처럼 보이듯이 정신 치료사는 의사처럼 보일 뿐이다. 정신 치료사의 의사소통적 개입과 의사의 생리화학적 개입 사이에는 어떠한 관습적 위장으로도 좁힐 수 없

는 도구적 격차가 존재한다.[18]

　최근까지 정신과 의사와 정신 치료사들의 의학적 역할 흉내 내기는 정신과 환자와 전문가 모두에게 명백한 이익에 부합했다. 그래서 그 옛날 '벌거숭이 임금님' 이야기의 현대적 변종에 저항하는 관련 당사자들이 많지 않은 것이다. 이제 임금님은 벌거숭이라고 선언할 때가 되었다. 임금님 옷은 좋은 옷감으로 만들어야 하듯 정신의학도 의학적 실체가 있어야 한다. 알다시피, 임금님은 그 옷감이 너무 섬세해서 최고의 현자만 볼 수 있다는 말을 철석같이 믿었다. 그래서 임금님이 벌거숭이라는 주장은 자신의 어리석음에 대한 고백이자 막강한 권력자에 대한 불경이었다. 이런 논리가 정신의학에도 적용되었고 현재도 마찬가지다. 의학과 정신의학의 동일성은 너무 섬세해서 최고의 전문가만 볼 수 있다는 것이다. 따라서 그 동일성이 실체가 없다고, 즉 존재하지 않는다는 주장은 자신의 어리석음에 대한 고백이자 의학과 정신의학이라는 막강한 제도에 대한 불경이다. 나는 [정신과 의사의 한 사람으로서] 이 두 가지 잠재적 혐의에 주저 없이 유죄를 인정한다.

15장
정신의학 윤리

　내가 보기에, 인간 행위에 관한 게임 모형은 정신의학, 심리학, 정신 건강 분야 연구에 대한 윤리적 고려사항을 가장 선명하게 제기한다. 게임에는 돈을 따거나 상대방을 이기는 것 같은 이득이나 목적이 있는데, 이 점이 도덕적 개념을 구성한다. 또 게임은 특정한 규칙에 따라 해야 하는데, 여기서 규칙을 준수하고 어기는 것은 추가적인 도덕적 문제를 구성한다. 어떤 게임이 해볼 만한 가치가 있는지, 그리고 어떤 규칙이 존중하고 준수할 가치가 있는 것인지 여부는 종종 자신의 곤경이 정신의학적인 특성으로 정의되는 사람들을 괴롭히는 문제다.
　또 인간 행위의 게임 모형은 윤리와 정신분석, 특히 윤리와 대상관계 이론—자기와 타인, 즉 '대상'의 상호작용에 관한 설명—을 이어주는 유용한 교량이다.[1] 게임 이론에서는 자신이든 타인이든 모든 참여자들을 '참가자'라 하고 이들의 경합을 '게임'이라 한다. 정신분석은 이런 용어를 사용하지 않지만, 대상관계와 게임하기 관점은 여러 면에서 서로 비슷하다. 나는 이 마지막 장에서 두 관점의 유사성을 제시하고 도덕적, 정신분석적, 기호학적, 그리고 사회적—즉 게임하기—접근법을 종합하여 개인 행위 전반의 문제와 특히 정신의학의 문제를 이해하는 방법을 제시하고자 한다.

대상관계와 게임 모형

대상관계 이론과 게임 이론의 유사성은 대상의 상실과 게임의 상실이 특징적으로 연결되는 현상에서 가장 뚜렷하게 드러난다. 사람은 자신을 지지하는 안정적인 대상이 필요하다. 만일 그런 대상을 상실하면 우울해지는 경향이 있다. 집단 역시 자신들을 지지하는 안정적인 게임이 필요하다. 만일 그런 게임을 상실하면 아노미에 빠지는 경향이 있다. 에밀 뒤르켐(Emile Durkheim)[2]의 그 유명한 아노미(anomie) 개념은 가치 있다고 여기던 기존의 열망, 목표, 또는 규범을 상실한 후 나타나는 사회적 무관심과 혼란을 뜻한다.[3]

오늘날 많은 정신의학과 사회학 문헌은 대상의 상실과 그로 인한 변화가 개인적 행위의 참조 틀을 특징짓고, 규범의 상실과 그로 인한 변화가 사회적 행위의 참조 틀을 특징짓는다고 전제한다.[4] 나는 여기서 규범과 무규범이 사회뿐 아니라 개인에게도 영향을 끼친다고 주장하고자 한다. 즉 사람들은 타인뿐 아니라 준수할 만한 규칙, 더 일반적으로 말하면 수행할 만한 가치가 있는 게임이 필요하다.

인간은 자신의 대상 세계(object world)에 별 문제가 없더라도 수행할 만한 가치가 있는 게임을 찾지 못하면 극심한 고통을 겪는다. 그 까닭을 설명하려면 자기와 게임의 관계를 살펴봐야 한다. 그러지 않으면 우리는 모든 종류의 개인적 비극과 고통을 대상관계 문제로 환원하게 된다. 동시에 우리는 게임의 상실을 지금까지 대상의 상실이라고 불렀던 것의 또 다른—더욱 포괄적인—측면에서 검토해야 한다. 더욱이 실재하는 대상, 즉 외적 대상 하나를 상실한다는 것은 함께 게임할 참가자 한 명을 상실한다는 의미이기 때문에—그 참가자를 완벽하게 대체할 사람을 찾을 수 없는 한(그럴 가능성은 희박하고 예외적이다)—그 상실로 인해 불가피하게 다른 방식으로 게임을 해야 할 수 있다. 따라서 '참가자'와 '게임'은 복잡한 사회 시스템—가령 가족, 조직, 협회 등—을 함께 구성하는 상호의존적 변수라는 것이 확실하다.

대상과 게임의 관계를 보여주는 사례를 보자. 어머니를 상실한 어린아이는 대상—즉 애정 등 여러 감정을 투영할 사람—을 상실한 것뿐 아니라 새로운 게임을 구성하는 인간 상황(human situation)에 처한다. 어머니의 부재는 다른 사람들이 그 아이의 욕구를 채워줘야 하고 그 아이는 그런 사람들과 관계를 맺어야 한다는 의미다.

결혼도 이와 비슷하다. 전통적 사고에 따르면, 이 게임은 죽음이 갈라놓을 때까지 지속된다. 참가자들이 이 규칙을 고수하는 한, 그 규칙은 참가자들의 게임 상실 트라우마를 예방하는 든든한 안전판이 된다. 결혼제도가 진화하고 지속된 까닭은 이 제도가 질서정연한 성관계 시스템을 제공한다거나 자녀 부양에 유용해서가 아니라, 사실은 상대적으로 불변하는 게임 맥락에서 남자와 여자에게 최고로 안정적인 인간관계를 제공하기 때문이 아닐까 싶다.

결혼제도는 조직화된 종교를 제외하면 그 어떤 제도보다 이 목표를 훌륭하게 달성했고, 게다가 매우 안정적이다. 많은 사람들이 이런 게임을 좋아하는 까닭은 게임 방법을 한번 익혀 두면 다시 학습할 필요가 없고 변화를 겪지 않아도 되기 때문이다.

어린아이의 부모 상실 또는 성인의 배우자 상실은 대상의 상실과 게임의 상실이 함께 발생하는 상황이다. 하지만 온 가족의 이민처럼 대상의 상실과 게임의 상실이 따로 발생하는 상황도 있다. 예를 들어 어떤 가족이 친구와 하인들까지 함께 이민하는 경우는 중요한 개인적 대상을 상실하지는 않지만 중요한 게임을 상실하는 상황이다. 그렇지만 그런 가족은 대체로 새로운 삶의 방식과 언어 등에 쉽게 적응하거나 고향에서 지내듯이 편안하게 살아간다.

인간 행동을 설명할 때 필수적인 학습 개념은 게임 이론에서는 매우 중요하지만 대상관계 이론과는 전혀 무관하다. 사람은 게임을 하는 법을 학습하지만 대상관계를 맺는 법을 학습하지는 않는다. 따라서 우리는 주요 정신분석 개념을 학습의 측면에서 재해석해야 한다. 정신분석가들은 학습을 무심코 그리고 불분명하게 재해석할 때가 종종 있다. 이를테면 그들은 전이*를 '예전 게임 수행하기'의 특수한 사례로 해석한다. 그래서 정신분석가 필리스 그린

---

* '전이(transference)'는 어떤 사람에 대한 감정이 무의식적으로 다른 사람에 대한 감정으로 옮겨지는 현상을 말한다. 어릴 때 중요한 사람에 대한 감정을 현재 대상에게 동일한 감정으로 느껴 까닭 없이 누군가를 좋아하거나 싫어하는 감정이 생길 수 있다. 가령 정신분석(심리상담) 과정에서 여성 피분석가(내담자)가 어렸을 때 아버지에서 느꼈던 감정을 분석가(상담사)에게 느끼는 경우가 있다. 이와 반대로 분석가(상담사)가 피분석가(내담자)에 그런 감정을 느끼는 것을 '역전이(counter-transference)'라고 한다.

에이커(Phyllis Greenacre)는 전이에 관한 논문에서 마르크스주의 정신분석가 오토 페니켈(Otto Fenichel)의 말을 인용하여 "전이에 대처하려면 우선 그런 게임에 참여하지 말아야 한다"고 말한다.[5)]

더욱이 전이가 정신분석적 상황에서만 발생한다고 믿는 분석가는 이제 거의 없겠지만, 이 현상이 대상관계 상황에만 관련이 있다고 생각하는 분석가들은 아직 많다. 하지만 나는 전이의 특징을 학습된 기능 영역 등 다른 상황에서도 관찰할 수 있다고 주장한다.[6)] 이를테면 외국어 억양으로 말하는 것은 일상생활에서 가장 흔한 전이 사례라고 할 수 있다. 전통적인 전이 개념은 피분석가가 분석가를 예전부터 잘 알고 있는 사람인 것처럼 대하는 것이다. 그리고 자신의 전이된 행동이 어떻게 현현(manifestation)하는지 인식하지 못하는 게 보통이다. 이와 판박이로, 외국어 억양으로 영어(또는 다른 언어)를 말하는 사람은 자신의 모국어 말하듯이 영어를 쓴다. 그리고 자신의 전이된 언행이 어떻게 현현하는지 인식하지 못하는 게 보통이다. 그런 사람은 자신이 억양 없는 영어를 사용하고 있다고 생각할 뿐 잘못된 영어로 말한다는 것을 알지 못한다. 주변 사람들이 그의 말투를 지적하거나 자기 목소리를 녹음하여 들어본 다음에야 비로소 자신의 언어적 전이를 인식한다. 이처럼 전이는 예전 습관에 따라 판에 박힌 행동을 할 때, 그리고 예전 습관의 결과를 인식하기 위해 자기 외부의 보조 정보 채널이 필요할 때 현저하게 드러난다. 전이를 이렇게 보는 관점은 과거 경험을 일반화하려는 기본적인 인간 성향을 관찰한 결과이다.[*7)]

---

* 1885년 에른스트 마흐(Ernst Mach)는 이런 현상을 매우 통찰력 있게 정식화했는데, 그는 이것을 '연속성의 원리(principle of continuity)'라 했다. (저자 주)

게임하기 관점에서 비롯된 정서와 사고방식을 재검토해보면 대상관계 이론과 게임 이론의 연결점이 더욱 뚜렷해진다. 대상관계의 관점에서 누군가에게 또는 그 무엇에 '관심을 갖는 것'은 다른 요소로 환원할 수 없는 정서이다. 정신분석은 이것을 '리비도의 주의집중(libidinal cathexis)', '정서 투영(investment)'*, '대상에 대한 정서 투영(investment)' 등으로 부른다. 그러나 누군가의 관심을 투영받지 못하는 사람은 대상으로 존재할 수조차 없다. 사랑 같은 긍정적 관심이 증오 같은 부정적 관심보다 더 바람직하지만, 그 어떤 관심이든 무관심보다는 낫다. 냉담함이나 무심함 같은 무관심은 한 사람의 인격이나 자아의 존재 자체를 위협한다.

 의미 있게 살려면 인간은 대상 그 이상의 관심과 정서를 투영받아야 한다. 자신이 가치 있다고 생각하는 게임에 참가해야 한다는 말이다. 호기심, 소망, 흥미는 삶의 게임에 참여하려는 열정이 정서적으로 표현된 것이다. 누군가를 사랑하는 태도가 사람, 즉 부모와 자녀, 아내와 연인에 대한 관심을 의미하듯이 무언가를 소망하는 태도는 게임, 즉 일과 놀이, 종교와 사교에 관심을 의미한다.

 따라서 소망은 사회적 상호작용에 성공적으로 참여하고 싶은 기대다. 소망은 게임을 이기는 것, 잘하는 것, 또는 그저 즐기는 것을 의미할 수 있다. 요컨대 다양한 게임에 꾸준한 관심을 보이는 것이야말로 성공적인 사회적 삶 — 이른바 '정신 건강' — 에 필수

---

* 정신분석과 심리학에서 '대상에 심리적 에너지를 쏟는다'는 의미로 사용되는 'investment'를 이 책에서는 '정서 투영'으로 번역한다. 이 단어는 정신분석에서 주로 '주의집중' 또는 '카텍시스'로 번역하는 그리스어 'cathexis'와 동일한 의미로 사용된다.

요소다. 그래서 노동—특히 스스로 선택한 사회적으로 가치가 있는 노동—이 심리적 안정을 위한 주요 요소라고 말하는 것이다. 물려받은 재산이 없어서 먹고살기 위해 노동을 해야 하는 사람에게는 자신이 좋아하는 일을 하고 그 일을 잘하는 것이 인생에서 가장 중요한 게임이다. 더욱이 노동에 관심을 가짐으로써 한편으로 권태와 무심함에서 벗어날 수 있고 또 한편으로는 자신과 자신의 대상 그리고 게임을 탐색하느라 진을 빼지 않아도 된다. 게으른 부자는 유희를 '노동'하지만 노동하는 자는 노동 게임을 '유희'한다. 부자들에게 스포츠, 여행, 사교 모임, 자선 활동 따위는 의미 있는 게임에 대한 욕구의 배출구다.

 이쯤에서 소망과 종교의 관계라는 복잡한 주제를 가볍게 언급해야겠는데, 그 핵심 질문은 이렇다. "사람은 무엇을 소망해야 하는가?" 여기서는 이 질문에 구체적으로 답하기보다 신앙에 소망이라는 정서를 투영하는 것은 한 사람이 할 수 있는 최선의 정서 투영일 수 있다는 점만 강조하겠다. 종교 특히 아낌없는 충만함과 온갖 보상을 약속하는 기독교는 누군가가 소망에 약간만 정서 투영을 해도 큰 보상을 약속한다. 광신적인 민족주의를 제외하고 그만한 보상을 약속하는 곳은 거의 없다. 그래서 종교에 정서를 투영한 소망 보상율이 합리적이고 평범한 일에 정서를 투영한 소망 보상율보다 훨씬 더 크다. 따라서 소망 자본이 적은 사람은 자신의 '저금'을 종교에 투자하는 게 최선이다. 그리고 실제로 그들은 종종 그렇게 한다.

정신분석과 윤리

앞에서 나는 윤리와 정신의학·정신분석·정신보건 분야의 연관성을 다루면서 정신의학과 정신분석의 원리 그리고 실천에 내재한 불명확한 도덕적 가치, 판단, 처방을 명확히 설명하려고 했다. 오늘날 정신의학—이른바 일반 정신의학(general psychiatry)—에 체화되고 정신의학이 강제하는 윤리적 가치는 천차만별이어서 짧은 논의로는 포괄할 수 없고 어떤 방식으로든 일반화가 불가능하다. 하지만 정신분석과 관련해서는 상황이 훨씬 더 단순하다. 그래서 여기서는 정신분석에 내재되어 있고 정신분석을 통해 구현되는 윤리적 가치에 대해 몇 가지 결론을 제시하겠다.

첫째, 정신분석에서 윤리적 가치의 주요 원천은 무엇인가? 간단하게 나열하면 다음과 같다. 치유 기술이라는 의학 전통. 19세기 과학 특히 물리학. 철학 특히, 고대 그리스·로마 철학과 계몽주의 철학, 그리고 쇼펜하우어, 니체 같은 일부 근대 철학자. 서양의 위대한 종교 특히, 유대교와 로마 가톨릭. 그리고 물론 프로이트의 개인적 취향과 기질적 성향.[8]

둘째, 정신분석에서 윤리적 가치의 본질 또는 실체는 무엇인가? 간략하게 말하면 합리주의, 자기 인식, 자기 규율, 지배적인 가족·사회·정치 제도의 보존이라고 할 수 있다. 자기 지식*은 좋은 것이라는 사고는 자기(self)를 자연의 일부로 바라보는 합리주의와 과학의 윤리다. 이 과학적 윤리의 핵심은 지식은 명확하게 진술되고 널리 알려져야 하며 비밀로 간직되어서는 안 된다는 원리이다. 특히 그 지식을 습득하려는 사람 또는 그 지식의 영향을 받는 사람들에게는 반드시 공개되어야 한다. 이 윤리에 따르면 소수 집단이 지식을 비밀로 간직하면 안 될뿐더러 다른 개인이나 집단을 신비화하고 통제하고 현혹하고 지배하기 위한 권력의 원천으로 그것을 이용해서도 안 된다. 정신분석가들은 이 과학 윤리를 원칙적으로는 지지했지만 실천적으로는 틈만 나면 배반했다. 그들은 점차 수가 늘어나 조직을 만들자마자 정신분석적 사고를 탐구에서 교리로, 정신분석적 실천을 개인 해방을 위한 도구에서 억압하는 도구로 바꾸어버렸다.[9]

여기서 나는 프로이트가 어떤 도덕적 가치관에 따라 자신의 연구를 수행했는지, 그리고 어떤 도덕적 가치관을 자신의 정신분석 이론과 실천에 포함했는지에 대해 명쾌하게 밝힌 적이 없다는 점을 다시 강조한다. 프로이트의 방대한 저작의 특징을 꼽자면, 사실 그는—가령 아들러의 연구와 대조적으로—자신의 연구를 순수하게 '과학적'이고 '치료적'인 것으로 표현하려고 갖은 노력을 다했다. 그래서 나쁜 인간관계나 결혼 생활에 대한 정신분석의 입장은 무엇인가라는 질문에는 단박에 대답할 수 있지만 좋은 인간관계나 결혼 생활에 관한 정신분석의 입장은 무엇인가라는 질문에는 쉽게 답할 수 없다. 요컨대 프로이트는 자신의 관찰과 개입을 의학의 언어와 유사 의학의 언어를 뒤섞어 설명함으로써 자신

---

* 정신분석과 심리학 용어인 '자기 지식(self-knowledge)'은 자신의 느낌, 생각, 속성, 동기, 능력을 인식할 수 있는 능력을 말한다. 오늘날 심리학은 '자기 지식'을 갖추려면 자기 인식(self-awareness)과 자기 의식(self-consciousness)을 부단히 개발해야 한다고 강조한다.

이 마치 도덕적으로 초연하거나 중립적인 것처럼 보이게 했다. 그러나 사회과학에서는, 더 일반적으로 말해서 인간사에서는 그런 초연함과 중립성이 불가능하다. 프로이트를 비롯한 정신분석가들이 그런 중립성을 지키기는커녕 어떤 가치관을 지지했고 또 어떤 가치관을 반대했는지 조목조목 보여주는 것은 식은 죽 먹기다. 몇 가지 사례만 보자. 프로이트는 유아의 섹슈얼리티를 '발견'하고 어린이의 성적 계발(sexual enlightenment)을 옹호했고, 성적 유혹이 어린이에게 미치는 영향을 연구하고 그런 유혹 행위에는 반대했고, 동성애의 속성을 탐구하고 그것을 '성도착'이라고 개탄했다.

프로이트는 쌍을 이룬 인간관계에서는 항상 한쪽이 지배하고 다른 한쪽은 복종한다고 보았고, 또 그래야 한다고 믿었다. 그의 정치적 신조는 기본적으로 플라톤적이었다. 즉 대중을 독재로 통치하는 지적이고 도덕적인 엘리트를 선호했다. 나는 11장에서 프로이트의 여성 혐오에 대해 언급했다.[10] 분석가와 분석 대상자의 정신분석 관계는 '상급자와 하급자'의 관계여야 한다는 그의 주장도 주목할 만하다. 그리고 충격적이다.[11] 그는 동등한 사람들 사이의 진정한 협력은 가능하지도 않고, 바람직하지도 않다고 생각했던 것 같다.

프로이트와 달리 아들러는 도덕적으로 바람직하거나 '정신적으로 건강한' 인간관계에 대한 자신의 개념을 명확하게 표현했다.[12] 그 개념의 핵심은 높은 사회적 관심과 협력이었다. 또한 진실함과 능력의 가치를 강조했지만 프로이트만큼 자기 지식을 강조하지는 않았다.

요컨대 프로이트는 자신의 관찰, 이론, 치료법에 내재한 도덕적 가치관을 위장하고 교란했지만 아들러는 드러내 보이고 논쟁했다. 나는 이 점이 프로이트 심리학과 아들러 심리학에 대한 평판이 다른 이유 중 하나라고 생각한다. 프로이트의 연구에는 공정하고 냉정한 자연과학자의 흔적이 배어 있다. 프로이트 심리학과 정신 치료에 내재한 가치관이 무엇인지 확인하려면 많은 학자들의 연구가 필요하지만, 아들러의 연구는 그렇지 않다. 아들러의 연구는 초기부터 의학과 정신의학 심지어 정신 치료에서 벗어나 육아, 교육, 사회 개혁 문제를 다루었다.

나는 일부 정신분석 과정에서는 상대적으로 평등한 두 참여자가 높은 수준으로 상호 협력해야 한다고 주장한 적이 있다.[13] 다시 말해, 정신분석가와 환자 사이에서 특정한 기술과 그 사용법에 대한 지식은 상당히 불평등할지라도 각자의 권한은 상대적으로 평등하거나 완전히 평등해야 하는 것이다.

정신분석가들이 말하고 쓰고 행동하는 것으로 판단해볼 때—그러지 않고 그들이 하는 일을 어떻게 판단할 수 있겠는가?—우리는 정신분석 윤리가 하나가 아니라 상반되는 두 가지라는 결론에 도달한다. 한쪽에서는 온정주의가 정신분석 윤리의 이상이다. 분석가와 피분석가의 관계를 비롯하여 많은 관계에서 선도자-추종자, 즉 지배-복종 모형이 작동한다. 다른 쪽에서는 개인주의가 정신분석 윤리의 이상이다. 분석가와 피분석가의 관계를 비롯하여 많은 관계에서 동등한 사람들의 협력-호혜 모형이 작동한다. 나는 정신분석 실천이 후자의 윤리와 일치하면 지지할 것이고 그렇지 않으면 반대할 것이다.

요컨대 나는 정신분석 치료의 목적이 환자가 자기 행위에 대한 선택을 극대화하거나 극대화해야 하는 것이라고 믿는다.[14] 이 가치는 확고하게 존중받아야 하지만, 환자뿐 아니라 다른 모든 사람의 지지도 받아야 한다. 우리는 환자가 선택의 폭을 무분별하게 확대할 수 있도록 내버려 두어서는 안 된다. 환자가 상호작용할 사람들을 무분별하게 선택하지 못하도록 제한하는 것만으로도 이런 목표를 달성할 수 있다. 또 환자가 자신, 타인, 주변 세계에 대한 지식을 쌓고 사람과 사물을 다루는 기술을 향상시켜 선택의 폭을 스스로 확대할 수 있도록 해야 한다. 따라서 정신과 의사이자 정신 치료사로서 우리는 정신분석적으로 설득하든 다른 방식으로 설득하든 우리의 세계를 풍요롭게 만들고 동시에 환자들이 자신의 세계를 풍요롭게 만들 수 있도록 도와야 한다. 그렇게 하려면 동료의 노력과 성취를 비하할 것이 아니라 우리 자신의 노력과 성취를 배가해야 한다.

사회적 행위로서 정신의학

정신의학 실천은 일종의 사회적 행위이며, 그래서 궁극적으로 도덕적 행위라는 명제를 이제는 인정하기 바란다. 대중과 전문가 모두가 이렇게 간단한 사실을 어떻게 그토록 오랫동안 또 그토록 감쪽같이 모르고 있었는지는 이해하기 어렵다. 정신과 의사는 환자에게 그리고 환자와 함께 뭔가를 하고 거꾸로 환자도 정신과 의사에게 그렇게 하는데, 이들이 하는 일에는 각자의 도덕적 신념과 행위가 포함된다. 정신의학 실천의 도덕적 의미와 영향력은 물론 정신분석보다는 정신병원 강제 입원 같은 개입에서 더욱 분명하게 드러난다. 하지만 이 두 가지뿐 아니라 모든 정신의학 실천이 도덕적, 정치적, 사회적 행위라는 점을 나는 이 책에서 보여주려고 했다. 그래서 정신과 의사가 환자, 가족, 이들이 사는 사회의 게임에 참여하는 방식에 따라 그들의 정신의학적 행위를 세 가지로 유형화하여 두서없이 난립한 정신의학적 개입을 정리해보았다.

1. 이론과학자 또는 윤리학자로서 정신과 의사. 이 역할을 하는 정신과 의사는 정신과 환자, 그 가족, 집단, 그들이 사는 사회의 게임하기 행동에 관한 전문가 역할을 한다. 그는 자신을 전문가로 인정하고 고용한 자들과 자신을 권위자로 인정하고 배우려는 자들과 자신의 지식을 공유한다.
2. 응용과학자 또는 윤리학자로서 정신과 의사. 이 역할을 하는 정신과 의사는 상담사, 사회개혁가, 또는 '치료사' 역할을 한다. 그는 참가자들의 게임에 대한 관심도와 기술에 따라 그들을 구별하고 분류하며, 그들의 동의를 얻어 그들이 할 수 있거나 해야 하는 게임을 할당한다.
3. 사회공학자 또는 사회적 일탈 통제자로서 정신과 의사. 이 역할을 하는 정신과 의사는 사제이자 경찰관, 중재자이자 재판관, 부모이자 감시자 역할을 한다. 그는 때론 국가의 경찰력에 의지하여 사람들에게 특정한 게임을 수행하거나 중단하도록 강요하고 조종하고, 처벌하고 보상하고, 설득하고, 강요한다.

그리고 다양한 정신의학적 개입을 환자 자의에 의한 개입과 비자의에 의한 개입으로 구분할 수도 있다. 전형적인 자의적 개입에는 정신분석, 다양한 유형의 개인과 집단 정신 치료, 그리고 환자의 사전 고지에 의한 동의를 거친 심리적 또는 물리적 치료법을 사용하는 다양한 정신과 의료시설이 있다. 전형적인 비자의적 개입에는 강제 입원 또는 강제로 입원시키겠다고 위협하며 자행하는 조치들, 그리고 부모, 학교, 법원, 군대를 비롯한 사회단체나 정부기관에 의한 정신의학적 '진단'과 '치료'가 있다.

이 모든 개입은 이른바 환자의 도덕적 삶에 간섭하는 것이다. 하지만 내담자가 원한 것인지 아니면 그의 의사에 반해 부과된 것인지, 그리고 그 목적과 예상 결과가 내담자의 자유와 자기 결정을 확장하는 것인지 아니면 축소하는 것인지에 따라 개입을 상당히 다르게 평가할 수 있다.

나는 도덕적이고 정치적인 이유에서 내담자의 의사에 반하는 모든 정신의학적 개입에 반대한다. 그리고 인간적인 이유에서 내담자의 자율성을 빼앗는 모든 정신의학적 개입에 반대한다. 그러나 나의 도덕적, 정치적, 인간적 선호가 중요한 것이 아니다. 전문가든 비전문가든 우리 모두가 정신의학적 개입에 개방적이고 비판적인 사고를 하는 것, 특히 오늘날 정신의학적 개입이 의료 조치의 한 형태로 공식적으로 인정된다는 이유만으로 그런 개입을 마구잡이로 수용하거나 인정하지 않는 것이 절박하다.

| 결론 |

우리는 관례적으로 정신의학을 정신병을 연구하고 진단하고 치료하는 의학 전문 분야로 정의한다. 이것은 쓸모없고 오해를 부르는 정의다. 정신병은 신화다. 정신과 의사들은 정신병과 정신병 치료와 무관하다. 실제 진료에서 그들은 인간 삶의 개인적, 사회적, 윤리적 문제를 다룬다.

나는 오늘날 '정신병이 있는' 사람이라는 개념이 과학적으로 가능하지 못하게 되었다고 주장해 왔다. 그 개념은 통속적인 합리화를 전문가들이 승인한 것에 불과하다. 이른바 정신의학적 증상으로 경험되고 표현되는 삶의 문제가 기본적으로 신체병과 유사하다는 것이다. 더욱이 정신병 개념은 모든 자유주의 정치 제도의 근간인 개인 책임의 원칙을 훼손한다. 개인 측면에서 정신병 개념은 자신의 '증상'이 은폐하는 동시에 드러내는 갈등이 무엇인지 탐구하려는 의식을 마비시킨다. 사회 측면에서 정신병 개념은 개인을 책임 능력이 있는 사람으로 간주하지 못하도록 하고 책임 능력이 없는 환자로 취급하도록 권한다.

강력한 제도적 힘이 정신의학의 문제를 의학의 개념 틀 안에 가

두는 전통을 아무리 고수하려고 해도 도덕적, 과학적 도전을 결코 피할 수는 없다. 우리는 '정신병' 문제를 개조하고 재정의해서 도덕적으로 명확한 인간 과학에 포함시켜야 한다. 물론 그렇게 하려면 '정신병리학'과 '정신 치료'에 관한 우리의 생각을 근본적으로 수정해야 한다. '정신병리학'은 기호 사용하기, 규칙 따르기, 게임하기의 관점에서 재검토하고 '정신 치료'는 특정한 유형의 학습과 가치를 촉진하는 인간관계, 사회적 배치의 관점에서 재검토해야 한다.

인간 행위는 기본적으로 도덕적 행위이다. 따라서 윤리적 가치에 관한 쟁점과 맞붙지 않고 인간 행위를 설명하고 변경하려는 시도는 실패할 수밖에 없다. 정신의학 이론과 치료의 도덕적 차원이 은폐되고 불명확하면 그 과학적 가치는 크게 제한될 것이다. 이 책이 제시한 개인 행위 이론—그리고 이 이론에 함축된 정신 치료 이론—을 통해, 나는 정신의학적 맥락에서 발생하는 인간 행위의 도덕적 차원을 규명함으로써 이 결함을 바로잡고자 했다.

| 에필로그 |

이탈리아 작가 루이지 피란델로(Luigi Pirandello)의 희곡 〈게임의 규칙(The Rules of the Game)〉에 다음과 같은 대사가 나온다.

    레오네: 아, 베난치, 게임의 모든 수를 터득하는 건 슬픈 일이야.
    귀도: 어떤 게임?
    레오네: 음……. 이 게임. 인생의 모든 게임.
    귀도: 그걸 모두 터득했다고?
    레오네: 응, 오래전에.[1)]

레오네의 절망과 체념은 하나의 삶의 게임이 있다고 믿은 탓이다. 실제로 그런 삶의 게임에 통달하는 것이 인간 존재의 과업이라면, 그 과업을 완수하고 나면 무엇이 남는가? 그러나 삶의 게임은 단수로 존재하지 않는다. 게임은 무한하다.
현대인은 두 가지 기본적인 선택지를 마주하고 있는 것 같다. 한편으로 고통스럽게 배운 게임의 유용성 상실이나 급속한 퇴락에 절망할 수도 있다. 부지런하게 노력하여 습득한 기술이 당장 써먹으려는 순간에 무용지물이 될 수 있다. 사람들은 이런 종류의 실망이 반복되면 참을 수 없게 된다. 그래서 절박한 심정으로—노예화를 대가로 치르더라도—안정성 보장을 갈구한다. 다른 대안은 배우고 또 배워서 계속 도전하고 끝내 성공하기 위해 노력하기로 선택하는 것이다. 레오네의 문제는 삶에서 너무 멀리 벗어나 있어서 끊임없이 변화하는 삶의 게임을 올바로 인식하지 못하고 따라서 참여하지도 못하는 사람의 딜레마다. 그 결과는 비교적 쉽게 어울리고 익힐 수 있는 얄팍하고 변함없는 삶을 사는 것이다.

오늘날 흔하고 시급한 문제는 사회적 조건이 급변하면서 사람들이 자신의 생활양식을 바꾸어야 한다는 것이다. 낡은 게임은 속속 폐기되고 새로운 게임이 시작된다. 대부분의 사람들은 기존의 게임하기 방식을 바꿀 준비가 전혀 되어 있지 않다. 그들은 한 가지 게임이나 겨우 몇 가지 게임을 배우고, 똑같은 게임을 반복하면서 그럭저럭 살기를 바란다. 그러나 인간의 삶은 대부분 사회적 도전 과제이기 때문에 개인 행동 패턴이 더 유연해지지 않으면 사회적 조건에 부합할 수 없고 생존이 불가능할 수도 있다.

오늘날 정신 치료사와 내담자의 관계는 경광등 같은 것일지 모른다. 영적으로 노예화되거나 육체적으로 파괴되지 않으려면 점점 더 많은 사람이 그 경광등을 주시할 수밖에 없다. "모든 사람이 정신분석을 받아야 한다"는 천진난만한 소리를 하는 게 아니다. 오히려 '정신분석을 받는 것'이 모든 인간 경험과 마찬가지로 그 자체로 일종의 노예화의 한 형태가 될 수 있고, 특히 오늘날 시설화된 형태에서는 환자나 치료사의 자기 지식과 책임성을 보장할 수 없다는 말이다. 내가 정신 치료 관계를 경광등에 비유한 것은, '정신분석을 받는 것'에 함축된 것보다 더 단순하지만 더 근본적인 개념을 제시하기 위함이다. 다름 아닌, 인간 삶의 학생이 되자는 것이다. 어떤 사람은 학생이 되기 위해 과외 교사가 필요하겠지만 그렇지 않은 사람도 있다. 학습에 필요한 수단과 능력이 있다면, 이 도전 과제에서 성공하기 위해 가장 필요한 것은 배우고 변화하려는 진지한 열망이다. 그 열망은 이제 성공에 대한 희망으로 가득 찬다. 이때 과학자와 교육자는 문제와 과제를 절대로 흐릿하게 만들지 말고 명쾌하게 제시할 엄숙한 책임을 져야 한다.

나는 이러한 문제를 흐릿하게 만들어 낙담과 절망을 조장하는 애매모호함의 함정을 피하려고 노력해 왔다. 우리는 모두 (은유적 의미에서) 인간 삶 학교에 있는 학생이다. 여기에 있는 우리 중 누구도 낙담하거나 절망할 여유가 없다. 그런데도 이 학교에서는 종교적 우주론, 민족주의 신화, 그리고 최근에는 정신의학 이론 따위가 학생을 진정으로 돕는 명쾌한 선생이 아니라 학생을 오도하는 애매모호한 교사의 역할을 더 많이 한다. 나쁜 교사는 없는 것보다 더 나쁘다. 그런 선생에 대항하기 위한 우리의 유일한 무기는 회의주의다.

| 전체 요약 |

이 책에서 제기한 주요 논점과 그 의미를 요약하면 다음과 같다.

1. 엄밀히 말해서 질병이나 병은 몸에만 영향을 준다. 따라서 정신병은 있을 수 없다.
2. '정신병'은 은유다. 농담이 '아프다' 또는 경제가 '아프다' 같은 은유적 의미에서만 마음은 '아프다'고 말할 수 있다.
3. 정신과적 진단은 의학적 진단과 유사하게 표현된 말이지만, 타인을 괴롭히거나 상처를 주는 행동을 하는 사람에게 적용되는, 낙인을 조장하는 꼬리표다.
4. 자신의 행동으로 고통이나 불편함을 호소하는 사람은 대개 '신경증 환자'로 분류된다. 타인에게 고통이나 불편함을 주는 행동을 하는 사람은 대개 '정신이상자'로 분류된다.
5. 정신병은 사람이 지닌 어떤 것이 아니라 사람이 행하는 어떤 것이다.
6. 정신병이 없다면 입원, 조치, 치료도 있을 수 없다. 물론 인

간은 정신의학적 개입 여부에 관계없이 행동이나 성격을 바꿀 수 있다. 오늘날 그런 개입을 '조치'라고 부르고, 사회가 승인한 방향으로 진행하여 나타난 변화를 '회복' 또는 '치료'라고 부른다.

7. 형법 집행에 정신의학적 고려 사항을 도입한 것—가령 정신이상 주장과 판결, 재판을 받을 수 있는지 여부를 판단하기 위한 정신적 무능력 진단 등—은 법을 타락시키고, 그런 고려 사항이 표면적으로 보호한다는 그 대상을 사실은 희생시킨다.

8. 개인의 행동은 항상 규칙을 따르며 전략적이고 의미가 있다. 게임 참가자의 행동은 명시적이거나 암묵적인 게임 규칙에 의해 지배되기 때문에 대인관계와 사회관계의 패턴은 게임으로 간주하고 분석할 수 있다.

9. 대다수 자의적 정신 치료에서 치료사는 내담자의 불명확한 게임 규칙을 규명하려고 한다. 그리고 그 내담자가 자신이 수행하는 삶의 게임의 목표와 가치관을 탐색하도록 돕는다.

10. 비자의적인 정신의학적 개입은 의학적, 도덕적, 법률적 정당성이 없다. 그런 개입은 비인도적 범죄다.

| 부록1 |

정신병은 여전히 신화다*

1

들을 줄 아는 사람이라면 누구나 정신의학의 가식적인 어휘와 심리학의 우스꽝스러운 용어를 가르는 경계, 그리고 이 둘과 일상의 속어를 나누는 경계가 흐릿하고 시류에 따라 들쑥날쑥하다는 것을 인정할 것이다. 거기에는 현란하고 강력한 은유적 언어가 도사리고 있다. 민감한 사안을 재치 있게 말하고 싶다면, 농담으로 말하지만 진심을 담아 이야기하면 된다. 관료, 변호사, 정치인, 돌팔이 의사 등 온갖 전문직 사기꾼들은 모든 것을 진지하게 말하는 습관이 있다. 그들로부터 우리 자신을 보호하려면, 그들의 나쁜 농담이 우리한테 닿지 않도록 그들이 하는 농담에 주의해야 한다.

이런 것들을 생각하면서, 나는 유비적-은유적 특성을 지닌 정신의학 어휘가 말 그대로 질병을 정의하는 정당한 의학 용어로 수용되고 있다는 데 충격받았다. 내가 내과 레지던트 수련을 그만두

---

* 이 논문의 출처는 다음과 같다. "Mental illness is still a myth," *Review of Existential Psychology & Psychiatry*, 23 (1997), p. 70-80.

고 정신의학과로 전과하기로 결정했을 때, 나의 목표는 정신의학적 은유의 본질과 기능을 탐구하고—그 은유가 정당화하는 정신의학적 강압과 면책과 함께—그 본질과 기능을 대중에게 폭로하는 것이었다.

1950년대에 나는 정신병 개념의 인식론적 기초에 도전하고 비자의적 입원과 정신이상 항변의 법적-도덕적 정당성을 반박하는 수십 편의 논문을 전문 학술지에 게재했다.[1] 1958년 《정신병의 신화》 원고를 완성할 즈음, 나는 같은 제목의 짧은 논문을 써서 미국의 모든 주요 정신의학 학술지에 보냈지만 단 한 곳도 실어주지 않았다. 그러다가 우연찮게, 정신 건강 분야 파이 한 조각을 놓고 심리학계와 정신의학계가 그때보다 치열하게 경쟁하고 있던 시기에 《미국 심리학자》가 1960년에 내 논문을 실어주었다.[2] 그리고 이듬해 《정신병의 신화》가 출간되었다.[3] 그 이후로 정신의학이 예전과 달라졌다고 자신 있게 말할 수 있다.

내 연구에 대한 반응은 아낌없는 찬사부터 신랄한 비난까지 다양했다. 미국 정신과 의사들은 똘똘 뭉쳐 나를 배척했다. 정신의학계는 공식적으로 내가 "정신병이 다른 질병과 같다는 현실을 부정한다"라고 주장하며 (잘못된) 행동은 질병이 아니라는 나의 주장을 일축했다. 그리고 내가 정신의학적 노예 제도라고 비판한 것을 두고 "정신과 환자의 생명을 구하는 치료를 거부하는 것"이라고 왜곡했다. 사실 나는 정신과 의사가 '정신과 환자'라고 불리는 역량을 갖춘 성인을 비자의적으로 입원시키거나 치료할 수 있는 권한을 없애려 했다. 반대로 나를 비판하는 자들은 나의 주장이 역량을 갖춘 성인이 정신의학적 도움을 구하거나 받을 수 있는 권리

나 기회를 박탈하려는 시도라고 해석했다.[4)]

1970년까지 나는 미국 정신의학계에서 비인간이 되었다. 미국 정신의학 학술지들은 내 연구를 차단했다. 내 이름을 입에 올리기만 해도 저주를 받았고, 이전에 내 주장을 실었던 글들은 판본이 바뀌는 순간 내 이름을 지워버렸다. 요컨대 나는 가장 효과적인 비판 대상, 즉 독일인들이 말하는 묵살전술(Totschweigetaktik)의 표적이 되었다.

영국인들은 나의 견해를 다소 호의적으로 받아들였다. 영국 정신과 의사들 중 일부는 정신의학적 진단이 모두 실제 질병과 일치하는 건 아니라는 점을 인정했고, 또 일부는 정신의학적 구금을 당한 사람들이 겪는 고초를 보고 연민을 느꼈다. 유감스럽게도 그런 태도는 미국보다 영국에서 정신의학적 노예 제도가 덜 일반적이라는 잘못된 애국심의 발로였다.

철학자, 심리학자, 사회학자, 시민적 자유주의자는 당연히 내 연구를 호평했다. 그들은 정신병 개념과 정신의학적 강압과 면책의 정당성에 대한 나의 도전을 인정해주었다. 그 덕분에 나는 지금도 격렬하게 진행되고 있는 정신병 논쟁을 이끌고 있다.

2

현대인들은 정신병이라는 말을 들을 때, 병이라는 단어의 글자 그대로의 쓰임과 은유적 쓰임의 차이를 인식하지 못하는 것처럼 행동한다. 그래서 일부 정신과 환자(가령 정신분열증 환자)의 뇌에서 병변을 발견한 것을 보고 정신병이 실제로 존재하고 '다른 병들과 유사함'을 증명할 수 있다고(또는 이미 증명했다고) 믿는다. 이것은 오류다. 정신병이 중추신경계 질병(가령 마비)이라면, 그것은 마음의 질병이 아니라 뇌의 질병이다. 그리고 정신병이 (나쁜) 행위(가령 불법 약물 사용)를 지칭한다면, 그것은 질병이 아니라 행위이다. 스크루드라이버(screwdriver)는 술(보드카와 오렌지 주스를 섞은 칵테일)일 수도 있고 연장일 수도 있다. 오렌지 주스와 보드카를 아무리 열심히 연구해도 그것이 지금까지 알지 못했던 목수의 연장임을 입증할 수는 없다.

이 같은 언어적 명징함은 분명하게 사고하려는 사람에게 유용하지만, 은유를 글자 그대로 사용하려는 사람에게는 유용하지 않다. 요컨대 정신의학적 은유는 종교적 은유가 신학 공동체에서 하는 것과 동일한 역할을 치료 공동체에서 하고 있다. 그 유사점을 살펴보자. 하느님이 원하는 예배일이 이슬람교도는 금요일, 유대인은 토요일, 기독교인은 일요일이라고 믿는다. 미국 DSM 역시 이와 같은 합의에 의존한다. (바람직하지 않은) 행동이 어떻게 (정신적인) 병으로 변질될까? 미국정신의학협회의 '입법' 권력에 의해서이다. 사회적 관리 기구인 협회가 도박이 질병이라고 합의한 이후에 이른바 '병리적 도박(Pathological Gambling)'이라는 질병이 탄생했다.

물론 정신병 같은 정신의학적 허구를 사실이라고 믿는 것은 사후 세계 같은 종교적 허구를 사실이라고 믿는 것처럼 논리적 논증으로는 해결할 수 없는 문제다. 종교는 의미를 인간적으로 해석하지 않고 삶의 유한성을 부정한다. 이와 같은 인증된 부정(authenticated denial)을 통해 의미의 신학-신화적 토대를 갈망하고 죽음의 실재를 거부하는 사람은 삶을 신학화하고 자기 삶의 관리를 성직 전문가에게 내맡긴다. 마찬가지로 정신의학은 자유의지의 실재와 삶의 비극적 본질을 부정한다. 이와 같은 인증된 부정을 통해 인간의 사악함에 대한 신경-신화적 설명을 추구하고 개인 책임의 불가피성을 거부하는 사람은 삶을 의료화하고 자기 삶의 관리를 건강 전문가에게 내맡긴다. 마르크스의 "종교는 인민의 아편이다"라는 주장은 꽤 정확하다. 그러나 종교가 인민의 아편이어서는 안 될 말이다! 인간의 마음이 인민의 아편이어야 한다. 종교든 정신의학이든 마음의 산물이지 않은가. 마음은 그 자체로 아편이다. 그리고 이 마음을 치료하는 궁극적인 약은 하느님의 말씀이다.

프로이트 자신도 이런 논리에 혹했다. 그러나 그는 이런 논리 대신 '신경증'은 글자 그대로의 질병이고 '정신분석'은 글자 그대로의 치료라고 믿기로 했다. 그는 〈마음 (또는 정신) 치료〉라는 논문에서 다음과 같이 주장한다.

〔인간의 정신을 다루는〕 조치 중 가장 중요한 것은 말을 사용하는 것이다. 말은 정신 치료의 필수 도구이다. 물론 보통 사람은 어떻게 '단순한' 말로 몸과 마음의 병리학적 이상을 제거할 수 있는지 이해하기 어려울 것이다. 마법을 믿으라는 소리로 들릴지 모르겠다. 그렇게 들릴 만도 하다. …… 그러나 우리는 우회로를 통해 과학이 어떻게 예전처럼 말이 부분적으로나마 마법적 힘을 되찾도록 할 수 있는지 설명해야 할 것이다.[5)]

3

　나는 부분적으로는 비정상적인 행동이 비정상적인 뇌의 산물이라는 주장에 맞서 싸우기 위해 정신의학이라는 직업을 선택했다. 아이러니하게도 50년 전에 이런 일을 하는 게 더 쉬웠다. 1940년대에는 '정신병'으로 명명된 모든 현상을 언젠가는 진정한 뇌질병이라고 입증할 것이라는 발상을 근거가 빈약한 가설로 간주했다. 그런 가설의 타당성을 의심하더라도 정신과 의사로 인정받았다. 하지만 1960년대 이후 '정신병은 뇌질병이다'라는 견해가 과학적 사실로 굳어져버렸다. 정신과 환자와 그 가족을 위한 단체이자 수십만 명의 회원을 거느린 전국정신병환자연맹(National Alliance for the Mentally Ill)마저 이런 주장을 굳게 믿고 있다. 이 조직이 주문처럼 읊조리는 '공공 서비스' 슬로건은 다음과 같다. "정신병 증상을 자각하는 법을 배우자. 정신분열증, 조울증, 심한 우울증은 뇌질병이다."[6)]
　정신과 의사들과 그 동맹군은 과학계, 법조계, 언론, 일반 대중을 대상으로 자신들이 '정신이상'이라고 부르는 건강 상태가 질병이라고—즉 인간의 동기 또는 의지와 무관한 현상이라고—설득하는 데 성공했다. 이제 '정신병' 발현은 요주의 대상이고 불길한 조짐이다. 그 후 지금까지 의학이나 과학에 대해 잘 모르는 정신과 의사들만 그런 맹목적인 신체 환원주의를 받아들였다. 반면에 대다수 과학자들은 사실을 직시하고 있다. 이를테면 물리화학과 사회철학 분야에 중요한 기여를 한 마이클 폴라니(Michael Polanyi)는 이렇게 말한다. "기본적으로 불가능성이 존재한다는 인식은 물리학과 화학의 기본적인 원리다. 마찬가지로 물리학과 화학의 측면에서 생명체 이해의 불가능성에 대한 인식은 우리의 생명 이해를 제한하는 것이 아니라 오히려 올바른 방향으로 이해하도록 인도할 것이다."[7]

정신의학에 고취된 사고방식이 미국인들의 마음을 사로잡을수록 그런 사고방식이 만들어내는 무지몽매와 불의가 더욱 기승을 부리는 것은 당연하다. 1990년 미국장애인법(ADA)의 규정이 좋은 예다.[8] 의원들은 '정신병'이 파킨슨병 같은 뇌질병이라는 견해를 수용했기 때문에, 이렇게 제조된 병 가운데 어떤 것은 법 규정에 포함하고 어떤 것은 배제할지를 결정해야 했다. 그들은 간단하게 이 문제를 해결했다. '의회 판본 DSM'—즉 정신의학 집단이 아닌 의회 내 합의 집단이 인증한 정신병 목록—을 제조한 것이다. 예컨대 미국장애인법은 밀실공포증, 인격 문제, 정신지체는 포함하고 도벽, 방화벽, 강박적 도박, 복장 도착은 배제했다.[9] 도둑질, 불 지르기, 노름하기, 이성의 옷 입기는 질병이 아니라는 나의 지론과 미국 연방 의회의 견해가 일치했다는 것이 그나마 위안이 되었다.

여러 DSM 판본은 '환자가 지닌' 정신적 이상을 분류한 것이 아니라 미국정신의학협회 간부들이 지명한 '합의 집단'과 '실무팀'이 만든 공인된 정신의학적 진단 명부일 뿐이다. 논란이 되는 진단이 안건으로 올라오면 협회원들이 투표를 통해 '그것'을 질병으로 인정할지 말지 결정한다. 한 세기가 넘도록 정신과 의사들은 진단명을 만들고 그것이 질병인 양 가장했다. 그런데도 권한이 있는 그 누구도 그들의 속임수에 제동을 걸지 않았다. 그 결과 의학적 진단과 의학적 질병이 동일하지 않을 뿐만 아니라 (대다수) 정신의학적 진단이 사실은 정신의학적으로 낙인화된 행동 패턴을 질병이라고 부르는 것에 불과하다는 사실을 알고 있는 사람들이 이제 거의 없다.[10]

4

질병은 자연적으로 발생하거나 인간에 의해 발생한, 입증 가능한 해부학적 또는 생리학적 병변이다. 질병은 우리가 인식하지도 이해하지도 못할 수 있지만 어쨌든 '존재'한다. 사람들은 자신이 알고 있든 모르든, 의사가 진단을 했든 안 했든 고혈압, 말라리아 같은 질병을 '가지고 있다'.

진단명은 질병의 이름이다. 진단명은 사회적 구성물이어서 시대에 따라 또 문화에 따라 다르다. 한때 병소 감염(focal infection), 자위 광기(masturbatory insanity), 동성애는 진단명이자 질병이었지만, 오늘날 의사들은 그런 것들을 진단 오류 또는 정상 행동으로 간주한다. 하지만 오늘날 프랑스 의사들은 '간 위기(crise de foie)', 독일 의사들은 '저혈압', 미국 의사들은 '니코틴 의존' 같은 진단명을 사용하고 있다는 사실을 기억하자. 그들은 서로의 진단을 가리켜 존재하지 않는 병명이라며 자기들끼리도 거부한다.

그래서 "왜 진단을 하는가?"라는 질문이 제기된다. 여기에는 몇 가지 이유가 있다.

1. 과학적 이유: 영향을 받은 장기나 조직을 확인하고 질병의 원

인을 찾기 위해

2. 전문가적 이유: 국가의 보호를 받는 의료 독점의 범위와 의료 종사자의 소득을 확대하고 그에 따른 권력과 명성을 강화하기 위해
3. 법률적 이유: 형사 사법 제도 외부에서 국가가 승인한 강압적 개입을 정당화하기 위해
4. 정치적-경제적 이유: 공중 보건을 증진하고 의료 관련 프로젝트에 자금을 제공하는 조치를 입법하고 시행하는 것을 정당화하기 위해
5. 개인적 이유: (정신이) 병든 것으로 진단받은 사람에게 면책 같은 특권을 부여하거나 비자의적 입원 같은 특별한 압제를 가하는 것에 대한 여론, 언론, 법률 시스템의 지지를 얻기 위해

대다수 정신의학적 진단이 20세기 발명품이라는 것은 우연이 아니다. 19세기 고전적인 진단 모형의 목적은 신체적 병변(질병)과 그것의 물질적 원인(병인)을 확인하는 것이었다. 예를 들어 폐렴구균성 폐렴은 폐, 영향을 받은 기관, 병인인 폐렴구균 감염으로 정의되었다.[11] 즉 병리학에 기초한 진단 사례였다. 그러나 다른 동기—가령 환자를 강압하거나 그의 질병 치료를 명목으로 정부 지원금을 확보하려는 욕망—에 기초한 진단은 엉뚱한 진단적 구성물을 생성하고, 그 결과 엉뚱한 질병 개념을 도출한다. (예전에는) 엄밀하게 의학적으로 진단했던 질병조차 지금은 (원칙적으로 볼 때) 더는 병리학에 기초한 진단이라고 보기 어려운 것도 있다. 이를테면 오늘날 입원비와 진료비를 제삼자가 지원하는 것 같은 경

제적 요인 때문에 진짜 병—천식, 관절염 등—이 있는 사람에 대한 진단조차 왜곡되고 있다. 입원 환자의 퇴원 요약지(discharge summary) 작성에 필요한 최종 진단을 지금은 의사가 아니라 메디케어, 메디케이드, 민간 건강보험의 보상 방식—즉 부분적으로는 환자가 어디가 아픈지에 따라, 또 부분적으로는 환자의 병과 치료에 대해 어떤 의료 조건을 적용해야 가장 관대한 보상을 할 수 있는가에 따라 보상하는 방식—에 익숙한 관료가 수행하는 경우가 더러 있다.

정신의학의 경우를 보면, 정신병 진단은 결코 병리학에 기초한 것이 아니고 그럴 수도 없다는 것이 분명하다.* 모든 정신병 진단은 비의료적으로, 즉 경제적, 개인적, 법률적, 정치적, 또는 사회적 요인과 유인에 의해 추진된 것이다. 따라서 정신의학적 진단은 해부학적 또는 생리학적 병변이나 병인을 지목하는 것이 아니라 인간의 행동과 문제에 대해 넌지시 말한다. 그렇게 암시된 문제에는 환자가 말하는 개인적 고난뿐만 아니라 당사자, 가족, 정신과 의사가 대처하고 각자 방식대로 극복해야 할 환자에 대한 딜레마가 포함된다.

5

정신의학에 대한 내 비판은 두 갈래인데, 하나는 개념적이고 다른 하나는 도덕적이고 정치적이다. 개념적 비판의 핵심은 언어의

---

* (헌팅턴무도병 또는 신경매독 같은 정신적 증상이 있는) 입증된 뇌질병은 신경병으로 간주되고, 신경과 의사 또는 감염병 전문의의 치료를 받는다. (저자 주)

글자 그대로의 사용과 은유적 사용―즉 은유로서의 정신병―을 구별하는 것이다. 도덕적-정치적 비판의 핵심은 성인을 책임감 있는 어른(도덕적 행위자)으로 보는 것과 무책임한 미친 사람(유사 유아 또는 바보)으로 보는 것―전자는 자유의지가 있고 후자는 '정신병' 탓에 그런 도덕적 속성이 결여된 것으로 본다―을 구별하는 것이다. 이런 쟁점은 거들떠보지도 않은 채, 나를 비판하는 자들은 나의 동기를 분석하느라 바쁘고 정신과 환자와 사회 모두에게 이익이 된다는 구실로 정신의학적 노예 제도를 옹호하는 데 열을 올린다. 이 같은 난국은 정신과 의사들이 자신의 의학적 주장은 과학적 진실로 간주하면서 정신과 환자의 주장은 정신병 발현으로 일축하기 때문에 발생한다. 나는 정신과 의사와 환자의 주장이 모두 자신의 믿음과 요구를 타인에게 강요하는 부당한 정당화라고 생각한다.

어떤 주장을 제기한다는 것은 근거나 권리를 내세워 자신의 요구를 인정해 달라는 것이다. 가령 종교적 주장의 타당성을 요구하는 것이나 손해배상 소송에서 금전적 손해에 대한 청구권을 요구하는 것 등이 그렇다. 정신과 의사는 자신의 주장은 과학적 사실이자 합리적 치료라며 믿도록 하고, 정신과 환자와 정신의학 비판자의 주장이 망상이자 부정*이라며 믿지 말도록 하고, 강압적인 국가 권력의 지원 아래 비자의적인 '환자'에게 자신의 견해를 강요할 힘이 있다.[12]

설명과 주장의 차이는 어휘보다 문맥 문제일 때가 있다. 예를

---

* 부정(denial)은 현실의 사실이나 주장이 자신에게 불편하거나 고통스러워서 무의식적으로 회피하는 방어기제를 일컫는 정신분석과 심리학의 용어이다.

들어 '정신분열적'이라는 말은 아내가 (실제로는 그렇지 않은데) 자신을 독살하려 한다고 억지를 부리는 남자의 행동을 설명하는 것일 수 있다. 이 단어는 아내를 총으로 쏴 살인죄로 기소된 남편의 국선 변호사가 자포자기의 심정으로 피고를 '변호'하기 위해 (의뢰인의 심정에 반하여) 범법 행위가 정신분열증 때문이니까 그를 감옥에 보내기보다 (그의 의지에 반하여) 면책해 정신병원에 입원시켜야 한다는 주장으로 기능할 수 있다. 정신과 의사들은 정신병과 그 치료법을 주장이 아닌 사실로 보기 때문에 '병'과 '치료'라는 단어가 글자 그대로도 사용될 수 있고 은유적으로도 사용될 수 있다는 점을 부정한다. 오늘날 일부 정신과 의사들은 히스테리가 진짜 질병이 아니라는 점을 인정하지만, 그렇다고 은유적 질병, 즉 비-질병이라고 인정하는 건 아니다. 신기하게도 많은 정신과 의사들은 정신 치료―복수의 사람들이 대화를 주고받는 것―는 의학적 치료와 근본적으로 다르다고 인정하면서도 그것이 은유적 치료, 즉 비-치료라는 건 인정하지 않는다.

마지막으로 비자의적 환자를 다루는 정신과 의사들은 이중으로 자기중심적인 주장을 즐겨 한다. 그들은 환자가 뇌질병을 앓고 있다고 주장하고, 따라서 그를 법적인 행위 무능력자로 간주하고 치료하는 것이 정당하다고 주장한다. 이러한 추정에 근거해 정신과 의사들은 현대 정신의학 실천에서 강압이 필요하지만 사소한 요소라고 주장한다. 그러나 이런 주장은 매일 신문에 보도되는 사실과 모순된다.[13] 물론 정신과 의사들은 환자의 의지에 반하는 정신과적 진단과 치료라는 사회적 기능을 수행하기보다 '정신과 환자'로 불리는 사람들의 추정된 뇌질병을 치료하는 것을 선호한다.[14]

6

입법자들은 '범죄'라는 금지된 행위 규칙을 발견하지 않는다. 그들은 바람직하지 않은 것으로 간주되는 행위를 금지함으로써 범죄를 창조한다. 사람을 죽이는 것은 범죄가 아니다. 불법적으로 사람을 죽이는 것만 살인이다. 마찬가지로 정신과 의사들은 '정신병'이라는 (나쁜) 행동을 발견하지 않는다. 그들은 정신병을 창조한다. 사람을 죽이는 것은 정신병이 아니다. 정신적인 문제로 사람을 죽이는 것만 정신병이다. 정신분열증은 ('살인murder'이라고 부르지 않는) 타인-살해(hetero-homicide)의 '원인'이 되고, 조울증은 ('자살suicide'이라고 부르는) 자기 살해(auto-homicide)의 '원인'이 된다. 따라서 (나쁜) 행동에 실병닝을 부어힘으로써 정신병 진단을 창조하는 정신과 의사들은 과학자의 역할이 아니라 입법자의 역할을 수행한다. 이런 종류의 '진단-만들기'를 통해 19세기 정신감정 의사들은 자위 광기(masturbatory insanity)를 창조하는 데 관여했고, 스위스 정신과 의사 오이겐 블로일러는 정신분열증을 창조하는 데 관여했고, 오늘날 미국정신의학협회 실무팀은 신체이형이상증(body dysmorphic disorder) 같은 새로운 정신과 진단을 구성하고 동성애 같은 오래된 진단을 해체하는 데 관여하고 있다.

나는 정치인들이 관여하는 규칙-만들기 같은 것이 중요하지 않다고 주장하는 게 아니라 현상과 규칙, 과학과 법률, 치료와 통제를 구별해야 한다고 주장할 뿐이다. 병자 치료와 범죄자 처벌은 모두 사회 질서 유지에 필요한 일이다. 다만 정당한 법률에 따른 정당한 집행의 붕괴는 효과적인 치료법에 대한 공평한 접근의 부재보다 사회 질서를 훨씬 더 심각하게 파괴한다.

전통적으로 의료 전문직의 사회적 임무는 병자를 치료하는 것이다. 형사 사법 제도는 범죄자를 처벌하는 것이 사회적 임무이고, 정신의학 전문가는 '일탈자'(표면적으로는 치료받아야 할 병자라고 함)를 감금하고 통제하는 것이 사회적 임무이다. 그래서 나는 정신의학을 과학이나 치료라기보다 법률의 한 분야이자 세속적 종교로 간주하는 것이다.

나는 여기에 내 이름이 종종 거론되는 이른바 '반정신의학 운동'에 대해 한마디하고 넘어가겠다. 다른 글에서 상세히 설명했듯이,[15] '반정신의학'은 경솔한 용어이고 그 운동은 무책임하다. 고전적인 자유주의자로서 나는 상호 동의가 있다면 의사가 성인의 정신의학적 행위에 개입할 권리가 있다고 생각한다. 같은 이유에서 비자의적인 정신의학적 개입은 어떤 경우에도 반대한다. 정신과 의사는 의사로서 사회 안전을 위해 그런 행위에 가담할 것을 요구받더라도 개인의 생명, 자유, 재산을 절대 박탈해서는 안 된다. 위대한 헝가리 의사 이그나즈 제멜바이스가 내 견해의 귀감이다. 산부인과 의사는 의사로서 의학 교육 발전을 위해 그럴 필요가 있더라도 환자를 절대 감염시켜서는 안 된다는 것이 제멜바이스의 지론이었다.

나는 비자의적인 경제적 개입이나 의학적 개입을 특정한 조건에서 정당화할 수 있듯이 법적인 행위 무능력자로 선언된 개인에 대해서도 비자의적인 정신과적 개입을 정당화할 수 있다는 것을 부정하지 않는다. 발작이나 혼수상태로 장애를 입은 개인은 자신의 의무를 이행하거나 자신의 욕구를 표현할 수 없다. 그래서 적법 절차에 따라 성인의 권리와 책임을 해제할 수 있다고 본다. 시민을 도덕적 행위자에서 국가의 피보호자로 재분류하는 업무를 수행하는 자들은 의료 정보를 활용할 수는 있겠지만, 정신 건강 전문가(의사, 심리학자)가 아니라 비의료인(배심원, 판사)이 그런 일을 해야 한다. 그들의 결정은 의료적 개입이나 치료적 개입이 아니라 법률적, 정치적 절차여야 한다.

7

요약하자면 나는 현대 사회—자본주의든 공산주의든, 민주주의든 전체주의든—가 일탈 행위를 (정신적) 병으로, 일탈 행위자를 (정신과적) 환자로, 일탈자를 통제하기 위한 조치를 (정신과적) 치료로 재분류하려는 경향이 있다고 생각하고, 이런 위험을 대중과 전문가들에게 알리려고 했다. 또 이러한 실천이 만들어낸 자기 규율과 형벌 파괴—특히 형벌이 정신의학적 강압과 면책으로 대체된 것—의 위험을 알렸다. 내가 '정신병의 신화'라는 문구를 제시한 것은 '정신병'이라는 은유적 용어 사용으로 인한 혼란을 설명하기 위함이었다. 범법자를 강압하고 감금하기 위해 경찰과 감옥이 아니라 의사와 병원을 활용하고 형벌이 아니라 치료를 통한 구속과 강제를 정당화하는 정치 질서를 나는 '치료 국가'[16]라고 명명했다.

영국인과 미국인이 그토록 자부하는 개인의 자유(freedom)[문화적, 경제적 의미의 자유]는 우리가 생명, 자유(liberty)[정치적, 법률적 의미의 자유], 재산에 대한 기본적인 권리가 있다는 가정에 기초한다. 그래서 전통적으로 생명, 자유, 재산의 박탈을 형벌(처형, 투옥, 벌금 부과) — 즉 국가의 대리기관이 합법적인 집행을 위임받아 적법 절차에 따라 수행하는 법률적, 정치적 행위 — 로 간주했던 것이다. 의사는 의료적 치유자로서 타인의 생명, 자유, 또는 재산을 박탈할 권리가 없다. 그 옛날 성직자와 국가의 동맹 시절 성직자는 개인의 생명과 자유를 박탈할 권리가 있었다. 17세기부터 국가는 이런 역할을 정신과 의사(당시 표현으로는 '정신감정 의사' 또는 '광인-의사')에게 이전하기 시작했는데, 그들은 이 소임을 열성적으로 받아들이고 의학적 보호라는 구실로 개인의 자유를 박탈할 수 있는 권한을 위임받은 국가 대리인으로 일했다. 오늘날 우리는 의사에게 사람을 죽일 수 있는 권리를 부여해야 한다는 소동 — '의사 조력 자살(physician-assisted suicide)'이라고 완곡하게 표현하는 무늬만 의료적인 개입 — 을 목도하고 있다.[17]

물론 개인, 그 가족, 국가의 이익이 충돌할 때가 있다. 개인들 사이의 갈등 — 가족 구성원들 사이, 사회 구성원들 사이, 그리고 시민과 국가 사이의 불화 — 을 의료화하는 것은 책임감 있는 도덕적 행위자로서 개인뿐만 아니라 정의의 심판자이자 분배자로서 국가에 대한 존중을 파괴할 위험이 있다. 국가는 좋든 싫든 공권력을 독점하는 강압 기관이라는 것을 결코 잊지 말자. 국가가 의사들에게 더 많은 권력을 부여할수록 그들은 (정치적 선호에 따라 건강에 대한 가치를 인증함으로써) 국가를 더욱 강화할 것이고, 그 결과 의학과 국가가 결탁해 (치료라는 명목으로 자신에게 개입하는 것을 거부할 개인의 권리를 박탈함으로써) 개인을 더욱 약화시킬 것이다. 우리가 그런 것을 원한다면, 우리가 그런 사회에 살게 될 것이다.

| 부록2 |

질병 정의하기*

> 우리 시대에 영혼을 치료하는 자는 의사다. …… 그는 무엇을 해야 하는지 알고 있다. (의사:) "온천 휴양지로 여행을 가시고, 그다음 승마를 즐기시고 …… 그다음 기분 전환, 기분 전환, 충분한 기분 전환……." (환자:) "불안한 의식을 달래라는 건가요?" (의사:) "쓸데없는 소리 집어치우고, 당장 나가시오! 불안한 의식? 이제 그런 건 없소."[1]
> — 쇠렌 키르케고르

1

병과 치유는 문명만큼이나 오래되었다. 수천 년 동안 무당이나 사제는 온갖 인간적 역경으로 고통받는 사람들을 애써 도왔는데, 오늘날 우리는 그런 역경 중 일부만 질병으로 간주한다. 죄악과 아픔, 신앙적 치유와 의학적 치료의 구별은 오랜 역사를 거치며 서서히 진행되었지만, 수많은 사람들의 마음과 삶 속에서는 여전히 구분이 불완전하다. 서유럽의 발상인 의학적 치유에 대한 과학적-유물론적 접근법의 역사는 2백 년도 채 되지 않았다.

---

* 이 논문의 출처는 다음과 같다. "Dening disease: The gold standard of disease versus the fiat standard of diagnosis," *The Independent Review: A Journal of Political Economy*, 10 (Winter 2006), pp. 325-336.

전통적으로 의사는 개인 사업가였다. 미국에서는 20세기가 되어서야 연방 정부와 주 정부가 약품 판매와 의료 행위를 규제하고 제한하기 시작했다. 제2차 세계대전이 끝난 후 (그리고 소련에서는 더 일찍) 전 세계 선진국의 의료 서비스 분배는 자본주의에서 사회주의 체제로 전환되었다. 즉 의사의 수입원이 환자에서 정부 또는 정부가 통제하는 보험 시스템으로 이동했다. 이와 더불어 점점 더 많은 개인의 습관과 문제―흡연부터 비만, 말썽꾸러기 자녀 관리까지―가 질병으로 정의되고, 점점 더 많은 약품이 자유 시장에서 제거되어 처방전을 받은 사람―즉 병이 있다는 진단을 받은 '환자'로 불리는 사람만―만 이용할 수 있게 되었다. 서구 사회는 신정 정치(theocracy)에서 민주 정치(democracy)로, 그리고 의약 정치(pharmacracy)로 바뀌었다.[2]

무엇이 질병에 포함되어야 하고, 무엇이 질병에 포함되어서는 안 되는가? 이 질문은 모든 의학 특히 정신의학의 난제이다. 모든 사람―의사와 환자, 정치인과 대중 등―은 질병과 비-질병을 구별하는 방법에 이해관계가 다르다. 우리 중 누구도 그 경계선을 어떻게, 어디에 그어야 할지 고심하고 결정해야 할 의무에서 벗어날 수 없다. 이 질문에는 두 가지 다른 대답이 필요하다. 하나는 의료과학의 요구를 충족하는 대답이고, 다른 하나는 의료 행위와 의료 서비스를 받는 사람의 요구를 충족하는 대답이다. 자연과학의 일부인 의료과학은 정확하게 정의되고 엄격하게 적용된 개념과 기술을 통해 물질 세계인 인체를 경험적으로 조사하는 것과 관련 있다. 의료 행위는 과학과 과학기술에 기초를 두고 있지만 과학 그 자체는 아니다. 의료 행위는 인간 서비스의 일종이고 그 내용과 제공 방식은 경제적, 이데올로기적, 종교적, 정치적 이해관계에 따라 결정된다.

의료 서비스를 전달할 때 정확성과 엄격함을 천편일률적으로 적용하면 융통성이 없고 매정하다고 비난받는다. 과학을 실천할 때는 정확성과 엄격함이 필요하고 의료 돌봄을 제공할 때는 유연성과 연민이 필요한데, 이 두 영역의 갈등이 오늘날 질병분류표에 반영되어 있다. 질병분류표에는 정확하게 확인된 자연 현상과 부정확하게 정의된 경제적, 이데올로기적, 정치적, 사회적 판단과 사건이 혼합되어 있다. 결과적으로 이런 분류 시스템은 지적 혼란과 정치-경제적 해악을 야기한다. 오늘날 건강 돌봄 정책과 정치의 딜레마에서 벗어나려면, 질병을 정의하고 분류하는 두 가지 (또는 그 이상) 시스템이 필요하다는 것을 인정해야 한다.

과학은 유물론, 사실에 대한 연구, 사실이 존재하는 방식(how things are)과 동의어이다. 천사와 악마, 영혼과 정신, 미덕과 악덕 같은 비물질적 '실체'와 도덕적 관념에 과학적 조사와 이론이 있을 수 없다는 것은 자명한 사실이다. 그렇다고 해서 그런 것들이 "존재하지 않는다"는 말은 아니다. 그런 것들은 '존재'하지만 물질 세계의 일부가 아니라는 말이다. 그런 것에 대한 연구는 사실이 아닌 믿음(설명), 경험(사물에 대한 느낌), 가치(좋고 나쁨), 사회 정책(어떤 상황에서 어떤 행동을 합법으로 또는 불법으로 간주해야 하는가)에 대한 조사와 추론을 포함한다.

이 모든 것은 새로운 말이 아니다. 그렇지만 저명한 의료과학자들과 유명한 출판물들은 우리가 질병 개념을 물질 세계의 측면을 기술하고 설명하기 위한 가치 중립적인 과학 용어로 사용할 뿐 아니라 (비물질적인) 인간의 열망, 법률, 관습을 확인, 면책, 비난, 정당화를 하는 가치 부가적인 윤리적 용어로도 사용하고 있고 또 사용해야 한다는 사실을 무시하고 간과하고 은폐한다. 그리고 우리는 이 두 가지 다른 의미와 용도를 명확하고 정직하게 구별해야 한다.

2

히포크라테스 시대(기원전 460~380년경)부터 계몽주의 시대까지 약 2천 년 동안 의사와 철학자는 네 가지 '체액'—혈액, 점액, 황담즙, 흑담즙—이 교란되어 질병이 발생한다고 믿었다. 그 당시 해부학이 인체 절개보다 점성술의 영향을 더 많이 받으면서 각 체액은 신체의 주요 기관과 연결되었다. 그러다가 혈액은 심장, 점액은 뇌, 황담즙은 간, 흑담즙은 비장과 관련이 있다고 믿었다. 치료법은 체액의 균형을 회복한다고 믿었던 방식으로 구성되었다.

이처럼 낡은 발상은 서서히 사라졌다. 하지만 신체 질병과 그 질병을 구성하는 물질적 요소에 대한 정의, 확신, 이해의 신기원을 이룬 해는 특정해서 말할 수 있다. 하나는 1858년이다. 그해 독일 병리학자 루돌프 피르호는 《세포병리학》을 출판했다. 이 논문의 영향으로 20세기까지 질병의 표준적인 과학적 척도—질병 '황금 기준'*—는 해부학적, 생리학적, 기타 물리화학적 관찰이나 측정을 통해 객관적으로 확인 가능한 신체적 병변이었다. 또 다른 해는 1869년이다. 그해 러시아 화학자 디미트리 멘델레예프 (Dimitri Mendeleev, 1834~1907)는 획기적인 논문 〈원소의 성질과 원소 원자량의 관계(The Relation Between the Properties and Atomic Weights of the Elements)〉를 발표했다. 이 논문은 당시까지 알려진 모든 원소를 정확하게 확인했을 뿐 아니라 멘델레예프가 이론만으로 가정하고 예측한 미지의 원소까지 확인하여 정리한 도표인 원소 주기율표를 최초로 정식화한 것이었다.

나는 병리학적 병변으로서 질병과 물리적 원소 목록으로서 주기율표에 화폐 기준으로서 황금을 추가해야 한다고 제안한다. 왜? 이 세 체계는 인간의 욕망, 도덕적 판단, 또는 정치적 권력과 무관한 정확하고 객관적인 기준에 따라 우리 세계의 질서를 세우는 전형이기 때문이다. 우리의 개인적 삶을 통제하고자 하는 제도와 개인, 즉 교회와 국가, 정치인, 의사는 그들로부터의 독립을 무례함, '공익에 봉사'하고 '신성한 의무'를 다하는 것에 대한 방해로 여겨왔고 앞으로도 그럴 것이다. 놀랍지 않게도 고정된 화폐와 의료의 표준은 처음부터 위태로웠다. 고대의 군주부터 현대 민주주의 정치 지도자까지 통치자들은 화폐 체계를 항상 독점적으로 통제하려고 했다. 이와 유사하게 오늘날 치료 국가는 질병과 치료에 대한 정의를 독점적으로 통제하려고 한다.[3]

---

* '황금 표준(gold standard)'은 병이 있는 모든 사람을 병이 있다고 진단할 수 있고, 반대로 병이 없는 모든 사람을 병이 없다고 진단할 수 있는 이상적인 최적의 질병 진단법을 말하는데, 당연히 현실에는 존재하지 않는 진단법이다. '최적 표준', '절대 표준', '확진 표준', '금 표준'으로 번역하기도 한다.

3

현대 사회는 자연과학과 자연과학이 창조하고 유지하는 과학 기술에 크게 의존한다. 그래서 현대 국가는—소련의 리센코주의(Lysenkoism), 나치 독일의 아리안 물리학(Aryan physics) 등 흥미롭지만 별로 중요하지 않은 몇몇 예외를 제외하고—과학의 객관적 기준과 경험적 방법을 파괴하는 데 국가 권력을 사용하는 것을 자제해 왔다. 하지만 화폐와 의학에 대해서는 그런 식으로 자제하지 않았다. 오히려 정반대이다. 그들은 화폐의 황금 기준(gold monetary standard)과 의료의 황금 기준(gold medical standard)을 모두 약화하고 파괴했다. 왜 그럴까? 이 두 시스템은 인간의 욕망, 도덕적 판단, 또는 정치적 권력에서 독립된 정확하고 객관적인 기준에 따라 우리 세계의 질서를 세우는 전형이기 때문이다. 이런 식으로 질서화된 것들은 일상생활에서 필수적인 부분이 된다. 그것들은 종교, 법률, 경제, 정치 속으로 침범해 들어가 우리 삶에서 가장 중요한 것이 되지만 종교, 법률, 경제, 정치로부터 독립되어 있다.

법원의 결정에 의해 발생할 수 있는 '법정 통화(legal tender)' 기준과 달리 화폐의 황금 기준(금본위제) 아래에서는 국가가 인쇄기로 찍어 낸 돈을 유일한 법정 통화로 정의하는 식으로 마음대로 화폐를 만들어낼 수 없었다. 프랑스혁명부터 제1차 세계대전 발발 때까지 금본위제는 제한된 정부* 원칙의 필수 요소로 여겨졌다. 의회 제도, 연방 제도, 견제와 균형 시스템보다 오히려 금본위제가 정부 권력은 엄격하게 제한되어야 하고 국가는 그 제한을 존중

한다는 것을 더욱 상징적으로 보여주었다.

질병의 병변 기준(lesion standard of disease)과 (정신)병의 포고 기준(fiat standard of (mental) illness)의 차이는 황금-화폐 기준과 종이-화폐 기준의 차이와 유사하다. 피르호적 질병 기준은 생물학적-물리학적 기준에 맞춤으로서 의료 시스템이 그 범위와 권한을 임의로 확장하지 못하게 제한한다. 이 기준에서는 의사, 환자, 정치인 등 그 어떤 이해관계자도 언어를 조작해 질병을 창조할 수 없다. 새로운 질병은 발명될 수 없다. 발견되어야 한다. 그러나 정신병리학적 질병 기준은 주먹구구식이어서 의학적, 정치적 권위와 대중의 견해를 통해 무엇을 질병으로 간주할 것인지 여부를 임의로 정의할 수 있다. 그들은 바람직하지 않은 행동에 진단 꼬리표를 붙인다.

1850년부터 1914년 사이에 피르호의 질병 기준과 화폐의 황금 기준(금본위제)은 과학적 의료 행위와 건전한 경제 정책의 필수 요소로 널리 인정되었다. 이 두 기준은 개인의 자유, 재산권, 자유 시장에 기초한 의학 발전과 자유민주주의 성장을 위한 사회적 맥락을 제공했다.

과학적 기준을 유지하려면 합의와 권위가 필요하지만 도덕적, 법률적 기준을 유지하려면 전통과 권력이 필요하다. 질병(과 치료법)을 정의하는 것은 오랫동안 의사의 특권이었다. 그러나 오늘날

---

* '제한된 정부(limited government)'는 정부의 권한이나 기능이 입법을 통해 제한되는 국가 형태를 말한다. 현대 민주주의 국가는 정부에 무한한 권력을 부여하는 것이 아니라 헌법이나 법률을 통해 제한된 권력만 부여하고 입법부와 사법부를 통해 행정부를 견제하는 삼권 분립 제도를 채택하고 있다.

그것은 주로 치료 국가의 특권이다.[4] 오늘날 모든 계층의 사람들은 자신이 원하면 모든 것을 질병(또는 치료)이라고 말할 '권리'가 있다. 하지만 그런 전제에 따라 행동을 하는 순간 법률―가령 마약법―을 위반할 수 있다.

올바른 명칭을 사용하자. 의료 행위는 과학이 아니라 정부 독점 사업이다. 국가의 면허를 받은 사람만 자신을 '의사'라고 부를 수 있고, 그런 사람만 국가가 의료 행위라고 정의한 치유 활동을 허가받는다. 의사는 환자를 진료할 때 '치료 기준'이라는 엄격한 규칙과 규정에 따라야 하고, 국가가 합법적인 의약품으로 규정한 약물만 환자에게 처방할 수 있다. 이러한 규칙을 위반하는 것은 가혹한 처벌을 받아야 하는 범죄 행위이다. 나는 이런 제도를 '독점 의학(monomedicine)'으로 부르자고 했다.[5] 일부일처제나 일신교처럼 독점 의학도 국가가 결정하고 국민은 '당연히 옳다'고 받아들이는 것이다. 소설 《1984》는 노예 상태를 '자유'라고 불렀다.* 오늘날 우리는 국가 의료 독점을 '민간 의료', '의료 자유'라고 부른다.

화폐와 질병의 기준은 과학의 기준보다 사람들의 일상생활에 더 직접적이고 광범위한 영향을 끼친다. 여기서 귀금속에 기초한 복잡한 통화 기준의 역사를 재론할 필요는 없다.[6] 이미 수천 년 전부터 귀금속 양을 줄이고 비금속 양을 늘려 동전을 주조해서 통화 가치를 떨어뜨렸다는 점만 언급해도 족하다. 지폐는 값싼 종이로 화폐 가치를 창조하는 데 안성맞춤이다. 케인스(John Maynard Keynes)는 《평화의 경제적 결과(The Economic Consequences of the

---

* 조지 오웰은 소설 《1984》에서 다음과 같은 유명한 경구를 남겼다. "전쟁은 평화다. 자유는 노예 상태다. 모르는 게 힘이다."

Peace)》(1919년)에서 이렇게 관측했다. "기존 사회의 기반을 붕괴시키는 데 통화 가치를 떨어뜨리는 것만큼 교묘하고 확실한 수단은 없다. 그 과정에서 숨어 있는 경제 법칙의 모든 힘들이 파괴의 편에 서게 되는데, 백 만 명 중 한 명도 그 사태를 진단할 수 없다."[7]

나는 《의약 정치: 미국의 의학과 정치(Pharmacracy: Medicine and Politics in America)》에서 피르호가 정확한 병리학적 질병 기준을 정식화하기 훨씬 전에, 특히 18세기에 이른바 '광기 의사'라는 의료 전문 분야의 필요성이 대두한 이후로 진단 인플레이션에 의해 질병 기준이 이미 붕괴되어 있었다고 주장했다. 내가 붕괴되어 있었다고 말하는 이유는 19세기에 등장한 초창기의 정신과 의사들은 별도로 비병리학적 질병 기준을 만들지 않았기 때문이다. 오히려 그들은 피르호처럼 엄격한 병변 중심의 질병 기준을 고수함으로써 과학적 의사라는 직업 정체성을 강조했다. 그들은 신경학과 정신의학을 밀접하게 연관된 의료 전문 분야로 재평가하고, 자신들을 신경정신과 의사로 간주하고, 자위와 동성애 같은 행위에 의료 용어처럼 들리는 꼬리표('진단명')를 붙였다. 그러다가 나중에 진단명과 질병을 뒤섞어 새로운 뇌질병을 발견했다고 주장했다. 하지만 사실은 그런 병을 발견한 것이 전혀 아니었다. 전통적으로 종교적인 사안으로 인식되던 인간의 문제를 의료화하여 죄와 범죄―자기 살해, 자기 학대, 자기 투약 등―를 병으로 둔갑시켰을 뿐이다.

4

 루돌프 피르호가 병리학적 질병 기준을 불쑥 만들어낸 건 아니다. 그의 업적은 백 년 넘게 발전해 온 개념과 기준을 간결하게 재구성한 것이다. 의료 역사가 로이 포터의 말을 들어보자. "레이던 대학 의대 헤르만 부르하버(Herman Boerhaave, 1668~1738) 교수는 광기의 원인을 신체에서 찾으려는 열망을 가장 체계적으로 정리했다."[8] 저명한 의사이자 해부학자, 식물학자, 화학자이자 인문주의자였던 부르하버는 "증상과 병변의 관계를 입증하기 위해 환자의 시체 해부를 강력히 주장했다."[9] 그는 과학적 의학의 진정한 선구자였고, 광기는 질병의 일종이고 질병은 당연히 신체의 병변이라는 전제 아래 연구에 전념했다.
 광기가 신체병이라는 그의 견해는 가정 또는 전제에 불과했다. 이 견해는 과학적인 것처럼 보였지만 과학과 전혀 무관했다. 오히려 자연에 대한 종교적 설명에 대항하는 '계몽적' 반란, 그리고 당시의 인문주의-실증주의 시대 정신을 주장한 것이다. 이러한 정신에 따라 프랑스 의사이자 열렬한 자코뱅이었던 피에르 장 조르주 카바니스(Pierre Jean Georges Cabanis, 1757~1808)는 이렇게 선언했다. "간이 담즙을 분비하듯이 뇌는 생각을 분비한다." 네덜란드 생리학자 야코프 몰레스홋(Jakob Moleschott, 1822~1893)도 마찬가지다. "신장이 소변을 분비하듯이 뇌는 생각을 분비한다."[10]
 "마음이 곧 뇌고 뇌가 곧 마음이다"라는 말은 오늘날 생물학자, 신경과학자, 신경철학자, 정신의학자의 교리다. 가령 터프츠대학 철학 교수 대니얼 데닛(Daniel C. Dennett)은 이렇게 선언한다. "마음이 곧 뇌다."[11] 하버드대학 정신의학과 교수 앨런 홉슨(Alan J. Hobson)도 마찬가지다. "뇌와 마음은 하나다. …… 이 둘은 통일체다. …… 나는 이 둘의 통일성을 표시하기 위해 하이픈으로 연결된 '뇌-마음'이란 용어를 사용한다."[12] 노벨상 수상자인 생물학자 크리스티앙 드 뷔브(Christian de Duve)는 이렇게 썼다. "마음은 머리에 있고 뇌를 통해 유지된다. …… 마음과 뇌는 불가분의 관계여서 생각, 감정 같은 모든 마음의 발현은 뇌 활동의 산물이라는 개념으로 귀결된다. 이 개념은 새롭지 않다. 2백 년 전에도 똑같은 말이 있었다."[13]

드 뷔브의 글에는 가톨릭 변증론과 개인의 책임성에 대한 집단주의-실증주의적 거부감이 뒤섞여 있다. 그는 교회의 진화론 승인을 긍정적인 투로 말한다. "오랫동안 진화론을 반대해 온 가톨릭교회가 최근에 사실을 입증하는 증거 앞에 머리를 숙였다. 그 증거는 진화론의 설명력을 더욱 높여주는 것 같다."[14] 그런 다음 다소 우쭐대며 이렇게 설명한다. "환경 보호나 생명윤리 보호 같은 분야에서 도덕적 책임감과 윤리적 관심사가 세계화되었다. 가령 관련된 국제기구와 국제회의가 늘고 있다. 그래서 인류는 더욱더 커지고 있는 통합 커뮤니케이션 네트워크 속에서 함께 살아가는 복합 유기체들로 구성된 '초유기체(supraorganism)'가 된 것 같다."[15] 마음이 뇌에서 '분비된다'는 카바니스와 몰레스홋의 주장을 인용한 후, 드 뷔브는 이렇게 결론짓는다. "그들에게는 아무런 오류가 없다. 논쟁의 여지가 없는 …… 증거가 거기에 있다."[16]

무슨 증거가 있단 말인가? 담즙과 소변이 간과 신장에서 분비되듯이 마음이 뇌에서 분비된다는 것인가? 허무맹랑한 소리다.

정신과 의사들은 전형적인 정신병인 조울증과 정신분열증을 '기분이상증(mood disorder)' 또는 '사고이상증(thought disorder)'이라고 부른다. 사고와 기분은 담즙이나 소변과 달리 물질적인 것이 아니어서 직접 관찰할 수 없다. 그래서 정신과 의사들은 사람의 행동―특히 언어적, 사회적 행동―을 관찰하여 그의 '기분이상증'과 '사고이상증'을 추론한다. 캘리포니아주립대학 샌프란시스코 캠퍼스 사무엘 바론데스(Samuel H. Barondes) 교수는 (정신)병에 대한 유물론적 정의에 얽매이고 싶지 않다며, 다음과 같이 주장했다.

이 논문의 주제는 정신병이기 때문에 그런 병이 존재한다고 처음부터 동의하는 것이 매우 중요하다. 이 명제는 자명한 것 같지만 여전히 혼란이나 논쟁의 원인이 되고 있다(Szasz, 1961). 예를 들어 질병과 정상성의 경계가 명확하게 정의되지 않았다는 이유를 내세워 누군가를 정신이 병든 사람이라고 부르는 것을 꺼린다. 또 '정상적이다'가 평균적이다는 의미인지 아니면 이상적이다는 의미인지에 대해서도 의견이 분분하다. 하지만 자신이나 타인에게 매우 불편한 행동 패턴은 분명히 존재한다. 게다가 일부 행동 유형은 적응성이 떨어져서 병이라는 명칭이 분명히 적절하다.[17]

행동은 '실재'하지만 물질적인 '실체'는 아니다. 간염, 요독증이 간이상증, 신장이상증과 다르듯이 기분이상증, 사고이상증은 조울증, 정신분열증과 동일한 질병 목록에 속하지 않는다. 많은 정신과 의사들처럼 우리가 정신병이란 용어를 뇌질병의 명칭으로 사용한다면 정신병은 소아성애증, 방화벽과 동일한 목록에 속하는 것이 아니라 다발성경화증, 뇌졸중과 동일한 질병 목록에 속하게 된다.

5

육체 치유(의학)와 영혼 치유(종교)는 관습과 법률로 승인된 사회 제도다. 사람은 탈육체화된 대상이 아니다. 사람은 글자 그대로 육체화된, 즉 육화된 존재다. 웹스터 사전은 '육체화하다(embody)'를 '물질이 되다'로, 그리고 '육화하다(incarnate)'를 '몸이 되다'로 정의한다. 종교가 세상을 지배할 때 악마는 뱀이나 "귀신 들렸다"고 불리는 사람으로 육화되었다. 기독교에서 신은 "예수"라고 불린 사람의 몸으로 육화했다. 의학이 종교를 대체하여 신체 치유에 대한 지배적인 제도가 되자 (그리고 영혼 치유는 종교에 내맡기게 되자) 광기가 신체병으로 재육화됐다. 이 같은 변형은 미국 정신의학의 '아버지' 벤저민 러시(Benjamin Rush, 1746~1813)의 글에 또렷이 남아 있다.

러시는 단순한 의사가 아니었다. 그는 계몽 운동가이자 자신을 과학자라고 상상한 의사였다. 그는 자신에게 맡겨진 광인들이 어떤 정신적 고통을 겪는지 알지 못했다. '과학적' 의사로서 그는 자신의 모든 환자—사실은 자신이나 다른 누구의 환자도 아닌 일반 대중—가 신체병을 앓고 있다고 가정했다. 다음과 같은 그의 주장이 이를 잘 보여준다. "거짓말은 신체적인 질병이다. …… 자살은 광기다."[18]

신체 특히 신경계의 병리적 변화는 비정상적인 행동을 유발한다. 따라서 비정상적인 행동이 신체의 병리적 변화 때문에 나타날 수 있다고 가정하는 것은 일리가 있다. 주지하다시피 의학 연구가 이런 가정을 어느 정도 뒷받침했다. 가령 감염, 대사이상, 또는 영양 결핍 때문에 '정신이상'이 나타날 수 있다.

하지만 어떤 행동을 비정상으로 간주할 것인지를 판단하는 기준은 의학적 또는 과학적인 것이 아니라 문화적, 윤리적, 종교적, 법률적인 것이다. 따라서 모든 비정상적인 행동을 뇌질병 탓으로 설명하려는 시도는 선험적으로 보더라도 얼토당토않은 일이다. 하지만 (은유적인) '정신적 병변'을 가진 병의 범주, 즉 정신병리학 개념이 창조되면서 그런 딜레마가 극복되었다. 19세기 후반에 병리학자와 세균학자들이 새로운 신체 병리를 발견하고 설명하느라 바빴다면, 정신과 의사들은 새로운 정신병리―외견상 중추신경계의 신체병―를 '발견'하고 설명하느라 바빴다.

가장 중요한 정신병 제조 기술자 중 한 사람이 독일 정신과 의사 리하르트 폰 크라프트-에빙(Richard von Krafft-Ebing, 1840~1902)이었다. 그는 스트라스부르대학, 그라츠대학, 빈대학에서 정신의학과 교수를 지냈다. 1886년에 《성적 정신병질(Psychopathia Sexualis)》을 발표하면서 국제적인 명성을 얻은 그는 라틴어 실력과 의학 학위를 발판 삼아 죄악으로 간주하던 행동을 병으로 바꾼 초창기 인물이었다. 정신과 의사들은 독단적으로 성도착을 '뇌신경증'으로 분류했고 변호사, 정치인, 대중은 새로운 질병의 실체를 적극 수용했다. 이렇게 하여 오늘날 성과학(sexology)은 의학의 필수 분야이자 정신의학의 새로운 과학 분야가 되었다.[19)] 프로이트는 크라프트-에빙의 성적 행동의 병리화를 일상적 행동의 병리화로 확장했다. 그는 '신경증'을 무의식적인 동기가 행동으로 나타난 것으로 보았으면서도 그것이 진정한 질병이라고 주장했다.[20]

오늘날 은유된 것에 대한 은유라는 완전히 자기-준거적(self-referential)이고 순진무구한 착각이 의학적 발견으로 여겨지기도 한다. 하버드대학 정신의학과 교수이자 저명한 인종주의 연구자인 앨빈 푸생(Alvin Poussaint)은 다음과 같이 선언한다. "극단적인 인종주의는 망상이상증(delusional disorder)을 나타내는 것이기 때문에 심각한 정신병이라는 것이 내 입장이다."[21]

《상사병: 사랑은 정신병이다(Love Sick: Love as a Mental Illness)》를 쓴 영국 킹스칼리지 신경과학 교수 프랭크 탤리스(Frank Tallis)는 이렇게 말한다. "거절과 짝사랑이 자살 위험을 증가시키는 것에서 보듯이 상사병은 치명적이다. …… 연구에 따르면, 사람들이 사랑에 빠지고 집착하기 시작하면 뇌 화학 물질인 세로토닌 수치가 감소한다. …… 약물 치료가 도움이 될 수 있다."[22]

다른 사랑 연구자들은 이렇게 보고한다. "자기공명 스캐닝 결과, 사랑은 대뇌 보상 회로의 특정 영역을 활성화하는 반면에 부정적인 판단과 관련된 회로의 활동을 감소시킨다. …… 가장 활성화된 대뇌 부분은 옥시토신과 바소프레신에 반응하는 부분이었다."[23]

이른바 비정상적인 행동을 두고 정신의학은 이러쿵저러쿵 '설명'하는데, 우리는 그런 설명을 경계해야 한다. 성변화*를 기적이라고 부르는 것이 성변화에 대한 설명인가? 소아성애를 정신병이라고 부르는 것이 소아성애에 대한 설명인가? 우리가 일상 언어로 구성한 설명 개념 그 자체가 우리의 뿌리 깊은 자기 중심성과 시류에 따른 선입견에 의해 편향되었을지도 모른다. '설명'에 해당하는 헝가리어가 이를 잘 보여준다.

 헝가리어로 헝가리어는 'magyar'이다. 그런데 'magyar'는 'magyarázat(설명)'과 'megmagyaráz(설명하다)'의 어근이다. '설명할 수 없다'는 'megmagyará-zhatatlan'인데, 이 단어를 글자 그대로 풀이하면 '헝가리어로 말할 수 없다'이다. 또 '뭔가를 (똑바로) 말하라'는 'mond (beszélj) magyarul'인데, 이 문구를 글자 그대로 풀이하면 '헝가리어로 말하라'이다. 헝가리인들은 '설명'에 해당하는 그들의 단어와 그 단어에 대한 그들의 개념이 언어학적으로 너무 자기 중심적이라는 사실을 인식하지 못한다. 문화를 바꾸고 모국어의 특이성에 관심을 두지 않는 한, 헝가리인들은 헝가리어가 이처럼 의미론적으로 기이하다는 사실을 알아차리지 못할 것이다.

 요컨대 헝가리인들에게 무엇인가를 설명한다는 것은 '헝가리어로 말하는 것'이다. 그 말인즉, 다른 언어로 무엇인가를 말하면—'그것이' 무엇이든 간에—설명의 핵심 요소가 빠져 있어서 서로 통하지 않는다는 것이다. 오늘날 우리에게 어떤 행동을 설명한다는 것은 정신병, 뇌, 도파민, 약물 같은 언어로 말하는 것이다. 이처럼 행동을 평이한 영어(plain English)**로 설명하는 것은 과학

---

* '성변화 또는 화체설(transubstantiation)'은 가톨릭에서 성찬식 때 신도들에게 나누어주는 빵과 포도주가 실제로 그리스도의 살과 피로 변화하고, 이것을 받아야 구원받을 수 있다는 교리이다. 1215년 제4차 라테란 공의회에서 결정된 공인 교의(公認敎義)이고, 현대 가톨릭은 아직도 이 교의를 따르고 있다.

적이지도, 설명적이지도 '사실적'이지도 않다.

6

의료과학자들은 질병의 황금 기준—질병과 비-질병의 명확하고 객관적인 구분—이 필요하다. 하지만 진료하는 의사, 환자, 정치인, 대중은 객관적인 기준에 얽매이지 않는 질병의 포고 기준—유동적인 경제적, 이데올로기적, 정치적 이해관계와 시류에 따라 변화에 열려 질병과 비-질병의 구분—을 원한다. 그래서 우리는 실제로 두 가지 질병분류표를 가지고 있다. 하나는 육체의 병리적 실체만 포함한 것이고, 다른 하나는 그런 실체와 육체의 병리와 무관한 여러 인간 조건들이 혼합된 것이다. 이 두 시스템은 상호 기생적이다. 의료과학자들은 탄력적인 질병 기준 덕분에 정부와 기업의 이데올로기적, 경제적 지원을 더 쉽게 얻게 되었지만, 그 탓에 자신들의 과학적 완전함이 위태로워졌다. 그리고 진료하는 의사, 환자, 정치인, 대중은 유사 의학적 방법을 통해 자신의 경제적, 실존적 이익을 충족시켜 주는 과학의 승인을 획득했지만, 병과 치료를 명확하게 생각할 수 있는 능력을 상실했다.

---

* 미국 연방 정부는 '평이한 영어'를 다음과 같이 설명한다. "필요한 만큼만 단어를 사용하여 명확하고 직설적으로 표현하는 것이다. 모호함, 과장된 어휘, 복잡한 문장 구조를 멀리하는 언어이다. 그렇다고 어린아이 말투나 단순화된 영어는 아니다."(www.plainlanguage.gov) 미국 연방 정부는 1970년대부터 평이한 언어 운동(Plain Language Movement)을 전개하고 문서업무축소법(Paperwork Reduction Act)(1980년)과 평이한 글쓰기법(Plain Writing Act)(2010년)을 제정하여 평이한 영어 쓰기를 구체적으로 실천하고 있다. 그 결과 법률 용어, 의료 용어, 행정 용어에 대한 접근성이 한층 개선되었다.

18세기 프랑스 중농주의자들이 만든 문구 "알아서 하게 내버려 두라, 지나가게 내버려 두라(Laissez faire, laissez passer)"는 정부가 무역에 간섭하지 말라는 의미였다. 여기서 "알아서 하게 내버려 두라"는 훗날 자유시장 경제학자들의 슬로건이 되었다. 오늘날 이 두 단어는 하이픈으로 연결하여 영어 단어 '자유방임(Laissez-faire)'으로 번역되지만, 그 실천―특히 의학 분야에서―은 이미 시대를 지나갔다(passé). 이제 모든 국가는 계획 경제(dirigiste)에 의한 치료 국가가 되었다. 오늘날 의료는 정치경제의 필수 부분―사실상 가장 중요한 부분―이다. 현대 정신의학은 의학의 한 갈래라기보다 법률, 가정법원, 형사사법제도의 한 갈래다. 과학적인 질병 기준은 일반 병리학과 다양한 기관계 병리학―피부병리학, 신경병리학 등―관련 학술지와 교과서에 갇혀 있다.

오늘날 의료 전문가―특히 그가 철학과 의학윤리학 전문가―가 질병의 황금 기준은 물론 사실상 질병의 모든 기준을 경멸한다고 해도 놀랄 일이 아니다. 질병과 비-질병 구분의 타당성을 거부하는 것이 오늘날 '진보적인' 의료철학자의 본분이 되었다. 스웨덴 룬드대학 신경과학과와 철학과 교수 게르문드 헤슬로브(Germund Hesslow)는 "질병 개념이 필요한가?"라고 질문한 다음 이렇게 대답한다. "건강한가, 질병이 있는가 같은 질문은 당치않다. 누군가가 질병이 있는지 없는지를 우리는 알 필요가 없다. 따라서 '질병' 정의는 필요하지 않다."[24] 이 같은 선언은 의약 정치와 치료 국가의 선언문에 딱 어울린다.

옛날 돌팔이들은 진짜 질병을 치료하기 위해 가짜 치료법을 팔

아먹었다. 새로운 돌팔이들은 화학적 선무공작과 의학적 강압을 정당화하기 위해 가짜 질병을 팔아먹는다. 옛날 돌팔이들은 정치적으로 무해했다. 그들은 개인의 동의가 있어야만 그 개인에게 해를 끼칠 수 있었다. 새로운 돌팔이들은 개인의 자유와 책임에 심각한 위협이 된다. 그들은 국가의 대리인으로서 개인의 동의와 관계없이 그 개인에게 해를 끼칠 수 있고 실제로 해를 끼친다. 신권정치는 종교와 국가의 동맹이다. 의약 정치는 의학과 국가의 동맹이다.

| 옮긴이 해제 |

1

중세까지 신화와 주술의 영역이었던 '광기'가 근대에 들어와 이성에 반하는 행위 전반을 일컫는 '정신병'으로 의료화되었다. 19세기 피르호의 영향으로 생물학 중심의 정신의학 연구가 시작되었고, 샤르코 같은 의사들은 정신병을 뇌질병의 하나인 신경병으로 정의했다. 당시 수용시설에 있던 많은 '광인'이 인체 실험에 동원되었고, 때마침 성장하던 의과대학의 생물학과 해부학 수업을 통해 생물정신의학이 널리 확산되었다. 이제 정신병은 신학자와 철학자의 손을 떠나 정신과 의사의 연구와 치료의 대상이 되었다.

19세기 말 프로이트의 등장은 생물정신의학에 찬물을 끼얹었다. 정신분석은 정신병을 의학이 아니라 심리학의 영역으로 만들어버렸다. 정신병은 뇌의 질병이 아니라 어린 시절 정신적 경험이 무의식으로 작동하여 발현되는 마음의 병으로 재정의되었다. 정신이 병든 사람은 정신과 의사의 진료가 아니라 정신분석가의 분석과 조치로 치료된다는 가정이 대세를 형성했다.

그러다가 두 차례 세계대전을 거치면서 생물정신의학이 부활했다. 전쟁과 산업화로 정신적 고통을 호소하는 사람들이 크게 증가하던 시기였다. 정신과 의사들은 과학과 이성의 이름으로 전두엽 절제, 전기 충격 등 온갖 비과학적, 비인간적 조치를 거침없이 시행했다. 바야흐로 정신의학계는 정신병의 원인을 놓고 정신(무의식)을 강조하는 정신분석 진영과 신체(뇌의 기질)를 강조하는 생물정신의학 진영으로 양분되었다. 하나의 현상을 두고 상반된 접근법이 격돌하던 그 시점에 《정신병의 신화》가 등장했다.

헝가리 출신 유대인으로서 미국 정신과 의사였던 토머스 사스가 1961년에 이 책을 내놓자마자 큰 논란이 일었다. 정신의학계와 보건 당국의 반발이 특히 심했다. 사스를 교수직에서 해임하라는 압박이 거셌다. 그도 그럴 것이, 사스는 책머리에 "정신병은 존재하지 않는다"고 선언했다. 정신병은 신화일 뿐이고 정신의학은 연금술과 점성술을 계승한 유사 과학이라고 주장했다.

지금도 이 책은 논란거리이지만 정신의학과 정신장애인 운동에 큰 영향을 주고 있다. 2012년 9월 사스가 죽자 〈뉴욕타임스〉는 그가 "정신의학 비판 분야에서 캐나다 사회학자 어빙 고프먼과 프랑스 철학자 미셸 푸코와 어깨를 나란히 한다"고 평가했다. 공교롭게도 《정신병의 신화》가 나온 해에 고프먼은 《수용소》를 그리고 푸코는 《광기의 역사》를 출판했다. 고프먼의 '총체적 시설(total institution)' 개념과 푸코의 '광기의 구성' 개념이 정신의학의 실천과 권력을 분석했다면, 사스는 정신병의 존재론 자체에 의문을 제기했다. 정신의학과 정신분석이 근본적인 도전에 직면한 것이다.

이처럼 60년 전에는 지식인들 사이에서 정신병과 인간 삶에 대한 관심과 논쟁이 뜨거웠다. 오늘날 정신병을 자명한 병리로 인식하는 싸늘한 세태와 대조된다.

2

사스는 이 책을 정신의학이나 인간학 서적이 아니라 정신의학과 인간 행동에 '관한' 책이라고 했다. 정신병과 정신의학을 의학이 아니라 언어학, 수사학, 게임 이론, 인간 행동 이론, 사회적 상호작용론의 관점으로 분석한다. 또 자신의 분석 방법을 자연과학적 증명이 아니라 언어의 의미 또는 논리로 검증하는 '분석적 진리'라고 했다. 그는 언어학, 사회학, 철학의 언어로 정신병에 대한 익숙한 신화를 폭로하고 불편한 진실을 제시한다.

따라서 독자는 이 책을 메타 정신의학 서적이나 정신의학 비평서라고 생각하고 읽는 것이 좋겠다. 저자는 평이한 언어는 과학의 언어가 아니라고 했고, 실제로 이 책은 난해한 문장과 개념으로 구성되어 있다. 하지만 이 후기에서는 최대한 평이한 언어로 저자의 주장을 요약하고 역자의 해석을 약간 덧붙이겠다.

첫째, 정신병은 신화이고 은유이다. 다시 말하면 정신병은 개념일 뿐 실체가 아니다. 근대 정신의학은 과학적인 방법으로 질병을 확인하는 것에서 시작된 게 아니라 새로운 질병 구성 기준을 창조하는 것에서 시작되었다. 신체병은 생물학적 이상을 통해 객관적으로 검증할 수 있는 반면, 정신병은 명확한 생물학적 증거가 없고 인간의 특별한 행동에 대한 주관적인 판단에 따라 진단된다. 이렇게 하여 신체병은 발견되고 증명되었는데 정신병은 발명되고 선언되었다. 정신과 의사들은 정신병을 존재론의 차원이 아니라 인식론의 차원에서 다룬다.

따라서 "정신이 병들었다"는 말은 우리가 일상 언어에서 흔히 사용하는 "사회가 병들었다", "정치가 병들었다" 같은 은유적이고 관용적인 표현이다. 그런데도 오늘날 정신과 의사와 환자는 물론이고 많은 사람들이 신화를 사실로 믿는 까닭은, 현대 사회에서 의료 권력이 막강하고 정신병 개념이 일반화되어 실제로 존재하는 것처럼 믿기 때문이다. 중세인들이 종교 권력이 지어낸 마녀 신화를 믿었듯이 현대인들은 정신병이라는 '거짓 진실'을 사실인 양 믿고 있다.

둘째, 정신병은 구성된 개념이다. 의학적 실체가 없는 사회문화적 구성물이라는 것이다. 전 근대 사회에서 이해할 수 없는 방식으로 행동하는 사람은 병든 사람이 아니라 영적으로나 도덕적으로 타락한 사람이었다. 그런데 근대 사회는 문화적 규범, 가치관, 사회적 기대에 따라 '비정상적인' 인간 행동을 질병으로, 또 그런 사람을 병자로 정의했다.

하지만 그런 행동을 정신병으로 진단하는 기준이나 절차는 일관성이 없고 문화와 시대에 따라 가변적이다. 빅토리아 시대 정신 감정사들은 당대의 윤리관에 따라 게으른 성인, 자위하는 청소년, 임신한 처녀를 '광인'으로 규정했다. 19세기 미국 정신과 의사들은 '자비로운' 주인의 품을 떠나 탈출하는 흑인 노예에게 탈출광(드라페토마니아)이라는 정신병 꼬리표를 붙였다. 이처럼 정신병은 그 사회의 억압적 문화를 반영한 것일 수 있고, 이 책의 주요 소재인 히스테리가 대부분 여성의 경험이었다는 것은 이 생각을 뒷받침한다.

현대 사회도 마찬가지다. 정신병 진단 및 통계 편람인 DSM은 동성애나 문화적 차이로 인한 정신적 혼란을 정신병(문화고유증후군)으로 분류한 적이 있다. 최신판을 보더라도 주정뱅이는 알코올 중독, 노름꾼은 도박 중독, 심하게 별난 아이는 ADHD, 부끄러움이 심한 사람은 사회공포증 진단을 받을 수 있다. 성욕이 부족해도 정신병(흥분이상증, 사정지연증, 발기이상증)이고, 성 정체성 혼란도 정신병(젠더 불쾌감)이다. 이처럼 인간의 나쁜 속성이나 행위가 정신병으로 정의되고 있다. 객관적이고 과학적인 '사실'보다 주관적이고 문화적인 '가치'에 근거하여 구성된 병이다.

셋째, 정신병은 인간의 특별한 의사소통적 행위이다. 인간의 정신적 사건이나 현상은 의료 모형이 아니라 복잡하고 다양한 인간 행위에 관한 이론으로 분석되어야 한다. 그런데도 사회는 인간 행동을 게임하기, 즉 사회적 규칙 준수의 틀에서 이해하려고 한다. 게임 규칙을 따르지 못하거나 따르지 않으려고 하는 자, 사회적 기대에 부응하지 못하고 일탈적인 행동을 하는 자를 규칙 위반자가 아니라 정신이 병든 자로 분류한다.

특히 히스테리는 개인이 기존 방식으로는 쉽게 표현할 수 없는 고통이나 갈등을 전달하는 의사소통 수단이다. 히스테리에는 사회문화적 압력과 대인관계 문제가 포함되어 있다. 따라서 히스테리를 이해하려면 그 개인이 외부 압력과 인간적 갈등에 대처하기 위해 사용하는 메시지, 기호, 상징, 특이한 행동을 번역하고 해석할 수 있어야 한다.

게임하기와 규칙 따르기의 렌즈를 통해 인간 행동을 보면 인간적 공감과 이해보다 사회적 경쟁과 규율이 부각되고 행동의 진정한 동기와 의미가 퇴색된다. 따라서 정신 건강 쟁점은 엄격한 게임 전략을 통해서가 아니라 맥락, 의도, 풍부한 인간 경험의 복잡성 안에서 이해되어야 한다. 그런데도 정신과 의사들은 복잡한 인간 행동과 문제의 불확실성과 해석 불가능성을 그대로 두고 보지 못하고 근거도 불분명한 생물화학적 원인으로 환원하려고 한다.

정신분석도 인간 행위를 의료화하기는 마찬가지다. 정신분석가나 심리치료사는 정신병을 '치료'한다며 의사 역할을 모방한다. 치료사는 나쁜 행동을 하는 사람을 병을 앓는 환자가 아니라 도덕적 행위자(agent)로서 자신의 문제에 직면하도록 도와야 한다. 개인의 자유와 책임을 존중하는 심리 치료 모형이 필요한 이유이다.

정신병 개념은 인간 삶이 지속적인 투쟁이라는 자명한 사실을 모호하게 만든다. 인간은 동물처럼 단지 생물학적 생존을 위해 행동하는 존재가 아니라 인간적 가치를 위해 자율적으로 행동하는 주체적 행위자여야 한다.

넷째, 정신의학은 과학이 아니라 사회적 강압 시스템이다. 정신의학은 정신병을 치료한다고 하지만 사실은 사회통제 수단으로 기능한다. 사회적 규칙을 따르지 않는 사람에게 정신병 꼬리표를 붙여 격리하고 통제하고 사회의 질서를 유지하고 '정상인'을 보호한다. 특히 비자발적 입원은 정신이 병든 사람을 장기간 감금하고 자유를 박탈하고 일상을 통제하는 대표적인 사회적 강압 시스템이다.

사회적 제도로서 정신의학은 잠재적 위험을 예방한다는 명목으로 죄 없는 사람을 감금하고, 범죄자의 면책 여부를 판단하는 등 재판에 관여하고, 개인의 행위를 강압하거나 설득하거나 통제하거나 보상한다. 정신과 의사는 치료사라기보다 경찰, 성직자, 재판관, 부모처럼 행세한다. 이런 점에서 정신의학은 어빙 고프먼이 말하는 '총체적 시설'과 정확히 일치하는 시스템이다.

잠재적, 현실적 범죄자를 강압하고 감금하는 데 경찰과 감옥이 아니라 의사와 병원을 활용하고, 형벌이 아니라 치료를 통한 구속과 강제를 정당화하는 정치 질서를 사스는 '치료 국가(therapeutic State)'라고 했다. 이런 사회 체제에서 정신과 의사들은 일탈을 질병으로 규정하고 사회적 통제를 유용한 치료법으로 정의한다. 또 정치인들은 위험을 기피하려는 대중의 심리에 영합하여 정신과 시설과 교도소는 물론이고 사회 전체의 정신병리화를 합법화한다. 이제 학교, 가정, 지역 사회까지 촘촘한 정신의학 권력의 망에 포섭되고, 다르게 행동하는 사람을 자연스럽게 환자로 규정하고, 개인의 책임과 자율성은 약화된다. 이 대목은 푸코의 '권력 장치', '통치성', '규율 권력' 개념과 문제의식이 일치한다.

다섯째, 정신의학의 윤리가 강조되어야 한다. 정신과 의사와 환자의 관계에 내재된 권력 역학과 강압 가능성이 상존하기 때문이다. 그래서 치유 과정에서 당사자의 적극적 참여, 사전 정보에 의한 동의, 인간적 연민에 기반한 치료 같은 윤리적 원칙이 중요하다. 특히 정신과 의사는 사람의 병을 치료하겠다는 사명감에 앞서 그 사람을 이해하고 공감해야 한다. 또 보험 회사, 법원, 국가의 대리인이 아니라 환자의 진정한 대리인이 되어야 한다.

정신과 의사는 치료 환경에서 내담자의 자율성과 책임이 그 무엇보다 중요하다고 인식해야 한다. 특이한 행동을 한다는 이유로 정신병 꼬리표 붙이면, 그 사람의 모든 행동은 병리화되고 낙인화되고 질병의 증거로 간주된다. 이 과정에서 자유가 제한하고 책임이 면제되어 그 사람은 자율적인 행위자가 아니라 항상 도움에 의존하려는 무기력한 존재로 전락한다.

이 책에서는 소개하지 않았지만, 주디 체임벌린(Judy Chamberlain)은 정신장애 당사자 운동의 교본으로 평가받는 《우리 스스로(On our own)》에서 이렇게 말한다. "친밀함과 정서적 지지를 가장 필요로 할 때 주변 사람들이 외면하면 위기에 처한 사람의 정서적 고통과 고난이 더욱 확대된다." 또 소설가 한강의 《채식주의자》는 정신병원에 입원한 영혜의 입을 빌려 이렇게 탄식한다. "아무도 날 이해 못 해. 의사도 간호사도 다 똑같아. 이해하려고 하지도 않으면서 약만 주고, 주사를 찌르는 거지." 정신병에 대처하려면 의학과 과학의 언어만으로는 부족하고 문학의 언어, 철학의 언어, 그리고 특히 당사자의 목소리가 필요할지 모른다. 정신의학의 윤리는 이처럼 연약한 인간 삶에 대한 '이해'와 '공감'에서 출발해야 한다.

여섯째, 그래도 정신의학은 필요하다. 사스는 "정신병 개념이 쓸모없다고 생각하지만, 정신의학은 과학이 될 수 있다"고 했다. 그리고 정신 치료가 병을 고치려는 사람이 아니라 자신, 타인, 삶에 대해 뭔가를 배우려는 사람을 돕는 데 효과적인 방법이라는 믿음을 내려놓지 않는다. 그가 반정신의학 운동을 한사코 거부하는 이유가 이런 믿음 때문일 수도 있다.

정신과 의사로서 사스는 정신의학이 의료 모형에 따라 실재하지 않는 정신병을 연구하는 과학이 아니라 사회문화적 모형에 따라 실재하는 인간의 행위를 연구하는 과학이 되기를 염원했다. 특이한 행위라고 부르든, 나쁜 행위라고 부르든, 일탈한 행위라고 부르든 인간의 행위를 개인의 생애사와 그 사회의 문화적 맥락에서 과학적으로 연구하자고도 했다.

신체병은 병의 근원을 칼로 도려내거나 약으로 죽여서 치료한다. 하지만 정신병은 얼음장 같은 외부 세계와 활화산 같은 내부 세계가 치열하게 대결하는 현장이다. 병원(病原)을 도려내지도 죽일 수도 없고 그 원인을 짐작조차 하지 못할 수도 있다. 《정신병의 신화》는 이 같은 인간 삶의 불확실성과 복잡성을 해결할 수 있는 방법에 대해 질문하고, 오늘날 정신의학이 그 해답을 찾는 데 동참하기를 기다린다.

3

《정신병의 신화》의 출판은 학술 분야와 운동 진영 모두에 큰 영향을 주었다. 정신병의 실체에 관한 논쟁이 불붙었고(이 논쟁은 지금도 계속되고 있다), 많은 연구자들에게 지적 영감을 주었다.

대표적 사례로, 1972년 미국 스탠퍼드대학교 심리학 교수 데이비드 로젠한(David Rosenhan)은 자신을 포함하여 여덟 명의 가짜 환자를 정신병원으로 보내는 실험을 했다. 정신의학이 진짜 환자와 가짜 환자를 구분할 수 있는지 확인하기 위한 것이었는데, 그중 일곱 명이 정신병 진단을 받고 입원하는 데 성공했다. 이듬해 로젠한은 실험 결과를 분석한 논문 〈제정신이 아닌 곳에서 제정신으로 살기(Being Sane in Insane Places)〉를 발표하여 정신의학계에 충격을 던지고 미국 정신보건 시스템을 개선하는 데 일조했다.

또 수전 손택(Susan Sontag)은 1978년 《은유로서의 질병》을 발표하고, 질병의 내재적 특성이나 사회문화적 맥락에 따라 질병이 어떤 이미지와 은유로 표현되는지 통찰했다. 이런 연구는 《정신병의 신화》가 제기한 문제의식과 맥이 닿아 있다.

1970년대 이후 본격화된 정신장애 당사자들의 반정신의학 운동에도 이 책은 결정적인 영향을 주었다. 주디 체임벌린(Judi Chamberlin)을 비롯한 많은 정신장애 당사자들이 조직을 만들고 억압적인 정신의학적 개입에 반대하는 캠페인을 전개했다. 이들의 운동은 오늘날 매드 프라이드(Mad Pride) 운동으로 확대되어 우리나라를 비롯하여 전 세계로 확산되었다. 사스 본인은 자신과 반정신의학 운동의 관련성을 부인했지만, 그의 의사와 무관하게 국제 반정신의학 운동의 주요 교본 중 하나가 《정신병의 신화》이다.

이 같은 기여에도 불구하고 사스의 연구에 대한 비판도 만만찮다. 우선 논리가 너무 단순하다는 비판이 있다. 인간이 겪는 정신적 문제의 복잡성을 한쪽 극단에서만 설명한다는 것이다. 사스는 정신의학이 인간 문제를 생물학적 원인으로 환원한다고 비판하지만, 그 역시 그 문제를 사회문화적 원인으로 환원한다는 비판이다. 게다가 사스는 히스테리를 중심으로 정신병 쟁점을 다루는데, 정신분열증을 비롯한 더욱 심각한 정신병 문제에 대한 설명으로는 충분하지 않다는 지적도 있다.

사스의 주장은 실천적 한계도 드러낸다. 정신적 문제를 겪는 사람들에게 실용적인 해결책을 제시하지 못한다는 것이다. 자신이나 타인에게 심각한 위해가 될 수 있는 사람을 어떻게 할 것인가, 약물과 치료의 효과를 경험하고 자의로 병원을 찾는 사람들을 어떻게 볼 것인가 같은 질문이 제기되고 있다.

시대적 한계도 있다. 이 책 발간 이후 의료 과학과 약제학 분야에서 의미 있는 발전이 있었다. MRI와 CT가 일반화되고 프로작 같은 신약이 개발되어 정신병 진단과 증상 완화에 도움이 되고 있다. 환자의 권리가 강화되어 사스 당대의 반인권적 정신과적 개입은 사라진 지 오래이다.

하지만 지금도 이 책을 주목해야 하는 까닭은, 여전히 정신의학은 불완전하고 정신장애인에 대한 낙인과 꼬리표 붙이기가 사라지지 않기 때문이다. 국내외 정신의학계는 이 책을 '불온서적' 취급하지만, 정신 건강을 이해하고 치료하는 방법에 대한 사스의 날카로운 질문에 충실한 답변을 내놓을 때 비로소 정신의학이 과학의 반열에 오를 수 있을 것이다.

4

이 책의 의학 용어 번역에 대해 간단히 덧붙인다. 건강 상태를 지칭하는 영어 단어는 disease, disorder, condition이 있다. disease는 의학적 기준에 따라 병의 원인과 증상이 명확하게 진단된 '질병'이다. disorder는 그 원인이 정확하지는 않지만 진단적 기준에 따라 특정 증상들이 확인된 '이상(증)'이다. 가장 넓은 개념인 condition은 질병인지 이상인지 아니면 일시적 증상인지 확실하지 않은 '건강 이상'이다. 그리고 환자가 자신의 몸 상태가 정상이 아니라고 주관적으로 느끼는 상태가 상대적으로 구체적이면 illness(병)이고 포괄적이면 sickness(아픔)이다. 하지만 우리나라 의학계는 병이 신체적으로 발현된 양태는 징후(sign), 증상(symptom), 증후군(syndrome) 등으로 적절하게 구분해서 사용하면서도 병 관련 용어는 혼란스럽게 사용하고 있다.

이 책에서는 위의 기준에 따라 의학 용어를 구분하여 번역했다. 가령 mental disease는 '정신적 질병', metal illness는 '정신병', mental disorder는 '정신이상'으로, 그리고 physical disease는 '신체적 질병', physical illness는 '신체병', physical disorder은 '신체이상'으로 옮겼다. 더구나 '손상' 개념과 '장애' 개념에 대한 엄밀한 구분이 없어서 의학적 용어(손상, 질병 등)와 사회적 용어(장애)가 뒤섞여 사용된다. 특히 정신 건강과 관련하여 '장애'가 유독 많이 사용된다. 가령, mood disorder는 '기분장애', thought disorder는 '사고장애', delusional disorder는 '망상장애' 등으로 번역한다. 이 책에서는 '장애'라는 사회적 용어를 피하고 다소 낯설지만 '기분이상증', '사고이상증', '망상이상증' 등으로 번역했다.

5

끝으로, 이 책의 첫 번째 독자인 교양인 출판사 편집부, 국가평생교육진흥원 진명석 박사, 한국장애인개발원 송승연 박사, 친구 윤석양 '이병'에게 감사드린다. "선생님들의 헌신적인 감수와 따끔한 지적 덕분에 더 가독성 높은 책이 되었습니다."

2024년 10월
윤삼호

| 주석 |

50주년 기념판 서문

1) Szasz, T., The myth of mental illness, *American Psychologist*, 15: 113-118 (February), 1960, and *The Myth of Mental Illness: Foundations of a Theory of Personal Conduct* (New York: Hoeber-Harper, 1961), revised edition (New York: HarperCollins, 1974).
2) Szasz, T., *Psychiatry: The Science of Lies* (Syracuse: Syracuse University Press, 2008).
3) Clinton, W. J., in Remarks by the President, the First Lady, the Vice President, and Mrs. Gore at White House Conference on Mental Health, June 7, 1999. http://archives.clintonpresidentialcenter.org/?u=060799-speech-bypresident-at-conference-on-mental-health.
4) Gore, T., in ibid.
5) Satcher, D., quoted in Satcher discusses MH issues hurting black community, *Psychiatric News*, 34: 6, October 15, 1999.
6) White House Press Office, White House Fact Sheet on Myths and Facts About Mental Illness, June 5, 1999. Myths and Facts About Mental Illness, *New York Times*, June 7, 1999, Internet edition.
7) ABC News, Biden bill labels addiction as a disease, sparks debate, August 7, 2007. http://www.jointogether.org/news/headlines/inthenews/2007/biden-billlabels-addiction.html.
8) Bender, B., Mental-health parity law a big win for Kennedys, *Boston Globe*, October 4, 2008. http://www.boston.com/news/nation/articles/2008/10/04/mental_health_parity_law_a_big_win_for_kennedys.
9) Bauer, P. T., *From Subsistence to Exchange and Other Essays* (Princeton: Princeton University Press, 2000), p. 42.
10) *Macbeth*, Act V, Scene 1.

11) Ibid., Act V, Scenes 1 and 3.
12) *Othello*, Act IV, Scene 1.
13) Kierkegaard, S., A visit to the doctor: Can medicine abolish the anxious conscience?, in Parables of Kierkegaard, edited by Thomas C. Oden (Princeton: Princeton University Press, 1978), p. 57.
14) 또 다음을 참고하라. Hawthorne, N., *The Scarlet Letter* (1850)(New York: Bantam Dell, 2003), pp. 124-125.
15) Macbeth Summary, Study Guide. http://www.enotes.com/macbeth.
16) Szasz, T., *A Lexicon of Lunacy: Metaphoric Malady, Moral Responsibility, and Psychiatry* (New Brunswick, NJ: Transaction Publishers, 1993).
17) Szasz, T., An Autobiographical Sketch, in Jeffrey A. Schaler, editor, *Szasz Under Fire: The Psychiatric Abolitionist Faces His Critics* (Chicago: Open Court, 2004), pp. 1-28.
18) Wikipedia, "Semmelweis reflex." http://en.wikipedia.org/wiki/Semmelweis_reflex.
19) Rubin, E. and Farber, J. L., *Pathology* (Philadelphia: Lippincott, 1994), p. 2.
20) Kumar, V., Abbas, A. K., Fausto, N., and Mitchell, R. N., editors, *Robbins Basic Pathology*, 8th edition (Philadelphia: Saunders / Elsevier, 2007), p. 1.
21) Quoted in Canguilhem, G., *On the Normal and the Pathological* (Boston: D. Reidel, 1978), p. 46.
22) Szasz, T., Psychiatry and the control of dangerousness: On the apotropaic function of the term 'mental illness,' *Journal of Medical Ethics*, 29: 227-230 (August), 2003.
23) Szasz, T., Diagnoses are not diseases, *The Lancet*, 338: 1574-1576 (December 21/28), 1991.
24) Kendell, R. E., The concept of disease and its implications for psychiatry, in Caplan, A. I., Engelhardt, H. T., Jr., and McCartney, J. J., eds., *Concepts of Health and Disease. Interdisciplinary Perspectives* (Reading, MA: Addison-Wesley, 1981), pp. 443-458; p. 449.
25) Kendell, R. E., Schizophrenia: A Medical View of a Medical Concept, in Flack, W. F., Jr., Miller, D. R., and Wiener, M., eds., *What is Schizophrenia?* (New York: Springer, 1991), pp. 9-72; p. 60.
26) Kendell, R. E., The distinction between mental and physical illness (Editorial), *British Journal of Psychiatry*, 178: 490-493, 2001. http://bjp.rcpsych.Org/cgi/

content/full/178/6/490.
27) Szasz, T., *Pharmacracy: Medicine and Politics in America* [2001] (Syracuse: Syracuse University Press, 2003).
28) Szasz, T., *The Myth of Mental Illness* (1961), p. xi.
29) 가령 다음을 참고하라. Grenander, M. E., editor, *Asclepius at Syracuse: Thomas Szasz, Libertarian Humanist* (Albany, NY: State University of New York, Mimeographed, 1980), 2 volumes; Hoeller, K., editor, Thomas Szasz: Moral Philosopher of Psychiatry, *Review of Existential Psychology & Psychiatry*, Special Issue, vol. 23, Nos. 1, 2 & 3, 1997.
30) Vatz, R. E. and Weinberg, L. S., The Rhetorical Paradigm in Psychiatric History: Thomas Szasz and the Myth of Mental Illness, in Micale, M. S. and Porter, R., editors, *Discovering the History of Psychiatry* (New York: Oxford University Press, 1994), pp. 311-330. 또 다음을 참고하라. Vatz, R. E., The Myth of the Rhetorical Situation, *Philosophy and Rhetoric*, 6: 154-161 (Summer) 1973.
31) Schoenfeld, C. G., An Analysis of the Views of Thomas S. Szasz, *Journal of Psychiatry and Law*, 4: 245-263 (Summer), 1976.
32) Porter, R., *Madness: A Brief History* (Oxford: Oxford University Press, 2002), pp. 1-3.
33) 다음을 참고하라. Szasz, T., *Law, Liberty, and Psychiatry: An Inquiry into the Social Uses of Psychiatry* [1963] (Syracuse: Syracuse University Press, 1989), *Insanity: The Idea and Its Consequences* [1987] (Syracuse: Syracuse University Press, 1997), *Liberation by Oppression: A Comparative Study of Slavery and Psychiatry* (New Brunswick, NJ: Transaction Publishers, 2002).
34) Szasz, T., *Antipsychiatry: Quackery Squared* (Syracuse: Syracuse University Press, 2009).

2판 서문

1) 다음을 참고하라. Thomas S. Szasz, *Law, Liberty, and Psychiatry*; *Psychiatric Justice*; *The Ethics of Psychoanalysis*; *Ideology and Insanity*; *The Manufacture of Madness*.
2) Thomas S. Szasz, Mental illness as a metaphor, *Nature*, 242: 305, 1973.
3) Szasz, *The Ethics of Psychoanalysis*.

제사

1) Karl R. Popper, Philosophy of Science: A Personal Report, in C. A. Mace, ed., *British Philosophy in the Mid-Century*, p. 177.

서론

1) Albert Einstein, *The World as I See It*, p. 30.
2) 가령 다음을 참고하라. Percy W. Bridgman, *The Nature of Physical Theory*; *The Way Things Are*.
3) Charles W. Morris, *Signs, Language, and Behavior*.
4) 가령 다음을 참고하라. R. L. Gregory, On physical model explanations in psychology, *British Journal for the Philosophy of Science*, 4: 192, 1953.
5) Karl R. Popper, *The Poverty of Historicism*.
6) Ibid., p. 160.
7) Ibid., p. 161.
8) Sigmund Freud, The Future of an Illusion (1927), in *The Standard Edition*, Vol. XXI, pp. 1–58.
9) Karl R. Popper, *The Open Society and Its Enemies*.

1장 샤르코와 히스테리 문제

1) 가령 다음을 참고하라. August B. Hollingshead and Fredrick C. Redlich, *Social Class and Mental Illness*.
2) Sigmund Freud, Charcot (1893), in *Collected Papers*, Vol. I, pp. 10–11.
3) Ibid., p. 11.
4) Ibid., pp. 12–13.
5) Georges Guillain, *J.-M. Charcot, 1825–1893*.
6) Axel Munthe, *The Story of San Michèle*.
7) Freud, op. cit., pp. 18–19.
8) Ibid., p. 19.
9) Sigmund Freud, On the History of the Psycho-Analytic Movement (1914), in *The Standard Edition*, Vol. XIV, pp. 13–14.
10) Quoted in Guillain, op. cit., pp. 138–139.
11) Ibid., p. 174.
12) Ibid.
13) Ibid., p. 175.

14) Ibid., pp. 175-176.
15) Gregory Zilboorg, *A History of Medical Psychology*, pp. 362-363.

2장 병과 가짜 병

1) 다음을 참고하라. Eilhard von Domarus, The Specific Laws of Logic in Schizophrenia, in Jacob S. Kasanin, ed., *Language and Thought in Schizophrenia*, pp. 104-114.
2) 다음을 참고하라. Silvano Arieti, Schizophrenia, in Silvano Arieti, ed., *American Handbook of Psychiatry*, Vol. I, pp. 455-484.
3) 7장을 참고하라.
4) 다음을 참고하라. Thomas S. Szasz, Malingering, *A.M.A. Archives of Neurology and Psychiatry*, 76: 432, 1956.
5) Mortimer Adler, *What Man Has Made of Man*, p. 122.
6) 다음을 참고하라. Thomas S. Szasz, The classification of "mental illness," *Psychiatric Quarterly*, 33: 77, 1959.
7) James S. Chapman, Peregrinating problem patients: Münchausen's syndrome, *Journal of the American Medical Association*, 165: 927, 1957.
8) Ibid., p. 933.
9) 다음을 참고하라. Thomas S. Szasz, Commitment of the mentally ill, *Journal of Nervous and Mental Disease*, 125: 293, 1957.
10) Sigmund Freud, Dostoevsky and parricide (1928), in *Collected Papers*, Vol. V, p. 224.
11) Eugen Bleuler, *A Textbook of Psychiatry* (1924), p. 191.
12) Kurt R. Eissler, Malingering (1951), in G. B. Wilbur and W. Muensterberger, eds., *Psychoanalysis and Culture*, pp. 252-253.
13) 다음을 참고하라. Thomas S. Szasz, Moral conflict and psychiatry, *Yale Review*, 49: 555, 1960.
14) 자세한 논의는 13장을 참고하라.

3장 의료 행위의 사회적 맥락

1) August B. Hollingshead and Fredrick C. Redlich, *Social Class and Mental Illness*.
2) Mark G. Field, *Doctor and Patient in Soviet Russia*, pp. 146-148.
3) Ibid., p. 174.
4) 다음을 참고하라. Thomas S. Szasz, On the theory of psycho-analytic treatment,

International Journal of Psycho-Analysis, 38: 166, 1957.
5) 이와 관련하여 다음을 참고하라. Field, op. cit., pp. 176-177.
6) Quoted in ibid., p. 159.
7) 1장을 참고하라.
8) 다음을 참고하라. Thomas S. Szasz, Scientific method and social role in medicine and psychiatry, A.M.A. Archives of Internal Medicine, 101: 228, 1958.
9) 가령 다음을 참고하라. Fyodor M. Dostoevsky, Memoirs from the House of the Dead (1861-1862).
10) 다음을 참고하라. Erik H. Erikson, Childhood and Society.
11) Field, op. cit., pp. 176-177.
12) 다음을 참고하라. Walt W. Rostow, The Dynamics of Soviet Society, pp. 222-226.
13) 다음을 참고하라. Field, op. cit., p. 174.

4장 브로이어와 프로이트의 《히스테리 연구》

1) 다음을 참고하라. Ernest Jones, The Life and Work of Sigmund Freud, Vol. 1.
2) 가령 다음을 참고하라. F. J. Ziegler, J. B. Imboden, and E. Meyer, Contemporary conversion reactions, American Journal of Psychiatry, 116: 901, 1960.
3) Joseph Breuer and Sigmund Freud, Studies on Hysteria (1893-1895), p. 5.
4) 7장을 참고하라.
5) 이와 관련하여 다음을 참고하라. Thomas S. Szasz, Pain and Pleasure, especially pp. 34-48.
6) Breuer and Freud, op. cit., pp. 143-144.
7) Sigmund Freud, Fragment of an Analysis of a Case of Hysteria (1905), in The Standard Edition, Vol. VII, pp. 16-17.
8) Breuer and Freud, op. cit., pp. 135-136.
9) Ibid., pp. 160-161.
10) Ibid., p. 166.
11) Kenneth M. Colby, Energy and Structure in Psychoanalysis.
12) Breuer and Freud, op. cit., p. 166.
13) 가령 다음을 참고하라. Felix Deutsch, ed., On the Mysterious Leap from the Mind to the Body.
14) 다음을 참고하라. Bertrand Russell, Human Knowledge, pp. 44-53.
15) 가령 다음을 참고하라. Otto Fenichel, The Psychoanalytic Theory of Neurosis.

5장 히스테리와 정신신체의학

1) 다음을 참고하라. John H. Woodger, *Physics, Psychology, and Medicine*, especially pp. 16-17.
2) 다음을 참고하라. Thomas S. Szasz, *Pain and Pleasure*, pp. 51-81.
3) Moritz Schlick, On the Relation between Psychological and Physical Concepts (1935), in Herbert Feigl and Wilfrid Sellare, eds., *Readings in Philosophical Analysis*, p. 403.
4) Leon J. Saul, A Note on the Psychogenesis of Organic Symptoms, in Franz Alexander, Thomas M. French, et al., *Studies in Psychosomatic Medicine*, p. 85.
5) 이와 관련하여 가령 다음을 참고하라. Franz Alexander, *Psychosomatic Medicine*; Felix Deutsch, ed., *On the Mysterious Leap from the Mind to the Body*.
6) Franz Alexander, Fundamental Concepts of Psychosomatic Research, in Franz Alexander, Thomas M. French, et al., op. cit., p. 3.
7) Ibid.
8) Ibid.
9) 이와 관련하여 다음을 참고하라. Szasz, *Pain and Pleasure*, especially pp. 3-33.
10) 다음을 참고하라. Gilbert Ryle, *The Concept of Mind*.
11) Alexander, op. cit., p. 9.
12) Szasz, op. cit., pp. 147-169.
13) Alexander, op. cit, p. 6.
14) Alexander, *Psychosomatic Medicine*, p. 42.
15) Ibid., p. 44.
16) 가령 다음을 참고하라. Sigmund Freud, *An Outline of Psychoanalysis* (1940); Edward Glover, *Psychoanalysis*.
17) 가령 다음을 참고하라. Kenneth M. Colby, *Energy and Structure in Psychoanalysis*; Eugene Pumpian-Mindlin, Propositions concerning energetic-economic aspects of libido theory, in Leopold Bellak, cons, ed., *Conceptual and Methodological Problems of Psychoanalysis*, Annals of the New York Academy of Sciences, 76: 1038, 1959.
18) 이와 관련하여 다음을 참고하라. Jurgen Ruesch and Gregory Bateson, *Communication*; Thomas S. Szasz, Language and Pain, in Silvano Arieti, ed., *American Handbook of Psychiatry*, Vol. I, pp. 982-999.
19) 다음을 참고하라. Paul Bohannan, Translation, *The Listener*, 51: 815, 1954.

6장 히스테리와 정신병에 관한 현재의 관점

1) Otto Fenichel, *The Psychoanalytic Theory of Neurosis*, p. 194.
2) Ibid., p. 196.
3) Ibid., p. 216.
4) Ibid., p. 220.
5) John H. Woodger, *Physics, Psychology, and Medicine*, p. 57.
6) 다음을 참고하라. Gilbert Ryle, *The Concept of Mind*.
7) Edward Glover, *Psychoanalysis*, p. 140.
8) Ibid., pp. 140-141.
9) Georg Groddeck, *The Book of the It and The World of Man*.
10) Harry S. Sullivan, *Conceptions of Modern Psychiatry*, p. 54.
11) Sigmund Freud, Five Lectures on Psychoanalysis (1910), in *The Standard Edition*, Vol. XI, p. 16.
12) 13장을 참고하라.
13) W. Ronald D. Fairbairn, Observations on the nature of hysterical states, *British Journal of Medical Psychology*, 27: 105, 1954, p. 117.
14) 가령 다음을 참고하라. Linus Pauling, The molecular basis of genetics, *American Journal of Psychiatry*, 113: 492, 1956.
15) 다음을 참고하라. John R. Weinberg, *An Examination of Logical Positivism*.
16) 다음을 참고하라. Richard von Mises, *Positivism*.
17) John J. Purtell, E. Robins, and M. E. Cohen, Observations on clinical aspects of hysteria, *Journal of the American Medical Association*, 146: 902, 1951.

7장 언어와 원형 언어

1) Hans Reichenbach, *Elements of Symbolic Logic*, p. 4.
2) 다음을 참고하라. Thomas S. Szasz, *Pain and Pleasure*, especially pp. 82-104.
3) Alfred N. Whitehead and Bertrand Russell, *Principia Mathematica*.
4) Roman Jakobson, The Cardinal Dichotomy in Language, in Ruth Nanda Anshen, ed., *Language*, p. 163.
5) 가령 다음을 참고하라. Otto Fenichel, *The Psychoanalytic Theory of Neurosis*, pp. 14-15 and 46-51.
6) Sigmund Freud, The Unconscious (1915), in *The Standard Edition*, Vol. XIV, pp. 159-204.
7) 다음을 참고하라. Eilhard von Domarus, The Specific Laws of Logic in

Schizophrenia, in Jacob S. Kasanin, ed., *Language and Thought in Schizophrenia*, pp. 104-114; Silvano Arieti, Schizophrenia, in Silvano Arieti, ed., *American Handbook of Psychiatry*, Vol. I, pp. 455-484.
8) 다음을 참고하라. Thomas S. Szasz, A contribution to the psychology of schizophrenia, *A.M.A. Archives of Neurology and Psychiatry*, 77: 420, 1957.
9) 자세한 논의는 10장과 12장을 참고하라.
10) Reichenbach, op. cit., p. 19.
11) Joseph Breuer and Sigmund Freud, *Studies on Hysteria* (1893-1895), p. 178.
12) 자세한 논의는 8장을 참고하라.

8장 의사소통으로서 히스테리

1) Bertrand Russell, Introduction, in Ludwig Wittgenstein, *Tractatus Logico-Philosophicus*, p. 8.
2) Susanne K. Langer, *Philosophy in a New Key*, p. 70.
3) Ibid., pp. 76-77.
4) Margaret Schlauch, *The Gift of Language*.
5) 가령 다음을 참고하라. Robert L. Birdwhistell, Contribution of Linguistic-Kinesic Studies to the Understanding of Schizophrenia, in Albert Auerback, ed., *Schizophrenia*, pp. 99-124.
6) Langer, op. cit., p. 77.
7) Joseph Breuer and Sigmund Freud, *Studies on Hysteria* (1893-1895), p. 136.
8) 이와 관련하여 다음을 참고하라. Thomas S. Szasz, *Pain and Pleasure*.
9) Anatol Rapoport, *Operational Philosophy*, p. 199.
10) Szasz, op. cit.
11) 다음을 참고하라. Macdonald Critchley, *The Language of Gesture*, p. 121.
12) Sigmund Freud, Five Lectures on Psycho-Analysis (1910), in *The Standard Edition*, Vol. XI, p. 30.
13) Sigmund Freud, The Interpretation of Dreams (1900), in *The Standard Edition*, Vol. IV, p. 141.
14) Ibid., pp. 141-142.
15) 다음을 참고하라. Sigmund Freud, Jokes and Their Relation to the Unconscious (1905), in *The Standard Edition*, Vol. VIII.
16) 다음을 참고하라. Thomas S. Szasz, Recollections of a Psychoanalytic Psychotherapy, in Arthur Burton, ed., *Case Studies in Counseling and*

Psychotherapy, pp. 75 – 110.
17) Sigmund Freud, The Interpretation of Dreams (1900), op. cit., and On dreams (1901), in *The Standard Edition*, Vol. V, pp. 631 – 686.
18) Sandor Ferenczi, To whom does one relate one's dreams? (1912), in Sandor Ferenczi, *Further Contributions to the Theory and Technique of Psycho-analysis*, p. 349.
19) 다음을 참고하라. Thomas S. Szasz, The communication of distress between child and parent, *British Journal of Medical Psychology*, 32: 161, 1959
20) 다음을 참고하라. Karl R. Popper, *The Open Society and Its Enemies*.

9장 행위와 규칙

1) R. S. Peters, *The Concept of Motivation*, p. 7.
2) 다음을 참고하라. Thomas S. Szasz, A critical analysis of some aspects of the libido theory, in Leopold Bellak, cons. ed., *Conceptual and Methodological Problems in Psychoanalysis*, Annals of the New York Academy of Sciences, 76: 975, 1959.
3) Sigmund Freud, Three Essays on the Theory of Sexuality (1905), in *The Standard Edition*, Vol. VII, pp. 123 – 245.
4) 12장을 참고하라.
5) Peters, op. cit., pp. 10 – 11.
6) Ibid., p. 14.
7) Ibid., p. 15.
8) James Strachey, The nature of the therapeutic action of psychoanalysis, *International Journal of Psycho-Analysis*, 15: 127, 1934.
9) Ernest Jones, *The Life and Work of Sigmund Freud*, Vol. 3, p. 247.
10) 다음을 참고하라. Philip Rieff, *Freud : The Mind of the Moralist*.
11) 다음을 참고하라. Alfred Adler, *What Life Should Mean to You*; Heinz L. Ansbacher and Rowena R. Ansbacher, eds., *The Individual Psychology of Alfred Adler*.
12) Sigmund Freud, The Antithetical Meaning of Primal Words (1910), in *The Standard Edition*, Vol. XI, pp. 153 – 162.
13) Thomas S. Szasz, *Pain and Pleasure*, pp. 162 – 163.
14) 12장을 참고하라.
15) 15장을 참고하라.

10장 도움받음과 도움줌의 윤리

1) 가령 다음을 참고하라. Sigmund Freud, The Future of an Illusion (1927), in *The Standard Edition*, Vol. XXI, pp. 1-58, and Civilization and Its Discontents (1930), ibid., pp. 59-148.
2) 특히 다음을 참고하라. Alfred Adler, Selections from His Writings (1907-1937), in Heinz L. Ansbacher and Rowena R. Ansbacher, eds., *The Individual Psychology of Alfred Adler*; Carl G. Jung, *Modern Man in Search of a Soul* (1933) and *Two Essays on Analytical Psychology* (1953).
3) Susanne Langer, *Philosophy in a New Key*.
4) Thomas S. Szasz, A contribution to the psychology of schizophrenia, *A.M.A. Archives of Neurology and Psychiatry*, 77: 420, 1957.
5) Johann Christoph Friedrich von Schiller, Der Ring des Polykrates (1798), in *Werke*, Vol. I, pp. 176-179.
6) Luke 18: 22-25.
7) Matthew 5: 1-12.
8) Ibid., 6: 34.
9) Matthew 19: 23-30.
10) Luke 6: 20-26.
11) Matthew 19: 12.
12) 다음을 참고하라. Heinrich Krämer and Jacob Sprenger, *Malleus Maleficarum* (1486).
13) 가령 다음을 참고하라. Sandor Ferenczi, The kite as a symbol of erection (1913), in *Further Contributions to the Theory and Technique of Psycho-Analysis*, pp. 359-360, and Vermin as a symbol of pregnancy (1914), ibid., p. 361; Sigmund Freud, Three Essays on the Theory of Sexuality (1905), in *The Standard Edition*, Vol. VII, pp. 123-245; Georg Groddeck, *The Book of the It* (1927).
14) Abraham Lincoln, From a letter (1858), in C. Morley and L. D. Everett, eds., *Familiar Quotations*, p. 455.
15) Matthew 19: 30, 20: 16; Mark 10: 31; Luke 13: 30.
16) 가령 다음을 참고하라. Bertrand Russell, A Psychoanalyst's Nightmare, in *Nightmares of Eminent Persons*, pp. 21-30.
17) 다음을 참고하라. Thomas S. Szasz, The communication of distress between child and parent, *British Journal of Medical Psychology*, 32: 161, 1959.
18) Sigmund Freud, Further recommendations on the technique of psycho-analysis

(1913), *Collected Papers*, Vol. II, p. 346.
19) 다음을 참고하라. Thomas S. Szasz, On the theory of psycho-analytic treatment, *International Journal of Psycho-Analysis*, 38: 166, 1957.
20) Herbert Spencer, *The Man Versus the State* (1884), p. 78.
21) Ibid.
22) Ibid., p. 79.
23) Ibid.
24) Ibid., pp. 79-80.
25) Ibid., p. 80.
26) Geza Roheim, *The Origin and Function of Culture*.

11장 신학, 주술, 히스테리

1) 다음을 참고하라. Gregory Zilboorg, *The Medical Man and the Witch During the Renaissance and A History of Medical Psychology*.
2) Heinrich Krämer and Jacob Sprenger, *Malleus Maleficarum* (1486).
3) Zilboorg, *The Medical Man and the Witch During the Renaissance*, p. 58.
4) Ibid., p. 153.
5) Zilboorg, *A History of Medical Psychology*, p. 155.
6) Ibid., p. 156.
7) 가령 다음을 참고하라. Geoffrey Parrinder, *Witchcraft*.
8) 다음을 참고하라. Thomas S. Szasz, Commitment of the mentally ill, *Journal of Nervous and Mental Disease*, 125: 293, 1957.
9) 다음을 참고하라. Johan Huizinga, *The Waning of the Middle Ages*.
10) 가령 다음을 참고하라. Hans Vaihinger, *The Philosophy of "As If."*
11) 가령 다음을 참고하라. Richard Lewinsohn, *A History of Sexual Customs*.
12) 다음을 참고하라. Siegfried F. Nadel, *Nupe Religion*, pp. 205-206.
13) 가령 다음을 참고하라. Parrinder, op. cit.
14) 이와 관련하여 다음을 참고하라. Talcott Parsons, Definitions of Health and Illness in the Light of American Values and Social Structure, in E. G. Jaco, ed., *Patients, Physicians, and Illness*, pp. 165-187.
15) Parrinder, op. cit., p. 54.
16) Ibid., p. 58.
17) Sigmund Freud, *New Introductory Lectures on Psycho-Analysis*, p. 183.
18) 가령 다음을 참고하라. Karen Horney, *New Ways in Psychoanalysis*; Erich Fromm,

Sigmund Freud's Mission.
19) Parrinder, op. cit., p. 79.
20) 다음을 참고하라. Thomas S. Szasz, Moral conflict and psychiatry, *Yale Review*, 49: 555, 1960.
21) A. Gallinek, Psychogenic disorders and the civilization of the Middle Ages, *American Journal of Psychiatry*, 99: 42, 1942.
22) Ibid., p. 47.
23) Parrinder, op. cit., p. 68.
24) 다음을 참고하라. Thomas S. Szasz, Psychiatry, ethics, and the criminal law, *Columbia Law Review*, 58: 183, 1958.

12장 행위와 게임

1) 다음을 참고하라. George H. Mead, *Mind, Self, and Society and The Philosophy of the Act*.
2) 다음을 참고하라. Jean Piaget, *Judgment and Reasoning in the Child, The Moral Judgment of the Child, and Play, Dreams, and Imitation in Childhood*.
3) Piaget, *The Moral Judgment of the Child*, p. 1.
4) Ibid., pp. 86–95.
5) Ibid., p. 16.
6) Ibid., p. 17.
7) Ibid., p. 18.
8) Ibid.
9) Matthew 5: 5.
10) Ibid., 5: 10.
11) 다음을 참고하라. Thomas S. Szasz, Politics and mental health, *American Journal of Psychiatry*, 115: 508, 1958, and Civil liberties and the mentally ill, *Cleveland-Marshall Law Review*, 9: 399, 1960.
12) Piaget, *The Moral Judgment of the Child*, p. 250.
13) Ibid., p. 188.
14) 다음을 참고하라. Thomas S. Szasz, Commitment of the mentally ill, *Journal of Nervous and Mental Disease*, 125: 293, 1957, and Psycho-analytic training, *International Journal of Psycho-Analysis*, 39: 598, 1958.

13장 게임으로서 히스테리

1) 12장을 참고하라.
2) Joseph Breuer and Sigmund Freud, *Studies on Hysteria* (1893–1895), pp. 22–23.
3) 다음을 참고하라. Thomas S. Szasz, The myth of mental illness, *American Psychologist*, 15: 113, 1960.
4) Harry Stack Sullivan, *Conceptions of Modern Psychiatry*, p. 203.
5) Ibid., pp. 204–206.
6) Ibid., pp. 207–208.
7) Ibid., pp. 209–210.
8) Ibid., p. 216.
9) Ibid., p. 228.
10) Sigmund Freud, On the History of the Psycho-Analytic Movement (1914), in *The Standard Edition*, Vol. XIV, pp. 14–15.
11) 이와 관련하여 다음을 참고하라. Joseph Fletcher, *Morals and Medicine*, especially p. 42.
12) 다음을 참고하라. Thomas S. Szasz, Psycho-analytic training, *International Journal of Psycho-Analysis*, 39: 598, 1958.
13) Sigmund Freud, General remarks on hysterical attacks (1909), *Collected Papers*, Vol. II, p. 100.

14장 흉내 내기와 병

1) 다음을 참고하라. George Herbert Mead, *Mind, Self, and Society*; Erving Goffman, *The Presentation of Self in Everyday Life*.
2) Simone de Beauvoir, *The Second Sex*, p. 533.
3) 이와 관련하여 다음을 참고하라. Thomas S. Szasz, Psychiatry, psychotherapy, and psychology, *A.M.A. Archives of General Psychiatry*, 1: 455, 1959.
4) Helene Deutsch, Some forms of emotional disturbance and their relationship to schizophrenia, *Psychoanalytic Quarterly*, 11: 301, 1942, and The impostor, ibid., 24: 483, 1955.
5) Deutsch, *The impostor*, op. cit., p. 503.
6) Alfred Adler, Life-lie and responsibility in neurosis and psychosis (1914), in *The Practice and Theory of Individual Psychology* (1925), pp. 235–245.
7) Hans Vaihinger, *The Philosophy of "As If"* (1911).

8) Deutsch, The impostor, p. 504.
9) 특히 2장과 다음을 참고하라. Thomas S. Szasz, Malingering, *A.M.A. Archives of Neurology and Psychiatry*, 76: 432, 1956.
10) 가령 다음을 참고하라. Thomas Mann, *Confessions of Felix Krull*; D. W. Maurer, *The Big Con*.
11) 이와 관련하여 다음을 참고하라. Silvano Arieti and Johannes M. Meth, Rare, Unclassifiable, Collective, and Exotic Psychotic Syndromes, in Silvano Arieti, ed., *American Handbook of Psychiatry*, Vol. I, pp. 546–563; H. Weiner and A. Braiman, The Ganser syndrome, *American Journal of Psychiatry*, Ill: 767, 1955.
12) S. Ganser, Über einen eigenartigen Hysterischen Dämmerzustand, *Archiv für Psychiatrie*, 30: 633, 1898.
13) Arthur P. Noyes, *Modern Clinical Psychiatry*, Fourth Edition, pp. 505–506.
14) Fredric Wertham, *The Show of Violence*, p. 191.
15) 이와 관련하여 다음을 참고하라. especially Erik H. Erikson, The problem of ego identity, *Journal of the American Psychoanalytic Association*, 4: 56, 1956; Ralph Greenson, Problems of identification, ibid., 2: 197, 1954, and The struggle against identification, ibid., 2: 200, 1954.
16) 다음을 참고하라. Allen Wheelis, *The Quest for Identity*.
17) 2장을 참고하라.
18) 다음을 참고하라. Thomas S. Szasz, Scientific method and social role in medicine and psychiatry, *A.M.A. Archives of Internal Medicine*, 101: 228, 1958.

15장 정신의학 윤리

1) 가령 다음을 참고하라. W. Ronald D. Fairbairn, *Psychoanalytic Studies of the Personality*.
2) Emile Durkheim, *The Elementary Forms of the Religious Life* (1912).
3) 다음을 참고하라. Sebastian de Grazia, *The Political Community*.
4) 다음을 참고하라. Robert K. Merton, *Social Theory and Social Structure*, Revised Edition, especially pp. 161–194.
5) Phyllis Greenacre, Certain technical problems in the transference relationship, *Journal of the American Psychoanalytic Association*, 7: 484, 1959.
6) 다음을 참고하라. Thomas S. Szasz, *Pain and Pleasure*, especially pp. 132–135.
7) Ernst Mach, *The Analysis of Sensations and the Relation of the Physical to the Psychical* (1885), p. 57. 또 다음을 참고하라. Thomas S. Szasz, Mach and

psychoanalysis, *Journal of Nervous and Mental Disease*, 130: 6, 1960.
8) 이와 관련하여 다음을 참고하라. David Bakan, *Sigmund Freud and the Jewish Mystical Tradition*; Richard La Pierre, *The Freudian Ethic*; Philipp Rieff, *Freud: The Mind of the Moralist*.
9) 다음을 참고하라. Bertrand Russell, A Psychoanalyst's Nightmare, in *Nightmares of Eminent Persons*, pp. 21-30; Thomas S. Szasz, Psychoanalytic training, *International Journal of Psycho-Analysis*, 39: 598, 1958.
10) 11장을 참고하라.
11) Sigmund Freud, On the History of the Psycho-Analytic Movement (1914), in *The Standard Edition*, Vol. XIV, p. 49.
12) 일반적으로 다음을 참고하라. Alfred Adler, *The Practice and Theory of Individual Psychology* (1925).
13) Thomas S. Szasz, On the theory of psycho-analytic treatment, *International Journal of Psycho-Analysis*, 38: 166, 1957.
14) 다음을 참고하라. Thomas S. Szasz, Recollections of a Psychoanalytic Psychotherapy, in Arthur Burton, ed., *Case Studies in Counseling and Psychotherapy*, pp. 75-110.

에필로그

1) Luigi Pirandello, *Three Plays*, p. 25.

부록1

1) Szasz, T. S., Some observations on the relationship between psychiatry and the law, *A.M.A. Archives of Neurology and Psychiatry*, 75: 297-315, (March), 1956; Malingering: "Diagnosis" or social condemnation?, ibid., 76: 432-443 (October) 1956; Some observations on the use of tranquilizing drugs, ibid., 77: 86-92 (January), 1957; Commitment of the mentally ill: Treatment or social restraint?, *Journal of Nervous and Mental Disease*, 125: 293-307 (April-June), 1957; The problem of psychiatric nosology: A contribution to a situational analysis of psychiatric operations, *American Journal of Psychiatry*, 114: 405-413 (Nov.), 1957; Psychiatry, ethics, and the criminal law, *Columbia Law Review*, 58: 183-198 (February), 1958; Recent books on the relation of psychiatry to criminology, *Psychiatry*, 21: 307-319 (August), 1958; Politics and mental health: Some remarks apropos of the case of Mr. Ezra Pound, *American Journal of*

Psychiatry, 115: 508–511 (December), 1958; and Psychiatry, psychotherapy, and psychology, A.M.A. Archives of General Psychiatry, 1: 455–463 (November), 1959.

2) Szasz, T. S., The myth of mental illness, American Psychologist, 15: 313–318 (February), 1960.

3) Szasz, T. S., The Myth of Mental Illness: Foundations of a Theory of Personal Conduct (1961), rev. ed. (New York: Harper and Row, 1974).

4) 가령 다음을 참고하라. Isaac, R. J. and Armat, V. C., Madness in the Streets: How Psychiatry and the Law Abandoned the Mentally Ill (New York: Free Press, 1990).

5) Freud, S., Psychical (or Mental) Treatment (1905), in Freud, S., The Standard Edition of the Complete Psychological Works of Sigmund Freud, edited by James Strachey (24 vols.; London: Hogarth Press, 1953–1974), vol. 7, p. 283.

6) Advertisement for Mental Illness Awareness Week, October 6–12, Sunday Star-Bulletin & Advertiser (Honolulu), October 6, 1991, p. A34.

7) Polanyi, M., Life's Irreducible Structures (1968), in, Polanyi, M., Knowing and Being: Essays by Michael Polanyi, edited by Marjorie Grene (Chicago: University of Chicago Press, 1969), p. 238.

8) Freudenheim, M., New law to bring wider job rights for mentally ill, New York Times, September 23, 1991, pp. A1 & D4.

9) Ibid.

10) Szasz, T. S., Diagnoses are not diseases, The Lancet, 338: 1574–1576 (December 1/28), 1991.

11) 다음을 참고하라. Szasz, T. S., Insanity: The Idea and Its Consequences (New York: Wiley, 1987), especially pp. 9–98.

12) Szasz, T. S., A Lexicon of Lunacy: Metaphoric Malady, Moral Responsibility, and Psychiatry (New Brunswick, NJ: Transaction, 1993).

13) Associated Press, Church torcher faces jail or mental hospital, Syracuse Herald American, December 20, 1992, p. E11; and Stress treatment costs hunter his gun card, New York Times, December 20, 1992, p. 34.

14) Szasz, T. S., Insanity, ref. 12.

15) Szasz, T. S., Schizophrenia: The Sacred Symbol of Psychiatry (New York: Basic Books 1976); revised ed. (Syracuse: Syracuse University Press, 1988), pp. 45–84.

16) Szasz, T. S., Law, Liberty, and Psychiatry: An Inquiry Into the Social Uses of

Mental Health Practices (New York: Macmillan, 1963), reprint edition, (Syracuse: Syracuse University Press, 1989), pp. 212-222.

17) Quill, T. E., Cassel, C. K. and Meier, C. K., Care of the hopelessly ill: Proposed clinical criteria for physician-assisted suicide, *New England Journal of Medicine*, 327: 1380-1383, 1992.

부록2

1) Seren Kierkegaard, A visit to the doctor: Can medicine abolish the anxious conscience?, in *Parables of Kierkegaard*, edited by Thomas C. Oden (Princeton: Princeton University Press, 1978), p. 57.
2) Szasz, Thomas, *Pharmacracy: Medicine and Politics in America* (2001) (Syracuse: Syracuse University Press, 2003).
3) Szasz, Thomas, *The Therapeutic State: Psychiatry in the Mirror of Current Events* (Buffalo, NY: Prometheus Books, 1984).
4) Szasz, Thomas, *The Manufacture of Madness: A Comparative Study of the Inquisition and the Mental Health Movement* [1970] (Syracuse: Syracuse University Press, 1997).
5) Szasz, Thomas, *The Untamed Tongue: A Dissenting Dictionary* (LaSalle, IL: Open Court, 1990), p. 160.
6) Yeager, L. B., From gold to the Ecu: The international monetary system in retrospect, *Independent Review*, 1: 75-99 (Spring), 1996.
7) Keynes, John, M., *The Economic Consequences of the Peace* [1920]. Introduction by Robert Lekachman (New York: Penguin, 1970), p. 236.
8) Porter, Roy, *Flesh in the Age of Reason: The Modern Foundations of Body and Soul* (New York: Norton, 2004), p. 308.
9) http://www.whonamedit.com.
10) Science Week, Cognitive Science: From Brain to Mind. http://scienceweek.com/2004/sa040903-4.htm (2004).
11) Dennett, D., *Consciousness Explained* (Boston: Little, Brown, 1991), p. 31.
12) Hobson, Alan, J., *The Chemistry of Conscious States: How the Brain Changes Its Mind* (Boston: Little, Brown, 1994), pp. 6-7.
13) De Duve, Christian, *Life Evolving: Molecules, Mind, and Meaning* (New York: Oxford University Press, 2002), p. 208.
14) Ibid., p. 200.

15) Ibid.
16) Ibid., p. 209.
17) Barondes, Samuel, H., The biological approach to psychiatry: History and prospects, *Journal of Neuroscience*, 10: 107-10 (June), 1990; p. 1709.
18) Rush, Benjamin, *Medical Inquiries and Observations upon the Diseases of the Mind* [1812], (New York: Macmillan-Hafner Press, 1962), p. 350.
19) Krafft-Ebing, R., *Psychopathia Sexualis, with Special Reference to the Antipathic Sexual Instinct: A Medico-Forensic Study* [1886, 1906], Authorized English adaptation of the twelfth German edition by F. J. Rebman, revised edition (Brooklyn, NY: Physicians and Surgeons Book Company, 1931).
20) Freud, Sigmund, *The Standard Edition of the Complete Psychological Works of Sigmund Freud*, translated by James Strachey (24 vols.; London: Hogarth Press, 1953-1974).
21) Is extreme racism a mental illness?, *The New Crisis* (January-February), 2000, pp. 23-25.
22) Tallis, Frank, quoted in J. Waters, Love and madness, *Washington Times*, February 14, 2005. http://www.washingtontimes.com/national/20050214-121803-2322r.htm.
23) Dobson Richard and Templeton, S.-K., Love's not only blind but mad, say scientists, *Sunday Times* (London), February 13, 2005. http://www.timesonline.co.uk/article/0,2087-1481759,00.html.
24) Hesslow, Germund, Do we need a concept of disease?, *Theoretical Medicine*, 14: 1-14, 1993; p. 3.

| 참고문헌 |

Adler, A. Selections from His Writings (1907-1937). In H. L. Ansbacher and R. R. Ansbacher (eds.), *The Individual Psychology of Alfred Adler*. New York: Basic Books, 1956.

―――. Life-lie and Responsibility in Neurosis and Psychosis: A Contribution to Melancholia (1914). In A. Adler, *The Practice and Theory of Individual Psychology*. Translated by P. Radin, pp. 235-245. Paterson, N.J.: Littlefield, Adams, 1959.

―――. *The Practice and Theory of Individual Psychology* (1925). Translated by P. Radin. Paterson, N.J.: Littlefield, Adams, 1959.

―――. *What Life Should Mean to You* (1931). New York: Capricorn Books, 1958.

Adler, M. *What Man Has Made of Man: A Study of the Consequences of Platonism and Positivism in Psychology* (1937). New York: Frederick Ungar, 1957.

Alexander, F. Fundamental Concepts of Psychosomatic Research: Psychogenesis, Conversion, Specificity (1943). In F. Alexander, T. M. French, et al., *Studies in Psychosomatic Medicine*, pp. 3-13. New York: Ronald Press, 1948.

―――. *Psychosomatic Medicine: Its Principles and Applications*. New York: W. W. Norton, 1950.

―――, French, T. M. et al. *Studies in Psychosomatic Medicine: An Approach to the Cause and Treatment of Vegetative Disturbances*. New York: Ronald Press, 1948.

Ansbacher, H. L., and Ansbacher, R. R. (eds.). *The Individual Psychology of Alfred Adler: A Systematic Presentation in Selections from His Writings*. New York: Basic Books, 1956.

Arieti, S. *Interpretation of Schizophrenia*. New York: Robert Brunner, 1955.

―――. Schizophrenia. In S. Arieti (ed.), *American Handbook of Psychiatry*. Vol. I, Chapter 23, pp. 455-484. New York: Basic Books, 1959.

―――, and Meth, J. M. Rare, Unclassifiable, Collective, and Exotic Psychotic

Syndromes. In S. Arieti (ed.), *American Handbook of Psychiatry*. Vol. I, Chapter 27, pp. 546-563. New York: Basic Books, 1959.

Bakan, D. *Sigmund Freud and the Jewish Mystical Tradition*. Princeton, N.J.: Van Nostrand, 1959.

Beauvoir, S. de. *The Second Sex* (1949). Translated and edited by H. M. Parshley. New York: Knopf, 1953.

Bellak, L. The Unconscious. In L. Bellak (cons, ed.), *Conceptual and Methodological Problems in Psychoanalysis. Ann. N. Y. Acad. Sc.*, 76: 1066, 1959.

Birdwhistell, R. L. Contribution of Linguistic-Kinesic Studies to the Understanding of Schizophrenia. In A. Auerback (ed.), *Schizophrenia: An Integrated Approach*. Chapter 5, pp. 99-124. New York: Ronald Press, 1959.

Bleuler, J. *A Textbook of Psychiatry* (1924). Translated by A. A. Brill. New York: Macmillan, 1944.

Bohannan, P. Translation: A problem in anthropology. *The Listener*, 51: 815, 1954.

Breuer, J., and Freud, S. Studies on Hysteria (1893-1895). In *The Standard Edition of the Complete Psychological Works of Sigmund Freud*. Vol. II. London: Hogarth Press, 1955.

Bridgman, P. W. *The Nature of Physical Theory*. Princeton, N.J.: Princeton University Press, 1936.

―――. *The Way Things Are*. Cambridge, Mass.: Harvard University Press, 1959.

Burton, A. (ed.). *Case Studies in Counseling and Psychotherapy*. Englewood Cliffs, N.J.: Prentice-Hall, 1959.

Chapman, J. S. Peregrinating problem patients: Münchausen's syndrome. *J.A.M.A.*, 165: 927, 1957.

Colby, K. M. *Energy and Structure in Psychoanalysis*. New York: Ronald Press, 1955.

Critchley, M. *The Language of Gesture*. London: Edward Arnold, 1939.

Deutsch, F. (ed.). *On the Mysterious Leap from the Mind to the Body: A Workshop Study on the Theory of Conversion*. New York: International Universities Press, 1959.

Deutsch, H. Some forms of emotional disturbance and their relationship to schizophrenia. Psychoanalyt. Quart., 11: 301, 1942.

―――. The impostor. Contribution to ego psychology of a type of psychopath. *Psychoanalyt. Quart.*, 24: 483, 1955.

Domarus, E. von. The Specific Laws of Logic in Schizophrenia. In J. S. Kasanin (ed.), *Language and Thought in Schizophrenia*, pp. 104–114. Berkeley and Los Angeles: University of California Press, 1944.

Dostoevsky, F. M. *Memoirs from the House of the Dead* (1861–1862). Translated by Jessie Coulson. New York: Oxford University Press, 1956.

Durkheim, E. *The Elementary Forms of the Religious Life* (1912). Translated by J. W. Swain. New York: Macmillan, 1915.

Einstein, A. On the Methods of Theoretical Physics (1933). In A. Einstein, *The World as I See It*, pp. 30–40. New York: Covici, Friede, 1934.

Eissler, K. R. Malingering. In G. B. Wilbur and W. Muensterberger (eds.), *Psychoanalysis and Culture*, pp. 218–253. New York: International Universities Press, 1951.

Erikson, E. H. *Childhood and Society*. New York: W. W. Norton, 1950.

———. The problem of ego identity. *J. Am. Psychoanalyt. A.*, 4: 56, 1956.

Fairbairn, W.R.D. *Psychoanalytic Studies of the Personality*. London: Tavistock Publications, 1952.

———. Observations on the nature of hysterical states. *Brit. J. M. Psychol.*, 27: 105, 1954.

Fenichel, O. *The Psychoanalytic Theory of Neurosis*. New York: W. W. Norton, 1945.

Ferenczi, S. To Whom Does One Relate One's Dreams? (1912). In S. Ferenczi, *Further Contributions to the Theory and Technique of Psycho-Analysis*, p. 349. London: Hogarth Press, 1950.

———. The Kite as a Symbol of Erection (1931). In S. Ferenczi, *Further Contributions to the Theory and Technique of Psycho-Analysis*, pp. 359–360. London: Hogarth Press, 1950.

———. Vermin as a Symbol of Pregnancy (1914). In S. Ferenczi, *Further Contributions to the Theory and Technique of Psycho-Analysis*, p. 361. London: Hogarth Press, 1950.

Field, M. G. *Doctor and Patient in Soviet Russia*. Cambridge, Mass.: Harvard University Press, 1957.

Fletcher, J. *Morals and Medicine: The Moral Problems of: The Patient's Right to Know the Truth, Contraception, Artificial Insemination, Sterilization, Euthanasia*. Princeton, NJ.: Princeton University Press, 1954.

Freud, S. Charcot (1893). In *Collected Papers*. Vol. I, pp. 9-23. London: Hogarth Press, 1948.

────. Some Points in a Comparative Study of Organic and Hysterical Paralyses (1893). In *Collected Papers*. Vol. I, pp. 42-58. London: Hogarth Press, 1948.

────. The Interpretation of Dreams (I & II) (1900). In *The Standard Edition of the Complete Psychological Works of Sigmund Freud*. Vols. IV and V, pp. 1-621. London: Hogarth Press, 1953.

────. Fragment of an Analysis of a Case of Hysteria (1905). In *The Standard Edition of the Complete Psychological Works of Sigmund Freud*. Vol. VII, pp. 1-122. London: Hogarth Press, 1953.

────. Three Essays on the Theory of Sexuality (1905). In *The Standard Edition of the Complete Psychological Works of Sigmund Freud*. Vol. VII, pp. 123-245. London: Hogarth Press, 1953.

────. Jokes and Their Relation to the Unconscious (1905). In *The Standard Edition of the Complete Psychological Works of Sigmund Freud*. Vol. VIII, pp. 1-258. London: Hogarth Press, 1960.

────. General Remarks on Hysterical Attacks (1909). In *Collected Papers*. Vol. II, pp. 100-104. London: Hogarth Press, 1948.

────. Five Lectures on Psycho-Analysis (1910). In *The Standard Edition of the Complete Psychological Works of Sigmund Freud*. Vol. XI, pp. 1-55. London: Hogarth Press, 1957.

────. The Antithetical Meaning of Primal Words (1910). In *The Standard Edition of the Complete Psychological Works of Sigmund Freud*. Vol. XI, pp. 153-162. London: Hogarth Press, 1957.

────. Further Recommendations on the Technique of Psycho Analysis (1913). In *Collected Papers*. Vol. II, pp. 342-365. London: Hogarth Press, 1948.

────. On the History of the Psycho-Analytic Movement (1914). In *The Standard Edition of the Complete Psychological Works of Sigmund Freud*. Vol. XIV, pp. 1-66. London: Hogarth Press, 1957.

────. The Unconscious (1915). In *The Standard Edition of the Complete Psychological Works of Sigmund Freud*. Vol. XIV, pp. 159-204. London: Hogarth Press, 1957.

────. The Future of an Illusion (1927). In *The Standard Edition of the Complete Psychological Works of Sigmund Freud*. Vol. XXI, pp. 1-58. London:

Hogarth Press, 1961.

―――. Dostoevsky and Parricide (1928). In *Collected Papers*. Vol. V, pp. 222-242. London: Hogarth Press, 1950.

―――. Civilization and Its Discontents (1930). In *The Standard Edition of the Complete Psychological Works of Sigmund Freud*. Vol. XXI, pp. 59-148. London: Hogarth Press, 1961.

―――. *New Introductory Lectures on Psycho-Analysis* (1932). New York: W. W. Norton, 1933.

―――. *An Outline of Psychoanalysis* (1940). New York: W. W. Norton, 1949.

Fromm, E. *Sigmund Freud's Mission: An Analysis of His Personality and Influence*. New York: Harper&Row, 1959.

Gallinek, A. Psychogenic disorders and the civilization of the Middle Ages. *Am. J. Psychiat.*, 99: 42, 1942.

Ganser, S. Über einen eigenartigen Hysterischen Dämmerzustand. *Arch. Psychiat.*, 30: 633, 1898.

Glover, E. *Psychoanalysis*. London: Staples Press, 1949.

Goffman, E. *The Presentation of Self in Everyday Life*. Garden City, N.Y.: Doubleday Anchor, 1959.

Grazia, S. de. *The Political Community: A Study of Anomie*. Chicago: The University of Chicago Press, 1948.

Greenacre, P. Certain technical problems in the transference relationship. *J. Am. Psychoanalyt. A.*, 7: 484, 1959.

Greenson, R. Problems of identification: Introduction. *J. Am. Psychoanalyt. A.*, 2: 197, 1954.

―――. The struggle against identification. *J. Am. Psychoanalyt. A.*, 2: 200, 1954.

Gregory, R. L. On physical model explanations in psychology. *Brit. J. Phil. Sc.*, 4: 192, 1953.

Groddeck, G. *The Book of the It: Psychoanalytic Letters to a Friend* (1927). London: C. W. Daniel, 1935.

―――. *The World of Man: As Reflected in Art, in Words and in Disease*. London: C. W. Daniel, 1934.

Guillain, G. *J.-M. Charcot, 1825-1893: His Life—His Work*. Edited and translated by Pearce Bailey. New York: Paul B. Hoeber, 1959.

Hollingshead, A. B., and F. C. Redlich. *Social Class and Mental Illness: A*

Community Study. New York: John Wiley, 1958.

Homey, K. *New Ways in Psychoanalysis*. New York: W. W. Norton, 1939.

Huizinga, J. *The Waning of the Middle Ages* (1927). New York: Doubleday Anchor, 1956.

Jakobson, R. The Cardinal Dichotomy in Language. In R. N. Anshen (ed.), *Language: An Enquiry into Its Meaning and Function*. Chap. IX, pp. 155-173. New York: Harper&Row, 1957.

Jones, E. *The Life and Work of Sigmund Freud*. Vols. 1, 2, 3. New York: Basic Books, 1953, 1955, 1957.

Jung, C. G. *Modern Man in Search of a Soul* (1933). Translated by W. S. Dell and C. F. Baynes. New York: Harvest, 1970.

―――. *Two Essays on Analytical Psychology* (1953). Translated by R. F. C. Hull. New York: Meridian, 1956.

Kasanin, J. S. The Disturbance of Conceptual Thinking in Schizophrenia. In J. S. Kasanin (ed.), *Language and Thought in Schizophrenia, Collected Papers*, pp. 41-49. Berkeley and Los Angeles. University of California Press, 1944.

Krämer, H., and Sprenger, J. *Malleus Maleficarum* (1486). Translated, with an Introduction, Bibliography and Notes by the Rev. Montague Summers. London: Pushkin Press, 1948.

Langer, S. K. *Philosophy in a New Key* (1942). New York: Mentor Books, 1953.

LaPierre, R. *The Freudian Ethic*. New York: Duell, Sloan and Pearce, 1959.

Lewinsohn, R. *A History of Sexual Customs*. Translated by Alexander Mayce. New York: Harper, 1958.

Lincoln, A. From a letter (1858). In C. Morley and L. D. Everett (eds.), *Familiar Quotations*, Twelfth Edition, p. 455. Boston: Little, Brown, 1951.

Mach, E. *The Analysis of Sensations and the Relation of the Physical to the Psychical* (1885). Translated by C. M. Williams. Revised and supplemented from the Fifth German Edition by Sydney Waterlow, with a new Introduction by Thomas S. Szasz. New York: Dover Publications, 1959.

Mann, T. *Confessions of Felix Krull: Confidence Man* (1954). Translated by Denver Lindley. New York: Knopf, 1955.

Maurer, D. W. *The Big Con: The Story of the Confidence Man and the Confidence Game*. Indianapolis: Bobbs-Merrill, 1940.

Mead, G. H. *Mind, Self, and Society: From the Standpoint of a Social Behaviorist*.

Edited, with an Introduction, by Charles W. Morris. Chicago: The University of Chicago Press, 1934.

———. *The Philosophy of the Act*. Chicago: The University of Chicago Press, 1938.

Merton, R. K. *Social Theory and Social Structure*. Revised and enlarged edition. Glencoe, Ill.: The Free Press, 1957.

Mises, R. von. *Positivism: A Study in Human Understanding* (1951). New York: George Braziller, 1956.

Morris, C. W. *Signs, Language and Behavior*. New York: Prentice-Hall, 1946.

Munthe, A. *The Story of San Michele* (1929). New York: Dutton, 1957.

Nadel, S. F. *Nupe Religion*. Glencoe, Ill.: The Free Press, 1954.

Noyes, A. P. *Modern Clinical Psychiatry*. Fourth Edition. Philadelphia: W. B. Saunders, 1956.

Parrinder, G. *Witchcraft*. Harmondsworth, Middlesex: Penguin Books, 1958.

Parsons, T. Definitions of Health and Illness in the Light of American Values and Social Structure. In E. G. Jaco (ed.), *Patients, Physicians and Illness*. Chapter 20, pp. 165–187. Glencoe, Ill.: The Free Press, 1958.

Pauling, L. The molecular basis of genetics. *Am. J. Psychiat.*, 113: 492, 1956.

Peters, R. S. *The Concept of Motivation*. London: Routledge&Kegan Paul, 1958.

Piaget, J. *Judgment and Reasoning in the Child* (1928). Translated by Marjorie Warden. London: Routledge&Kegan Paul, 1952.

———. *The Moral Judgment of the Child*. Translated by Marjorie Gabain. Glencoe, Ill.: The Free Press, 1932.

———. *Play, Dreams and Imitation in Childhood*. Translated by C. Gattegno and F. M. Hodgson. London: William Heinemann, 1951.

Pirandello, L. The Rules of the Game (1919). Translated by Robert Rietty. In L. Pirandello, *Three Plays*. Introduced and edited by E. Martin Browne. Harmondsworth, Middlesex: Penguin Books, 1959.

Popper, K. R. *The Poverty of Historicism* (1944–1945). Boston: Beacon Press, 1957.

———. *The Open Society and Its Enemies* (1945). Princeton, N.J.: Princeton University Press, 1950.

———. Philosophy of Science: A Personal Report. In C. A. Mace (ed.), *British Philosophy in the Mid-Century*, pp. 153–191. New York: Macmillan, 1957.

Pumpian-Mindlin, E. Propositions concerning energetic-economic aspects of libido theory: Conceptual models of psychic energy and structure in psychoanalysis. In L. Bellak (cons. ed.), *Conceptual and Methodological Problems of Psychoanalysis. Ann. N. Y. Acad. Sc.*, 76: 1038, 1959.

Purtell, J. J.; Robins, E.; and Cohen, M. E. Observations on clinical aspects of hysteria. *J.A.M.A.*, 146: 902, 1951.

Rapoport, A. *Operational Philosophy: Integrating Knowledge and Action.* New York: Harper&Row, 1954.

Reichenbach, H. *Elements of Symbolic Logic.* New York: Macmillan, 1947.

Rieff, P. *Freud: The Mind of the Moralist.* New York: Viking, 1959.

Roheim, G. *The Origin and Function of Culture.* New York: Nervous and Mental Disease Monographs, 1943.

Rostow, W. W. *The Dynamics of Soviet Society* (1952). New York: Mentor Books, 1954.

Ruesch, J., and Bateson, G. *Communication: The Social Matrix of Psychiatry.* New York: W. W. Norton, 1951.

Russell, B. Introduction to L. Wittgenstein's *Tractatus Logico-Philosophicus*, pp. 7-8. London: Routledge&Kegan Paul, 1922.

———. *Human Knowledge: Its Scope and Limits.* New York: Simon and Schuster, 1948.

———. A Psychoanalyst's Nightmare: Adjustment—Fugue. In B. Russell, *Nightmares of Eminent Persons*, pp. 21-30. London: Bodley Head, 1954.

Ryle, G. *The Concept of Mind.* London: Hutchinson's University Library, 1949.

Saul, L. J. A Note on the Psychogenesis of Organic Symptoms (1935). In F. Alexander, T. M. French, et al., *Studies in Psychosomatic Medicine*, pp. 85-90. New York: Ronald Press, 1948.

Schiller, J. C. F. Der Ring des Polykrates (1798). In Schiller, *Werke.* Vol. I, pp. 176-179. 12 Vols. Berlin-Leipzig: Th. Knaur Nacht, 1908.

Schlauch, M. *The Gift of Language* (1942). New York: Dover, 1955.

Schlick, M. On the Relation between Psychological and Physical Concepts (1935). In H. Feigl and W. Sellars (eds.), *Readings in Philosophical Analysis*, pp. 393-407. New York: Appleton-Century-Crofts, 1949.

Spencer, H. *The Man Versus the State* (1884). Boston: Beacon Press, 1950.

Strachey, J. The nature of the therapeutic action of psycho-analysis. *Internat. J. Psycho-Analysis*, 15: 127, 1934.

Sullivan, H. S. *Conceptions of Modern Psychiatry.* The First William Alanson White

Memorial Lecture. Washington, D.C.: The William Alanson White Psychiatric Foundation, 1947.

Szasz, T. S. Malingering: "Diagnosis" or social condemnation? Analysis of the meaning of "diagnosis" in the light of some interrelations of social structure, value judgment, and the physician's role. *A.M.A. Arch. Neurol. & Psychiat.*, 76: 432, 1956.

─────. Pain and Pleasure: A Study of Bodily Feelings. New York: Basic Books, 1957.

─────. On the theory of psycho-analytic treatment. *Internat. J. Psycho-Analysis*, 38: 166, 1957.

─────. A contribution to the psychology of schizophrenia. *A.M.A. Arch. Neurol. & Psychiat.*, 77: 420, 1957.

─────. Commitment of the mentally ill: "Treatment" or social restraint? *J. Nerv. & Ment. Dis.*, 125: 293, 1957.

─────. Psychiatry, ethics, and the criminal law. *Columbia Law Review*, 58: 183, 1958.

─────. Scientific method and social role in medicine and psychiatry. *A.M.A. Arch. Int. Med.*, 101: 228, 1958.

─────. Psycho-analytic training: A sociopsychological analysis of its history and present status. *Internat. J. Psycho-Analysis*, 39: 598, 1958.

─────. Politics and mental health: Some remarks apropos of the case of Mr. Ezra Pound, *Am. J. Psychiat.*, 115: 508, 1958.

─────. A critical analysis of some aspects of the libido theory: The concepts of libidinal zones, aims, and modes of gratification. In L. Bellak (cons. ed.), *Conceptual and Methodological Problems in Psychoanalysis*. Ann. N. Y. Acad. Sc., 76: 975, 1959.

─────. The classification of "mental illness": A situational analysis of psychiatric operations. *Psychiat. Quart.*, 33: 77, 1959.

─────. Recollections of a Psychoanalytic Psychotherapy: The Case of the 'Prisoner K.' In A. Burton (ed.), *Case Studies in Counseling and Psychotherapy*. Chapter 4, pp. 75-110. Englewood Cliffs, N.J.: Prentice-Hall, 1959.

─────. Language and Pain. In S. Arieti (ed.), *American Handbook of Psychiatry*. Vol. I, Chapter 49, pp. 982-999. New York: Basic Books, 1959.

─────. The communication of distress between child and parent. *Brit. J. Med. Psychol.*, 32: 161, 1959.

─────. Psychiatry, psychotherapy, and psychology. *A.M.A. Arch. Gen. Psychiat.*, 1:

455, 1959.
———. Mach and psychoanalysis. *J. Nerv. & Ment. Dis.*, 130: 6, 1960.
———. The myth of mental illness. *American Psychologist*, 15: 113, 1960.
———. Moral conflict and psychiatry. *Yale Rev.*, 49: 555, 1960.
———. Civil liberties and the mentally ill. *Cleveland-Marshall Law Rev.*, 9: 399, 1960.
———. *Law, Liberty, and Psychiatry: An Inquiry into the Social Uses of Mental Health Practices*. New York: Macmillan, 1963.
———. *Psychiatric Justice*. New York: Macmillan, 1965.
———. *The Ethics of Psychoanalysis: The Theory and Method of Autonomous Psychotherapy*. New York: Basic Books, 1965.
———. *Ideology and Insanity: Essays on the Psychiatric Dehumanization of Man*. Garden City, N.Y.: Doubleday Anchor, 1970.
———. *The Manufacture of Madness: A Comparative Study of the Inquisition and the Mental Health Movement*. New York: Harper&Row, 1970.
———. Mental illness as a metaphor. *Nature*, 242: 305, 1973.
Vaihinger, H. *The Philosophy of "As If": A System of the Theoretical, Practical, and Religious Fictions of Mankind* (1911). Translated by C. K. Ogden. London: Routledge&Kegan Paul, 1952.
Weinberg, J. R. *An Examination of Logical Positivism*. London: Routledge&Kegan Paul, 1950.
Weiner, H., and Braiman, A. The Ganser syndrome: A review and addition of some unusual cases. *Am. J. Psychiat.*, 111: 767, 1955.
Wertham, F. *The Show of Violence*. Garden City, N.Y.: Doubleday&Co., 1949.
Wheelis, A. *The Quest for Identity*. New York: W. W. Norton, 1958.
Whitehead, A. N., and Russell, B. *Principia Mathematica* (1910). Second edition, Vol. I. Cambridge, Mass.: Harvard University Press, 1950.
Woodger, J. H. *Physics, Psychology, and Medicine: A Methodological Essay*. Cambridge: Cambridge University Press, 1956.
Ziegler, F. J.; Imboden, J. B.; and Meyer, E. Contemporary conversion reactions: A clinical study. *Am. J. Psychiat.*, 116: 901, 1960.
Zilboorg, G. *The Medical Man and the Witch During the Renaissance*. The Hideyo Nogushi Lectures. Baltimore: Johns Hopkins Press, 1935.
———. *A History of Medical Psychology*. In collaboration with G. W. Henry. New York: W. W. Norton, 1941.

| 찾아보기 |

인명

ㄱ
간저, 지크베르트 336, 337
갈릴레오, 갈릴레이 219
갤리넥, 앨프리드 279
그로덱, 게오르크 163
그린에이커, 필리스 353, 354
글로버, 에드워드 162, 163
기요탱, 조제프 이냐스 74, 75
길랭, 조르주 70, 81

ㄴ
노이즈, 아서 337
니체, 프리드리히 357

ㄷ
다윈, 찰스 260
던, 존 207
도마루스, 아일하드 폰 181
도이치, 헬레네 329
뒤르켐, 에밀 350
뒤셴, 기욤 70

ㄹ
라이헨바흐, 한스 174, 175, 181, 186, 190
라포포트, 아나톨 204
랭어, 수잔 198~200, 243
러셀, 버트런드 177, 197
로헤임, 게저 262
링컨, 에이브러햄 253

ㅁ
마르크스, 카를 52, 53, 107, 375
마리, 피에르 81
마흐, 에른스트 354
문테, 악셀 70, 71
미드, 조지 허버트 286, 326, 327

ㅂ
베르니케, 칼 166
베르탐, 프레드릭 337
베른하임, 이폴리트 80
보부아르, 시몬 드 327, 328
브로이어, 요제프 75, 105, 130~132, 135~139, 160, 184, 192, 307,
블로일러, 오이겐 100, 383
비트겐슈타인, 루트비히 197

448 정신병의 신화

ㅅ

샤르코, 장 마르탱 38, 57, 66~75, 77~84, 90, 91, 96, 108, 123, 130, 274
설리번, 해리 스택 164~166, 309~315
솔, 리언 148
쇼펜하우어, 아르투어 357
슈프랭거, 야콥 267, 268, 276
슐로흐, 마거릿 199
슐리크, 모리츠 148
스탈린, 이오시프 127
스트레이치, 제임스 230
스펜서, 허버트 259~263

ㅇ

아들러, 알프레트 330, 358~360
아리에티, 실바노 181
아이슬러, 쿠르트 100
아인슈타인, 알베르트 48, 49, 219
알렉산더, 프란츠 150~154
애들러, 모티머 94
야콥슨, 로만 178

ㅈ

자네, 피에르 38, 57, 274
제멜바이스, 이그나즈 18, 384
존스, 어니스트 230
질부르그, 그레고리 83, 267~270

ㅋ

콜비, 케네스 136
크라머, 하인리히 267, 268, 276
크레펠린, 에밀 75

ㅍ

파이잉거, 한스 330
패린더, 제프리 274, 275, 280
페니켈, 오토 159~162, 354
페렌치, 샨도르 163, 217,
페어베언, 로널드 165, 166
포퍼, 칼 52~54
프로이트, 지크문트 30, 38, 52~57, 68~73, 75, 79, 91, 92, 98, 99, 108, 130~140, 160, 163~166, 179~181, 187, 192~194, 196, 202, 207, 213, 217, 218, 221, 226~233, 242, 243, 258, 261, 265, 274, 276, 277, 299, 305, 308, 309, 316, 317, 324, 330, 358, 359, 360, 374, 400
플라톤 52
피넬, 필리프 73, 74
피란델로, 루이지 366
피르호, 루돌프 21, 22, 123, 390, 393~396
피아제, 장 289, 290, 299~301, 303
필드, 마크 117~119

ㅎ

화이트헤드, 앨프리드 노스 177

용어

ㄱ

간저증후군 336~339, 342
건강염려증 89, 96, 189, 203, 316, 334, 336
〈게임의 규칙〉(피란델로) 366
관습 기호 87, 175, 178, 180, 324
기억상실 164
기질성 신경병 72, 76, 77

기질성 증상 142, 143, 147~149
〈기질성 증상의 심리적 원인에 관한 초고〉
(솔) 148
꾀병 38, 60, 61, 66, 71, 72, 74~76, 80, 88, 91, 95, 97~100, 102, 117~119, 121, 123, 135, 143, 184, 185, 206, 258, 312, 326, 333, 336~338, 340, 342, 343, 346

ㄴ
남자 히스테리성 환자 274
《논리-철학 논고》(비트겐슈타인) 197
뇌질병 13, 14, 23, 24, 27, 33, 60, 376, 377, 382, 395, 398, 400

ㄷ
다발성경화증 69, 80, 176, 399
담론적 언어 197, 198, 210, 211
대상 게임 292, 294
대상관계 (이론) 126, 165, 177, 183, 208, 287, 350~355
대상 언어 177, 178, 180, 182
도상 기호 58, 87, 101, 175~178, 182, 186, 187, 189, 194, 195, 199, 200, 201, 234, 324
〈동기 부여 개념〉(피터스) 225
동물 자성 83

ㄹ
리비도 51, 126, 137, 153, 154, 226, 355

ㅁ
《마녀를 심판하는 망치》(슈프랭거) 267~269
마녀사냥 266, 270, 275, 277, 278

마르크스주의 53, 257, 299, 354
《'마치 …인 것처럼'의 철학》(파이잉거) 330
메타 게임 292, 294, 295
메타 관계 104
메타 규칙 236, 240, 293, 294
메타 언어 133, 177, 178, 180, 182, 183
모방 규칙(대인관계 규칙) 235, 237, 238, 239, 299
몸짓 언어 157, 176, 178, 180, 182, 184, 186~188, 191, 204
무의식 30, 52, 84, 136, 138, 160, 168, 179, 180, 181, 227, 232
미국의학협회(American Medical Association) 123
미국정신의학협회(American Psychiatric Association) 10, 374, 377, 383

ㅂ
반규칙
불안 히스테리 159, 160
비담론적 언어 197, 198, 202~204, 208, 211,

ㅅ
〈사람은 자기 꿈을 누구에게 말하는가?〉 217
사적 치료 109~116, 120, 122, 131
《산 미켈레 이야기》(문테) 70
살페트리에르 병원 67, 69~73, 81, 187
(히스테리의) 상징화 192~194
《새로운 열쇠의 철학》(랭어) 198
성경 규칙 250~256, 291
《성욕에 관한 세 편의 에세이》(프로이트) 226

《세포병리학》(피르호) 21, 390
신경쇠약증 60, 202
심인성 79, 80, 84

ㅇ
아노미 351
아리스토텔레스적 논리 86, 87
언어 게임 56, 174
에너지 전환 155
역동정신의학 55, 276
역사주의 52~55
역할 수행 289, 340
온정주의(가부장주의) 257~261, 317, 360
우울증 23, 58, 60, 96, 284, 376
원형 언어 178~184, 188, 195
의미론 92, 183~185, 198
이드 180, 227, 305,
(행위의) 인과적 설명 226~228

ㅈ
자선 치료 109~112, 120
자아심리학 163, 164, 287
전이 353, 354
전환 히스테리 56, 58, 60, 131, 134~138, 140, 142, 149~154, 158, 160, 162, 287
(도상 기호의) 정보 기능 184, 203, 210
정신분열증 23, 58, 86, 109, 189, 203, 208, 210, 214, 316, 334, 336, 376, 383, 398, 415
정신신체의학 84, 142, 163
정신 장치 180,
조작주의 49, 168
지표 기호 175, 186, 194, 195

ㅊ
초자아 180, 229, 230, 305

ㅍ
편집증 58, 60, 348
표시의미 174, 175
프랑스 과학아카데미(French Academy of Sciences) 82~84
프랑스혁명 257, 298, 299, 392

ㅎ
행동주의 138
《현대 정신의학 개념》(설리번) 164
화용론 183~185
흉내 내기(impersonation) 326
〈히스테리 상태의 본질에 관한 관찰〉(페어베언) 165
《히스테리 연구》(브로이어, 프로이트)
히스테리 역동 309~312, 314, 315
(마녀사냥에서) 희생양 271~272, 279

윤삼호

1966년 경상북도 청송에서 태어났다. 경북대학교 경영학과를 졸업하고 성공회대학교 대학원(사회학과)에서 공부했다. 2000년 대구에서 장애인지역공동체를 공동 설립하고, 이후 한국장애인연맹, 한국장애인인권포럼, 한국장애인단체총연합회, 부산장애인자립생활센터에서 활동가로 일했다. 한국장애학회 설립 당시부터 이사로 활동하고 있다. 지금까지 《장애화의 정치》(2006) 《장애학: 과거·현재·미래》(2006) 《장애학 개론》(2007) 《배제에서 평등으로》(2008) 《장애, 문화, 그리고 정체성》(2012) 등을 번역했다. 《소수자 운동의 새로운 전개》(2013, 공저) 등의 집필에 참여했다.
e-mail : yoon61000@hanmail.net

정신병의 신화

2024년 11월 1일 초판 1쇄 발행

- 지은이 ──────── 토머스 사스
- 옮긴이 ──────── 윤삼호
- 펴낸이 ──────── 한예원
- 편집 ────────── 이승희, 양경아
- 본문 조판 ────── 성인기획
- 펴낸곳 교양인
  우04015 서울 마포구 망원로6길 57 3층
  전화 : 02)2266-2776 팩스 : 02)2266-2771
  e-mail : gyoyangin@naver.com

ⓒ 교양인, 2024
ISBN 979-11-93154-34-2   93510

* 잘못 만들어진 책은 바꾸어드립니다.
* 값은 뒤표지에 있습니다.